"十四五"职业教育国家规划教材
国家职业教育道路桥梁工程技术专业教学资源库配套教材
高等职业教育新形态一体化教材

工程力学

（第三版）

▶主　编　胡拔香

中国教育出版传媒集团
高等教育出版社·北京

内容提要

本书是“十四五”职业教育国家规划教材，同时也是国家职业教育道路桥梁工程技术专业、地下与隧道工程技术专业、土木工程检测技术专业教学资源库建设项目配套教材。在第二版基础上根据高等职业教育教学改革的新形势及数字化新形态教材的特点修订而成。

本书共设导论和 7 个工学项目，工学项目内容包括结构平衡状态分析、轴向变形构件力学分析、剪切变形构件力学分析、扭转变形构件力学分析、弯曲变形构件力学分析、组合变形构件力学分析、超静定结构力学分析。为方便学习，每个任务后附有案例解析，每个工学项目后附有工学项目小结、思考题和习题。同时，知识重点、难点及技能点配有动画、微课等丰富的数字化资源，视频类资源可通过扫描书中二维码在线观看，学习者也可登录智慧职教（www.icve.com.cn）检索“工程力学应用”课程（胡拔香）进行学习。授课教师如需本书配套的教学课件资源，可登录高等教育出版社产品信息检索系统（https://xuanshu.hep.com.cn/）免费下载。

本书可作为高等职业学校、成人高校等院校的道路桥梁工程技术、铁道工程技术、建筑工程技术、地下与隧道工程技术、土木工程检测技术等土木工程类专业的课程教材，以及相关专业的继续教育和职业培训教材，亦可供相关工程技术人员参考。

图书在版编目（CIP）数据

工程力学 / 胡拔香主编. -- 3 版. --北京：高等教育出版社，2025. 9. -- ISBN 978-7-04-064391-6

Ⅰ. TB12

中国国家版本馆 CIP 数据核字第 20251WE022 号

GONGCHENG LIXUE

策划编辑 刘东良　责任编辑 刘东良　封面设计 裴一丹　版式设计 马　云
责任绘图 黄云燕　责任校对 高　歌　责任印制 赵　佳

出版发行	高等教育出版社	网　址	http://www.hep.edu.cn
社　址	北京市西城区德外大街 4 号		http://www.hep.com.cn
邮政编码	100120	网上订购	http://www.hepmall.com.cn
印　刷	天津市银博印刷集团有限公司		http://www.hepmall.com
开　本	787mm×1092mm　1/16		http://www.hepmall.cn
印　张	17.5	版　次	2013 年 2 月第 1 版
字　数	420 千字		2025 年 9 月第 3 版
购书热线	010－58581118	印　次	2025 年 9 月第 2 次印刷
咨询电话	400－810－0598	定　价	46.50 元

物 料 号 64391-00

前　言

本书为"十四五"职业教育国家规划教材，以交通强国、文化自信自强等党的二十大精神为素养目标进行修订。本次修订继续保持上一版教材的特色，进一步精选内容，以立德树人为目标，以典型工程结构为载体，夯实基础理论、强化应用能力。将知识和技能并轨，学习与运用结合。同时注重数字化资源建设，构建"纸质教材主体承载、在线开放课程配套支持、资源库辐射共享"的新形态一体化教材。

为了适应目前高等职业教育"校企合作，工学结合"的人才培养模式改革和以职业岗位核心技能为导向的课程体系开发，结合国家职业教育道路桥梁工程技术、地下与隧道工程技术、土木工程检测技术专业教学资源库建设，本书进一步探索了专业基础理论课程学习"做中学"的教学要求，以满足土木工程类施工、管理、服务一线的高端技能型人才的力学素养的需要。通过工学项目设计、学习任务实施以及自己动手做，使学生具有一定的力学知识应用能力，具备今后在生产一线运用力学方法分析解决工程中遇到的力学问题的能力。

本书在第二版基础上对理论及公式推导进行适当的精简，为了符合当前职业教育教材的要求，内容架构改成项目-任务-知识点体系，每个任务后以二维码形式附加手算和软件计算的案例解析，强化应用能力培养。

根据专业的需要，书中带 * 号的内容可以适当取舍。

本书由胡拔香任主编，金花任副主编并统稿。参加编写的人员有：陕西铁路工程职业技术学院袁光英（工学项目 1、附录 1），丁广炜（工学项目 3、4），金花（工学项目 5、7），胡拔香（导论，工学项目 6 中任务 6.1、任务 6.2）；云南交通职业技术学院和秀岭（工学项目 2）；中铁一局集团有限公司万学俭（工学项目 6 中任务 6.3）。

本书编写过程中，得到了长安大学于克萍教授、王虎教授、西安工业大学胡桂梅教授以及陕西铁路工程职业技术学院何勇、桂阿娟高级工程师的帮助和指导，使本书的编写质量有了很大提高，在此特致以谢意。

高等教育出版社对本书的出版给予了大力支持，在此谨致以衷心的感谢。

由于编者水平有限，书中难免有不妥之处，敬请同行和读者在使用过程中提出宝贵意见，以便改正。

编　者

2025 年 7 月

主要符号表

A	面积
a	长度
b	截面宽度
C	截面形心
D	直径
d	直径
E	弹性模量
e	偏心距
$\boldsymbol{F}$	力、集中荷载
$\overline{\boldsymbol{F}}$	虚拟力
$\boldsymbol{F}_{Ax}$、$\boldsymbol{F}_{Ay}$	A处支座反力
$\boldsymbol{F}_{\mathrm{bs}}$	挤压力
$\boldsymbol{F}_{\mathrm{cr}}$	临界力
$\boldsymbol{F}_{\mathrm{N}}$	轴力、法向反力
$\boldsymbol{F}_{\mathrm{N}x}$、$\boldsymbol{F}_{\mathrm{N}y}$	轴力的水平、竖向分量
$\boldsymbol{F}_{\mathrm{R}}$	合力
$\boldsymbol{F}'_{\mathrm{R}}$	主矢
$\boldsymbol{F}_{\mathrm{S}}$	剪力
$\boldsymbol{F}^{\mathrm{L}}_{\mathrm{S}A}$、$\boldsymbol{F}^{\mathrm{R}}_{\mathrm{S}A}$	A处左、右截面上的剪力
$\boldsymbol{F}_x$、$\boldsymbol{F}_y$、$\boldsymbol{F}_z$	力在x、y、z方向的分量
F_x、F_y、F_z	力在x、y、z轴上的投影
G	切变模量
h	截面高度
I_{p}	截面对一点的极惯性矩
I_x、I_y、I_z	截面对x、y、z轴的惯性矩
i	惯性半径
l	长度、跨度
M	力偶矩、弯矩

M_A^{L}、M_A^{R}	A 处左、右截面上的弯矩
M_{e}	外力偶矩
M^{F}	固端弯矩
$M_O(\boldsymbol{F})$、M_O	力 $\boldsymbol{F}$ 对点 O 之矩
$M_x(\boldsymbol{F})$、$M_y(\boldsymbol{F})$、$M_z(\boldsymbol{F})$；M_x、M_y、M_z	力 $\boldsymbol{F}$ 对 x、y、z 轴之矩
n	安全因数、转速
n_{st}	稳定安全因数
P	功率
q	线均布荷载集度
R	半径、广义反力
r	半径
S_x、S_y、S_z	截面对 x、y、z 轴的静矩
T	扭矩
t	温度
V	体积
$\boldsymbol{W}$	重量(力)
W	体系自由度、功
W_{p}	扭转截面系数
W_y、W_z	弯曲截面系数
w	挠度
X	广义未知力
x_C、y_C、z_C	重心、形心坐标
α	角度、应力集中因数
β	角度
γ	角度、切应变、容重
δ	延伸率、单位广义力引起的广义位移、虚位移
Δ	广义位移
ε	线应变
ε'	横向线应变
θ	角度、单位长度扭转角
κ	曲率
λ	柔度
μ	长度因数
ν	泊松比
ρ	曲率半径
σ	正应力
σ_{b}	强度极限、抗拉强度
σ_{bs}	挤压应力

σ_{c}	抗压强度
σ_{cr}	临界应力
σ_{e}	弹性极限
σ_{p}	比例极限
σ_{s}、$\sigma_{0.2}$	屈服极限
σ_{0}	极限应力
$[\sigma]$	许用正应力
$[\sigma_{c}]$	许用压应力
$[\sigma_{st}]$	稳定许用应力
τ	剪应力(切应力)
$[\tau]$	许用剪应力
φ	角度、扭转角、转角、折减因数
φ_{AB}	A、B 两截面的相对角位移
ψ	断面收缩率

目　录

导　论

一、工程力学的研究对象

在我们伟大祖国辽阔的土地上，到处可以见到各种建筑物（图 0.1、图 0.2、图 0.3、图 0.4），这些建筑物是生产、生活所必不可少的，它们都在工作状态下，而其工作的实质是承受和传递荷载。荷载是主动作用在建筑物上的外力。在建筑物中对承受和传递荷载起主要作用的部分称为结构，结构中的每一个组成部分称为构件。

图 0.1

图 0.2

图 0.3

图 0.4

构件的形式多种多样，有些构件（梁、柱等）一个方向的尺寸比其他两个方向的尺寸大得多

(5 倍以上),这类构件统称为杆件(图 0.5a、b)。当构件一个方向的尺寸远小于另两个方向的尺寸时,称为薄壳或薄板(图 0.5c)。当构件三个方向(长、宽、高)的尺寸接近时,称为实体构件(图 0.5d)。

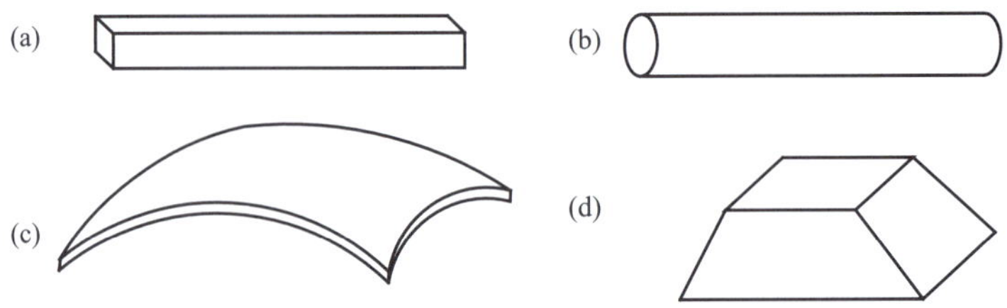

图 0.5

全部构件由杆件组成的结构称为杆系结构。除了杆系结构,实际工程结构中还有薄壁结构,如薄壳屋盖、贮油罐等;实体结构,如挡土墙、墩台基础等。

工程力学的研究对象主要是杆系结构,其他类型的结构是弹性力学等课程研究的内容。

二、工程力学的任务

杆系结构在承受和传递荷载的工作过程中必须是安全的,衡量安全的指标是结构要具有能满足强度、刚度、稳定性的承载能力。

强度是指结构或构件抵抗断裂破坏的能力(图 0.6)。关于结构及构件的破坏的问题通常称为强度问题。

刚度是指结构或构件抵抗变形的能力。在荷载的作用下,结构及构件的形状和尺寸都会发生变化,称为变形。结构在荷载作用下,尽管有足够的强度,但如果变形过大,也会影响正常的使用(图 0.7)。如厂房中的吊车梁,变形过大将会影响吊车的正常行驶;又如屋架中的檩条变形过大,会引起屋面漏水。为保证结构的正常工作,对结构及构件的变形进行的研究,通常称为刚度问题。

图 0.6

图 0.7

稳定性是指结构或构件保持原有平衡状态的能力。结构中某些细长的受压杆件,如屋架中的压杆,在压力较小时能维持其直线平衡状态。但当压力增加到某一值时,压杆的直线平衡状态已不稳定，稍有扰动它很容易突然变弯，从而导致结构的破坏（图 0.8），这种现象称为失稳。在工程结构中是不允许发生失稳的。关于结构平衡形式的稳定性的问题，称为结构的稳定问题。

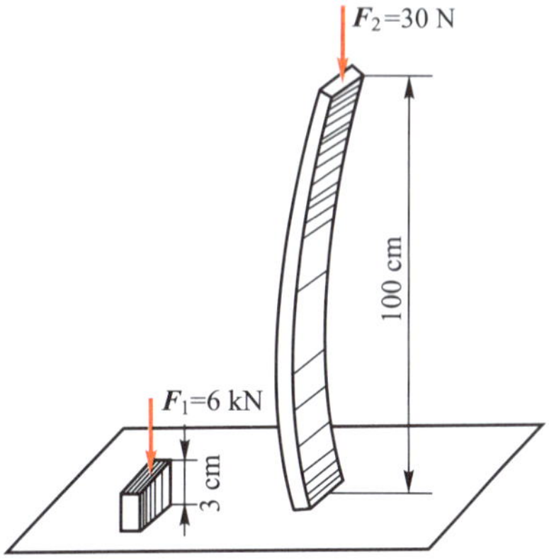

图 0.8

工程力学的主要任务是根据结构或构件受力之后发生变形的特点，对构件和结构进行简化和受力分析，研究它们的平衡规律，根据它来计算在外荷载和其他因素影响下结构和构件的内力、位移，进而对结构或构件进行强度、刚度和稳定性方面的计算和校核，以能够研究清楚构件的承载能力。

杆件所受的外力是各种各样的，当不同外力以不同方式作用于杆件时，杆件将产生不同形式的变形。归纳起来，杆件的变形可分为以下四种基本形式，即轴向拉伸或压缩、剪切、扭转和弯曲，其受力情况分别如图 0.9a、b、c、d 所示。实际上杆件的变形有时可能只有一种基本变形，有时也可能是两种或两种以上基本变形的组合。两种或两种以上基本变形组合的称为组合变形。

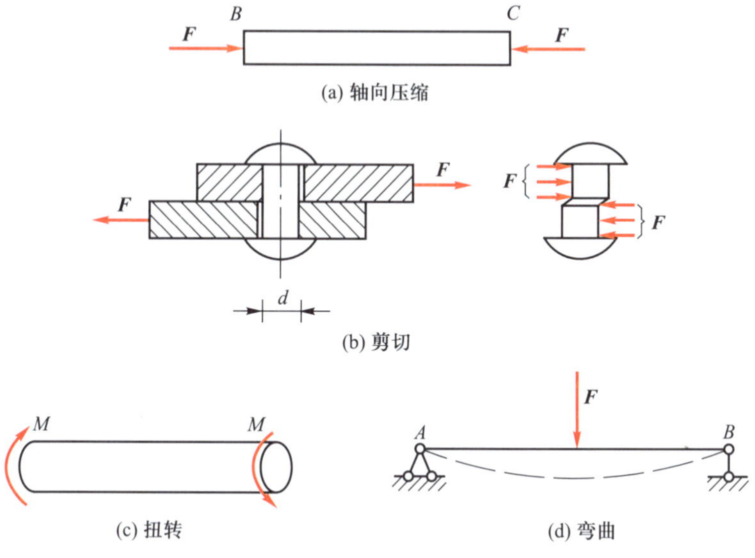

图 0.9

动画 轴向拉伸

动画 轴向压缩

动画 剪切

三、工程力学的基本假定

结构和构件都是由各种建筑材料组成的，在计算时应考虑主要因素，略去次要因素，所以，为简化计算，做如下的基本假设。

动画 扭转

1. 变形固体的连续、均匀、各向同性假设

结构的构件通常都是由固体材料制成。在讨论强度、刚度和稳定性问题时，必须考虑其变形，故把它们称作**变形固体**。

物质的微观结构既不连续、又不均匀，且各向异性，但本课程所讨论的结构构件，其宏观尺寸

比构件材料的微观物质的尺寸大得多，而所研究的强度、刚度等问题只与材料的宏观性质有关。因此，可以假设所研究的变形固体是密实、无空隙的，各部分都有相同的物理特性，而且在不同方向上这些物理特性也相同，这样的变形固体，通常称为连续、均匀、各向同性变形固体。实践证明，对于大多数常用的结构材料，如钢铁、混凝土、砖石等，上述假设是合理的，符合工程实际情况。

动画
弯曲

2. 结构及构件的弹性及微小变形假设

结构或构件受到任何微小的力作用时都会产生变形，变形一般有两种：弹性变形与塑性变形。在工程力学的普通计算中，假定材料产生的变形都是弹性变形，而不考虑塑性变形对材料性能的改变。另外，假设固体在外力作用下所产生的变形与固体本身的几何尺寸相比较是非常小的，根据这一假设，当研究变形固体的平衡问题时，一般可以略去变形的影响。

四、本书的结构层次

本书是基于工学结合的思想进行编写的。由于工程中各种构件的受力状态普遍为组合变形，如果一开始就对工程实际结构进行学习，则内容比较复杂，本书编排时把构件进行了简化，先单独研究某一种变形，然后再综合在一起。又由于在进行结构分析之前首先要求具有一定的力学平衡理论知识，所以本书以结构平衡状态分析为开篇，全书包括七大组成部分，其中轴向变形构件、剪切变形构件、扭转变形构件、弯曲变形构件为核心的学习内容，结构平衡状态分析是学习上述 4 种构件受力形态的理论基础，组合变形则是对上述 4 种受力形态的综合应用，超静定结构的分析属于扩展内容，受学时限制，扩展内容可以酌情取舍。具体结构层次如图 0.10 所示。

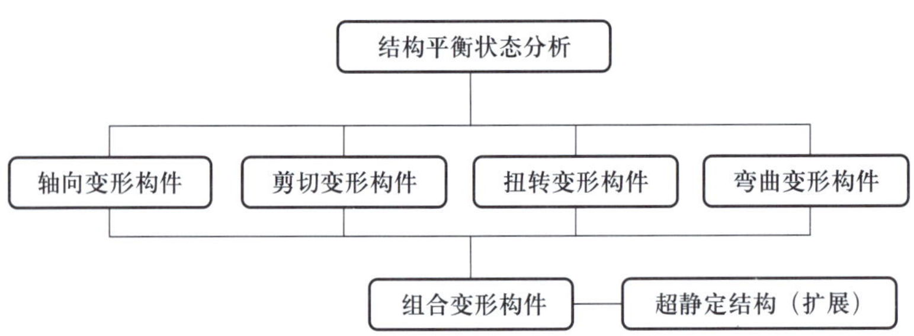

图 0.10　本书结构层次

工学项目 1

1

结构平衡状态分析

知识目标

通过本工学项目的学习,理解工程结构的简化原理,能够正确绘制结构的计算简图;理解几何不变体系的简单组成规则,掌握简单体系的几何组成分析;能对结构进行受力分析并画出受力图,同时能掌握力、力矩、力偶的性质及其应用;理解平衡方程的含义,掌握结构的平衡计算。

能力目标

通过本工学项目的学习,能够绘制结构的计算简图;能够对简单体系进行几何组成分析;能够应用平衡方程计算出各结构的支座反力。

素质目标

通过本工学项目的学习,提高专业认同感,培养尊重工程伦理的职业道德。

项目导学

建筑工程结构在使用过程中一般为静止状态。当结构或者构件处于静止状态时,从受力角度考虑,则称为平衡。平衡是进行结构静力学分析的基本状态。在进行结构平衡状态分析时,首先需要对结构本身及其受力进行简化,得到结构计算简图,然后绘制结构的受力图,最后才能进行结构平衡分析和计算。

任务 1.1 结构简化

任务导入

实际工程结构的形式和受力形态都比较复杂,如果想对结构进行受力分析,则必须作一些简化。简化结构并绘制结构计算简图应遵循下列两条原则:

① 正确反映结构的实际情况,使计算结果准确可靠。

② 略去次要因素,突出结构的主要性能,以便于分析和计算。

知识点 1 结构简化内容

对实际结构进行简化时,通常需要做以下 5 个方面的简化。

1. 体系简化

一般的结构都是空间结构。如果空间结构在某平面内的杆系结构主要承担该平面内的荷载时，可以把空间结构分解为若干个平面结构进行计算，这种简化称为结构的平面简化。

图 1.1a 所示单层厂房，是一个复杂的空间结构。作用于厂房上的恒荷载、雪荷载等一般是沿纵向均匀分布，因此，可以简化为图 1.1b 所示的平面结构进行计算。

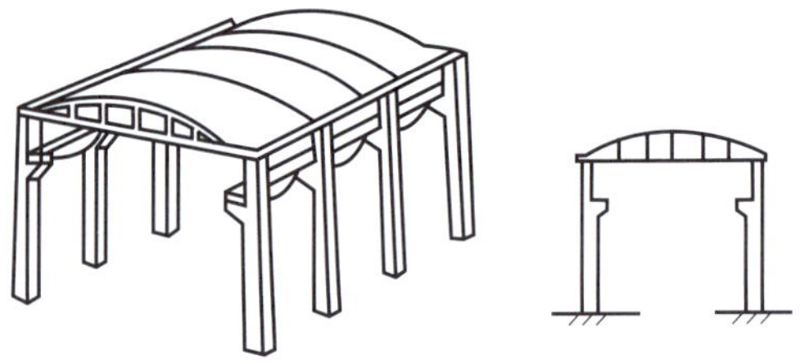

(a)　　(b)

图 1.1

2. 杆件简化

实际结构中，杆件截面的大小、形状虽千变万化，但是它的尺寸总远远小于杆件的长度，只要求出截面形心处的内力、变形，则整个截面上各点的受力、变形情况就能确定，如图 1.2 所示。因此，在结构的计算简图中，杆件的截面以它的形心来代替，而结构的杆件总可用其纵向轴线来代替。如梁、柱等构件的纵轴线为直线，就用相应的直线表示；而曲杆、拱等构件的纵轴线为曲线，则用相应的曲线表示。

微课　杆件的简化

(a)　　(b)

图 1.2

3. 结点简化

微课　结点的简化

在结构中，杆件之间相互连接的部分称为结点。不同的结构，如钢筋混凝土、钢结构、木结构等，连接的方法各不相同，但在结构的计算简图中，根据结点的实际构造，通常把结点只简化成两种极端理想化的基本形式：铰结点和刚结点。

铰结点的特征是其所铰接的各杆均可绕结点自由转动，杆件间的夹角可以改变大小，但杆件之间不能相对移动。图 1.3a、b 所示是铰结点的实例，在计算简图中，铰结点用杆件交点处的小圆圈来表示，如图 1.3c 所示。

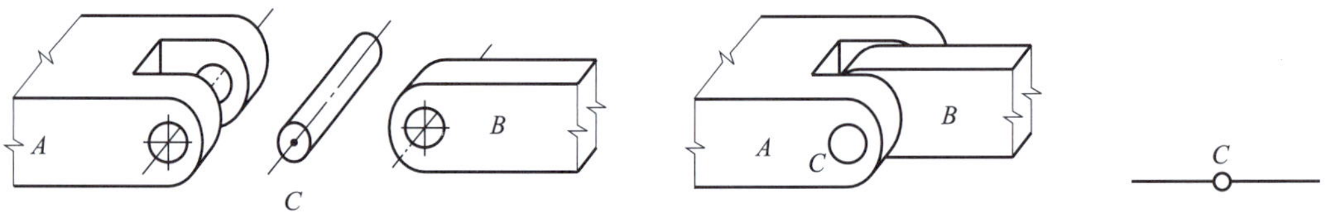

(a)　　(b)　　(c)

图 1.3

刚结点的特征是其所连接的各杆之间不能绕结点有相对的转动，变形前后，结点处各杆间的夹角都保持不变，如图 1.4 所示现浇钢筋混凝土框架顶层结点的构造，因为梁与柱的混凝土为整体浇筑而且钢筋又能承担弯矩，故梁与柱在结点处不能发生相对转动也不能相对移动，因此简化为刚结点。

图 1.4

小疑问

铰结点和刚结点有哪些异同点？

4. 支座简化

支座是指结构与基础之间的连接构造，它的作用是使基础与结构连接起来，达到对结构的支承。实际结构中，基础对结构的支承形式多种多样，但根据支座的实际构造和约束特点，在平面杆件结构的计算简图中，支座通常可简化为固定铰支座、可动铰支座、固定端支座等类型。

(1) 固定铰支座

固定铰支座只允许构件在支承处转动，不允许有任何方向的移动。构造简图如图 1.5a 所示，计算简图如图 1.5b 所示。

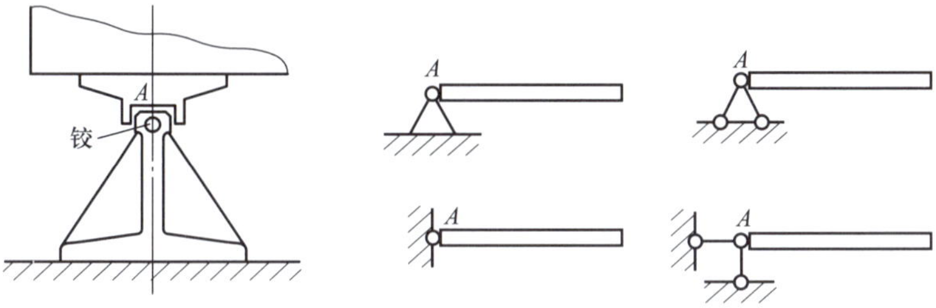

(a)　(b)

图 1.5

微课

支座的简化

(2) 可动铰支座

可动铰支座允许构件在支承处转动，但不允许结构沿某方向移动，如图 1.6a 所示。在计算简图中，可动铰支座用一根链杆来表示（链杆是两端铰接，中间不受力，自重和变形不计的直线杆件），链杆的方位与结构被限制移动的方向一致。计算简图如图 1.6b 所示。

(3) 固定端支座

固定端支座使构件在支承处不能做任何移动，也不能转动，如图 1.7a 所示。在计算简图中，固定端支座用一个与杆轴线相交的支承面来表示，如图 1.7b 所示。

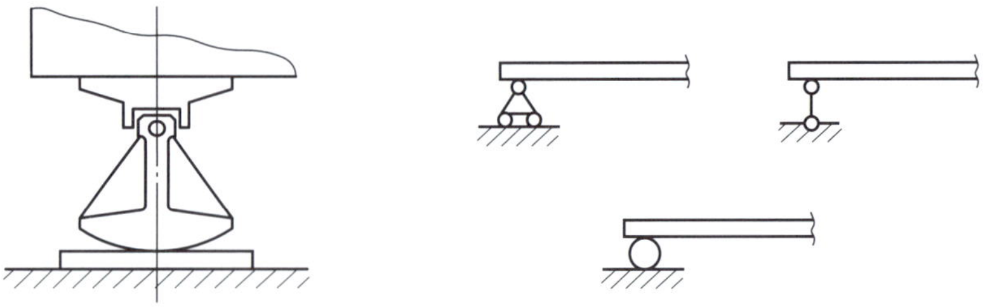

(a) (b)

图 1.6

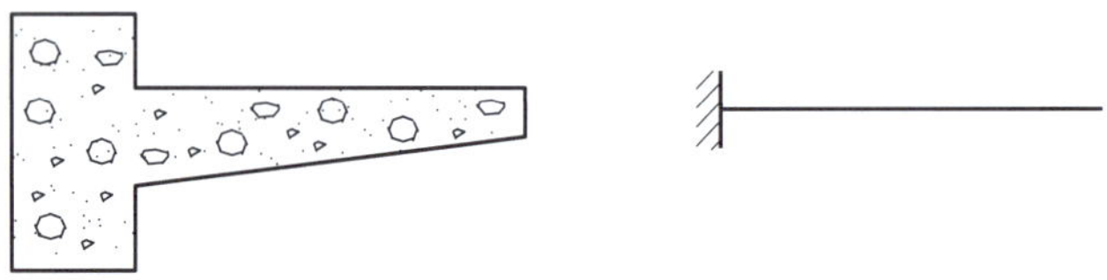

(a) (b)

图 1.7

小疑问

作用效果相同的结点和支座有哪些?

5. 荷载简化

土木工程中的各类建筑物,如房屋、桥梁以及广告牌柱等,在工作过程中都要受到各种力的作用。主动作用于建筑物上的外力称为**荷载**。如结构的自重,列车荷载,风荷载等。

作用在结构上的实际荷载比较复杂,根据实际受力情况,常将荷载简化为集中荷载或分布荷载等。

根据荷载对结构的影响不同,可分为多种类型。

微课

荷载的简化

(1) 按作用范围分类

荷载可分为**集中荷载**和**分布荷载**。凡荷载作用的面积相对于总面积是微小的,作用在这个面积上的荷载,可以简化为集中荷载,如车轮的轮压等。凡分布在一定面积上或长度上的荷载,可简化为分布荷载,如风、雪、结构的自重等。分布荷载又可分为均布荷载和非均布荷载。

(2) 按作用时间的久暂

荷载可分为**恒载**和**活载**。恒载是指那些恒定不变的荷载,其大小、方向和作用位置都不会随着时间的推移发生变化,如结构的自重、安装在结构上的设备重量等。活载是指那些大小、方向和作用位置有可能发生变化的荷载,例如列车、结构上的人群、风、雪等荷载。

(3) 按作用效应分类

荷载可分为**静力荷载**和**动力荷载**。凡缓慢地施加,且不引起结构振动,因而可忽略惯性力影响的荷载是静力荷载。凡能引起显著振动或冲击，因而必须考虑惯性力影响的荷载是动力荷载。本书只讨论静力荷载对结构的影响。

知识点 2　绘制结构计算简图

如图 1.8a 所示，一根梁的两端搁在桥墩或桥台上，上面有一重物。简化时，梁本身可以用其轴线来代替。考虑到台面对梁端有摩擦力，而梁受热膨胀时仍可伸长，故将其一端视为可动铰支座，另一端视为固定铰支座，则其计算简图如图 1.8b 所示。

微课
结构计算简图的画法

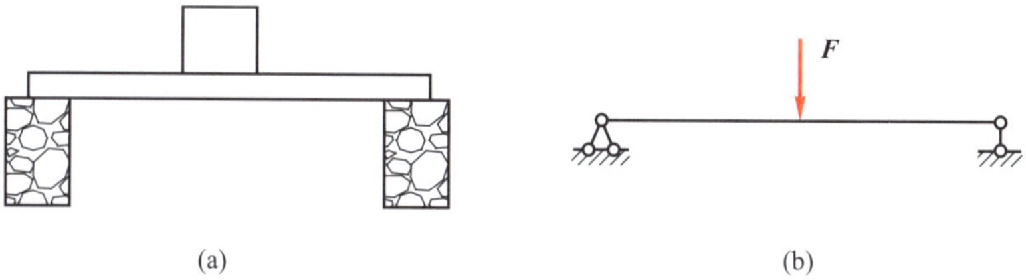

图 1.8

又如图 1.9a 所示的雨篷，其主要构件是一根立柱和两根梁。在计算简图中，立柱和梁均用它们各自的轴线表示。由于柱与梁的连接处用混凝土浇筑成整体，钢筋的配置保证二者牢固地连接在一起，变形时，相互之间不能有相对转动，故在计算简图中简化成刚结点。立柱下端与基础连成一体，基础限制立柱下端不能有水平方向和竖直方向的移动，也不能有转动，在计算简图中简化成固定端支座。作用在梁上的荷载有梁的自重、雨篷板的重量、雪荷载等，可简化为作用在梁轴线上沿水平跨度分布的线荷载，如图 1.9b 所示。

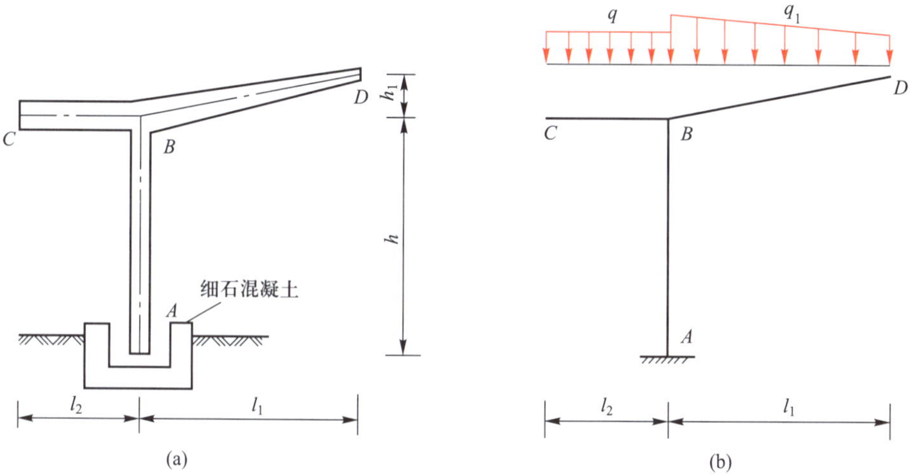

图 1.9

微课
绘制结构计算简图

自己动手做

绘制图 1.10、图 1.11 所示结构计算简图。

图 1.10

图 1.11

案例解析

绘制图 1.12 所示梁的计算简图。

解 简化结构:梁有一定的宽度,但是与其长度相比,宽度较小。可以简化为一条直线。

简化支座:由于梁下放置的梁垫只能约束其竖向移动但不能约束转动,故可简化为固定铰支座和可动铰支座。于是上部便简化为一个简支梁。

简化荷载:梁自重和楼板自重可以简化为均布荷载,重物的重量可简化为集中力,如图 1.13 所示。

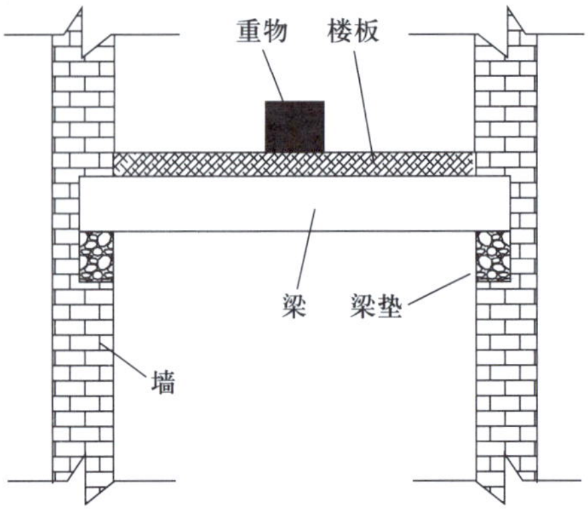

图 1.12

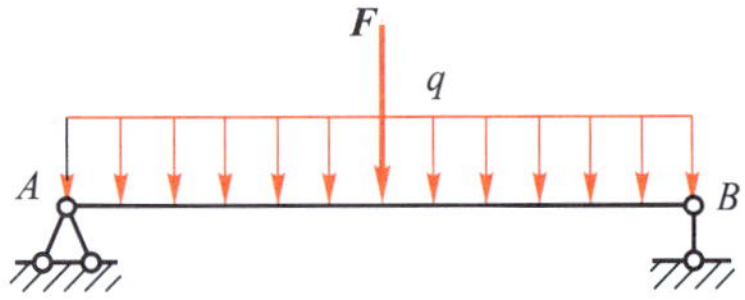

图 1.13

任务 1.2 结构机动分析

任务导入

杆系结构是由支承荷载的杆件相互连接而成的,在实际应用过程中必须保持结构本身的几何形状和位置才能处于稳定状态。因此,确定结构系统是否处于稳定状态是保障结构安全的重要措施。根据稳定状态可将杆件体系分为两种类型:几何不变体系和几何可变体系。

当体系受到任意荷载作用时,若不考虑材料的应变,其几何形状和位置能保持不变的称为几何不变体系。这样的体系可以作为工程结构使用,如图 1.14a 所示的杆件体系。另有一类体系,尽管受到很小的荷载作用,也会引起几何形状的改变,这类体系称为几何可变体系,如图 1.14b 所示的杆件体系,这类体系不能作为结构在工程中使用。

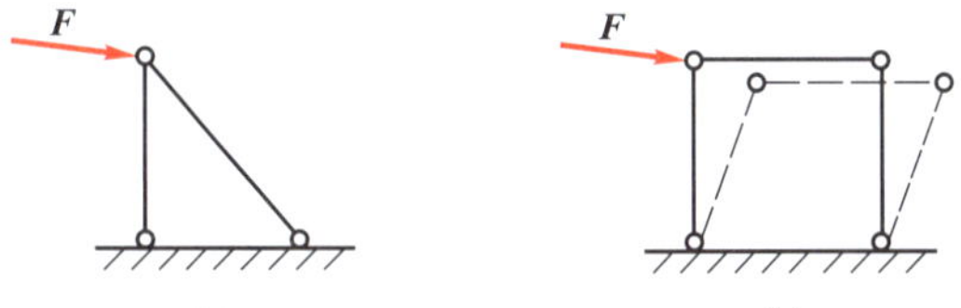

图 1.14

具体判断一般采用两种方式:计算体系的自由度和进行几何组成分析。

试对图 1.15 所示体系进行结构机动性分析。

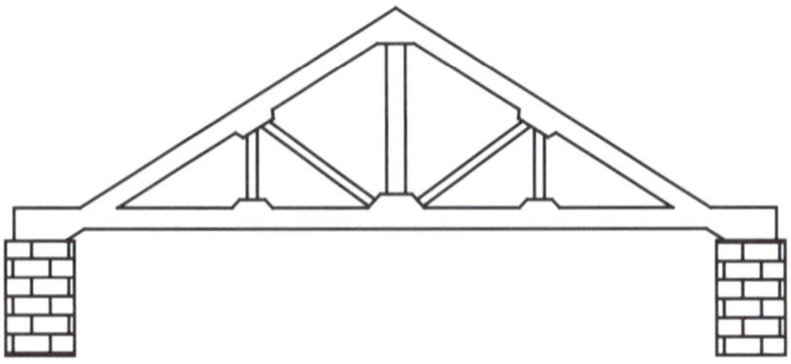

图 1.15

知识点 1　体系自由度

通过对体系自由度的计算,可以初步判断杆件体系几何组成类型。

一、相关概念

1. 刚片

在任何力作用下,体积和形状都保持不变的物体称为**刚体**。在几何组成分析中,把杆件当作刚体,在平面杆件体系中将刚体称为刚片。为讨论问题方便,通常将平面杆件体系中判定为几何不变的部分称为刚片。例如,每一杆件或每根梁、柱都可以看作是一个刚片,基础也常看成一个大刚片。

2. 自由度

确定体系几何位置所需的独立坐标的个数,称为该体系的自由度。自由度也可以说是一个体系运动时,可以独立改变其位置的坐标的个数。

微课
自由度

在平面问题中,确定一个动点的位置需要两个独立的坐标,即平面上的点有两个自由度,如图 1.16a 所示。确定一根刚性杆件 AB 的位置,通常是用其上任一点 A 的坐标 x、y 和通过 A 点的直线 AB 的倾角 φ 来确定,所以需要三个独立的坐标,即有三个自由度,如图 1.16b 所示。

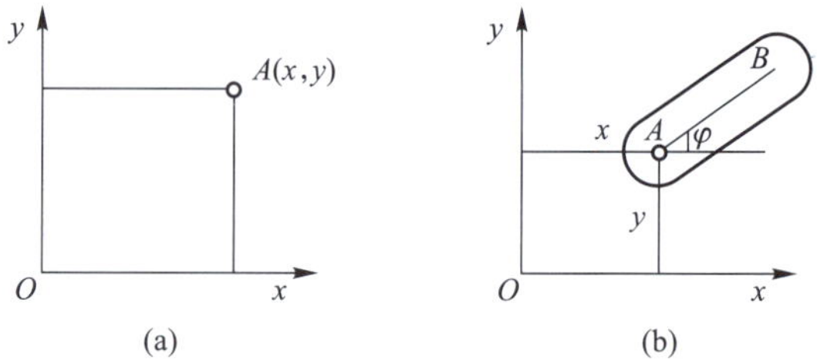

图 1.16

小疑问

试问在空间力系中杆件的自由度为多少？

3. 约束

凡能减少体系自由度的装置称为约束。约束是杆件与杆件之间的连接装置，也称为联系。能减少几个自由度的约束，就相当于几个约束（联系）。

工程中常见的约束有以下几种。

（1）链杆

微课
内约束

链杆指两端用光滑销钉与物体相连而中间不受力的直杆。如图 1.17a 所示，用一根链杆 AB 将刚片 Ⅰ 连起来，确定刚片 Ⅰ 的位置需一个坐标，继而确定链杆 AB 的位置又需一个坐标量，因此一根链杆和一个刚片组成的体系具有两个自由度。可见，一根链杆可使体系减少一个自由度，相当于一个约束。

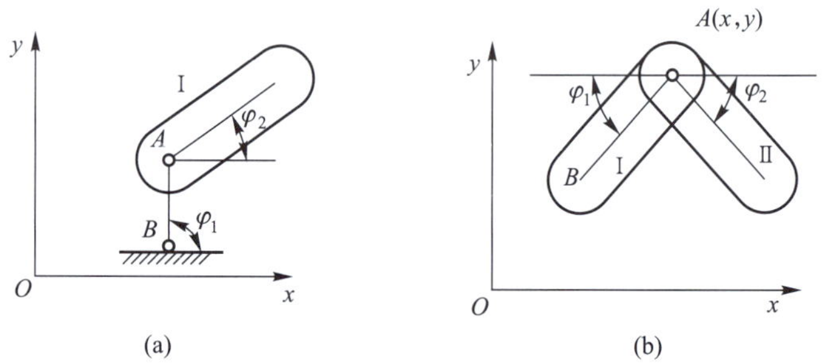

图 1.17

（2）铰

如图 1.17b 所示，刚片 Ⅰ、Ⅱ 用铰 A 连起来。原来刚片 Ⅰ 和 Ⅱ 各有三个自由度，共计是六个自由度。确定刚片 Ⅰ 的位置要三个坐标，继而确定刚片 Ⅱ 的位置要一个坐标，因此刚片 Ⅰ、Ⅱ 组成的体系具有 4 个自由度。这种连接两个刚片的铰称为单铰。可见一个单铰可使体系减少两个自由度，相当于两个约束，也相当于两根链杆的作用。换言之，两根链杆的作用相当于一个单铰。连接两个以上刚片的铰称为复铰。一个复铰如果连接 n 个刚片，则相当于 $n-1$ 个单铰。如

图 1.18a所示的二链杆一端直接相交,但二杆不共直线的情形称为实铰;而将其他情形中,二链杆轴线的交点称为虚铰,如图 1.18b 所示。所谓虚铰是指实际上看不见,这个铰的位置是在两链杆的轴线上。在分析问题时,虚铰对几何稳定的效果与实铰相同。

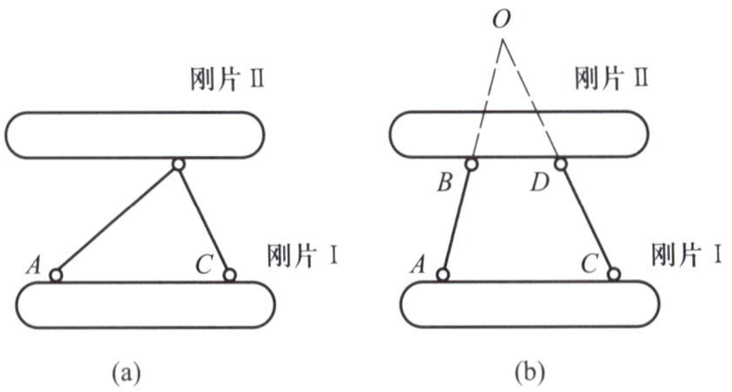

图 1.18

(3) 刚性连接

当两刚片间用刚结点相互连接时,称之为刚性连接,如图 1.19a 所示。原来刚片各有三个自由度。刚性连接后,如果确定刚片的位置需要三个坐标,刚片既不能上下、左右移动,又不能转动,可见刚性连接可使体系减少三个自由度,相当于三个约束。刚性连接除刚结点外,还有固定端支座,如图 1.19b 所示。

微课

外约束

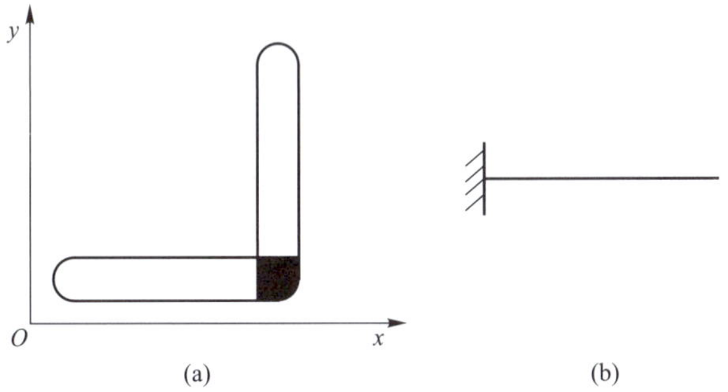

图 1.19

二、自由度计算

一个平面体系通常是由若干个刚片彼此用铰相连并用支座与基础相连而成的。假如其刚片数为 m 个,单铰数为 h 个,支座链杆数为 r 个。各刚片都自由时,总的自由度数目为 $3m$,由于每个单铰能使体系减少两个自由度,每根链杆能使体系减少一个自由度。则体系的自由度为

$$W=3m-(2h+r) \tag{1.1}$$

必须指出,式(1.1)中 h 是单铰数,体系内若有复铰,应将复铰折算成单铰再带入公式(1.1)计算。把复铰折算成单铰时,应正确识别复铰所连接的刚片数,如图 1.20a、b 和 c 所示的 3 种情况,其相应的单铰数分别为 1、2、3。

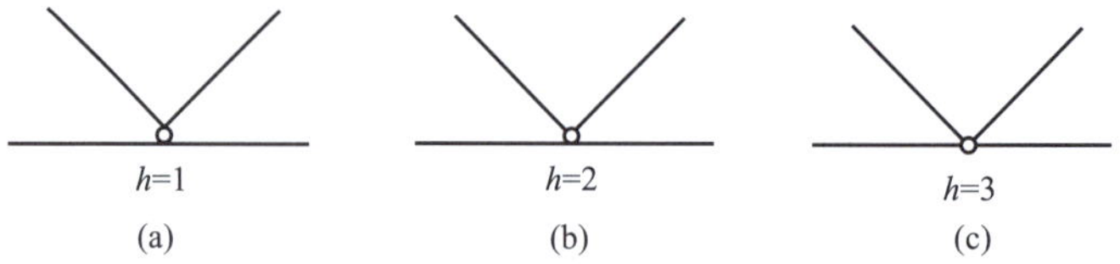

图 1.20

小疑问

试指出图 1.20a、b、c 3 种情况的区别。

常见支座换算成支承链杆数为:① 可动铰支座:$r=1$;② 固定铰支座:$r=2$;③ 固定端支座:$r=3$。

如图 1.21 所示的桁架,共有 7 根杆件,若将每一根杆件都视为一个刚片,则刚片总数为 7。而连接这些刚片的单铰和复铰,都折算成单铰,共为 9 个,支座链杆数为 3。由公式(1.1)可算得体系的自由度为

$$W=3m-2h-r=3\times7-2\times9-3=0$$

平面体系自由度 W 计算结果的讨论:

① $W>0$,表明体系缺少足够的联系,因此是几何可变体系;

② $W=0$,表明体系具有保持其几何不变所必需的最少联系数目;

③ $W<0$,表明体系具有多余联系。

因此,一个几何不变体系,必须满足 $W\leqslant0$ 的条件。如果不考虑支座链杆,而只考虑体系本身(或称体系内部)的几何不变性,由于一个刚片在平面内有 3 个自由度,因此几何不变体系必须满足 $W\leqslant3$ 的条件。

但是,并不是说一个体系满足了 $W\leqslant0$(或者 $W\leqslant3$)的这个条件,就一定是几何不变体系。如图 1.22 所示的体系,根据自由度计算公式 $W=3\times9-(2\times12+3)=0$。虽然满足了上述条件,但其左半部分有多余联系而右半部分又缺少联系,所以它是一个几何可变体系。因此,一个平面体系自由度 $W\leqslant0$(或者 $W\leqslant3$)只是几何不变体系的必要条件,而不是充分条件。为了判别体系是否几何不变,还需研究其合理的组成规则。

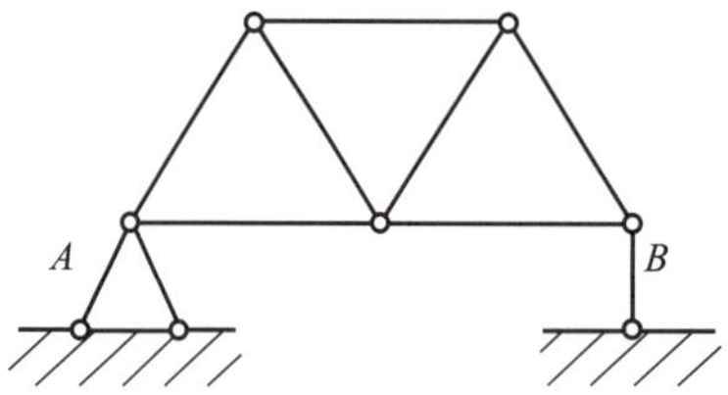

图 1.21

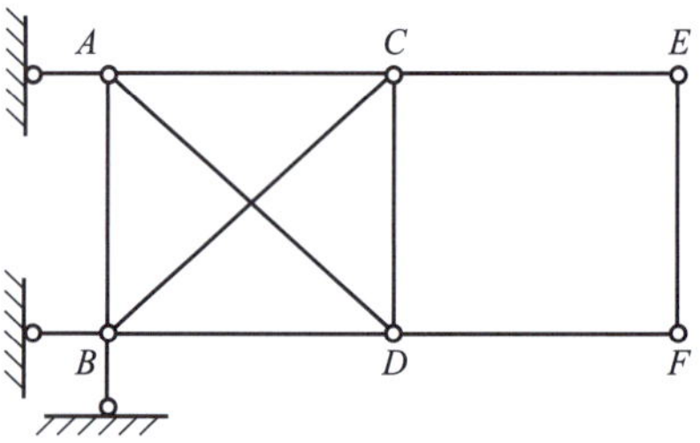

图 1.22

知识点 2　几何不变体系的组成规则

几何不变体系的组成规则如下。

1. 三刚片规则

三刚片用三个不在同一直线上的铰两两相连，所组成的体系几何不变，且无多余约束。

将图 1.23a 所示的三个刚片用三个铰 A、B、C 两两相连，实质上构成了一个铰接三角形，如图 1.23b所示，三角形是几何不变体系。三刚片规则的实铰也可以用虚铰来代替，如图 1.23c 所示。

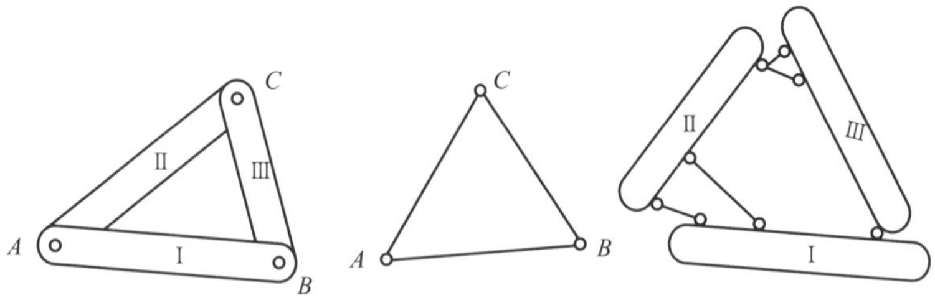

(a)　(b)　(c)

图 1.23

微课
三刚片规则

2. 二刚片规则

二刚片用一个铰和一根不过铰心的链杆相连，所组成的体系几何不变，且无多余约束。

将图 1.23a 所示的刚片 BC 用等效刚性链杆代替，便成为一个铰接三角形，如图 1.24a 所示，所组成的体系几何不变。上述铰可为实铰，也可为虚铰，如图 1.24b 所示。

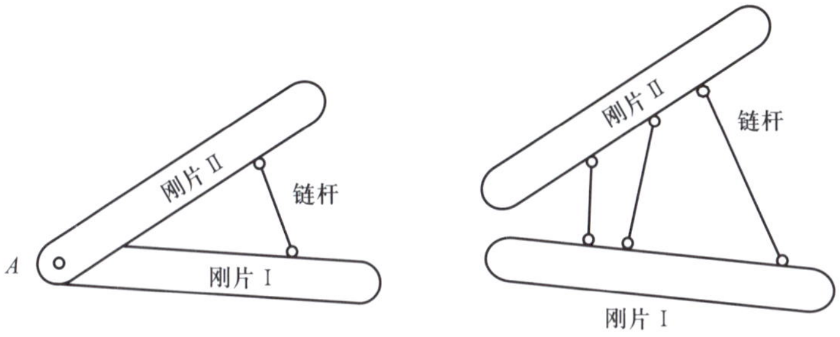

(a)　(b)

图 1.24

微课
二刚片规则

3. 二元体规则

刚片上增加一个二元体后组成的体系为几何不变。

所谓二元体，是指两根链杆间用一铰相连，且两根链杆不共线，如图 1.25 中 BAC。若将图 1.25中的两根链杆当作刚片，可得图 1.23a 所示体系。在图 1.25 上去掉二元体 BAC，所剩刚片 Ⅰ 几何不变，与去掉二元体前的几何组成性质一样。

微课
二元体规则

4. 瞬变体系简介

图 1.26a 所示体系中，杆 AC、BC 和基础分别用三个在一条直线上的铰 A、B、C 相

连。用上一节介绍的几何不变体系组成规则来分析，其不满足三刚片规则，故为几何可变体系。

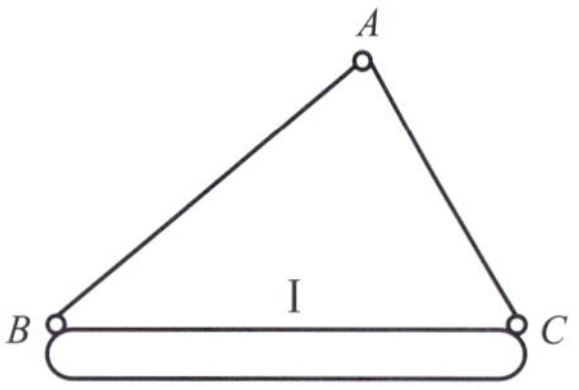

图 1.25

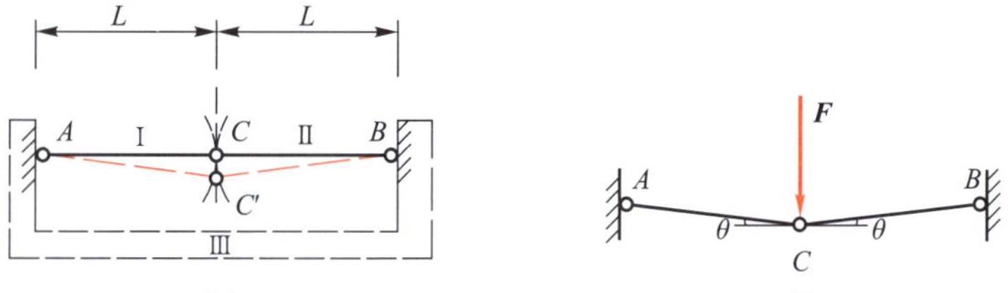

(a) (b)

图 1.26

下面从另一个角度作具体分析：杆 AC、BC 分别绕 A、B 转动时，在 C 点处两圆弧有一公切线，故瞬时铰 C 可沿公切线方向移动。不过一旦发生微小的位移后，三个铰就不再共线，运动也就不再继续发生。这种原为几何可变体系，经微小位移后即转换成为几何不变体系，称为瞬变体系。瞬变体系也是一种可变体系。为了便于区别，又将经微小位移后仍能继续发生刚体运动的几何可变体系称为常变体系。这样，几何可变体系便包括常变和瞬变两种体系。

瞬变体系既然只是瞬时可变，随后即转化为几何不变，那么工程中能否采用呢？下面来计算图 1.26b 所示体系的内力。

由平衡条件可知，AC 杆和 BC 杆的轴力相等，且为 $F_N = F/2\sin\theta$，当 $\theta = 0$ 时，属于瞬变体系；当 θ 角很小，即 $\theta \to 0$ 时，则 $F_N = \infty$。这表明，瞬变体系即使在很小的荷载作用下也会产生巨大的内力，从而导致体系的破坏。因此工程结构中不能采用瞬变体系，而且接近于瞬变的体系也应避免采用。

下面来看两个刚片用三根链杆相连的几种情况。

图 1.27a 中三根链杆交于同一点，则两刚片可绕交点 O 作相对转动，但发生微小的转动后三杆一般便不再交于一点，故此体系为瞬变体系。

图 1.27b 中三根链杆平行且不等长，可认为它们是交于无穷远处的虚铰，属于交于同一点的特殊情况，两刚片可沿与链杆垂直的方向作相对运动，但发生微小位移后三杆便不再完全平行，因此属瞬变体系；当三杆平行且等长时（图 1.27c），则运动可一直继续下去，故为常变体系。因此两刚片用三根链杆组连组成几何不变体系时，三杆必须是不全平行也不交于同一点。

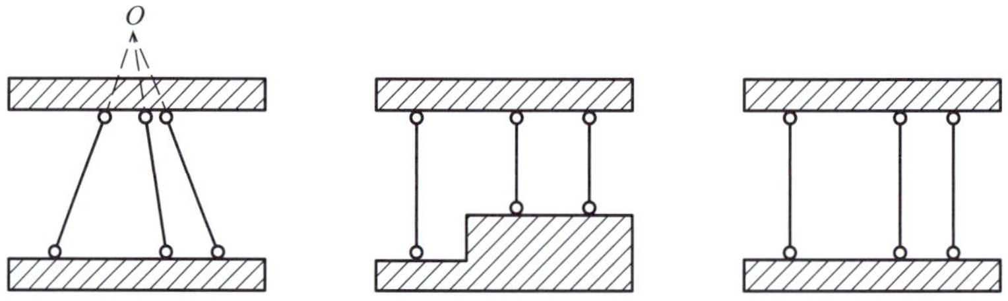

(a) (b) (c)

图 1.27

知识点 3　平面体系几何组成分析

几何组成分析的步骤：① 计算体系的自由度；② 进行几何组成分析；③ 写出结论。

分析时，对体系中的每个刚片以及每个约束，既不能遗漏，也不能重复使用。

微课
平面体系几何组成分析举例 1

例 1.1　试对图 1.28 所示体系作几何组成分析。

解　计算体系的自由度

$$W=3m-(2h+r)=3\times2-(2\times1+4)=0$$

体系满足几何不变的必要条件。

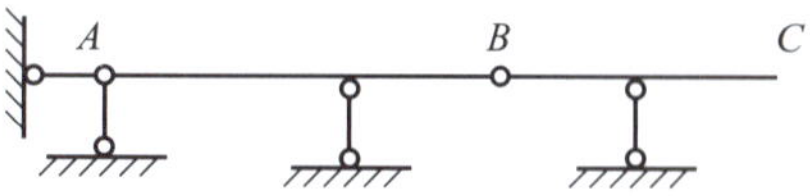

图 1.28

几何组成规则分析：先把地基看作一个刚片，观察各段梁与地基的连接情况，可以看出，*AB* 梁段与地基是用三根链杆按“两刚片规则”连接的，故其为几何不变；再把 *AB* 梁段与地基合一起看成是一个扩大的刚片；再来看 *BC* 段梁，它与上述扩大了的刚片之间又是用一个铰和一根链杆按两刚片规则相连。因此可知，整个体系为几何不变，且无多余联系。

微课
平面体系几何组成分析举例 2

例 1.2　试分析图 1.29 所示体系的几何构造。

解　计算体系的自由度

$$W=3m-(2h+r)=3\times20-(2\times28+4)=0$$

体系满足几何不变的必要条件。

微课
平面体系几何组成分析举例 3

由观察分析可知，*ABCD* 和 *EFCG* 两部分都是几何不变的，可分别看作刚片Ⅰ、刚片Ⅱ。此外把地基看作刚片Ⅲ。刚片Ⅰ、刚片Ⅲ之间用链杆 1、2 相连，相当于用虚铰 *O* 相连；同理，刚片Ⅱ、刚片Ⅲ相当于用虚铰 *O′* 相连；刚片Ⅰ、刚片Ⅱ用铰 *C* 相连。*O*、*O′*、*C* 三铰不在同一条直线上，符合三刚片规则。

所以，此体系为几何不变体系。有无多余联系请读者思考。

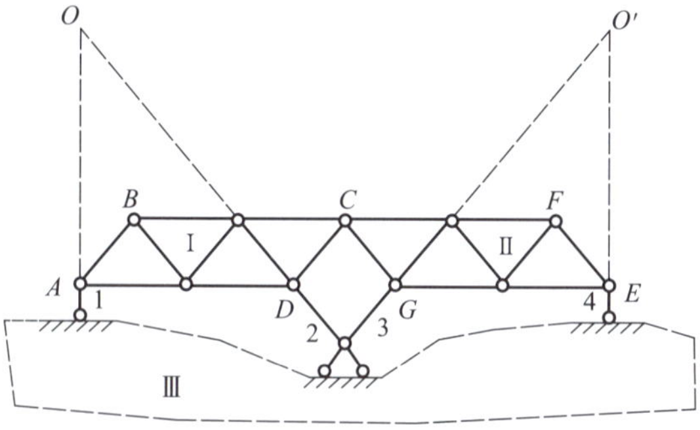

图 1.29

例 1.3　分析图 1.30 所示杆件体系的几何组成性质。

微课
平面体系几何组成分析举例 4

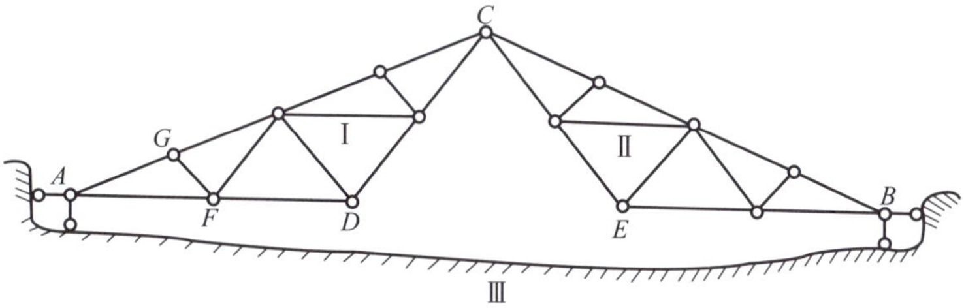

图 1.30

解 刚片 *ACD* 由 6 个三刚片叠加组成，本身已是几何不变，可整体看作一个刚片。*CEB* 的分析过程与 *ACD* 相同，可整体看成一个刚片，基础为一个刚片，整体符合三刚片规则。因此图 1.30所示的体系几何不变。

归纳总结

平面体系几何组成分析的方法有：

(1) 简化法

① 撤除支座链杆。如果上部体系与基础用 1 个固定铰支座和 1 个可动铰支座连接，就可以认为符合二刚片规则。而撤除支座链杆，只分析上部体系。② 拆除二元体。

(2) 确认刚片法

不符合链杆定义的杆件只能认为是刚片，符合链杆定义的杆件有时根据需要作为刚片分析。

(3) 等效代换法

一些折线杆件，可以用连接两端点的直线代替。

自己动手做

分析图 1.31 所示杆件体系的几何组成性质。

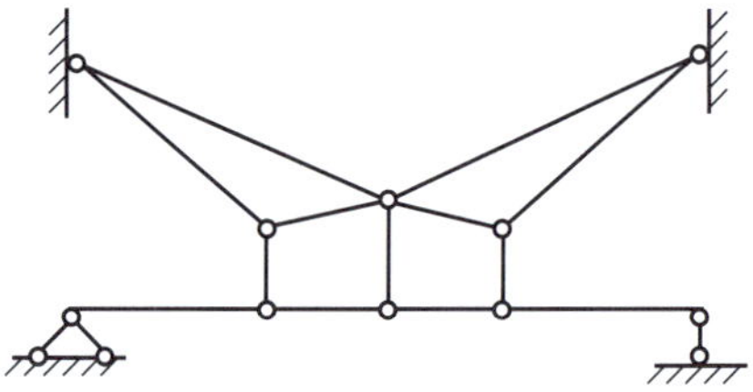

图 1.31

案例解析

试分析图 1.15 所示结构的几何构造。

解 图 1.15 的简化图形如图 1.32 所示。经观察不难发现，上部体系是以铰接三角形 *ABC* 为基础，向右依次增加二元体所组成的，其本身是几何不变体系。把它看作一个大刚片，地基看作另一个刚片，两个刚片按二刚片规则相连。所以，此体系为无多余联系的几何不变体系。

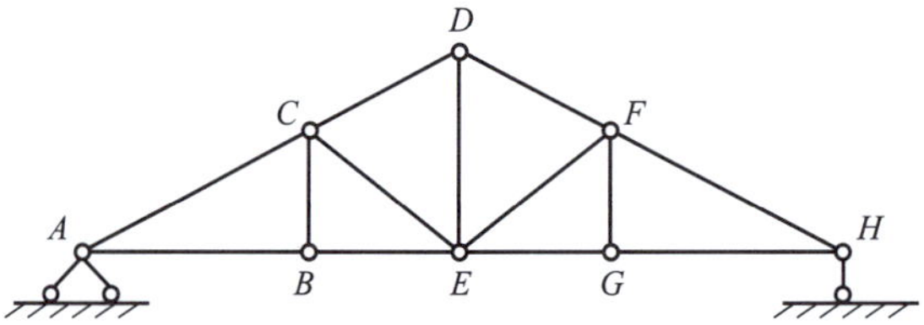

图 1.32

任务 1.3　结构受力分析

任务导入

在实际工程中，构件一般会受到与其相联系的其他构件的限制而不能自由运动，结构也是如此。例如梁受到柱的限制，柱受到基础的限制，桥梁受到桥墩的限制等。当对结构进行力学计算时，需要对结构进行受力分析，并把其承受的所有作用力用图的形式全部绘制出来，称为结构受力图。

管道支架 ABC 如图 1.33 所示，A、B、C 处都是铰链连接。管道压力 F 作用在水平杆 AB 上的 D 点，各杆自重不计。试画水平杆 AB、斜杆 BC 及整体的受力图。

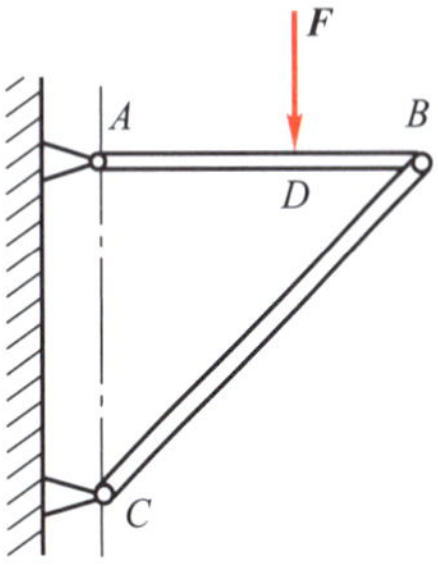

图 1.33

知识点 1　力的概念

人们在长期的生产劳动和日常生活中逐渐形成并建立了力的概念。例如，人推车时，使车由静到动、由慢到快，但同时又感觉到车对人也有作用；再如，用力去拉弹簧，使弹簧发生伸长变形，同时肌肉紧张，感到弹簧也在拉手。

一、力的概念

力是物体间相互的机械作用。这种作用的效果会使物体的运动状态发生变化（外效应），或者使物体发生变形（内效应）。

1. 力的三要素

微课

力的概念

力对物体的作用效果取决于三个要素：力的大小、力的方向、力的作用点，这三个要素称为力的三要素。力的大小表示物体间相互机械作用的强弱，力大说明机械作用强，力小说明机械作用弱。国际单位制中，力的单位为 N（牛顿）或 kN（千牛顿）。力的方向包含方位和指向，例如说“竖直向下”，“竖直”是力的方位，“向下”是力的指向。力的作用点是指力作用在物体上的范围。当作用的范围很小以至可以忽略其大小时，就可以近似地看成一个点。

2. 力的图示

力可以用一带箭头的线段表示，如图 1.34 所示，线段的长度 AB 按一定的比例表示力的大小；线段的方位和箭头的指向表示力的方向；线段的起点（或终点）表示力的作用点。本书用黑体字母表示矢量，如力 $\boldsymbol{F}$；而用普通字母表示该矢量的大小，如 F 。

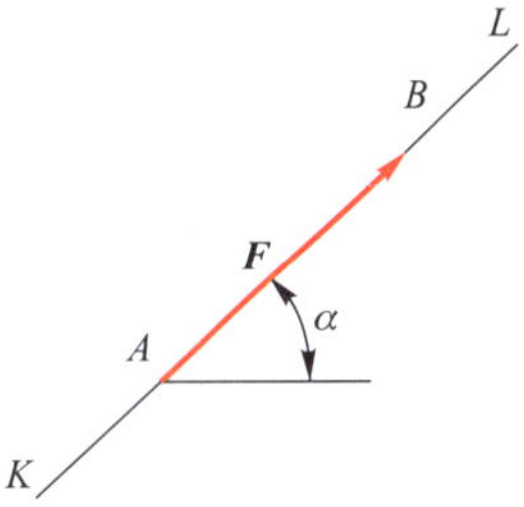

图 1.34

知识链接

区分矢量、标量、代数量的含义。

自己动手做

设有两个力 $\boldsymbol{F}_1$ 和 $\boldsymbol{F}_2$，下列三种情况所表示的意义有何不同？

① $F_1=F_2$；② $\boldsymbol{F}_1=\boldsymbol{F}_2$；③ 为 $\boldsymbol{F}_1$ 等效于力 $\boldsymbol{F}_2$。

二、平衡的概念

平衡是指物体相对于地球处于静止状态或匀速直线运动状态，如图 1.35 所示。**力系**是指同时作用于被研究物体上的若干个力的组合。两个力系对物体的作用效应相同，则称这两个力系为**等效力系**。一个力与一个力系等效，则此力称为该力系的**合力**，而该力系中的各个力称为合力的**分力**。物体在一个力系的作用下处于平衡状态，则该力系称为**平衡力系**。使一个力系成为平衡力系的条件称为力系的**平衡条件**。

图 1.35

知识点 2　力的性质

力的性质是人类在长期的生产和生活实践中，经过反复观察和实验总结出来的普遍规律和公理，是工程力学的基础。

1. 二力平衡

作用在同一刚体上的两个力，使刚体保持平衡的必要与充分条件是：这两个力大小相等，方向相反，作用在同一直线上。

2. 加减平衡力系原理

在作用于刚体上的任意力系中，加上或减去任何一个平衡力系，并不改变原力系对刚体的作用效应。

3. 力的平行四边形法则

作用于物体上同一点的两个力，可以合成为一个合力，合力也作用于该点，合力的大小和方向由以这两个力为邻边所构成的平行四边形的对角线来表示。

微课 二力平衡条件

4. 作用与反作用定律

两个物体间的作用力和反作用力，总是大小相等，方向相反，沿同一直线，并分别作用在这两个物体上。

特别注意

工程上把只在两点受集中力作用而处于平衡状态的构件称为二力构件；如果构件是杆件也可以称为二力杆。

微课 作用与反作用

知识链接

三力平衡汇交定理：一刚体受共面不平行的三个力作用保持平衡时，这三个力的作用线必汇交于一点。

知识点 3　工程中常见的约束及约束反力

在工程实际中，任何构件都受到与它相联系的其他构件的限制而不能自由运动。例如大梁受到柱子的限制，柱子受到基础的限制，桥梁受到桥墩的限制等。一个物体的运动受到周围物体的限制时，这些周围物体就称为该物体的**约束**。例如上面所提到的柱子是大梁的约束，基础是柱子的约束，桥墩是桥梁的约束。当物体沿着约束所能限制的方向有运动或运动趋势时，约束必然承受物体的作用力,同时给予物体以反作用力,称为**约束反力**。约束反力总是作用在约束与物体的接触处,其方向与约束所能限制的运动方向相反。

作用在物体上的主动力一般是已知的,而约束反力是未知的,约束反力的确定与约束类型及主动力有关,现从工程上常见的几种约束来讨论其约束反力的特征。

知识链接

试列举出生活中的几种约束。

1. 柔体约束

柔绳、链条、胶带等用于限制物体的运动时,都是柔体约束。由于柔体约束只能限制物体沿着柔体约束的中心线离开柔体约束的运动,而不能限制物体沿其他方向的运动,所以柔体约束的约束反力通过接触点,其方向沿着约束的中心线且为拉力。这种约束反力通常用 $\boldsymbol{F}_T$ 表示。如图 1.36 所示。

微课
柔体约束及其反力

2. 光滑接触面约束

物体与另一物体相互接触,当接触处的摩擦力很小,可以略去不计时,两物体彼此的约束就是光滑接触面约束。这种约束只能限制物体沿接触面的公法线且指向接触面的运动,而不能限制物体沿着接触面的公切线或离开接触面的运动。所以,光滑接触面的约束反力通过接触点,其方向沿着接触面的公法线且为压力。这种约束反力通常用 $\boldsymbol{F}_N$ 表示,如图 1.37 所示。

微课
光滑接触面约束及其反力

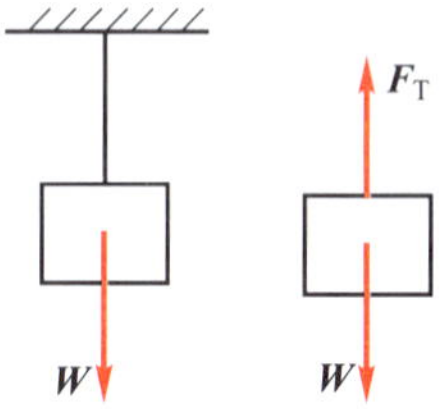

图 1.36

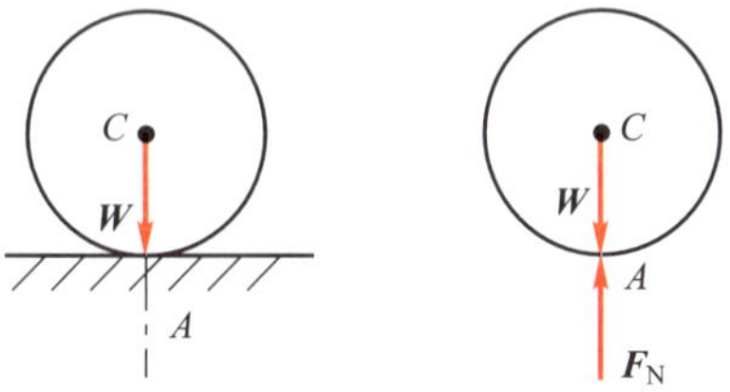

图 1.37

归纳总结

拉力背离物体,压力指向物体。

自己动手做

重量为 W 的小球置于光滑的斜面上,并用绳索系住,如图 1.38 所示,试画出小球的受力图。

3. 圆柱铰链约束

圆柱铰链简称铰链,门窗用的合页便是铰链的实例。圆柱铰链是由一个圆柱形销钉插入两个物体的圆孔中构成(图 1.39a),且认为表面都是完全光滑的。圆柱铰链的简图如图 1.39b 所示。

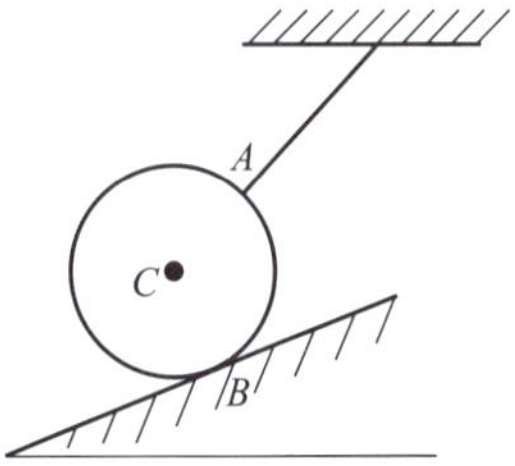

图 1.38

销钉不能限制物体绕销钉相互转动,而只限制物体在垂直于销钉轴线的平面内沿任意方向的相对移动。当物体相对于另一物体有运动趋势时,销钉与孔壁便在某处接触,且接触处是光滑的,由光滑接触

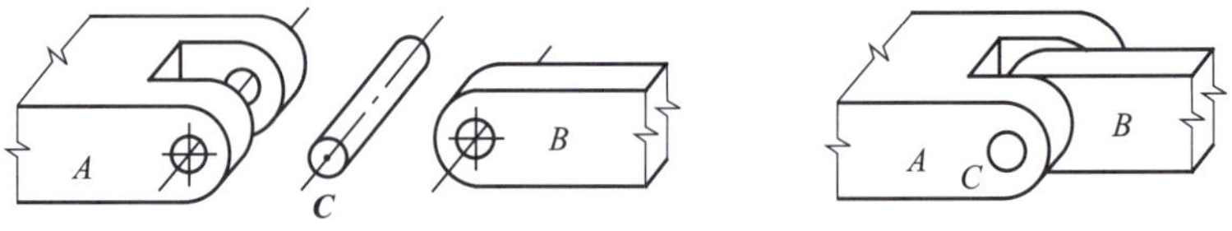

(a)

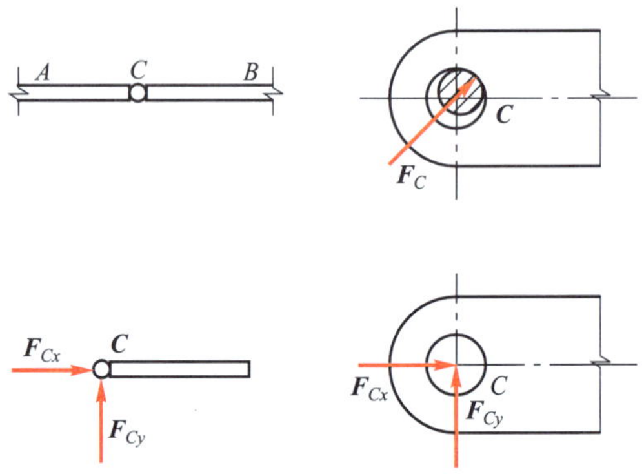

(b)

图 1.39

微课
光滑圆柱铰链约束及其反力

面的约束反力可知,销钉反力沿接触点与销钉中心的连线作用,但由于接触处的位置一般是未知的,所以,圆柱铰链的约束反力在垂直于销钉轴线的平面内,通过销钉中心,而方向未定。这种约束反力有大小和方向两个未知量,可用一个大小和方向都是未知的力 $\boldsymbol{F}_C$ 来表示,也可以用两个互相垂直的分力 $\boldsymbol{F}_{Cx}$ 和 $\boldsymbol{F}_{Cy}$ 来表示。

小窍门

圆柱铰链约束的约束反力画法如下:

① 如果圆柱铰链在二力构件上,则约束反力一定要根据二力平衡条件画为合力。

② 如果圆柱铰链不在二力构件上,则约束反力只能画成 x、y 方向的分力。

特别注意

约束反力的方向是一个假设的方向。

4. 链杆约束

微课
链杆约束及其反力

所谓链杆约束就是两端用光滑销钉与物体相连而中间不受力的直杆。这种约束只能限制物体沿着链杆中心线趋向或离开链杆的运动,而不能限制其他方向的运动。所以,链杆的约束反力沿着链杆中心线,指向未定。链杆的力学简图及其反力如图 1.40所示。

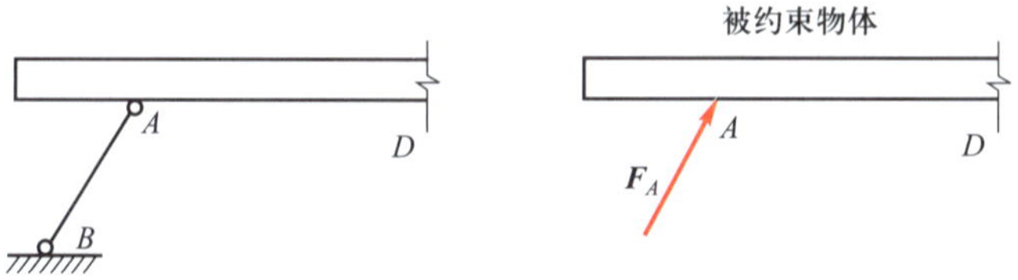

图 1.40

动画
固定铰支座

微课
固定铰支座及其反力

动画
可动铰支座

微课
可动铰支座及其反力

5. 支座约束

在平面杆件结构的计算简图中，支座通常可简化为固定铰支座、可动铰支座、固定端支座、定向滑动支座 4 种基本类型。支座固定于基础或静止的结构物上，构件与支座再用光滑的圆柱形销钉连接，就构成固定铰支座。这种支座限制构件垂直于销钉轴线平面内沿任意方向的移动，而不限制构件绕销钉轴线的转动，所以，它的支座反力与圆柱铰链的反力相同。固定铰支座的简图及其反力如图 1.41 所示。

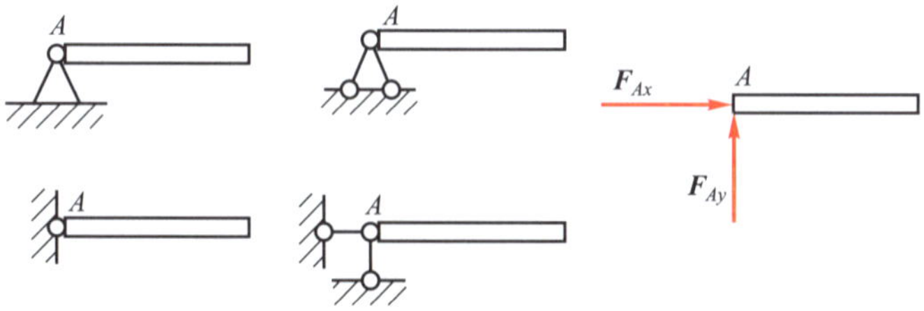

图 1.41

将铰链支座用几个辊轴支承在某一平面上即可构成可动铰支座。这种支座只能限制构件沿辊轴轴线方向的移动，而不能限制物体绕销钉轴线的转动和沿支承面方向的移动。所以它的支座反力通过接触点，沿销钉中心，指向未定，如图 1.42 所示。

房屋建筑中的挑梁，一端嵌固在墙壁内，墙壁对挑梁的约束既限制它沿任何方向移动，又限制它的转动，这样的约束称为固定端支座。它的构造简图和计算简图如图 1.43a、b 所示。由于这种支座既限制构件的移动，又限制构件的转动，所以，它除了产生水平和竖向的约束反力外，还有一个阻止转动的约束反力偶，如图 1.43c 所示。

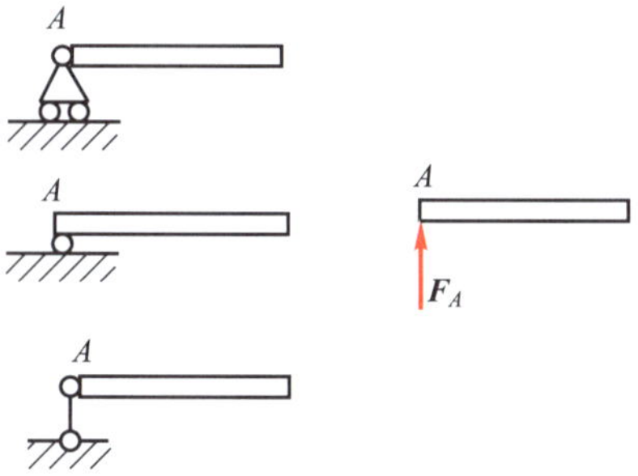

图 1.42

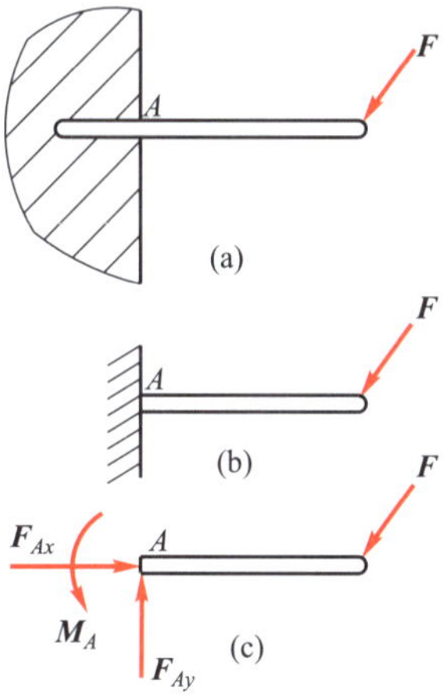

图 1.43

动画
固定端支座

微课
固定端支座及其反力

使物体产生定向移动，不能产生转动的约束称为定向滑动支座，如图 1.44 所示。它除了产生垂直于支承面的约束反力外，还有一个阻止转动的约束反力偶。

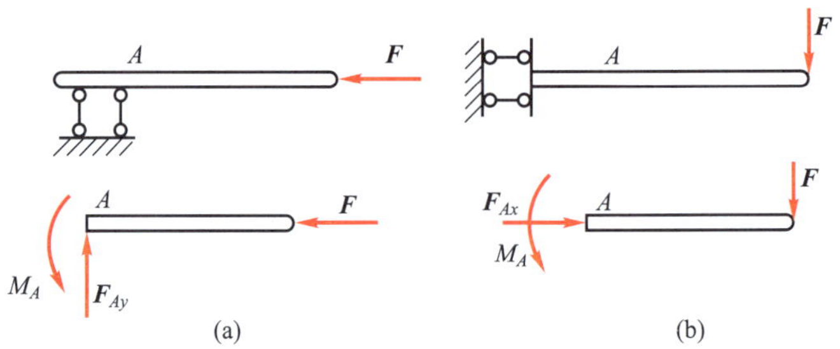

图 1.44

知识点 4　单个物体受力分析与受力图

在进行力学计算时，首先要对物体进行受力分析，即分析物体受到哪些力的作用，哪些是已知的，哪些是未知的。

对物体进行受力分析的步骤如下：

① 确定研究对象。即明确要对哪一个物体进行受力分析。

② 取分离体。将研究对象从与它有联系的周围物体中分离出来，单独画出。这种分离出来的研究对象称为分离体。

③ 画受力图。在分离体上画出周围物体对它的全部作用力（包括主动力和约束反力），这样的图形称为物体的受力图。

首先分析物体受到哪些约束限制，然后解除研究对象上的全部约束，单独画出该研究对象的简图，在简图上画出已知的主动力及根据约束类型在解除约束处画上相应的约束反力。必须注意，约束反力的方向一定要和被解除的约束的类型相对应，不可根据主动力的方向来简单推断。

微课
单个物体受力分析与受力图 1

例 1.4　重量为 W 的小球置于光滑的斜面上，并用绳索系住，如图 1.45a 所示，试画出小球的受力图。

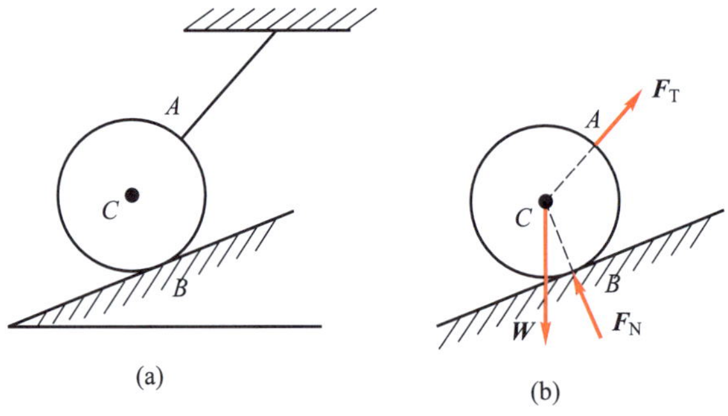

图 1.45

解　取小球为研究对象。小球受到光滑面和绳索的约束，解除约束单独画出小球，作用在小球上的主动力是已知的重力 $\boldsymbol{W}$，它作用于球心 C，铅垂向下；光滑面对球的约束反力 $\boldsymbol{F}_N$ 通过切点 B，沿着公法线并指向球心；绳索的约束反力 $\boldsymbol{F}_T$ 作用于接触点 A，沿着绳的中心线且背离球心。小球的受力图如图 1.45b 所示。

例 1.5　水平梁 AB 受已知力 $\boldsymbol{F}$ 作用，A 端为固定铰支座，B 端为可动铰支座，如图 1.46a 所示。梁的自重不计，试画出梁 AB 的受力图。

解　取梁为研究对象，解除约束将它单独画出。梁受主动力 $\boldsymbol{F}$ 作用。B 端是可动铰支座，沿支座轴线有 $\boldsymbol{F}_B$，指向可任意假设。A 端是固定铰支座，它的反力用水平和垂直的未知力 $\boldsymbol{F}_{Ax}$ 和 $\boldsymbol{F}_{Ay}$ 或利用三力平衡汇交用合力 $\boldsymbol{F}_A$ 表示。梁的受力图如图 1.46b、c 所示。

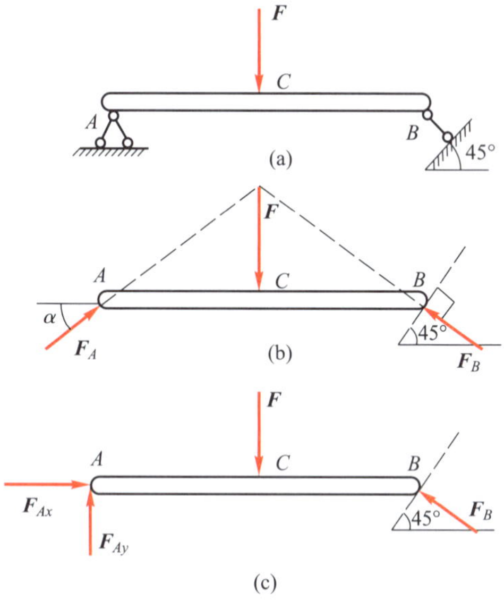

图 1.46

微课
单个物体受力分析与受力图 2

自己动手做

图 1.47 中的梯子 AB 重为 W，在 C 处用绳索拉住，A、B 处分别搁在光滑的墙及地面上，试画出梯子的受力图。

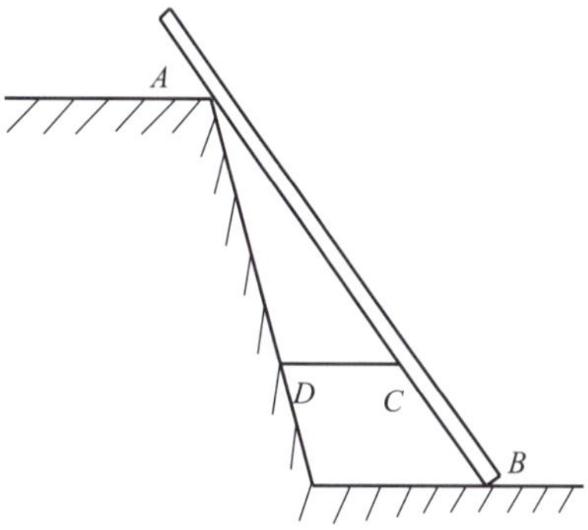

图 1.47

微课
单个物体受力分析与受力图 3

知识点 5　物体系统受力分析与受力图

画物体系统受力图的方法，基本上与画单个物体受力图的方法相同，只是研究对象可能是整个物体系统或系统的某一部分或某一物体。画整体的受力图时，只需把整体作为单个物体一样对待；画系统的某一部分或某一物体的受力图时，要注意被拆开的相互联系处，有相应的约束反力，且约束反力是相互间的作用，一定遵循作用与反作用定律。

微课
物体系统受力分析与受力图 1

特别注意

作用与反作用的关系。

例 1.6 梁 AC 和 CD 用圆柱铰链 C 连接，并支承在三个支座上，A 处为固定铰支座，B、D 处均为可动铰支座，如图 1.48a 所示。试画出梁 AC、CD 及整梁 AD 的受力图。梁的自重不计。

微课
物体系统受力分析与受力图 2

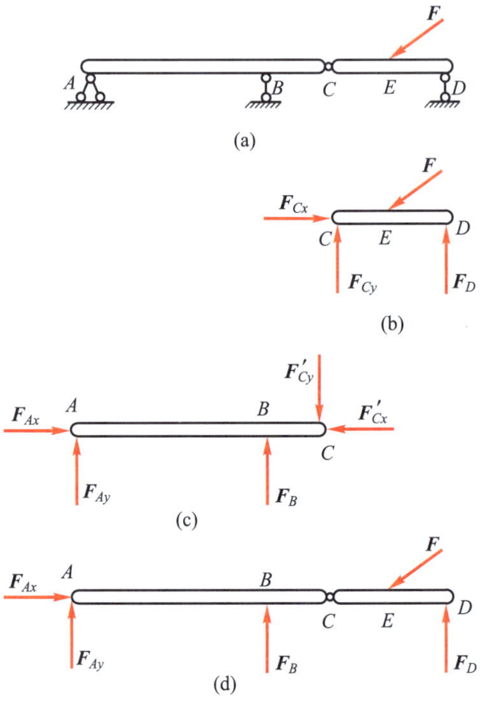

图 1.48

解 ① 取梁 CD 为研究对象。受主动力 $\boldsymbol{F}$ 作用。D 处是可动铰支座，它的反力是沿着支座轴线的 $\boldsymbol{F}_D$，指向假设向上；C 处为铰链约束，它的约束反力可用两个互相垂直的分力 $\boldsymbol{F}_{Cx}$、$\boldsymbol{F}_{Cy}$ 表示，方向假设如图 1.48b 所示。

② 取梁 AC 为研究对象。A 处是固定铰支座，它的反力可用 $\boldsymbol{F}_{Ax}$ 和 $\boldsymbol{F}_{Ay}$ 表示，指向假设；B 处是可动铰支座，它的反力用 $\boldsymbol{F}_B$ 表示，指向假设；C 处是铰链，它的约束反力和作用在梁 CD 上的力 $\boldsymbol{F}_{Cx}$、$\boldsymbol{F}_{Cy}$ 是作用力与反作用力的关系，其指向不能再任意假设。梁 AC 的受力图如 1.48c 所示。

③ 取整梁 AD 为研究对象。它的受力图如图 1.48d 所示。

这时没有解除铰链 C 的约束，故 AC 与 CD 两段梁相互作用的力不必画。A、B 和 D 处支座反力假设的指向应与单个受力图中的假设的指向相符合。

归纳总结

画受力图时注意点归纳如下：

① 取分离体时不能改变其方位。

② 主动力要原原本本地照画上去，不能多画也不能少画。

③ 画约束反力时先考虑力的性质，即二力平衡条件和作用与反作用定律，其次才根据不同的约束画相应的约束反力。

④ 同一约束反力，在各受力图中假设的指向必须一致。

案例解析

管道支架 *ABC* 如图 1.33 所示，*A*、*B*、*C* 处都是铰链连接。管道压力 **F** 作用在水平杆 *AB* 上的 *D* 点，各杆自重不计。水平杆 *AB*、斜杆 *BC* 的受力图如图 1.49 所示。

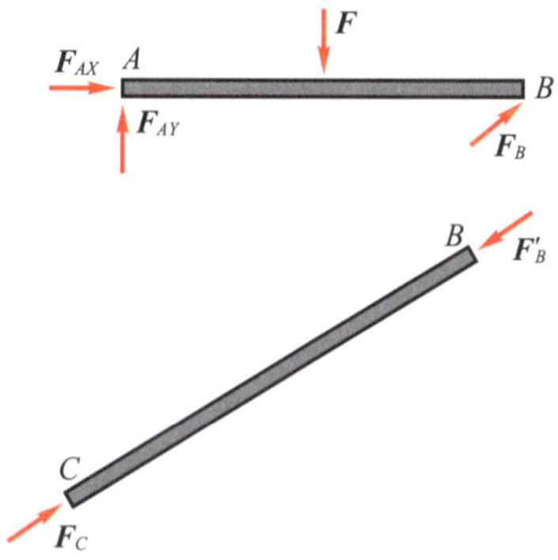

图 1.49

微课
物体系统受力分析与受力图 3

任务 1.4　结构平衡计算

任务导入

工程结构基本处于静止状态，即平衡状态。结构的平衡计算是工程计算中至关重要的一环，它通过对结构体系进行力学分析，确保结构在各种荷载作用下保持稳定与安全。通过平衡计算，可以预测结构的承载能力，避免结构失效或过度冗余。结构平衡计算是保障工程结构安全可靠性的基石，为现代建筑、桥梁等领域的创新与发展提供了坚实的技术支撑。

如图 1.50 所示，管道搁置在三角支架上，左边管道重 12 kN，右边管道重 7 kN，架重不计。假设 *A*、*C* 点均为固定铰支座，求 *A*、*C* 处的支座反力。

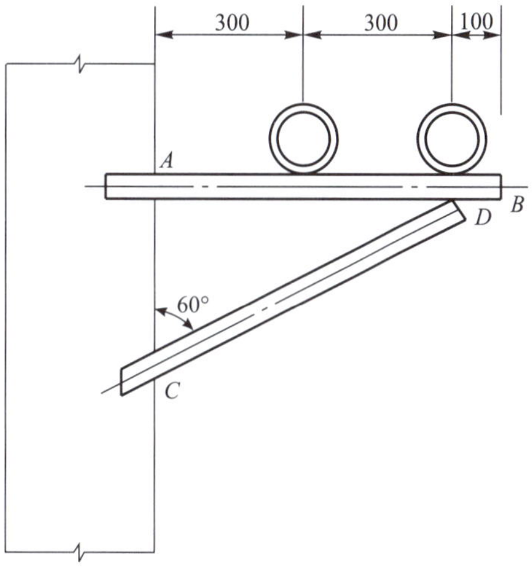

图 1.50

知识点 1　力的投影

一、力在平面直角坐标系上的投影

如图 1.51 所示，设力 **F** 从 *A* 指向 *B*。在力 **F** 的作用平面内取直角坐标系 *Oxy*，从力 **F** 的起点

A 及终点 B 分别向 x 轴和 y 轴作垂线,得交点 a、b 和 a′、b′,并在 x 轴和 y 轴上得线段 ab 和 a′b′。线段 ab 和 a′b′的长度加正号或负号叫作 **F** 在 x 轴和 y 轴上的投影,分别用 F_x、F_y 表示,即

$$\left.\begin{aligned}F_x&=\pm F\cos\alpha\\F_y&=\pm F\sin\alpha\end{aligned}\right\}\qquad(1.2)$$

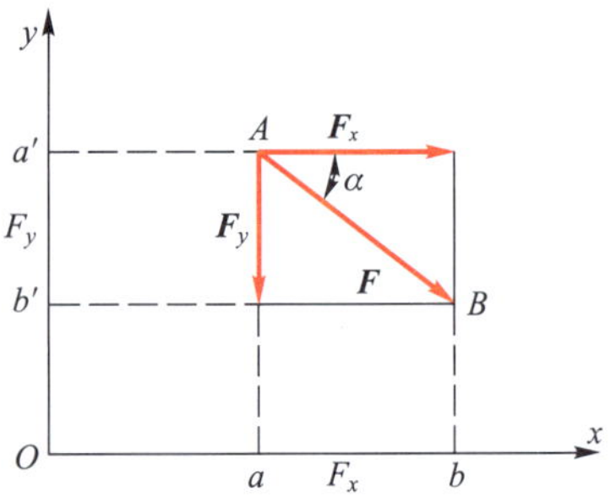

图 1.51

微课
力在平面直角坐标轴上的投影

投影的正负号规定如下:从投影的起点 a 到终点 b 与坐标轴的正向一致时,该投影取正号;与坐标轴的正向相反时取负号。因此,力在坐标轴上的投影是代数量,而力 F 沿直角坐标轴方向的分力 $\boldsymbol{F}_x$ 和 $\boldsymbol{F}_y$ 有大小,有方向,是矢量,其作用效果还与作用点或作用线有关。引入力在坐标轴上的投影这一概念后,就可将力的矢量计算,转化为代数量计算。

如果力 F 在坐标轴 x、y 上的投影 F_x、F_y 为已知,则由图 1.51 中的几何关系,可以确定力 F 的大小和方向为

$$\left.\begin{aligned}F&=\sqrt{F_x^2+F_y^2}\\\tan\alpha&=\left|\frac{F_y}{F_x}\right|\end{aligned}\right\}\qquad(1.3)$$

式中 α——力 F 与 x 轴所夹的锐角,力 F 的具体指向由两投影正负号来确定。

小疑问

力的投影与力的分解有什么区别?

例 1.7 试求图 1.52 所示各力在 x、y 轴上的投影。已知 $F_1=100$ N,$F_2=150$ N,$F_3=F_4=200$ N。

解 各力在 x、y 轴上的投影为

$$F_{x1}=F_1\sin 30^\circ=100\ \text{N}\times0.5=50\ \text{N}$$
$$F_{y1}=-F_1\cos 30^\circ=-100\ \text{N}\times0.866=-86.6\ \text{N}$$
$$F_{x2}=-F_2\sin 60^\circ=-150\ \text{N}\times0.866=-129.9\ \text{N}$$
$$F_{y2}=F_2\cos 60^\circ=150\ \text{N}\times0.5=75\ \text{N}$$
$$F_{x3}=-F_3\cos 45^\circ=-200\ \text{N}\times0.707=-141.4\ \text{N}$$
$$F_{y3}=-F_3\sin 45^\circ=-200\ \text{N}\times0.707=-141.4\ \text{N}$$
$$F_{x4}=0$$
$$F_{y4}=-F_4=-200\ \text{N}$$

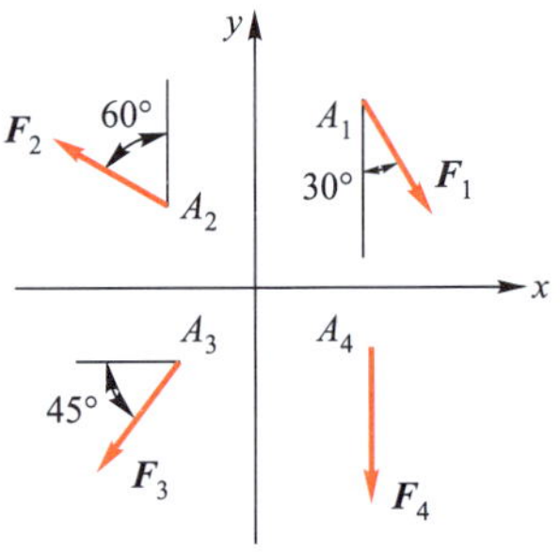

图 1.52

二、合力投影定理

一个力系由 $\boldsymbol{F}_1$、$\boldsymbol{F}_2$、…、$\boldsymbol{F}_n$ 组成,力系中各力的作用线共面且汇交于同一点,这种力系称为

平面汇交力系。平面汇交力系的合力 $\boldsymbol{F}_R$ 在任一坐标轴上的投影，等于它的各分力在同一坐标轴上投影的代数和，这就是合力投影定理，即

$$\begin{aligned} F_{Rx} &= F_{x1}+F_{x2}+\cdots+F_{xn}=\sum F_x \\ F_{Ry} &= F_{y1}+F_{y2}+\cdots+F_{yn}=\sum F_y \end{aligned} \tag{1.4}$$

微课
平面汇交力系合力

$$\left.\begin{aligned} F_R &= \sqrt{F_{Rx}^2+F_{Ry}^2}=\sqrt{(\sum F_x)^2+(\sum F_y)^2} \\ \tan\alpha &= \left|\frac{F_{Rx}}{F_{Ry}}\right| = \left|\frac{\sum F_y}{\sum F_x}\right| \end{aligned}\right\} \tag{1.5}$$

知识点 2　力矩

从实践中知道，力除了能使物体移动外，还能使物体转动。例如，用扳手拧紧螺母时，加力可使扳手绕螺母中心转动，如图 1.53、图 1.54 所示。

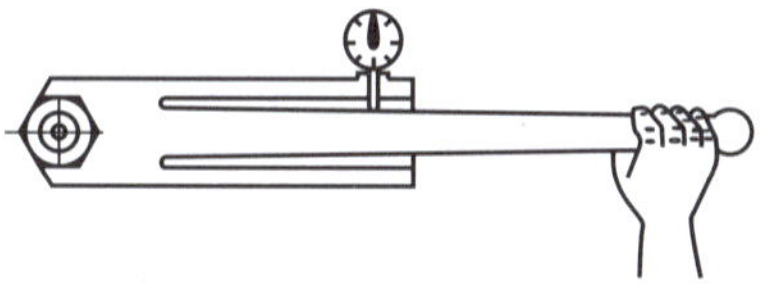

图 1.53

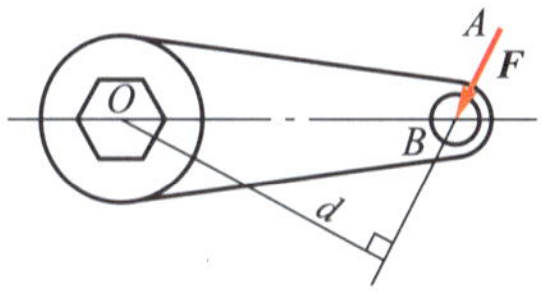

图 1.54

一、力矩的概念

力矩表达的是力 $\boldsymbol{F}$ 使扳手绕螺母中心 O 转动的效应，转动中心 O 称为**矩心**，矩心到力作用线的垂直距离 d 称为**力臂**。

微课
力矩

用力的大小与力臂的乘积 $F\cdot d$ 再加上正号或负号来表示力 $\boldsymbol{F}$ 使物体绕 O 点转动的效应，称为力 F 对 O 点的矩，简称**力矩**，用符号 $M_O(\boldsymbol{F})$ 或 M_O 表示。一般规定，使物体产生逆时针方向转动的力矩为正；反之，为负，所以力对点的矩是代数量。即

$$M_O(\boldsymbol{F}) = \pm F\cdot d \tag{1.6}$$

力矩的单位为 N · m 或 kN · m。

特别注意

力矩是有方向的，不同的方向代表不同的效果。

例 1.8　已知 $F_1=F_2=F_3=F_4=8$ kN，求各力对 A 点的矩。如图 1.55 所示。

解　$M_A(\boldsymbol{F}_1) = -F_1 l\sin 30° = -8\ \text{kN}\times 2\ \text{m}\times 0.5$

$= -8\ \text{kN}\cdot\text{m}$

$M_A(\boldsymbol{F}_2) = -F_2 l = -8\ \text{kN}\times 2\ \text{m} = -16\ \text{kN}\cdot\text{m}$

$M_A(\boldsymbol{F}_3) = 0$

$M_A(\boldsymbol{F}_4) = F_4 l\sin 60° = 8\ \text{kN}\times 2\ \text{m}\times 0.866 = 13.9\ \text{kN}\cdot\text{m}$

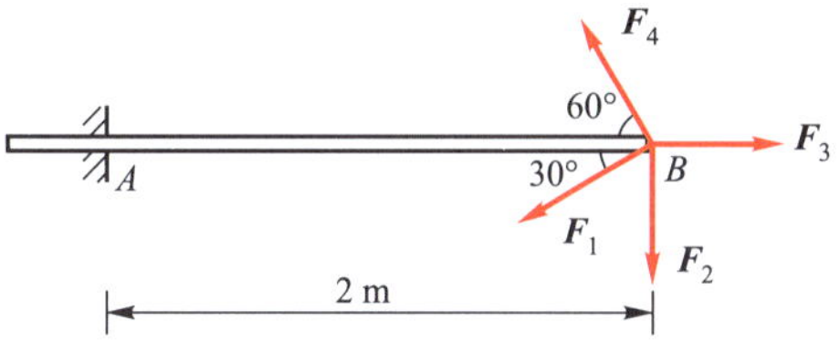

图 1.55

自己动手做

一压路机的碾子重 20 kN，半径 $r=40$ cm，如图 1.56 所示。如用一通过其中心的水平力 $\boldsymbol{F}$ 使

此碾子越过高 $h=8$ cm 的台阶，求此水平力的大小。如果要使作用的力最小，问应向哪个方向用力？并求最小力 $F_{\min}$ 的值。

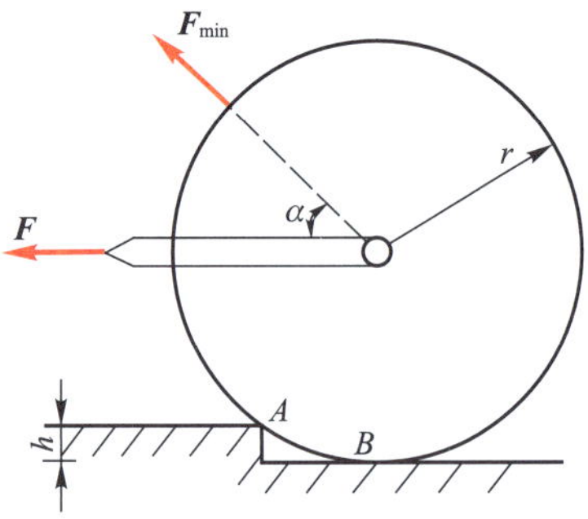

图 1.56

二、合力矩定理

如果力系 $\boldsymbol{F}_1$、$\boldsymbol{F}_2$、…、$\boldsymbol{F}_n$ 的合力为 $\boldsymbol{F}_R$。由于合力 $\boldsymbol{F}_R$ 与力系等效，则合力对其作用面内任一点 O 的矩等于力系中各分力对同一点的矩的代数和，即

微课 合力矩定理

$$M_O(\boldsymbol{F}_R)=M_O(\boldsymbol{F}_1)+M_O(\boldsymbol{F}_2)+\cdots+M_O(\boldsymbol{F}_n)=\sum M_O(\boldsymbol{F}) \tag{1.7}$$

式(1.7)称为合力矩定理。

例 1.9 图 1.57 所示挡土墙每 1 m 长所受土压力的合力为 $\boldsymbol{F}_R$，它的大小 $F_R=150$ kN，方向。求土压力 $\boldsymbol{F}_R$ 使墙倾覆的力矩。

解 土压力 $\boldsymbol{F}_R$ 可使挡土墙绕点 A 倾覆，分解土压力 $\boldsymbol{F}_R$，得到 $\boldsymbol{F}_1$ 和 $\boldsymbol{F}_2$，即 $\boldsymbol{F}_R$ 对 A 点的力矩为

$$\begin{aligned}M_A(\boldsymbol{F}_R)&=M_A(\boldsymbol{F}_1)+M_A(\boldsymbol{F}_2)=F_1\cdot\frac{h}{3}-F_2\cdot b\\&=150\ \text{kN}\times\cos 30°\times1.5\ \text{m}-150\ \text{kN}\times\\&\quad\sin 30°\times1.5\ \text{m}\\&=82.4\ \text{kN}\cdot\text{m}\end{aligned}$$

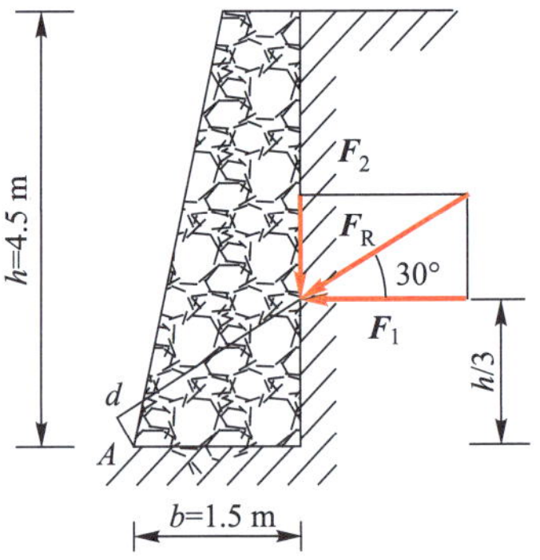

图 1.57

自己动手做

荷载 $F=20$ kN，$\alpha=45$，尺寸如图 1.58 所示。试分别计算 F 对 A、B 两点之矩。

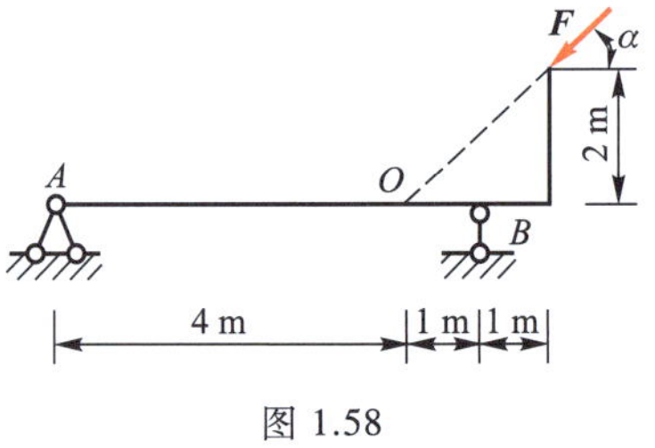

图 1.58

知识点 3　力偶

一、力偶的概念

在日常生活中，经常见到汽车司机用双手转动方向盘驾驶汽车，工人用丝锥攻螺纹，人们用旋转钥匙开门等。在方向盘和钥匙等物体上作用两个大小相等、方向相反、不共线的平行力。这两个等值、反向的平行力不能合成为一个力。由于该两力不共线，所以也不能平衡。事实上，这样的两个力能使物体产生转动效应。大小相等、方向相反、作用线平行但不共线的两个力组成的力系称为力偶。力偶的两力之间的垂直距离 d 称为力偶臂，力偶所在的平面称为力偶作用面，如图 1.59 所示。

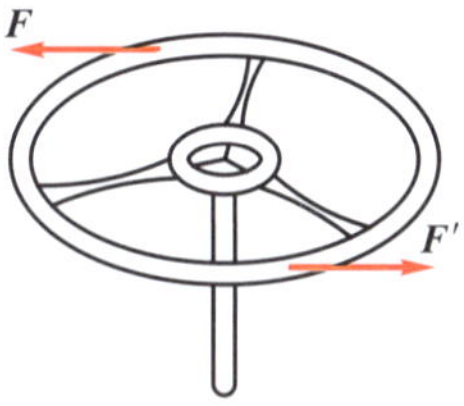

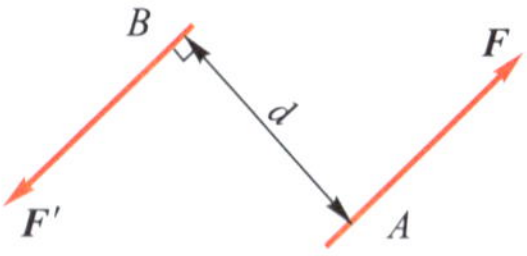

图 1.59

微课 力偶概念

力偶的作用是使物体产生转动效应，其转动效应可用力偶矩来度量，力偶矩等于力与力偶臂的乘积并加上正号或负号，用符号 $M(\boldsymbol{F},\boldsymbol{F}')$ 或 M 表示，则

$$M=\pm F\cdot d \tag{1.8}$$

一般规定，若力偶使物体作逆时针方向转动，则力偶矩为正；反之，则为负。力偶矩的单位与力矩的单位相同。

微课 力偶的性质

知识链接

分析力偶与力矩的区别和联系。

二、力偶的性质

① 力偶不能简化为一个合力。

力偶在任一轴上的投影等于零，所以力偶对物体不会产生移动效应，只产生转动效应。一般说一个力可以使物体产生移动和转动两种效应。力偶和力对物体作用的效应不同，说明力偶不能用一个力来代替，即力偶不能简化为一个力，因而力偶也不能和一个力平衡，力偶只能与力偶平衡。

② 力偶对其作用面内任一点的矩都等于力偶矩，而与矩心位置无关。

如图 1.60 所示，在力偶作用面内任取一点 O 为矩心，以 $M_O(\boldsymbol{F},\boldsymbol{F}')$ 表示力偶对点 O 的矩，则

$$M_O(\boldsymbol{F},\boldsymbol{F}')=M_O(\boldsymbol{F})+M_O(\boldsymbol{F}')=F(d+x)-F'x=Fd$$

由此可知，力偶的作用效应取决于力的大小和力偶臂的长短，而与矩心的位置无关。

③ 在同一平面内的两个力偶，如果它们的力偶矩大小相等、力偶的转向相同，则这两个力偶是等效的。或者说，只要保持力偶矩的代数值不变，力偶可在其作用面内任意移动或转动，或同时改变力和力偶臂的大小，它对物体的转动效应不变。

从以上分析可知，力偶对于物体的转动效应完全取决于力偶矩的大小、力偶的转向及力偶作

用面，这就是力偶的三要素。因此，力偶在其作用面内除可用两个力表示外，通常还可用一带箭头的弧线来表示，如图 1.61 所示。

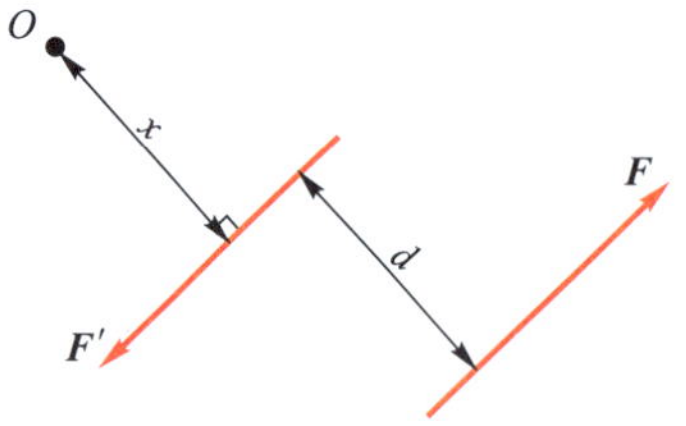

图 1.60

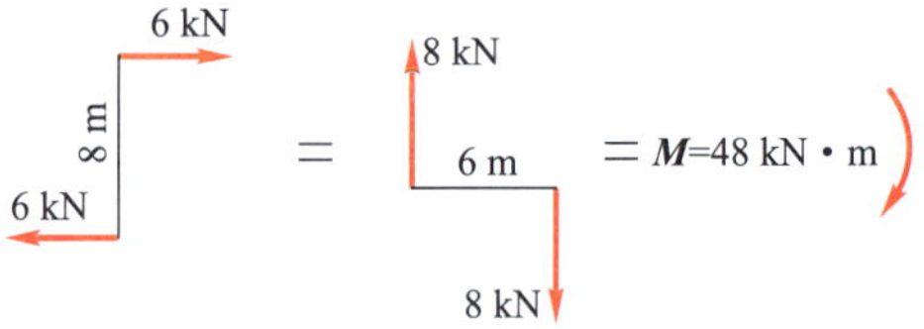

图 1.61

三、平面力偶系的合成

平面力偶系可以合成为一个合力偶，其力偶矩等于各分力偶矩的代数和。用公式表示为

$$M=M_1+M_2+\cdots+M_n=\sum M_i \tag{1.9}$$

例 1.10 如图 1.62 所示，物体在某平面内受到三个力偶作用。已知 $F_1=200\ \mathrm{N}$，$F_2=600\ \mathrm{N}$，$M=100\ \mathrm{N\cdot m}$，求其合成结果。

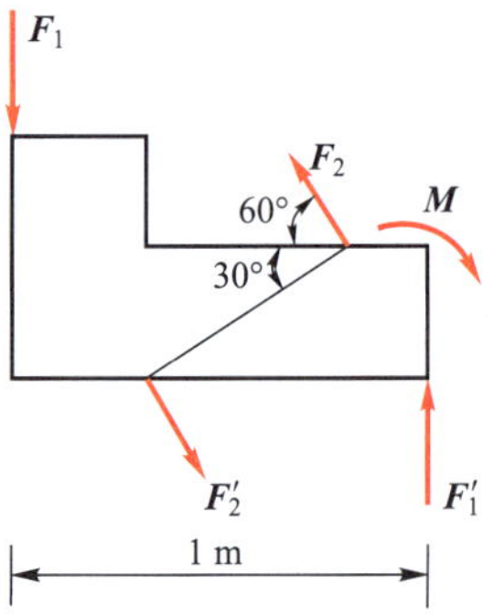

图 1.62

解 三个共面力偶合成的结果是一个合力偶。

$$M_1=P_1d_1=200\ \mathrm{N}\times1\ \mathrm{m}=200\ \mathrm{N\cdot m}$$

$$M_2=P_2d_2=600\ \mathrm{N}\times\frac{0.25\ \mathrm{m}}{\sin 30^\circ}=300\ \mathrm{N\cdot m}$$

$$M_3=-M=-100\ \mathrm{N\cdot m}$$

则合力偶矩为

$$M=\sum M_i=M_1+M_2+M_3$$
$$=200\ \mathrm{N\cdot m}+300\ \mathrm{N\cdot m}-100\ \mathrm{N\cdot m}=400\ \mathrm{N\cdot m}$$

合力偶矩的大小为 400 N · m，转向逆时针方向，与原力偶系共面。

微课
合力偶定理

自己动手做

车间内有一矩形钢板如图 1.63 所示，要使钢板转动应施加力 $\boldsymbol{F}$、$\boldsymbol{F}'$。试问应如何施加力才能使所施加的力最小？

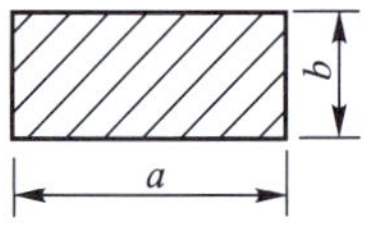

图 1.63

知识点 4 平面力系简化

力系中各力的作用线位于同一平面，但不全部汇交于一点也不全部互相平行，这样的力系称为平面一般力系或平面任意力系，简称平面力系。平面力系也包括平面汇交力系、平面力偶系和平面平行力系。

一、力的平移定理

前面已经研究了平面汇交力系和平面力偶系的合成问题。平面一般力系能否合成为这两种简单力系呢？要使平面一般力系各力作用线都汇交于一点，这就需要将力的作用线平移。

先看一个实例。如图 1.64a 所示，设一力 $\boldsymbol{F}$ 作用在轮缘上的 A 点，此力可使轮子转动，如果将它平移到轮心 O 点（图 1.64b），则它就不能使轮子转动，可见力的作用线是不能随便平移的。但是当将力 $\boldsymbol{F}$ 平行移到 O 点的同时，再在轮上附加一个适当的力偶（图 1.64c），就可以使轮子转动的效应和力 $\boldsymbol{F}$ 没有平移时一样。可见，要将力平移，需要附加一个力偶才能和平移前等效。

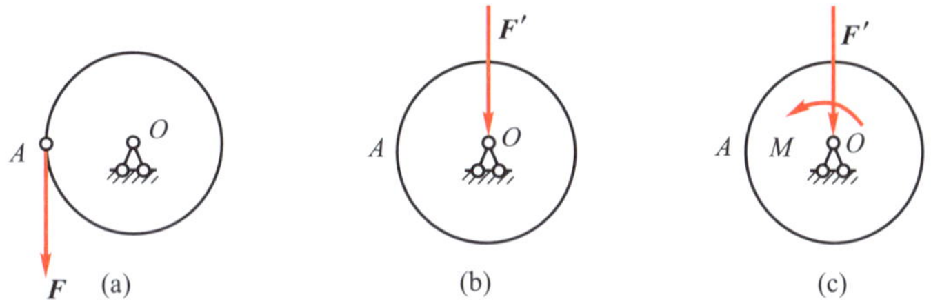

图 1.64

微课
力的平移定理

设在物体的 A 点作用一个力 $\boldsymbol{F}$，如图 1.65a 所示，要将此力平移到物体的任一点 O。为此，在点 O 加上两个共线、反向、等值的力 $\boldsymbol{F}'$和 $\boldsymbol{F}''$，且其作用线与力 $\boldsymbol{F}$ 平行，大小与力 $\boldsymbol{F}$ 的大小相等（图 1.65b），显然，这样并不影响原力 $\boldsymbol{F}$ 对物体的运动效果。力 $\boldsymbol{F}$ 与 $\boldsymbol{F}''$组成一个力偶，其力偶矩为 $M=F\cdot d=M_O(\boldsymbol{F})$。而作用在点 O 的力 $\boldsymbol{F}'$，其大小和方向与原力 $\boldsymbol{F}$ 相同，即相当于把原力 $\boldsymbol{F}$ 从点 A 平移到点 O，如图 1.65c 所示。于是，得到力的平移定理：作用于刚体上的力 $\boldsymbol{F}$，可以平移到同一刚体上的任一点 O，但必须同时附加一个力偶，其力偶矩等于原力 $\boldsymbol{F}$ 对于新作用点 O 的矩。

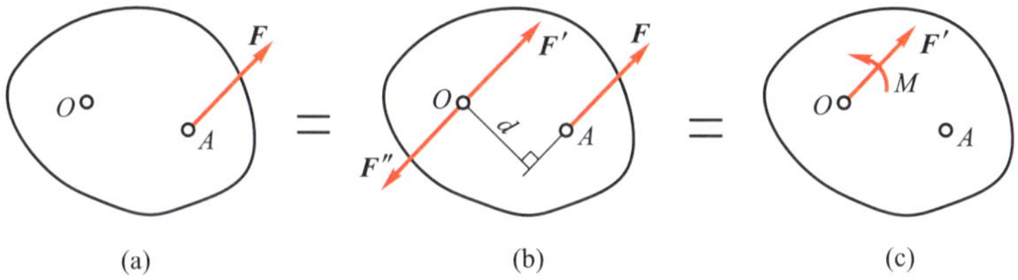

图 1.65

力的平移定理是将一个力化为一个力和一个力偶。反之，在同平面内的一个力 $\boldsymbol{F}'$和一个力偶矩 M 也可以化为一个合力，过程与上面相反。

二、平面一般力系向作用面内任一点简化

1. 简化方法和结果

设在物体上作用有平面一般力系 $\boldsymbol{F}_1$、$\boldsymbol{F}_2$、…、$\boldsymbol{F}_n$，如图 1.66a 所示。为了将这个力系简化，在其作用面内取任意一点 O，根据力的平移定理，将力系中各力都平移到 O 点，就得到平面汇交力系 $\boldsymbol{F}_1'$、$\boldsymbol{F}_2'$、…、$\boldsymbol{F}_n'$和力偶矩为 M_1、M_2、…、M_n 的附加平面力偶系（图 1.66b）。平面汇交力系可合成为作用在 O 点的一个力，附加的平面力偶系可合成为一个力偶（图 1.66c）。

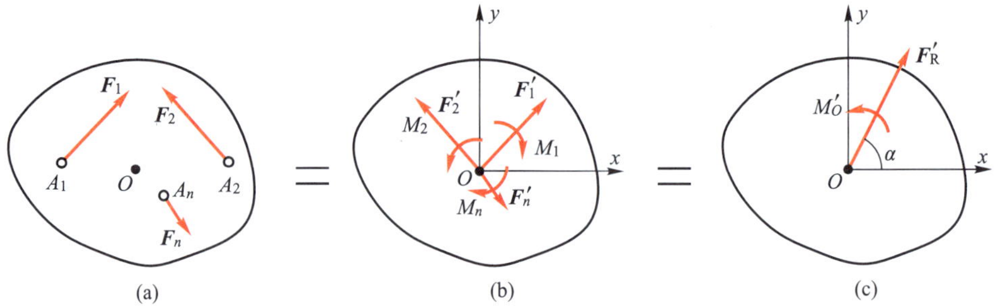

图 1.66

微课
平面力系的简化

任选的 O 点称为简化中心。将平面任意力系中各力向简化中心平移，同时附加上一个力偶系，这称为力系向任一点简化。

2. 主矢和主矩

平面一般力系简化为作用于简化中心的一个力和一个力偶。这个力 $\boldsymbol{F}'_{\mathrm{R}}$ 称为原力系的主矢，这个力偶的力偶矩 M'_O 称为主矩。

$$\left.\begin{aligned} F'_{\mathrm{R}} &= \sqrt{F'^2_{\mathrm{R}x}+F'^2_{\mathrm{R}y}}=\sqrt{\left(\sum F_x\right)^2+\left(\sum F_y\right)^2} \\ \tan\alpha &= \left|\frac{F'_{\mathrm{R}y}}{F'_{\mathrm{R}x}}\right| = \frac{\left|\sum F_y\right|}{\left|\sum F_x\right|} \end{aligned}\right\} \tag{1.10}$$

α 为主矢 $\boldsymbol{F}'_{\mathrm{R}}$ 与 x 轴所夹的锐角，$\boldsymbol{F}'_{\mathrm{R}}$ 的具体指向由 $\sum F_x$ 和 $\sum F_y$ 的正负号确定。从式(1.10)可知，求主矢的大小和方向时，只要求出原力系中各力在两个坐标轴上的投影即可得出，而不必将力平移后再求投影。

由平面力偶系的合成可知，主矩为

$$M'_O = M_1 + M_2 + \cdots + M_n$$

各附加力偶矩分别等于原力系中各力对简化中心的矩，即

$$\begin{aligned} M'_O &= M_1 + M_2 + \cdots + M_n \\ &= M_O(\boldsymbol{F}_1) + M_O(\boldsymbol{F}_2) + \cdots + M_O(\boldsymbol{F}_n) = \sum M_O(\boldsymbol{F}) = \sum M_O \end{aligned}$$

3. 结论

综上所述可得，平面一般力系向作用面内任一点简化的结果是一个力和一个力偶。这个力作用在简化中心，它的矢量称为原力系的主矢，且等于原力系中各力的矢量和；这个力偶的力偶矩称为原力系对简化中心的主矩，它等于原力系中各力对简化中心的力矩的代数和。

4. 简化结果的讨论

平面一般力系简化通常可以得到一个力和一个力偶，但这不是最简单的结果，根据主矢与主矩是否存在，可能出现以下 4 种情况：

① $\boldsymbol{F}'_{\mathrm{R}} = \boldsymbol{0}, M'_O \neq 0$；

② $\boldsymbol{F}'_{\mathrm{R}} \neq \boldsymbol{0}, M'_O = 0$；

③ $\boldsymbol{F}'_{\mathrm{R}} \neq \boldsymbol{0}, M'_O \neq 0$；

④ $\boldsymbol{F}'_{R}=\boldsymbol{0}, M'_{O}=0$。

下面对这几种情况作进一步的分析讨论。

(1) 力系可简化为一个合力偶

当 $\boldsymbol{F}'_{R}=\boldsymbol{0}, M'_{O}\neq 0$ 时，力系与一个力偶等效，即力系可简化为一个合力偶，合力偶矩等于主矩。此时，主矩与简化中心的位置无关。

(2) 力系可简化为一个合力

当 $\boldsymbol{F}'_{R}\neq\boldsymbol{0}, M'_{O}=0$ 时，力系与一个力等效，即力系可简化为一个合力。合力等于主矢，合力作用线通过简化中心。当 $\boldsymbol{F}'_{R}\neq\boldsymbol{0}, M'_{O}\neq 0$ 时，根据力的平移定理逆过程，可将 $\boldsymbol{F}'_{R}$ 和 M'_{O} 简化为一个合力。合力的大小、方向与主矢相同，合力作用线不通过简化中心。

(3) 力系处于平衡状态

当 $\boldsymbol{F}'_{R}=\boldsymbol{0}, M'_{O}=0$ 时，力系为平衡力系。

例 1.11　如图 1.67 所示，一桥墩顶部受到两边桥梁传来的铅垂力 $F_1=1\,940$ kN，$F_2=800$ kN，以及机车传来的制动力 $F_H=193$ kN。桥墩自重 $W=5\,280$ kN，风荷载 $F_W=140$ kN，各力的作用线如图 1.67a 所示。求这些力向基础中心 O 简化的结果；若能简化为一个合力，试求出合力作用线的位置。

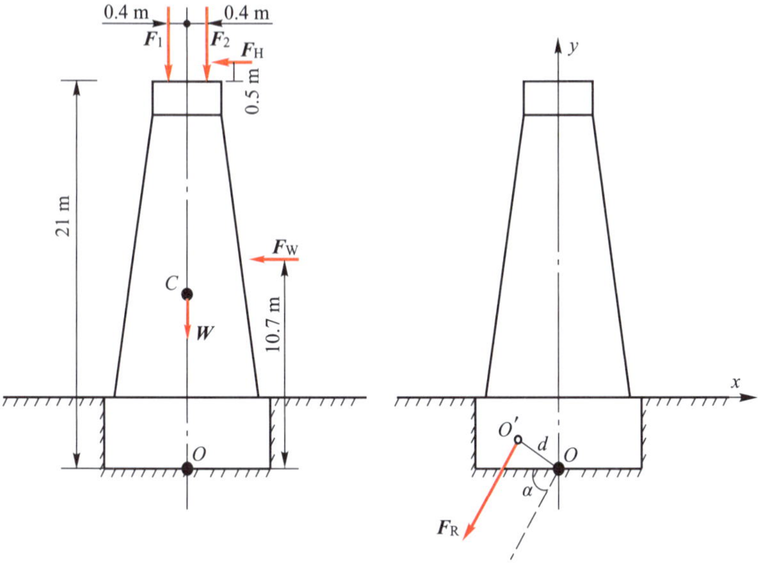

(a) 桥墩受力图　　(b) 桥墩受力简图

图 1.67

解　以桥墩基础中心 O 为简化中心，以点 O 为原点取直角坐标系 xOy，如图 1.67b 所示。根据式(1.10)，求主矢的大小和方向为

$$\sum F_x=-F_H-F_W=-333 \text{ kN}$$

$$\sum F_y=-F_1-F_2-W=-8\,020 \text{ kN}$$

得主矢大小为

$$F'_R=\sqrt{F_{Rx}^2+F_{Ry}^2}=\sqrt{(\sum F_x)^2+(\sum F_y)^2}=8\,027 \text{ kN}$$

主矢的方向为

$$\tan\alpha=\left|\frac{\sum F_y}{\sum F_x}\right|=\left|\frac{-8\ 020\ \text{kN}}{-333\ \text{kN}}\right|=24.084$$

$$\alpha=87°37'(F_R'\text{与 } x \text{ 轴所夹锐角})$$

因均为负值,所以应在第三象限。

力系对 O 点的主矩为

$$M_O=\sum M_O(F_i)=F_1\times0.4\ \text{m}-F_2\times0.4\ \text{m}+F_H\times21.5\ \text{m}+F_W\times10.7\ \text{m}=6\ 103.5\ \text{kN}\cdot\text{m}$$

因 $\boldsymbol{F}_R'\neq\boldsymbol{0}$,$M_O\neq0$,故此力系简化的最后结果是一个合力 $\boldsymbol{F}_R$,它的大小和方向与主矢相同,作用线的位置可由力的平移定理推出,得

$$d=\frac{|M_O|}{F_R'}=0.76\ \text{m}$$

因为主矩为正值(即逆时针转动),故合力 $\boldsymbol{F}_R$ 在简化中心的左边点处,如图 1.67b 所示。该合力 $\boldsymbol{F}_R$ 全部由基础承受,根据此合力可进行基础强度校核,并进一步研究基础的沉降和桥墩的稳定问题。

自己动手做

重力坝受力情况如图 1.68 所示,$W_1=450$ kN,$W_2=200$ kN,$F_1=300$ kN,$F_2=70$ kN,求力系的合力 $\boldsymbol{F}_R$ 的大小和方向,以及合力与基线 OA 的交点到点 O 的距离 x。

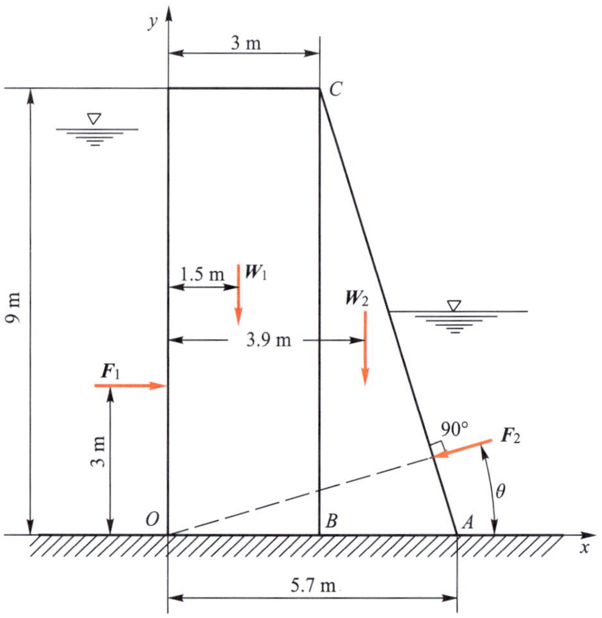

图 1.68

知识点 5　结构平衡计算

一、平衡条件和平衡方程

平面一般力系向任一点简化得到主矢 $\boldsymbol{F}'_R$ 和主矩 M'_O，如果主矢和主矩都等于零，则该力系平衡；反之，如果主矢和主矩中有一个量或两个量不为零时，原力系可合成为一个合力或一个力偶，力系就不平衡。所以，平面一般力系平衡的必要和充分条件是：力系的主矢和力系对任一点的主矩都等于零，即

微课
平衡方程基本形式 1

$$F'_R = 0, \quad M'_O = 0$$

由主矢和主矩的计算公式，上式可表示为如下代数方程，即

$$\left.\begin{aligned} \sum F_x &= 0 \\ \sum F_y &= 0 \\ \sum M_O &= 0 \end{aligned}\right\} \tag{1.11}$$

式(1.11)称为平面一般力系平衡方程的基本形式。其中前两式为投影方程，表示力系中所有各力在两个坐标轴中每一轴上的投影的代数和都等于零；后一式是力矩方程，表示力系中所有各力对于任一点的力矩的代数和等于零。这三个独立的方程可以确定三个未知量。

除了上述基本形式外，平面一般力系的平衡方程还可以表示为其他形式，通常称为二矩式和三矩式。

(1) 二矩式

二矩式平衡方程包括一个投影方程和两个力矩方程。若取两点 A、B 为矩心，另取一轴 x 为投影轴，则二矩式平衡方程为

$$\left.\begin{aligned} \sum F_x &= 0 \\ \sum M_A &= 0 \\ \sum M_B &= 0 \end{aligned}\right\} \tag{1.12}$$

其中，矩心 A、B 的连线不能与 x 轴相垂直。

(2) 三矩式

三个平衡方程都是力矩方程，则称为三矩式，即

$$\left.\begin{aligned} \sum M_A &= 0 \\ \sum M_B &= 0 \\ \sum M_C &= 0 \end{aligned}\right\} \tag{1.13}$$

其中，矩心 A、B、C 三点不能共线。

平面一般力系的平衡方程，无论哪种形式，都只有三个独立的平衡方程，对于一个刚体最多只能求解三个未知量。

归纳总结

平衡方程的基本形式最适合解悬臂结构；二矩式最适合解简支和外伸结构；三矩式最适合解

A、B、C 不共线的结构。

二、平面力系的几种特殊情形

1. 平面汇交力系

平面汇交力系中各力的作用线在同一平面内且交于一点。对于平面汇交力系，式(1.11)中的力矩方程自然满足，其平衡方程为

微课 平衡方程基本形式 2

$$\left.\begin{aligned}\sum F_x=0\\ \sum F_y=0\end{aligned}\right\} \tag{1.14}$$

平面汇交力系只有两个独立的平衡方程，只能求解两个未知量。

微课 平衡方程二矩式 1

2. 平面平行力系

平面平行力系中各力的作用线在同一平面内且互相平行。对于平面平行力系，式(1.11)中必有一个投影方程自然满足。设力系中各力作用线垂直于 x 轴，则 $\sum F_x\equiv 0$，因此，其平衡方程为

$$\left.\begin{aligned}\sum F_y=0\\ \sum M_O=0\end{aligned}\right\} \tag{1.15}$$

或为二矩式

$$\left.\begin{aligned}\sum M_A=0\\ \sum M_B=0\end{aligned}\right\} \tag{1.16}$$

其中，A、B 两点连线不与各力作用线平行。

平面平行力系只有两个独立的平衡方程，只能求解两个未知量。

三、平衡方程计算举例

例 1.12 如图 1.69a 所示，梁 AB 一端是固定端支座，另一端自由。已知 $q=5\ \text{kN/m}$，$F=10\ \text{kN}$，$\alpha=45°$，梁自重不计，求支座 A 的反力。

解 取梁 AB 为研究对象，画其受力图如图 1.69b 所示，支座反力的指向是假设的。梁上所受荷载和支座反力组成平面一般力系。

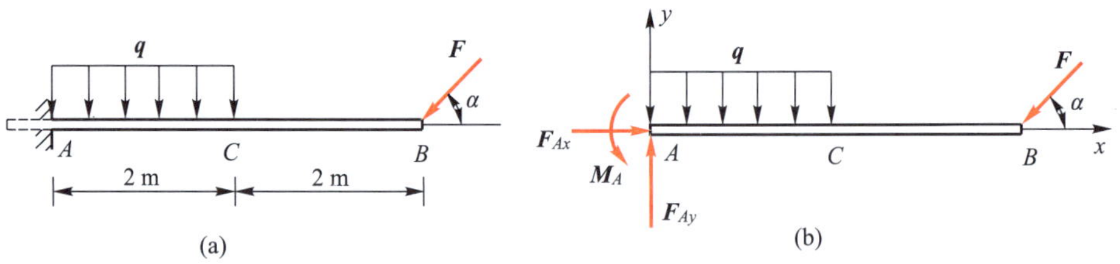

图 1.69

梁上的均布荷载可先合成得合力

$$F_q=q\cdot 2\ \text{m}=5\ \text{kN/m}\times 2\ \text{m}=10\ \text{kN}$$

方向铅垂向下，作用在 AC 段的中点。

设坐标系如图 1.69b 所示，用平衡方程的基本形式。由

$$\sum F_x=0,\quad F_{Ax}-F\cos 45°=0$$

得
$$F_{Ax}=F\cos 45°=10\text{ kN}\times\cos 45°=7.07\text{ kN}$$

由
$$\sum F_y=0,F_{Ay}-q\cdot 2\text{ m}-F\sin 45°=0$$

得
$$F_{Ay}=q\times 2\text{ m}+F\sin 45°=5\text{ kN/m}\times 2\text{ m}+10\text{ kN}\times\sin 45°=17.07\text{ kN}$$

由
$$\sum M_A=0,M_A-q\cdot 2\text{ m}\times 1\text{ m}-F\sin 45°\times 4\text{ m}=0$$

得 $M_A=q\times 2\text{ m}\times 1\text{ m}+F\sin 45°\times 4\text{ m}=5\text{ kN/m}\times 2\text{ m}\times 1\text{ m}+10\text{ kN}\times\sin 45°\times 4\text{ m}=38.28\text{ kN}\cdot\text{m}$

力系既然平衡，则力系中各力在任一轴上的投影代数和必然等于零，力系中各力对于任一点的力矩代数和必然等于零，因此，可以列出其他的平衡方程，用以校核计算有无错误。

校核

$$\sum M_B=M_A-F_{Ay}\times 4\text{ m}+q\times 2\text{ m}\times 3\text{ m}=38.28\text{ kN}\cdot\text{m}-17.07\text{ kN}\times 4\text{ m}+5\text{ kN/m}\times 2\text{ m}\times 3\text{ m}=0$$

说明计算正确。

例 1.13　外伸梁如图 1.70a 所示，求 A、B 两点的支座反力。

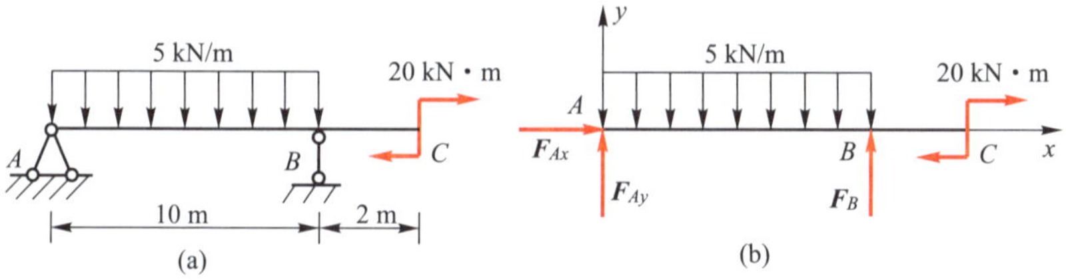

图 1.70

解　画梁的受力图如图 1.70b 所示，用平衡方程的二矩式。则

$$\sum F_x=0,\quad F_{Ax}=0$$

$$\sum M_A=0,\quad F_B\times 10\text{ m}-5\text{ kN/m}\times 10\text{ m}\times 5\text{ m}-20\text{ kN}\cdot\text{m}=0$$

$$F_B=27\text{ kN}$$

$$\sum M_B=0,\quad -F_{Ay}\times 10\text{ m}+5\text{ kN/m}\times 10\text{ m}\times 5\text{ m}-20\text{ kN}\cdot\text{m}=0$$

$$F_{Ay}=23\text{ kN}$$

微课
平衡方程二矩式 2

校核

$$\sum F_y=F_{Ay}+F_B-5\text{ kN/m}\times 10\text{ m}=23\text{ kN}+27\text{ kN}-50\text{ kN}=0$$

可见，计算结果正确。

例 1.14　一刚架所受荷载及支承情况如图 1.71a 所示。求 A、B 处的支座反力。

解　画刚架的受力图，建立坐标系如图 1.71b 所示，用平衡方程的二矩式。由

$$\sum F_x=0,\quad -F_{Bx}+5\text{ kN}=0$$

得
$$F_{Bx}=5\text{ kN}$$

$$\sum M_A=0,\quad F_{By}\times 3\text{ m}-5\text{ kN}\times 3\text{ m}-2\text{ kN}\cdot\text{m}=0$$

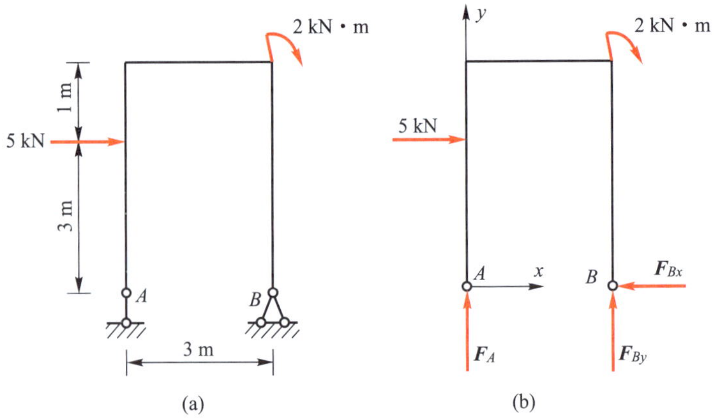

图 1.71

得
$$F_{By}=5.67\ \text{kN}$$

$$\sum M_B=0\quad -F_A\times 3\ \text{m}-5\ \text{kN}\times 3\ \text{m}-2\ \text{kN}\cdot\text{m}=0$$

得
$$F_A=-5.67\ \text{kN}$$

例 1.15 图 1.72a 所示的三角支架，已知 $F=10$ kN。试求杆件 CD 所受的力。

微课 平衡方程二矩式 3

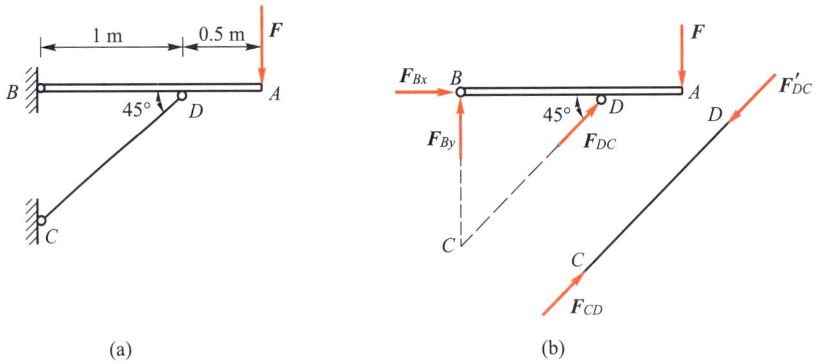

图 1.72

微课 平衡方程三矩式

解 取 AB 杆为研究对象，画其受力图如图 1.72b 所示。根据三矩式平衡方程，由

$$\sum M_B=0,\quad F_{DC}\times\sin 45°\times 1\ \text{m}-10\ \text{kN}\times 1.5\ \text{m}=0$$

得
$$F_{DC}=21.21\ \text{kN}$$

$$\sum M_D=0,\quad -F_{By}\times 1\ \text{m}-10\ \text{kN}\times 0.5\ \text{m}=0$$

得
$$F_{By}=-5\ \text{kN}$$

$$\sum M_C=0,\quad -F_{Bx}\times 1\ \text{m}-10\ \text{kN}\times 1.5\ \text{m}=0$$

得
$$F_{Bx}=-15\ \text{kN}$$

例 1.16 图 1.73a 所示的起重装置，通过滑轮 A 的钢索可以将重为 $W=2$ kN 的重物吊起，滑轮 A 用 AB 及 AC 两杆支承，A、B、C 三处均为铰链连接。不考虑摩擦，不计滑轮的大小、重量及

AB、AC 杆的重量，试求 AB 和 AC 杆的受力。

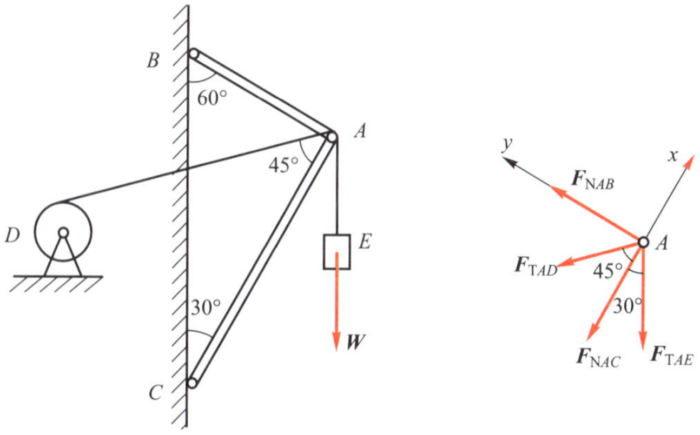

图 1.73

微课
平面汇交力系平衡方程

解　取 A 结点为研究对象，画其受力图如图 1.73b 所示。

$F_{TAD}=F_{TAE}=W$，杆 AB 和 AC 均为二力杆，所受力都沿着各自的轴线方向。因不考虑滑轮的大小，所以 A 点的力可以看作平面汇交力系。建立坐标系如图 1.73b 所示。由平面汇交力系的平衡方程得

$$\sum F_x=0,\quad -F_{NAC}-F_{TAD}\cos 45°-F_{TAE}\cos 30°=0$$

$$F_{NAC}=-2\ \text{kN}\times0.707-2\ \text{kN}\times0.866=-3.15\ \text{kN}\quad（压）$$

$$\sum F_y=0,\quad F_{NAB}+F_{TAD}\sin 45°-F_{TAE}\sin 30°=0$$

$$F_{NAB}=2\ \text{kN}\times0.5-2\ \text{kN}\times0.707=-0.41\ \text{kN}\quad（压）$$

例 1.17　简支梁如图 1.74a 所示。试求 A、B 支座的反力。

微课
平面平行力系的平衡方程

图 1.74

解　取 AB 梁为研究对象，画其受力图如图 1.74b。因为梁上仅有竖向荷载，所以可以省略 A 支座的水平反力。故可以看作平面平行力系。由平面平行力系的平衡方程得

$$\sum M_A=0,\quad 6F_B-5\ \text{kN/m}\times2\ \text{m}\times1\ \text{m}-20\ \text{kN/m}\times4\ \text{m}\times4\ \text{m}=0$$

$$F_B=55\ \text{kN}$$

$$\sum M_B=0,\quad -6F_A+5\ \text{kN/m}\times2\ \text{m}\times5\ \text{m}+20\ \text{kN/m}\times4\ \text{m}\times2\ \text{m}=0$$

$$F_A=35\ \text{kN}$$

归纳总结

微课
平面力偶系平衡方程

应用平面力系平衡方程解题的步骤为：

① 选取研究对象。

② 正确画出受力图。

③ 列平衡方程求解。

注意：对于同一个平面力系来说，最多只能列出三个独立平衡方程式，只能解三个未知量。

④ 校核。列出非独立的平衡方程以检查解题正确与否。

自己动手做

1. 试求图 1.75 所示结构的支座反力。

2. 试求图 1.76 所示结构的支座反力。

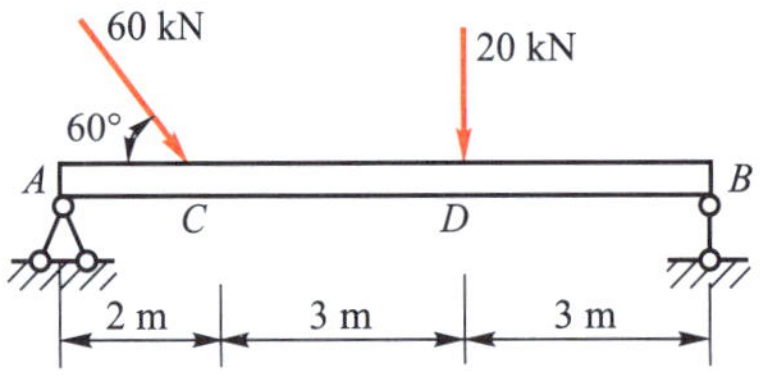

图 1.75

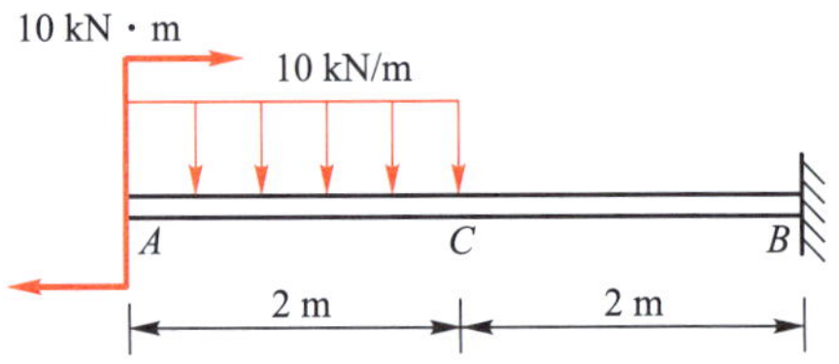

图 1.76

3. 试求图 1.77 所示结构的支座反力。

4. 图 1.78 所示拱形桁架的一端 A 为铰支座，另一端 B 为滚轴支座，其支撑面与水平面成 30° 角。桁架自重 $W=100$ kN，风荷载的合力 $F_F=20$ kN，其方向水平向左，试求 A、B 处的支座反力。

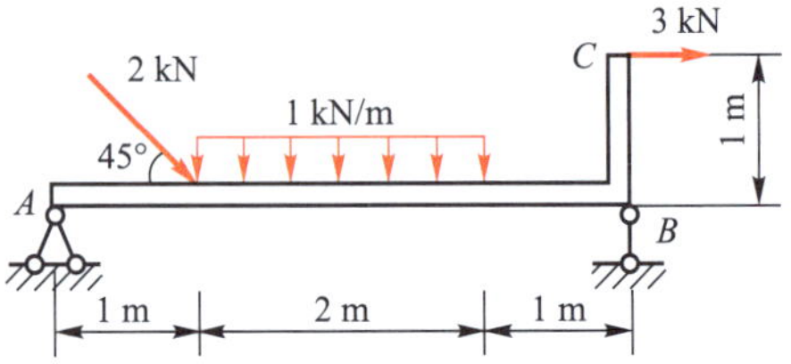

图 1.77

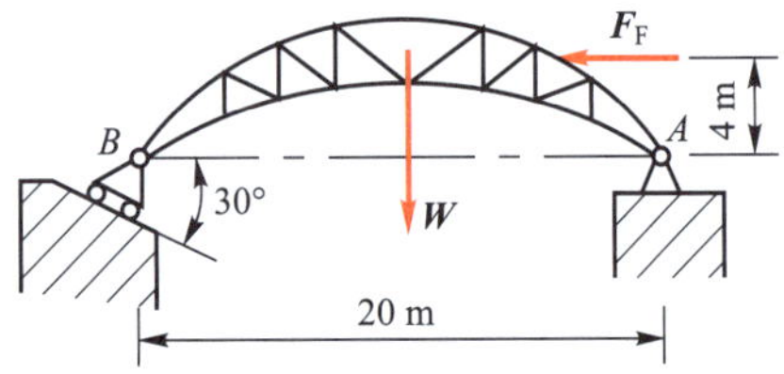

图 1.78

知识点 6　物体系统平衡计算

实际工程中，常常遇到由几个物体通过一定的约束联系在一起的物体系统。研究物体系统的平衡问题，不仅需要求解支座反力，而且还需要计算系统内各物体之间的相互作用力。物体系统以外的物体作用在此系统上的力称作外力；物体系统内各物体之间的相互作用力称作内力。如图 1.79a 中组合梁所受的荷载与 A、C 处支座的反力就是外力（图 1.79b），而在 B 铰处左、右两段梁相互作用的力就是组合梁的内力。要暴露内力必须将物体系统中各物体在它们相互联系的地方拆开，分别分析单个物体的受力情况，画出它们的受力图。如将组合梁在铰 B 处拆开为两段梁，分别画出这两段梁的受力图（图 1.79c、d）。应注意，外力和内力的概念是相对的，决定于所选取的研究对象。例如，图 1.79a 中组合梁在 B 铰处两段梁的相互作用力，对整体梁来说，就是内力;而对左段梁或右段梁来说,就成为外力了。

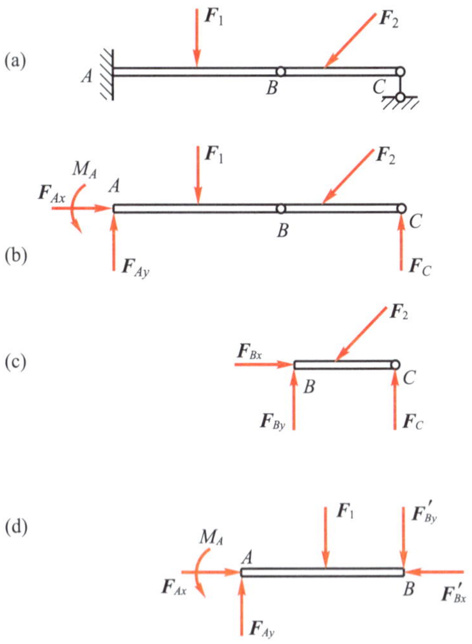

图 1.79

微课

物体系统平衡计算 1

特别注意

作用与反作用的关系。

由于物体系统内各物体之间相互作用的内力总是成对出现的,它们大小相等、方向相反、作用线相同,所以,在研究该物体系统的整体平衡时,不必考虑内力。

例 1.18　两跨梁的支承及荷载情况如图 1.80 所示。试求支座 A、B、D 及铰 C 处的约束反力。

解　两跨梁是由梁 AC 和 CD 组成,作用在每段梁上的力系都是平面力系,因此可列出六个独立的平衡方程。未知量也有六个,梁 CD、AC 及整体梁的受力图分别如图 1.80b、c、d 所示。各约束反力的方向都是假设的。注意,约束反力 $\boldsymbol{F}_{Cx}$、$\boldsymbol{F}_{Cy}$ 与 $\boldsymbol{F}'_{Cx}$、$\boldsymbol{F}'_{Cy}$ 大小相等,方向相反,作用在一条直线上。

由受力图可以看出,梁 CD 上只有三个未知量,而梁 AC 及整体上都各有四个未知量。因此,先取梁 CD 为研究对象,求出 $\boldsymbol{F}_{Cx}$、$\boldsymbol{F}_{Cy}$、$\boldsymbol{F}_D$,然后再考虑梁 AC 或整体梁平衡,就能解出其余的未知量。

① 取梁 CD 为研究对象

$$\sum F_x = 0,\quad F_{Cx} - 10\ \text{kN}\times\cos 60° = 0$$

$$F_{Cx} = 10\ \text{kN}\times\cos 60° = 5\ \text{kN}$$

$$\sum M_C = 0,\quad F_D\times 4\ \text{m} - 10\ \text{kN}\times\sin 60°\times 2\ \text{m} = 0$$

$$F_D = 4.33\ \text{kN}$$

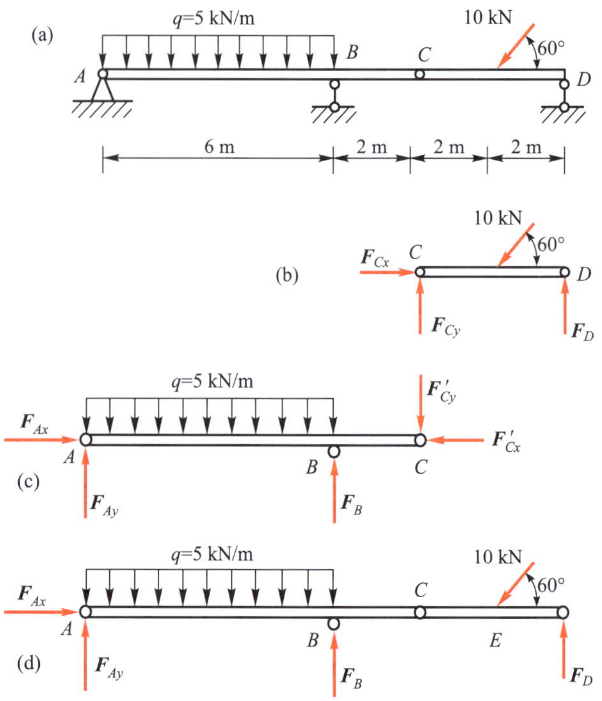

图 1.80

$$\sum M_D=0,\quad -F_{Cy}\times 4\ \text{m}+10\ \text{kN}\times\sin 60^\circ\times 2\ \text{m}=0$$

$$F_{Cy}=4.33\ \text{kN}$$

② 取梁 AC 为研究对象

$$\sum F_x=0,\quad F_{Ax}-F'_{Cx}=0$$

$$F_{Ax}=F'_{Cx}=5\ \text{kN}$$

$$\sum M_A=0,\quad F_B\times 6\ \text{m}-5\ \text{kN/m}\times 6\ \text{m}\times 3\ \text{m}-F'_{Cy}\times 8\ \text{m}=0$$

$$F_B=\frac{1}{6}(5\ \text{kN/m}\times 6\ \text{m}\times 3\ \text{m}+4.33\ \text{kN}\times 8\ \text{m})=20.77\ \text{kN}$$

$$\sum M_B=0,\quad -F_{Ay}\times 6\ \text{m}+5\ \text{kN/m}\times 6\ \text{m}\times 3\ \text{m}-F'_{Cy}\times 2\ \text{m}=0$$

$$F_{Ay}=\frac{1}{6}(5\ \text{kN/m}\times 6\ \text{m}\times 3\ \text{m}-4.33\ \text{kN}\times 2\ \text{m})=13.56\ \text{kN}$$

校核:取整体梁,受力图如图 1.80d 所示。列出平衡方程为

$$\sum F_x=0,\quad F_{Ax}-10\ \text{kN}\times\cos 60^\circ=5\ \text{kN}-10\ \text{kN}\times\cos 60^\circ=0$$

$$\begin{aligned}\sum F_y=0,\quad & F_{Ay}+F_B+F_D-5\ \text{kN/m}\times 6\ \text{m}-10\ \text{kN}\times\sin 60^\circ\\ &=13.56\ \text{kN}+20.77\ \text{kN}+4.33\ \text{kN}-5\ \text{kN/m}\times 6\ \text{m}-10\ \text{kN}\times\sin 60^\circ=0\end{aligned}$$

由上可知解题正确。

微课
物体系统平衡计算 2

自己动手做

微课
物体系统平衡计算 3

试求图 1.81 所示结构的支座反力。

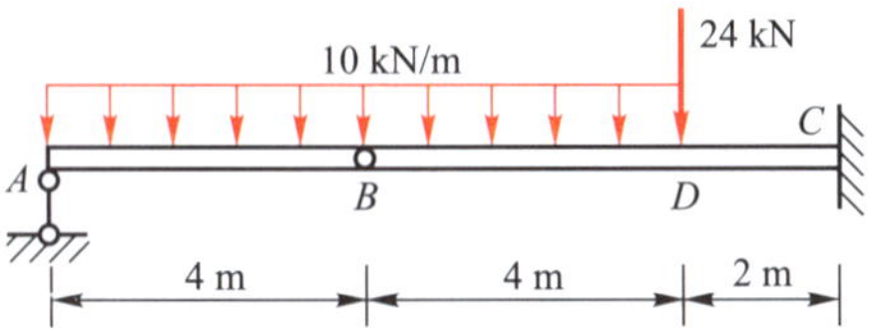

图 1.81

案例解析

图 1.82a 为图 1.50 所示结构的计算简图，管道搁置在三角支架上，荷载 $F_1=12$ kN，$F_2=7$ kN，架重不计。求 A 处的支座反力和 CD 杆的内力。

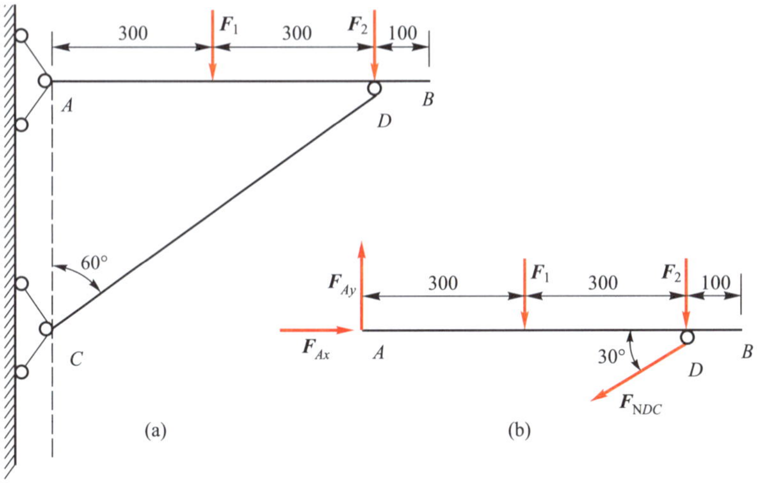

图 1.82

解　图 1.82b 所示为受力图，根据梁 AB 所受的未知力 $\boldsymbol{F}_{Ax}$、$\boldsymbol{F}_{Ay}$、$\boldsymbol{F}_{NDC}$ 三力互不平行，也就是说投影方程中会出现两个未知量，这样一个方程解不出一个未知量，故选用二矩式的平衡方程

$$\sum M_A=0,\quad -F_1\times30-F_2\times60-F_{NDC}\times\sin 30°\times60=0 \tag{1}$$

$$\sum M_D=0,\quad F_1\times30-F_{Ay}\times60=0 \tag{2}$$

$$\sum F_x=0,\quad F_{Ax}-F_{NDC}\times\cos 30°=0 \tag{3}$$

注意，附加条件，A、D 连线不与 x 轴垂直。

由方程（1）解得

$$F_{NDC}=\left(-\frac{12\times30+7\times60}{0.5\times60}\right)\text{ kN}=-26\text{ kN}$$

计算结果为负，说明 F_{NDC} 的假设指向与实际相反。

由方程(2)解得

$$F_{Ay}=\left(\frac{12\times30}{60}\right)\text{ kN}=6\text{ kN}$$

把 F_{NDC} 代入方程(3)解得

$$F_{Ax}=\left(-26\times\frac{\sqrt{3}}{2}\right)\text{ kN}=-22.5\text{ kN}$$

注意，当代入 F_{NDC} 时，连同负号一起代入，因为投影方程是根据假设指向列出的。F_{Ax} 的计算结果为负，说明假设指向与实际相反。

工学项目小结

本工学项目主要讨论了结构的简化、结构的机动分析、结构的受力分析、结构的平衡计算。

一、结构的简化

在对实际结构进行计算前，通常对其进行简化，表现其主要特点，略去次要因素，用结构的计算简图表示。确定结构的计算简图通常包括：结构系统的简化、构件的简化、结点的简化、支座的简化、荷载的简化等。

二、结构机动分析

本任务介绍了平面体系自由度的概念及其计算方法，重点阐述了几何不变体系的简单组成规则（三刚片规则、二刚片规则、二元体规则），要求能够进行简单的几何组成分析。

自由度计算公式：$W=3m-(2h+r)$。

三刚片规则：三刚片用三个不在同一直线上的铰两两相连，所组成的体系几何不变，且无多余约束。

二刚片规则：两刚片用一个铰和一根不过铰心的链杆相连，所组成的体系几何不变，且无多余约束。

二元体规则：刚片上增加或去掉一个二元体后组成的体系几何不变。

三、结构受力分析

本任务主要讨论物体的受力分析：将物体从系统中隔离出来；根据约束的性质分析约束力，并应用作用与反作用定律分析隔离体上所受各力的位置，作用线及可能方向，画出受力图。

1. 常见的约束类型

① 柔体约束　绳索、皮带、链条等构成的约束。柔体约束只产生沿着索线方向的拉力。

② 光滑接触面约束　约束与被约束物刚性接触，忽略接触面的摩擦。这种接触约束的约束力沿着两接触面的公法线方向，恒为压力。

③ 链杆约束　链杆的约束反力沿着链杆中心线，指向未定。

④ 圆柱铰链约束　由圆孔和销钉构成的约束，它只是提供一个方向不确定的约束力，该约束力也可分解为互相垂直的两个分力。

⑤ 固定端支座约束　与被约束物连接较为牢固，约束物不允许被约束物在约束处有任何相

对运动——包括移动和转动。固定端约束有两个互相垂直的约束力分量和一个约束力偶。

⑥ 固定铰支座约束　同圆柱铰链约束。

⑦ 可动铰支座约束　同链杆约束。

2. 结构受力图

① 根据题意选取研究对象,用尽可能简明的轮廓单独画出,即取分离体。

② 画出该研究对象所受的全部主动力。

③ 在研究对象上所有原来存在约束(即与其他物体相接触和连接)的地方,根据约束的性质画出约束反力。对于方向不能预先独立确定的约束反力(例如圆柱铰链的约束反力),可用互相垂直的两个分力表示,指向可以假设。

④ 有时可根据作用在分离体上的力系特点,如利用二力平衡时共线等理论,确定某些约束反力的方向,简化受力图。

3. 画受力图应注意的事项

① 当选取的分离体是互相有联系的物体时,同一个力在不同的受力图中用相同的方法表示;同一处的作用反力和反作用力,分别在两个受力图中表示成相反的方向。

② 当画作用在分离体上的全部外力时,不能多画也不能少画,内力一律不画。除分布力代之以等效的集中力、未知的约束反力可用它的正交分力表示外,所有其他力一般不合成、不分解,并画在其真实作用位置上。

四、结构的平衡计算

本任务主要讨论结构的平衡计算,是整本书的理论计算基础,主要为平面力系的平衡计算。其中包括力、力矩与力偶的概念,力在坐标轴上的投影,合力投影定理,合力矩定理,平面汇交力系的合成,平面力偶系的合成等基本概念。

1. 基本概念

① 力矩　力对点之矩是度量力使物体绕该点转动效应的物理量。它的数学表达式为

$$M_O(\boldsymbol{F}) = \pm F.d$$

式中　O——矩心;

d——力臂,是矩心到力作用线的垂直距离。

② 力偶　由大小相等、方向相反、作用线平行但不重合的两个力组成的力系称为力偶,力偶是一种特殊力系。

③ 力的投影　自力矢量的始端与末端分别向某一确定轴线上作垂线,得到两个交点(垂足)。两垂足之间的距离称为力在该轴上的投影,力的投影是代数量。

④ 合力投影定理　平面力系中各力在某一坐标轴上投影的代数和,等于力系的合力在该坐标轴上的投影。

⑤ 合力矩定理　合力之矩等于各分力对同一点之矩的代数和。

2. 平面力系的平衡计算

结构的平衡计算是本书的理论计算基础,包括了力的平移定理、平面汇交力系的平衡、平面力偶系的平衡、平面力系的平衡。

(1) 力的平移定理

作用在刚体上的力可以向任意点平移。平移后,除这个力外,还产生一个附加力偶,其力偶

矩等于原力对新作用点的矩。也就是说,平移后的一个力和一个力偶与平移前的一个力等效。

(2) 平面任意力系向平面内任一点简化

平面任意力系的简化结果为一主矢与主矩。主矢表示原力系的移动效应,主矩表示原力系的转动效应。

(3) 平面力系的平衡条件

平面任意力系平衡的必要和充分条件是:力系的主矢和主矩都为零,其平衡方程有三种形式。

① 基本形式

$$\left.\begin{aligned}\sum F_x=0\\ \sum F_y=0\\ \sum M_O=0\end{aligned}\right\}$$

② 二矩式

$$\left.\begin{aligned}\sum F_x=0\\ \sum M_A=0\\ \sum M_B=0\end{aligned}\right\}$$

其中,x 轴不能垂直于 A、B 两点的连线。

③ 三矩式

$$\left.\begin{aligned}\sum M_A=0\\ \sum M_B=0\\ \sum M_C=0\end{aligned}\right\}$$

其中,A、B、C 三点不能在同一条直线上。

思考题

1.1 图示为钢筋混凝土的阳台挑梁,试画出梁的计算简图。

1.2 指出图中各物体的受力图的错误,并加以改正。

1.3 什么是几何可变体系?它包括哪几种类型?分别举例说明几何可变体系为什么不能作为结构使用?

1.4 试用二元体规则推出两刚片规则和三刚片规则。几何不变体系的三条规则遵循什么基本原理?

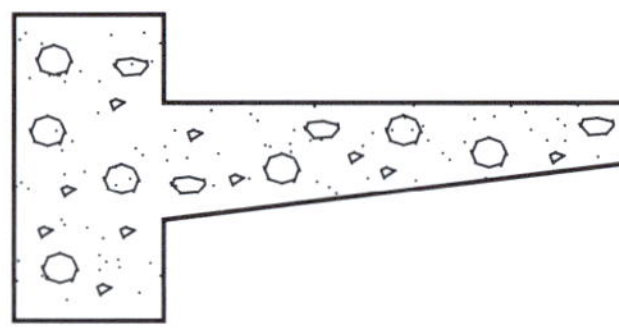

思考题 1.1 图

1.5 为什么要对结构进行几何组成分析?

1.6 设有两个力 $\boldsymbol{F}_1$ 和 $\boldsymbol{F}_2$,下列三种情况所表示的意义有何不同?

① $F_1=F_2$;

② $\boldsymbol{F}_1=\boldsymbol{F}_2$;

③ 力 $\boldsymbol{F}_1$ 等效于力 $\boldsymbol{F}_2$。

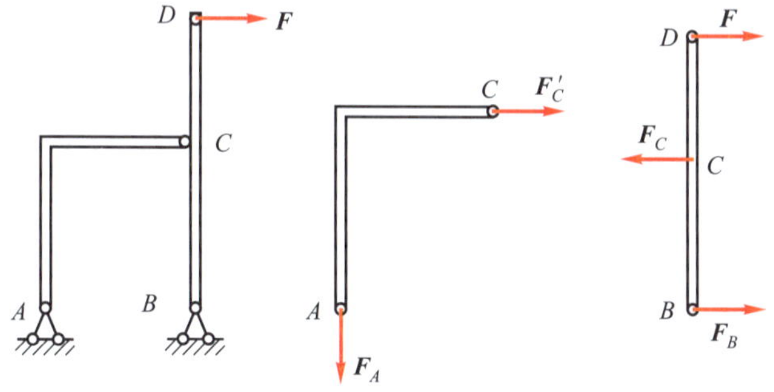

(a)

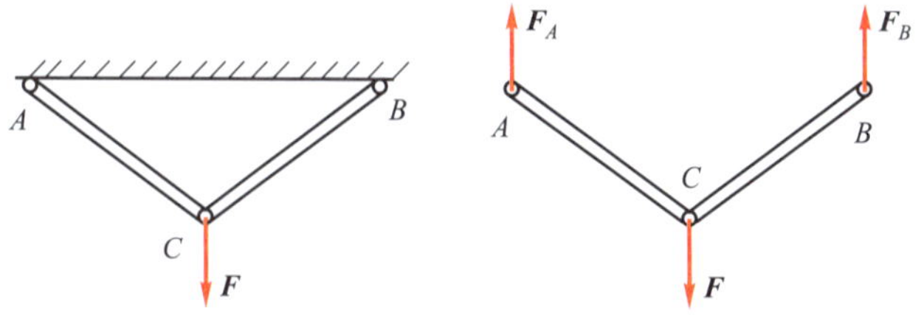

(b)

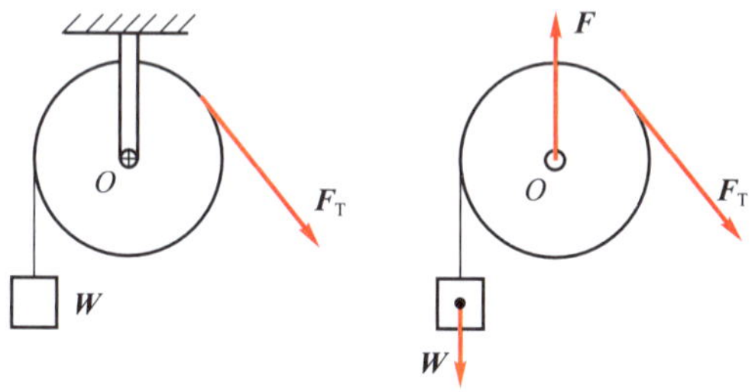

(c)

思考题 1.2 图

1.7　二力平衡条件和作用与反作用定律有何不同？

1.8　试在图示各杆的 A、B 两点各加一个力，使该杆处于平衡状态。

1.9　判断下列说法的正误：

① 没有主动力就没有约束反力。

② 约束反力的作用点就在约束与被约束物体的接触点。

③ 在分离体上画出全部约束反力就成为受力图。

1.10　同一个力在两个互相平行的轴上的投影有什么关系？如果两个力在同一轴上的投影相等，问这两个力的大小是否一定相等？

1.11　力偶不能和一个力平衡，为什么图中的轮子又能平衡呢？

1.12　试比较力矩与力偶矩的异同点。

1.13　图中梁 AB 处于平衡状态，如何确定支座 A、B 处反力的方向？根据是什么？

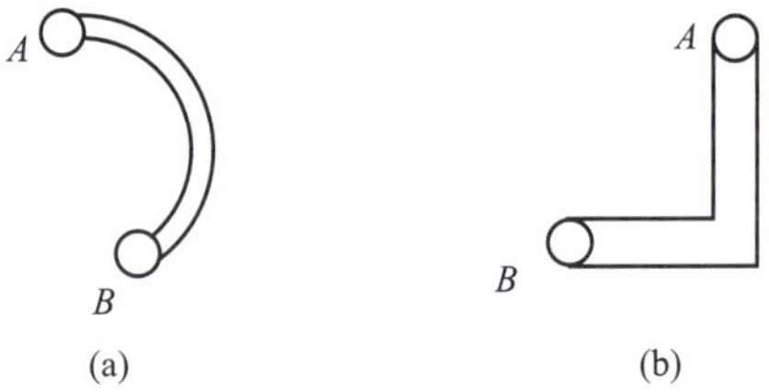

思考题 1.8 图

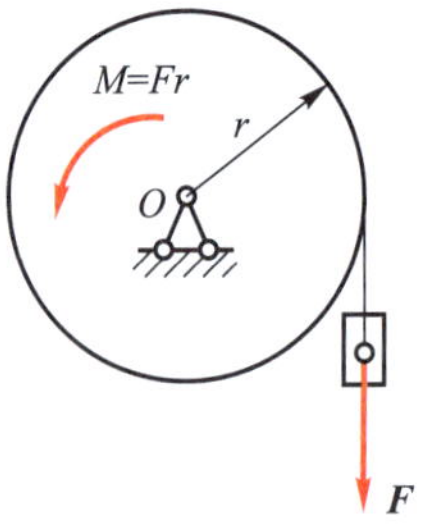

思考题 1.11 图

1.14　不平衡的平面力系，已知该力系在 y 轴上投影的代数和等于零，且对平面内任意一点之矩的代数和等于零。问此力系简化的结果是什么？

1.15　为什么说平面一般力系只有 3 个独立的平衡方程？如图中的梁，能否列出 4 个平衡方程将 4 个反力 $\boldsymbol{F}_{Ax}$、$\boldsymbol{F}_{Ay}$、$\boldsymbol{F}_{B}$、$\boldsymbol{F}_{C}$ 都求出？

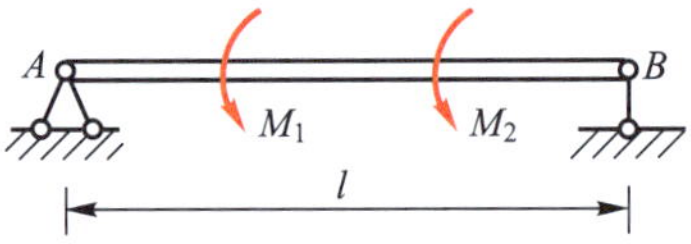

思考题 1.13 图

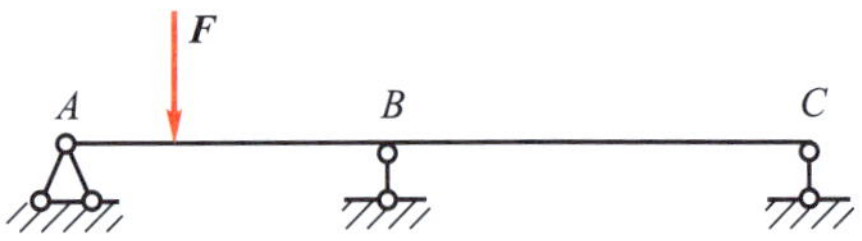

思考题 1.15 图

习题

1.1　分析如图所示体系，确定它是不是几何可变体系。

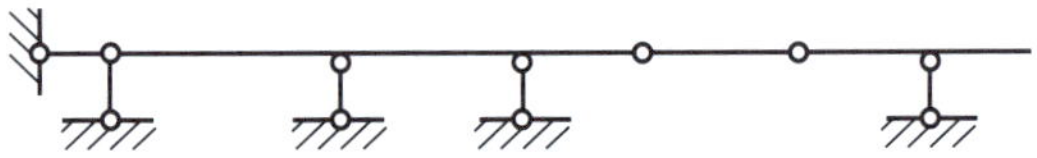

习题 1.1 图

1.2　试对图示平面体系做几何组成分析，如果体系是几何不变的，确定有无多余约束，有多少多余约束。

1.3　分析图示体系的几何组成，并指出有无多余联系。

1.4　试求下列各力在 x 轴及 y 轴上的投影。

① 如图 a 所示，已知 $F_1=400\ \text{N}$，$F_2=300\ \text{N}$，$F_3=600\ \text{N}$，$F_4=800\ \text{N}$；

② 如图 b 所示，已知 $F_1=100\ \text{N}$，$F_2=50\ \text{N}$，$F_3=60\ \text{N}$，$F_4=80\ \text{N}$。

1.5　计算图示 a~f 各力 $\boldsymbol{F}$ 对 O 点的矩。

1.6　刚架上作用着力 $\boldsymbol{F}$，分别计算图示力 $\boldsymbol{F}$ 对点 A 和点 B 的力矩，F、α、a、b 为已知。

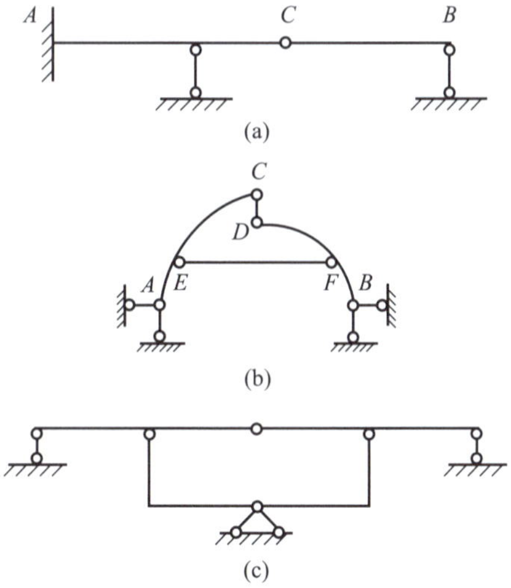

习题 1.2 图

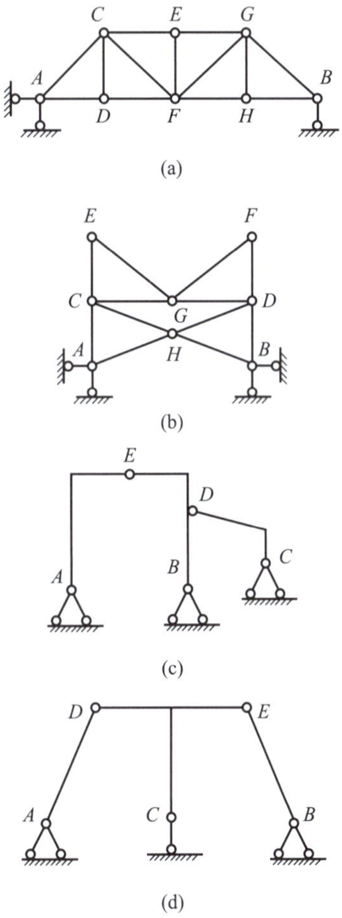

习题 1.3 图

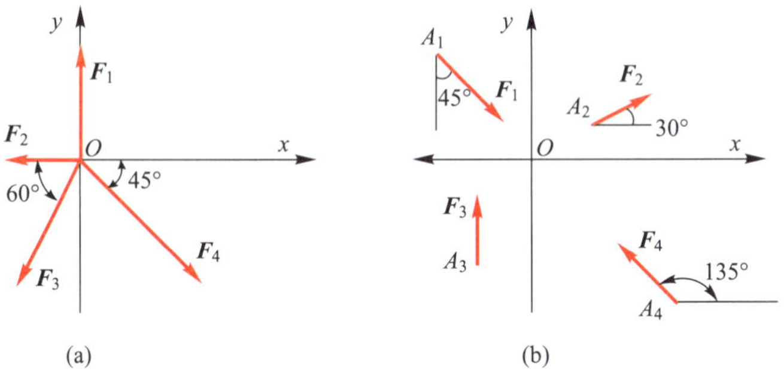

习题 1.4 图

1.7　如图所示，已知 $F_1=F_1'=80\ \text{N}, F_2=F_2'=120\ \text{N}\ , F_3=F_3'=60\ \text{N}, d_1=50\ \text{cm}, d_2=60\ \text{cm}, d_3=80\ \text{cm}$，求图中三个力偶的合力偶矩。

1.8　试作图示 a、b、c 各杆的受力图。未注明重力的物体都不计自重。

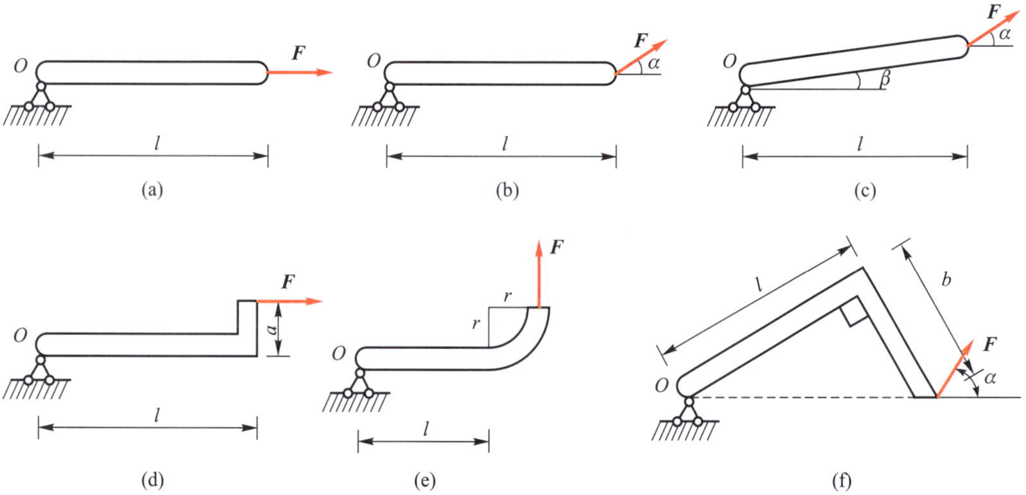

习题 1.5 图

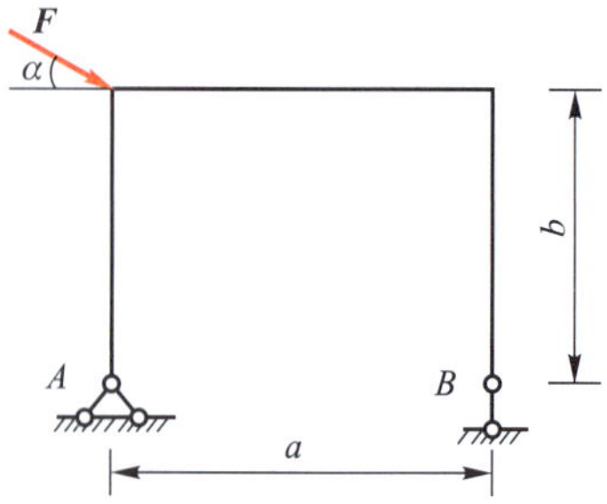

习题 1.6 图

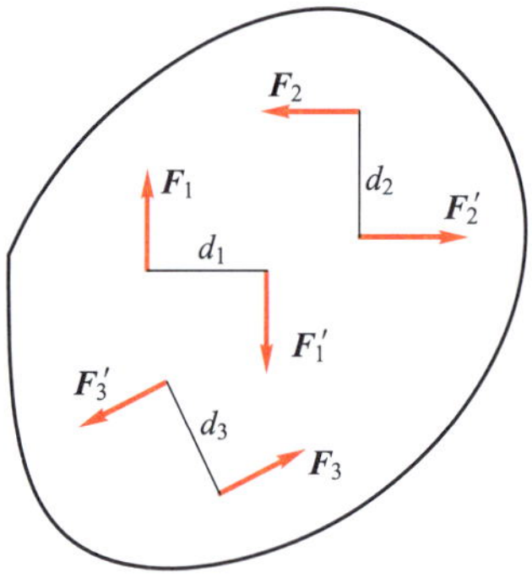

习题 1.7 图

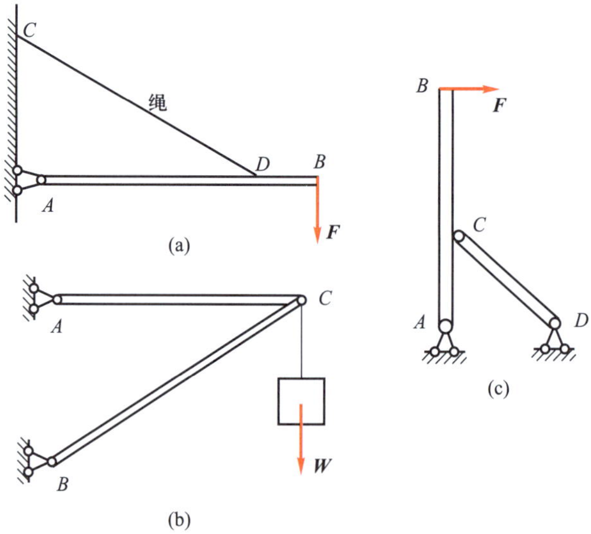

习题 1.8 图

1.9　画出图示 a~d 各梁的受力图。

1.10　试作图示结构各部分及整体的受力图，结构自重不计。

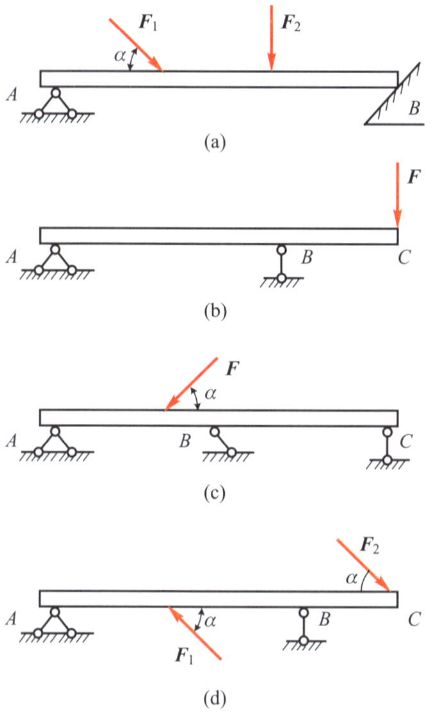

习题 1.9 图

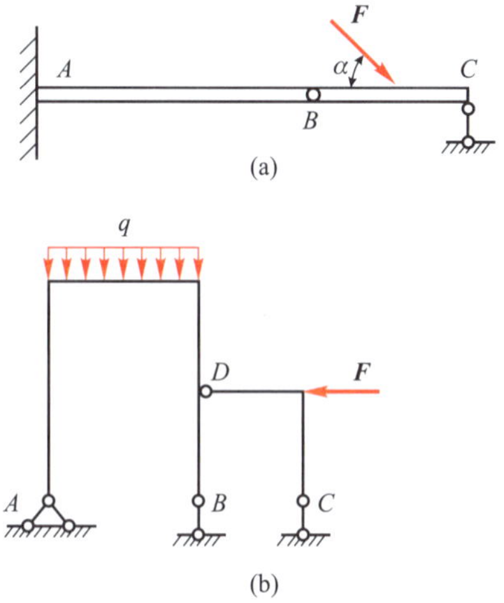

习题 1.10 图

1.11　利用平面力系的平衡方程算出图示 a~i 各单跨梁的支座反力。

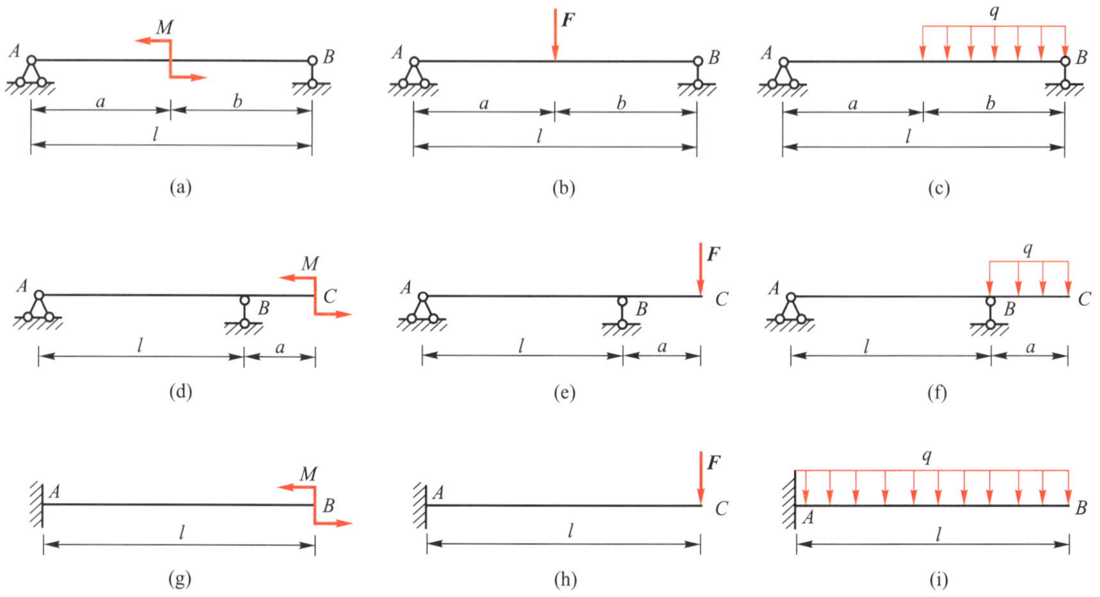

习题 1.11 图

1.12　求图示 a～d 各梁的支座反力。

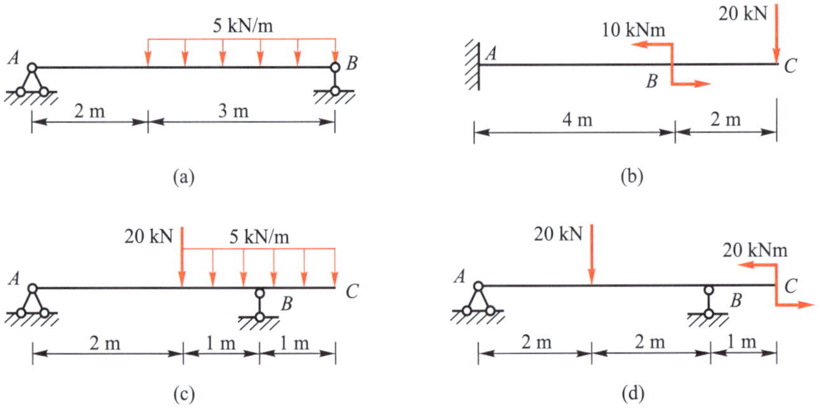

习题 1.12 图

1.13　求图示 a～f 各结构的支座反力。

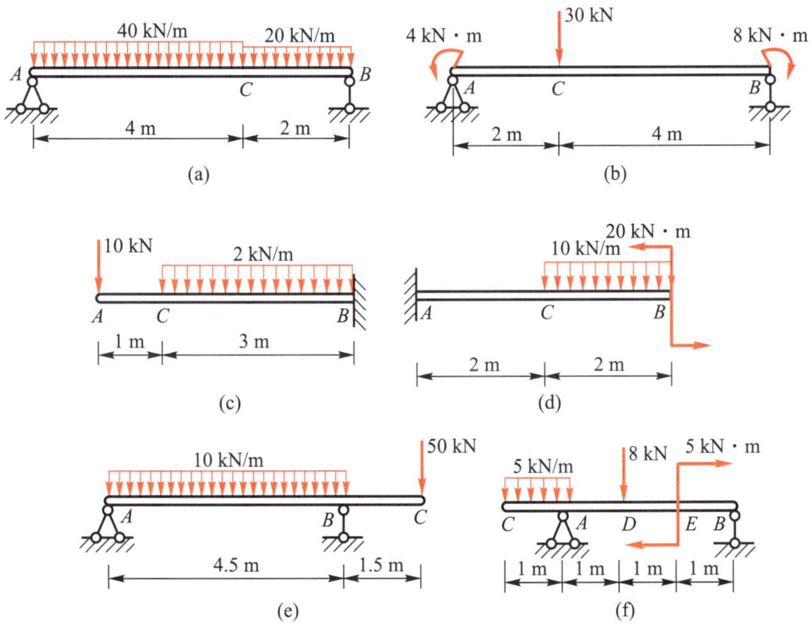

习题 1.13 图

1.14　求图示 a～c 各结构的支座反力。

1.15　钢制正方形框架，边长 $a=40$ cm，重力 $W=500$ N，用粗麻绳套在框架外面起吊，如图所示。现有两条长各为 1.7 m 和 2 m 的相同粗细的麻绳，问用哪一条麻绳起吊绳子的拉力较小？求出这两个力的大小。

1.16　一座吊桥 AB，长为 L，重力 W_1 可看成作用在 AB 中点，一端用铰链 A 固定于地面，另一端用绳子吊住，绳子跨过光滑滑轮 C，并在其末端挂一重物 W_2，且 $AC=AB$，如图所示。求平衡时吊桥 AB 的位置（用角 α 表示）和 A 处的反力。

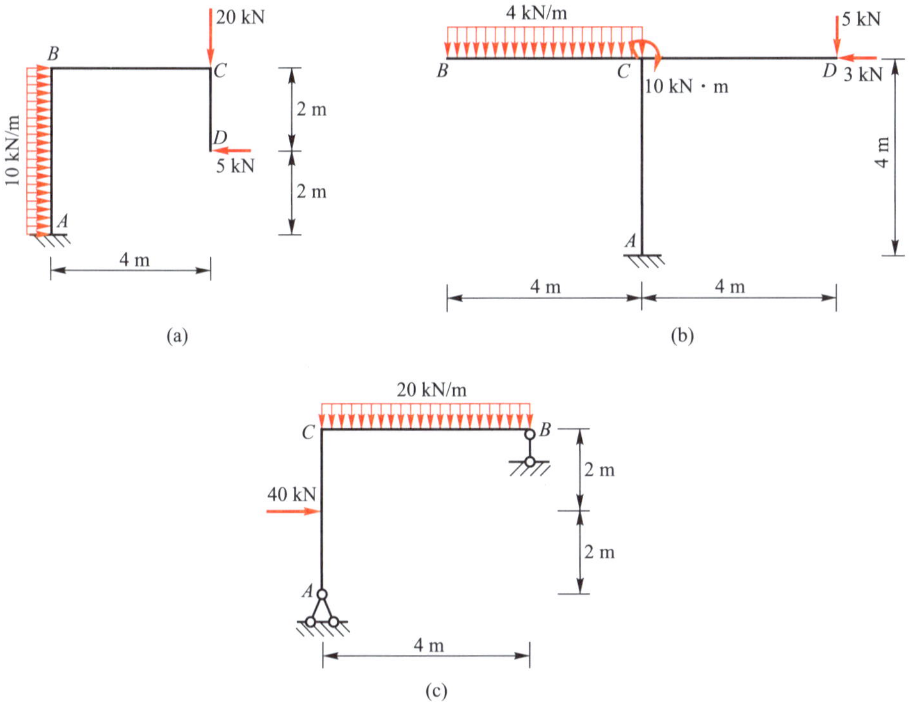

习题 1.14 图

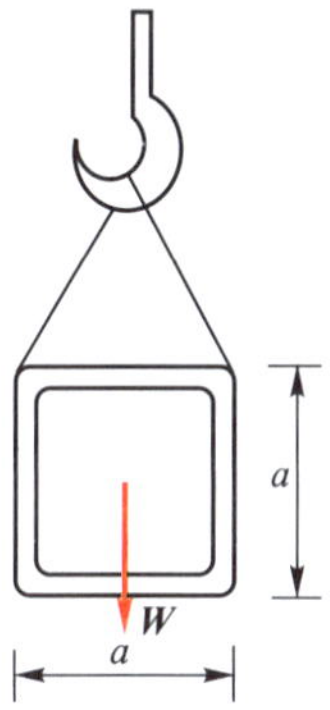

习题 1.15 图

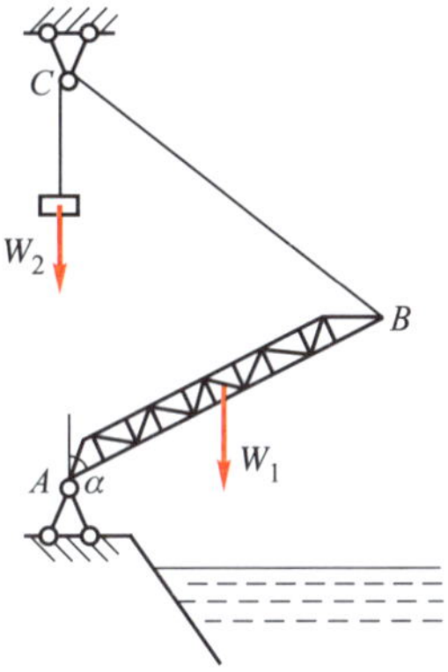

习题 1.16 图

1.17　如图所示，梁 AB 长 10 m，在梁上铺设有起重机轨道，起重机重 $G=50$ kN，其重心在铅直线 CD 上，重物的重力为 $W=10$ kN，梁产生的重力 30 kN，E 到铅直线 CD 的垂直距离为 4 m，$AC=3$ m。求当起重机的伸臂和梁 AB 在同一铅直面内时，支座 A 和 B 处的反力。

1.18　图示为两根外径 $d=250$ mm 的管道搁置在 T 形支架上，支架的间距 $L=8$ m，已知管道的重量 $p_0=1.48$ kN/m，管道传给支架的总重 $\boldsymbol{F}$ 作用在支架的 A、B 点；A 处的管道受到由左向右的水平荷载，沿管道长度风压力 $p=0.1$ kN/m，风力的合力 $\boldsymbol{F}_Q$ 作用于迎风面的中点；支架的水平风荷载 $q=0.14$ kN/m；支架自重 $\boldsymbol{W}=12$ kN。柱与基础支架用细石混凝土填实。求柱脚 C 处的约束反力。

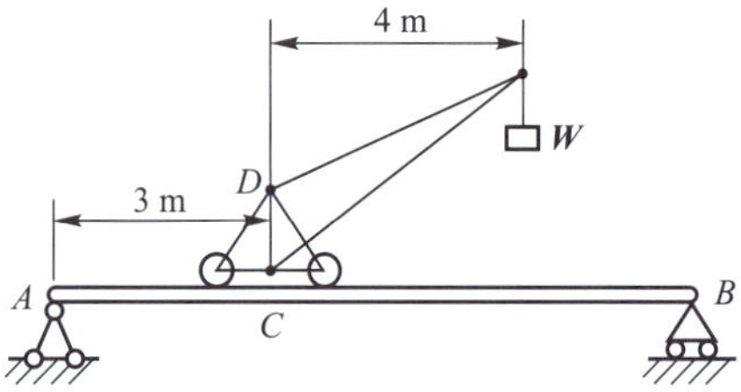

习题 1.17 图

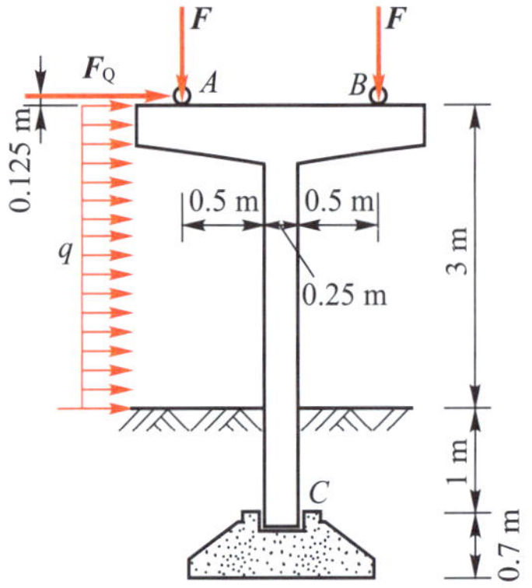

习题 1.18 图

1.19　如图所示，起重工人为了把高 10 m、宽 1.2 m、重量 $W=200$ kN 的塔架立起来，首先用垫块将其一端垫高 1.5 m，而在其另一端用木桩顶住塔架，然后再用卷扬机拉起塔架。试求当钢丝绳处于水平位置时，钢丝绳的拉力需要多大才能把塔架拉起？并求此时木桩对塔架的约束反力。提示：木桩对塔架可认为是铰链约束。

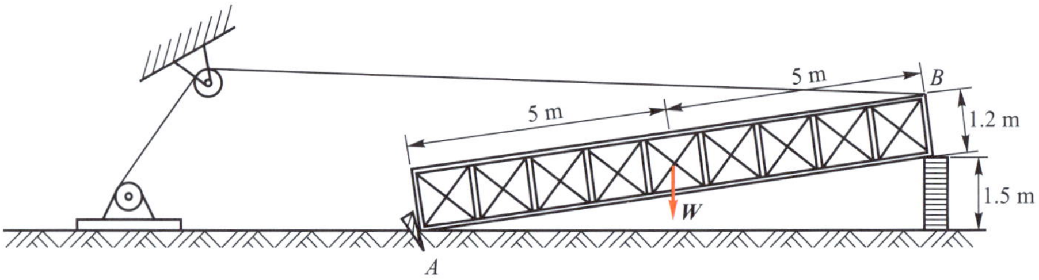

习题 1.19 图

1.20　如图所示，塔式起重机机身重 $W=450$ kN（不包括平衡锤），作用于 C 点。最大起重量 $F_P=250$ kN。要使起重机安全正常地工作，平衡锤重 $\boldsymbol{F}_Q$ 应为多少？

1.21　悬臂刚架的尺寸及荷载如图所示。已知 $q=4$ kN/m，$M=10$ kN · m，试求支座 A 处的反力。

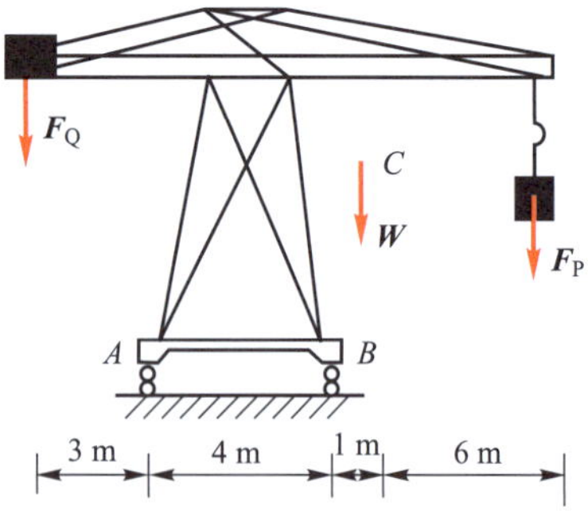

习题 1.20 图

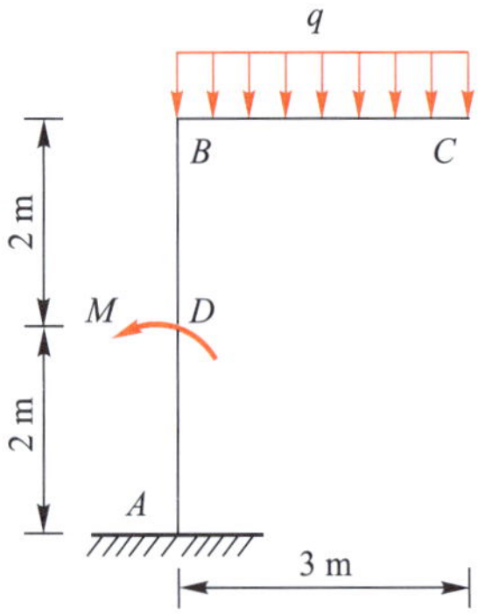

习题 1.21 图

动画

起重机

1.22　图示简支刚架，已知 $F=4$ kN，$M=2$ kN·m，试计算支座 A、B 处的反力。

1.23　图示支架在 B 处挂一重物 $W=60$ kN，如不计杆重，求斜杆 DE 和 FG 的受力及 C 处的支座反力。

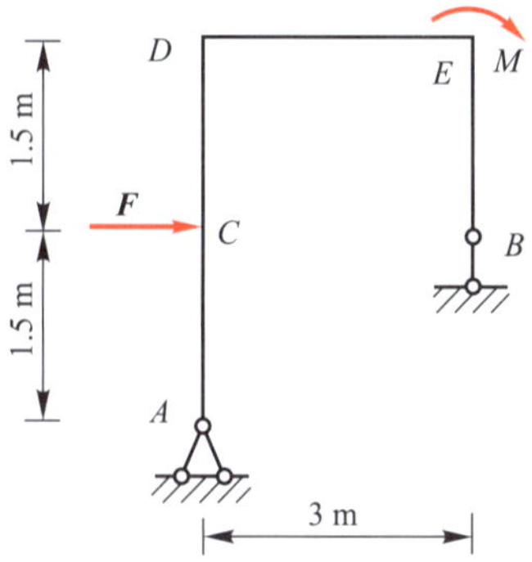

习题 1.22 图

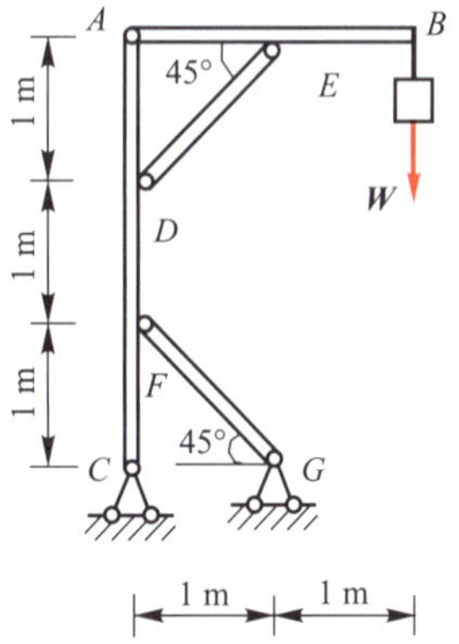

习题 1.23 图

1.24　求图示多跨静定结构的支座及中间铰处的反力。

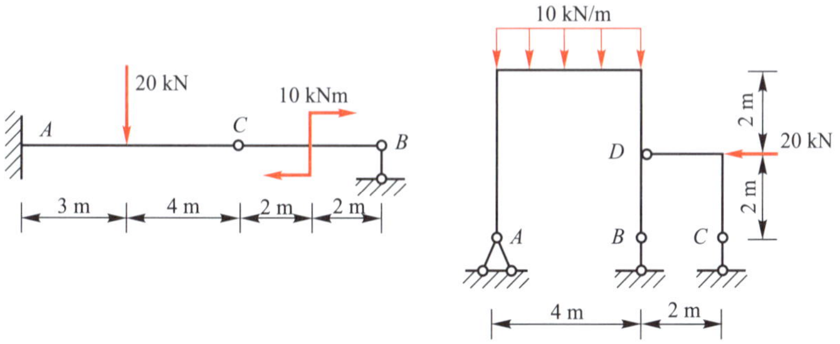

(a)　(b)

习题 1.24 图

1.25　求下列图示多跨静定结构的支座及中间铰处的反力。

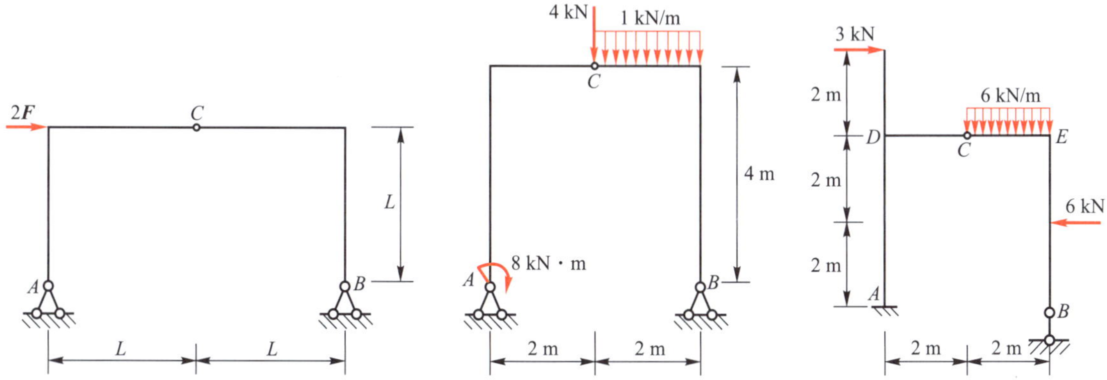

(a)　(b)　(c)

习题 1.25 图

1.26　混凝土坝的横截面如图所示，坝高 13 m，底宽 12 m，允许最大水深 10 m。混凝土的容量 $\gamma=20\ \mathrm{kN/m^3}$。坝体与地面的静摩擦系数 $f_s=0.6$。问：

① 此坝是否会滑动？

② 此坝是否会翻倒？

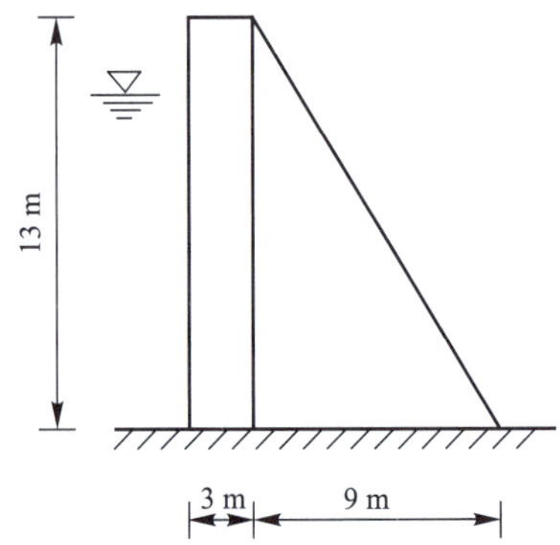

习题 1.26 图

工学项目 2

2

轴向变形构件力学分析

知识目标

通过本工学项目的学习，理解轴向变形构件的受力特点、变形特点，掌握截面法计算轴力的方法，理解理想桁架的概念，会计算静定平面桁架杆件的内力，会检测材料在轴向变形时的力学性能，能验算轴向拉(压)杆的强度，理解欧拉公式，能验算细长受压构件的稳定性。

能力目标

通过本工学项目的学习，能够验算三角托架杆件、吊装机具钢丝绳的强度；能计算静定平面桁架杆件的内力；能够验算钢管支柱的稳定性。

素质目标

通过本工学项目的学习，培养吃苦耐劳、甘于奉献的敬业精神。

项目导学

图 2.1、图 2.2 所示为支承木板与集装箱的托架，在这种结构中有发生轴向变形的构件，在土木工程结构施工和日常生活中比较常见，要想正常使用，必须满足强度、刚度、稳定性的要求。本工学项目研究其强度和稳定性问题。

图 2.1

图 2.2

任务 2.1　轴向变形构件内力计算

任务导入

图 2.1 所示三角托架的计算简图如图 2.3a 所示。分析杆 BC 的受力情况，其受力图如图 2.3b 所示。

动画
拉伸圆柱体

动画
压缩圆柱体

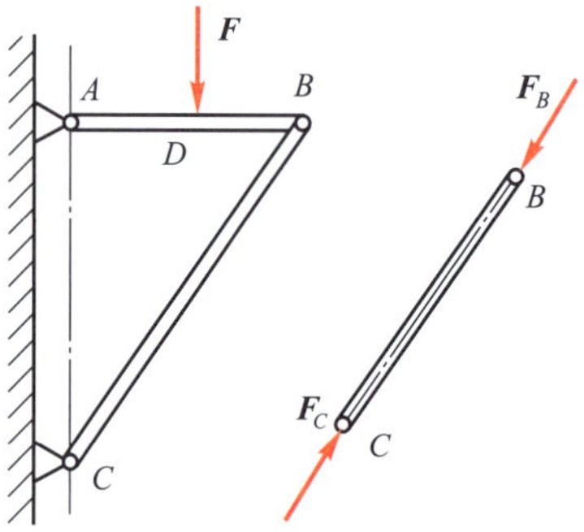

图 2.3

图 2.3b 中杆 BC 所受外力沿着杆件轴线方向，将发生轴向缩短变形。这种杆件所受外力沿轴线方向、轴向伸长或缩短的变形称为**轴向拉伸（或压缩）**。产生轴向拉伸或压缩的杆件称为拉杆或压杆。

杆件在变形的过程中，内部会产生内力。内力是指杆件在外力作用下本身一部分与另一部分之间的相互作用。计算内力通常用截面法。

小疑问

轴向拉或压杆件的受力特点与变形特点是什么？

知识点 1　截面法计算轴向变形构件的内力

要确定杆件某一截面中的内力，可以假想地将杆件沿需要确定内力的截面截开，将杆分为两部分，并取其中一部分作为研究对象。此时，截面上的内力被显示了出来，并成为研究对象上的外力，再由静力平衡条件求出此内力。这种求内力的方法称为**截面法**。

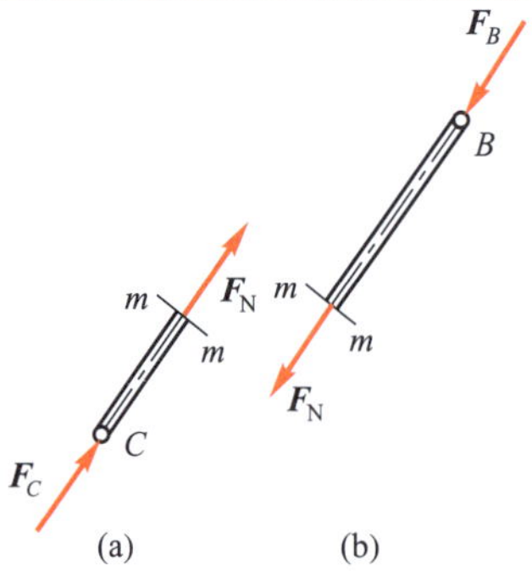

图 2.4

下面以图 2.3b 所示杆 BC 为例确定杆件任一横截面 $m-m$ 上的内力。运用截面法，将杆沿截面 $m-m$ 截开，取 Cm 段为研究对象，如图 2.4a 所示。考虑 Cm 段的平衡，可知截面 $m-m$ 上的内力必是与杆轴线重合的一个力。由于内力是与轴线重合的力，故称它为**轴力**，用 $\boldsymbol{F}_{\mathrm{N}}$ 表示。当杆件受拉时，轴力为拉力，其方向背离截面；当杆件受压时，轴力为压力，其方向指向截面。规定，轴力以拉力为正、压力为负。按规定图 2.4a 所示轴力画为正方向拉力，由平衡条件可知，$\boldsymbol{F}_{\mathrm{N}}=-\boldsymbol{F}_{C}$，为压力。若取 mB 段为研究对象，如图 2.4b 所示，可得出相同的结果。

轴力的单位为 N 或 kN。

微课
截面法计算轴向拉压杆内力 1

归纳总结

截面法可归纳为以下 4 个步骤：

① 一分为二。用假想的截面将杆件在要求分析内力处一分为二。

② 取一弃一。取其中受力简单的一部分为研究对象。

③ 画受力图。画研究对象的受力图。注意：内力一定要画成规定的正方向。

④ 平衡求解。根据受力图列平衡方程求解内力。

微课
截面法计算轴向拉压杆内力 2

例 2.1　杆件受力如图 2.5a 所示，在力 $\boldsymbol{F}_1$、$\boldsymbol{F}_2$、$\boldsymbol{F}_3$ 作用下处于平衡状态。已知 $F_1=8\ \mathrm{kN}$，$F_2=10\ \mathrm{kN}$，$F_3=2\ \mathrm{kN}$，求杆件 AB 和 BC 段的轴力。

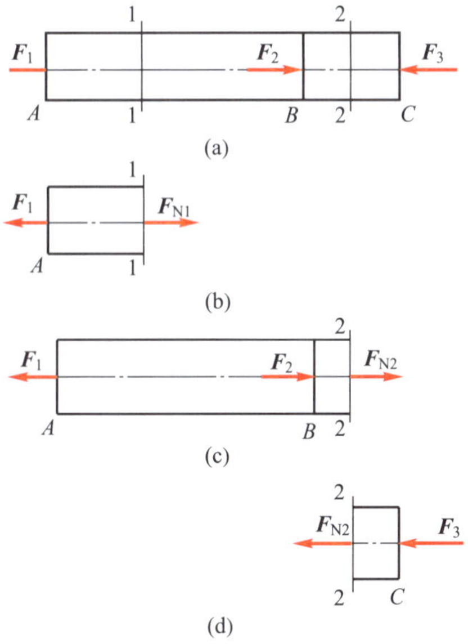

图 2.5

解　① 求 AB 段的轴力。

用 1-1 截面在 AB 段内将杆截开，取左段为研究对象（图 2.5b），以 $\boldsymbol{F}_{\mathrm{N1}}$ 表示截面轴力，按规定画为拉力，写出平衡方程

$$\sum F_x=0,\quad F_{\mathrm{N1}}-F_1=0$$

得

$$F_{\mathrm{N1}}=F_1=8\ \mathrm{kN}$$

正号说明 AB 段的轴力为拉力。

微课
截面法计算轴向拉压杆内力 3

② 求 BC 段的轴力。

用 2-2 截面在 BC 段内将杆截开，取左段为研究对象（图 2.5c），以 $\boldsymbol{F}_{\mathrm{N2}}$ 表示截面轴力，写出平衡方程

$$\sum F_x=0,\quad F_{\mathrm{N2}}-F_1+F_2=0$$

得

$$F_{\mathrm{N2}}=F_1-F_2=8\ \mathrm{kN}-10\ \mathrm{kN}=-2\ \mathrm{kN}$$

负号说明 BC 段轴力为压力。

若取右段为研究对象（图 2.5d），写出平衡方程

$$\sum F_x=0\ ,\quad -F_{\mathrm{N2}}-F_3=0$$

得

$$F_{\mathrm{N2}}=-F_3=-2\ \mathrm{kN}$$

结果与取左段为研究对象一样。本例由于右段上的外力少，计算较简单，应取右段计算。

知识点 2　轴力图

表明轴力沿杆长各横截面变化规律的图形称为**轴力图**。轴力图由以下部分组成：

① 坐标系 $x-F_N$:x 轴平行于杆的轴线。

② 基线:x 轴上杆的正投影部分。当坐标轴略去不画时,用基线代替 x 轴。

③ 图线:图线上点的 x 坐标表示横截面的位置;点的 F_N 坐标表示该截面的轴力值。

④ 纵坐标线:图线上的点向基线引的垂线。

⑤ 纵坐标值:标上具有代表意义的纵坐标值。

⑥ 符号:杆段内轴力的正、负,拉力为正,压力为负。

⑦ 图名、单位。

轴力图可以形象地表示轴力沿杆长变化情况,方便地找到最大轴力所在位置和数值。

微课 轴力图概念

微课 轴力图绘制

小窍门

① 确定计算轴力需要"取"的研究对象后,用一张纸遮住"弃"的部分,这样就不用每次画受力图。

② 轴力的大小是"取"的部分上与其平行的所有外力的代数和。

③ 免去每次列平衡方程,直接写出轴力的计算式,与其方向相同的外力在等式右边为负,与其方向相反的外力在等式右边为正。

例 2.2 杆件受力如图 2.6a 所示,已知 $F_1=20\ \text{kN}$, $F_2=30\ \text{kN}$,$F_3=5\ \text{kN}$,试画出杆件的轴力图。

解 ① 计算各段杆的轴力。

AB 段(图 2.6c):用 1-1 截面在 AB 段内将杆截开,取右段为研究对象,以 $\boldsymbol{F}_{N1}$ 表示截面上的轴力,并假设为拉力。写出平衡方程为

$$\sum F_x=0,\quad -F_{N1}-F_1=0$$

得

$$F_{N1}=-F_1=-20\ \text{kN}(\text{压力})$$

BC 段(图 2.6d):类似上述步骤,写出平衡方程为

$$\sum F_x=0,\quad -F_{N2}+F_2-F_1=0$$

得

$$F_{N2}=F_2-F_1=30\ \text{kN}-20\ \text{kN}=10\ \text{kN}(\text{拉力})$$

CD 段(图 2.6e):同理可得

$$F_{N3}=-F_1+F_2-F_3=-20\ \text{kN}+30\ \text{kN}-5\ \text{kN}=5\ \text{kN}(\text{拉力})$$

② 画轴力图。

以平行于杆轴的 x 轴为横坐标,垂直于杆轴的 F_N 轴为纵坐标,按一定比例将各段轴力标在坐标上,可得到轴力图如图 2.6b 所示。

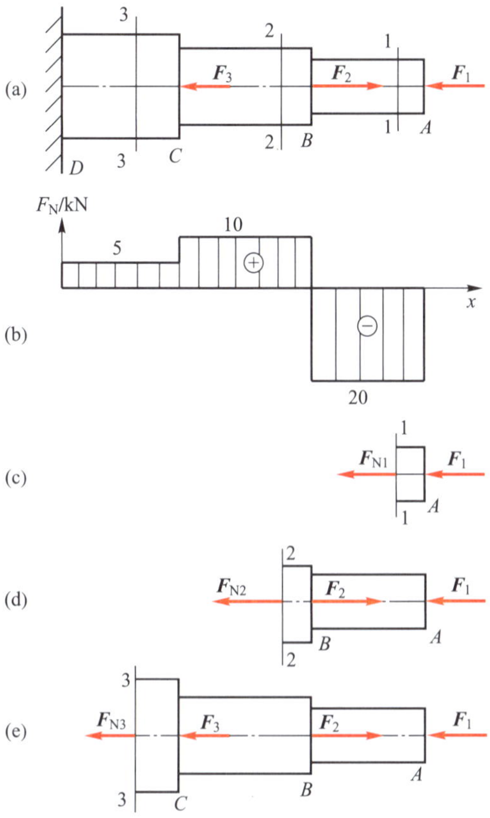

图 2.6

知识点 3　静定平面桁架内力计算

桁架结构在日常生活与工程结构中应用非常广，本知识点分析静定平面桁架结构的受力情况，说明其受力特点，计算桁架中杆件的内力。

一、概述

微课
静定平面桁架概述

1. 桁架的组成和特点

所谓桁架是指各个杆件的两端按一定方式互相连接组成的一种结构，如钢筋混凝土屋架、施工中用的脚手架等。当组成桁架的各杆的轴线和外力都在同一个平面时，称为平面桁架。当平面桁架的支座反力与杆件的内力仅仅凭借平衡方程就能全部解出来时，称为静定平面桁架。

如图 2.7 所示，在桁架中，杆件相互连接的地方称为结点。桁架的杆件，由于所在位置不同，可分为弦杆和腹杆。弦杆又分为上弦杆和下弦杆，腹杆又分为竖杆和斜杆。弦杆上两相邻的结点之间的区间称为节间，其距离 d 称为节间长度，两支座之间的距离 l 称为桁架的跨度，两支座的连线到桁架最高点之间的垂直距离 H 称为桁高。

工程中实际的桁架，如钢筋混凝土桁架和钢桁架，各结点做成后，一般具有刚性，而且各杆轴线也不一定都交于一点，所以按照实际的桁架进行内力分析计算比较困难。但从桁架的实际工作情况和模型实际计算分析的结果来看，各杆件主要承受轴力，而弯矩和剪力则很小，可以忽略

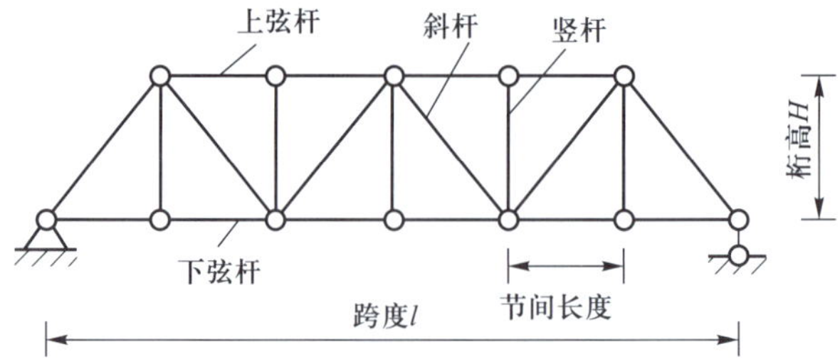

图 2.7

不计。因此,为了简化计算,通常采用如下假定:

① 各结点都是光滑的铰结点。

② 各杆轴都是直线,并都在同一平面内且通过铰的中心。

③ 荷载和支座反力,都作用在结点上,并位于桁架的平面内。

通常把符合上述假定的桁架称为**理想平面桁架**。

归纳总结

理想桁架中的所有杆件都是二力杆。

桁架多用钢材、木材或钢筋混凝土制作,在桥梁、房建和水工等结构中广泛应用。实际的桁架一般并不完全符合上述理想桁架的假定,如图 2.8 所示。例如,结点具有一定的刚性,有些杆件在结点处可能是连续的,并没有断开;各杆轴线无法绝对平直,结点上各杆的轴线也不一定完全交于一点;荷载不一定都作用在结点上,等等。因此,实际桁架在荷载作用下,杆件将产生弯曲应力,并不像理想条件下只产生均匀分布的轴向应力(图 2.8c)。但科学试验和工程实践表明,结点刚性等因素对桁架内力的影响一般说来是次要的。因此,可以将图 2.8a 所示的结构简化为如图 2.8b 所示的计算简图。按照这种计算简图所求得的内力称为桁架的主内力。由于实际情况与上述假定不同而产生的附加内力称为桁架的次内力。这里只讨论主内力的计算。

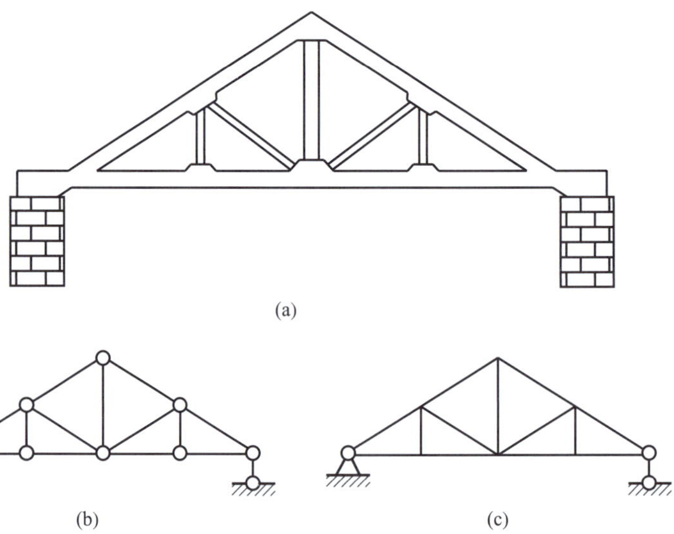

(a)

(b) (c)

图 2.8

2. 各式桁架比较

桁架类型较多，其外形对杆件内力的大小和性质有较大的影响。现取跨度、桁高、节间长度及荷载都相同的平行弦桁架、三角形桁架和抛物线桁架进行比较。

微课
静定平面桁架类型

图 2.9a 所示为平行弦桁架。平行弦桁架内力分布很不均匀，上弦杆和下弦杆内力值均是靠近支座处小，向跨度中间逐渐增大。腹杆则是靠近支座处内力大，向跨度中间逐渐减小。如果按各杆内力大小选择截面，虽省些材料，但是将增加各结点拼接上的困难，不便施工。实际工程中通常还是采用相同的截面，虽然造成了材料的浪费，但此时各节间的弦杆、斜杆和竖杆的长度都统一，结点构造也单一，便于制作和施工。平行弦桁架常用于轻型桁架，如厂房的 12 m 以上的吊车梁。

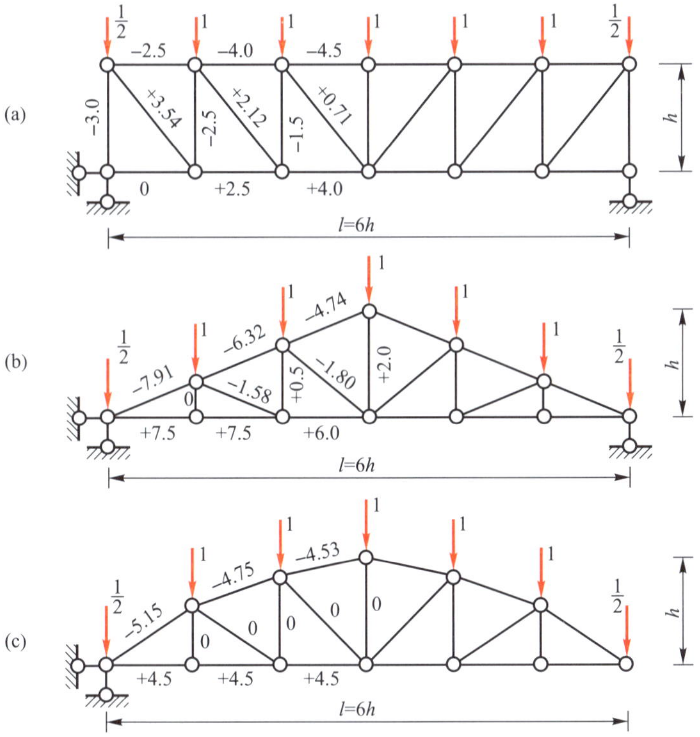

图 2.9

图 2.9b 所示为三角形桁架。三角形桁架内力也不均匀，弦杆在靠近支座处轴力最大，向跨中逐渐减小。桁架两端结点处弦杆轴力最大，而夹角又很小，制作困难。但是其两斜面的外形符合屋顶构造要求，适宜于跨度较小的屋盖结构采用。

图 2.9c 所示为抛物线桁架。抛物线桁架内力分布比较均匀，其上、下弦各杆的轴力几乎相等，腹杆的轴力等于零。这种桁架的受力比较合理，但由于上弦杆弯折较多，构造复杂，结点处理比较困难，所以只在大跨度屋架（18 ~ 30 m）和大跨度桥梁（100 ~ 300 m）中采用。

二、平面桁架的内力计算

1. 结点法

在计算桁架杆件内力时，可以截取桁架中的一部分作为隔离体，考虑隔离体的平衡来计算内力。若截取的隔离体只包含一个结点时，就称为结点法。

一般来说，任何静定桁架的杆件内力都可以用结点法求出。但是，由于结点上的荷载、反力和杆件内力组成一个平面汇交力系。而平面汇交力系可以建立两个平衡方程式为

$$\sum F_x=0,\quad \sum F_y=0$$

因此，在实际计算时，应先从不多于两个未知力的结点开始，以后每次选取的计算结点，其未知力也不应超过两个。

微课 结点法

在计算过程中，通常假设杆件内力为拉力，计算结果如果是正值，则为拉力；反之，则为压力。

桁架中常有些情况特殊的结点，当用结点法计算桁架杆件内力时，利用这些结点平衡的特殊情况，可使计算得到简化。几种特殊结点说明如下：

① L 结点（也称两杆结点）。如图 2.10a 所示，当结点上无荷载时，两杆内力都为零。当外荷载沿一杆作用时，另一杆为零杆。凡是内力为零的杆件称为**零杆**。

微课 结点法—零杆

② T 结点。三杆结点且其中两杆共线，如图 2.10b 所示。当结点上无荷载时，则第三杆（又称单杆）的内力必为零，共线两杆的内力相等，符号相同。

③ X 结点。四杆且两两共线的结点，如图 2.10c 所示。当结点上无荷载时，则共线两杆内力相等，符号相同。

④ K 结点。四杆结点，其中两杆共线，另外两杆在此直线同侧且夹角相等，如图 2.10d 所示。当结点上无荷载时，则非共线两杆的内力大小相等，符号相反。

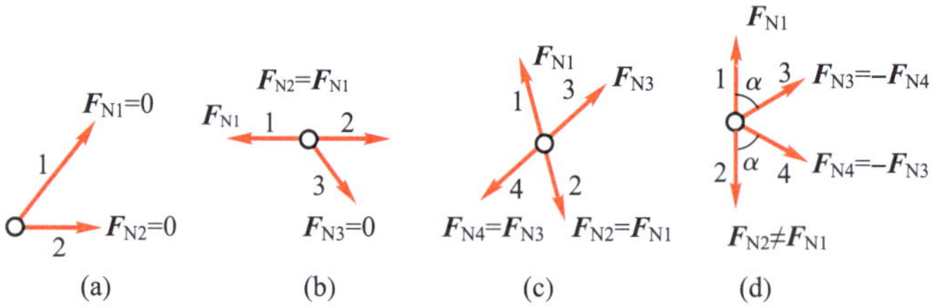

图 2.10

以上各条结论，均可由平衡方程证明。应用以上结论，不难判断出图 2.11 和图 2.12 所示虚线表示的各杆均为零杆，这样就可以简化计算工作。

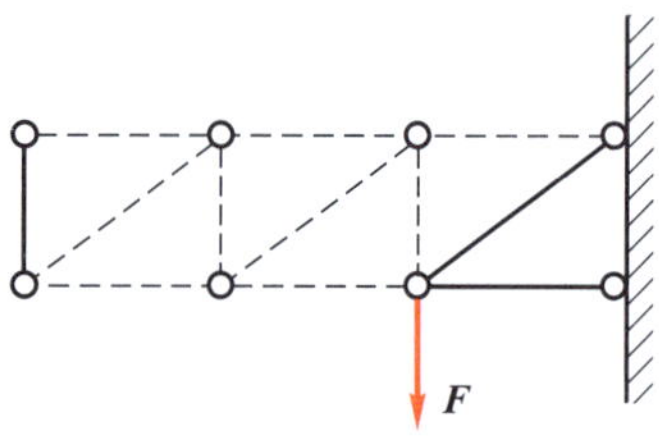

图 2.11

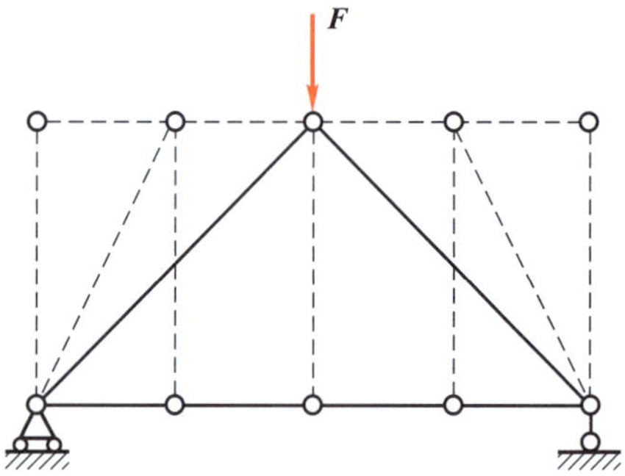

图 2.12

小疑问

零杆能不能从结构中去掉？

自己动手做

试判断图 2.13 所示桁架中的零杆。

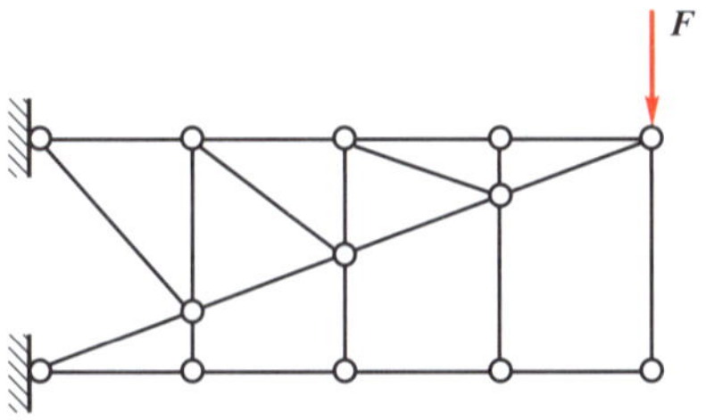

图 2.13

任务实施

例 2.3　试用结点法求出图 2.14a 所示桁架的内力。

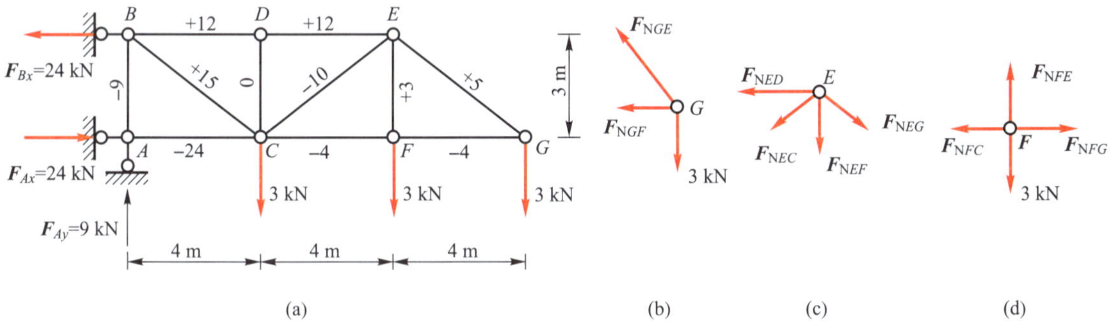

图 2.14

解　① 求支座反力。取桁架整体为研究对象。

$$\sum F_y = 0,\quad F_{Ax} = 9\ \text{kN}(\uparrow)$$

$$\sum M_A = 0,\quad F_{Bx} = 24\ \text{kN}(\leftarrow)$$

$$\sum F_x = 0,\quad F_{Ax} = 24\ \text{kN}(\rightarrow)$$

微课　结点法举例

② 求内力。支座反力求出后，可截取结点计算各杆的内力。最初遇到的只包含两个未知力的有 A、G 两个结点。现先从结点 G 点开始，其受力图如图 2.14b 所示。

由 $\sum F_{Gy} = 0$ 可得

$$F_{NGE} = 5\ \text{kN}$$

再由 $\sum F_{Gx}=0$ 可得

$$F_{NGF}=-4\ \text{kN}$$

然后依次可取结点 F、E、D、C 进行计算,每次只有两个未知量,故都可以利用力的投影方程依次求解。到结点 B 时只有一个未知力 F_{NBA},到结点 A 时,各力都已求出,故此时可用二结点是否都满足平衡条件来校核。

自己动手做

判断图 2.15 所示桁架中的零杆,并计算其余杆的内力。

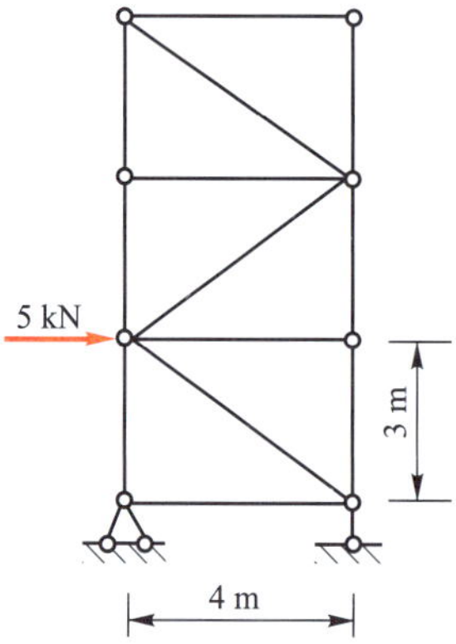

图 2.15

2. 截面法

截面法是通过需要求内力的杆件作一截面,将桁架截开分为两部分,然后任取一部分为隔离体(隔离体包括两个或两个以上的结点),根据平衡条件来计算杆件内力的方法。此时,隔离体上的荷载、反力及杆件内力组成一个平面一般力系,故可以建立三个平衡方程,可解出三个未知力。因此,为避免解联立方程,使用截面法时,一般隔离体上的未知力个数最好不多于三个。

小窍门

截面法计算桁架内力时,多用力矩方程可以做到一个方程只包含一个未知量,避免求解联立方程组或产生错误传递。

例 2.4 试用截面法求图 2.16a 所示桁架中杆 1、2、3 的内力。

解 ① 求支座反力。由于对称

$$\sum F_y=0,\quad F_{Ay}=F_{By}=20\ \text{kN}(\uparrow)$$

$$\sum F_x=0,\quad F_{Ax}=0$$

② 求内力。作截面 $n-n$ 把桁架截开,取左部分为隔离体,受力图如图 2.16b 所示。

由 $\sum M_C=0,\quad F_{N1}\times 4\ \text{m}+20\ \text{kN}\times 6\ \text{m}-10\ \text{kN}\times 3\ \text{m}=0$

得

$$F_{N1}=-22.5\ \text{kN}\quad(\text{压力})$$

由 $\sum M_F=0$，　$F_{N3}\times 4\ \text{m}+10\ \text{kN}\times 6\ \text{m}-20\ \text{kN}\times 9\ \text{m}=0$

得　$$F_{N3}=30\ \text{kN}\quad（拉力）$$

由 $\sum F_y=0$，　$F_{N2}\times\frac{4}{5}+20\ \text{kN}-10\ \text{kN}=0$

得　$$F_{N2}=-12.5\ \text{kN}\quad（压力）$$

微课
截面法计算桁架杆件内力

微课
联合法

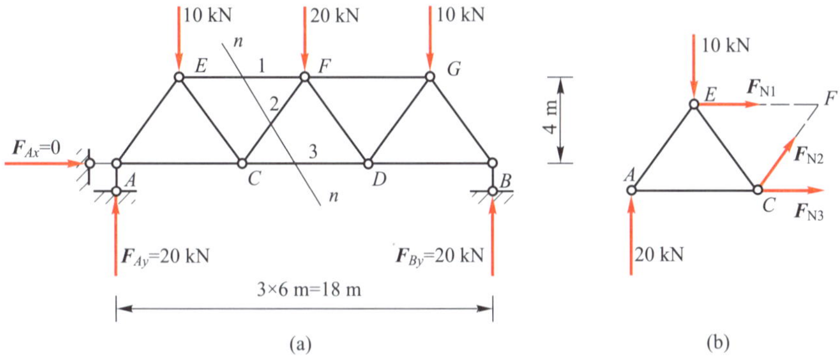

图 2.16

自己动手做

用截面法求图 2.17 所示桁架中指定杆件的内力。

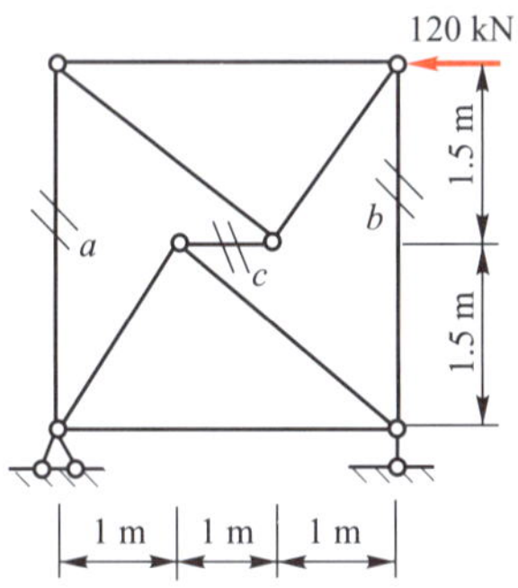

图 2.17

案例解析

某桁架桥的计算简图如图 2.18 所示。

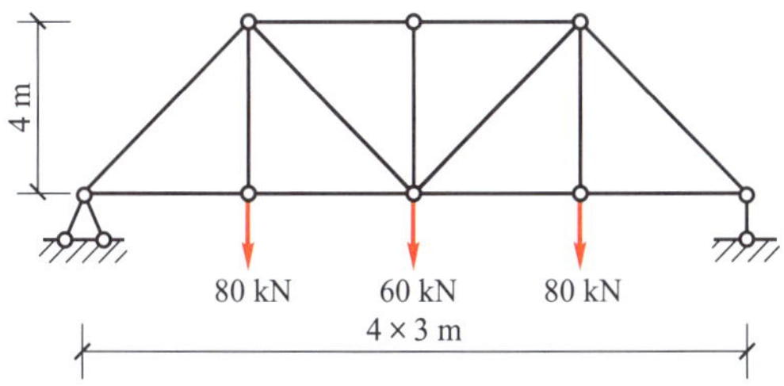

图 2.18

① 试计算出桁架各杆的内力；

② 试利用有限元分析软件 MIDAS 建立该桁架模型，并查看各杆内力，对比其理论值和软件计算结果，并进行分析。

任务 2.2　轴向变形构件强度计算

任务导入

两根由同种材料制成的杆件，一根较粗，另一根较细，在相同的轴向荷载作用下，它们的轴力相等。若同时增大轴向荷载，则截面积较小的杆件会先破坏。杆件的强度是否足够，跟杆件本身材料特性、截面尺寸、外荷载等因素有关。

知识点 1　轴向变形构件横截面上的应力计算

一、应力概念

微课

正应力概念

将内力在截面上一点处分布的密集程度称为**应力**。与所在截面垂直的应力称为**正应力**，用符号 σ 表示；与所在截面相切的应力称为**切应力**，用符号 τ 表示。应力在横截面上的分布形式可以通过杆件的变形情况来进行分析。

小疑问

这里所说的应力概念与物理里面的压强有什么区别？

二、截面上的正应力公式

取一橡胶制成的等直杆，在它表面均匀地画上若干与轴线平行的纵线及与轴线垂直的横线，使杆件的表面形成许多大小相同的方格（图 2.19a）。然后在两端施加一对轴向拉力 $\boldsymbol{F}$（图 2.19b），可以观察到，所有的小方格都变成了长方格，所有纵线都伸长了，但仍相互平行。所有的横线仍保持为直线，且仍垂直于杆轴，只是相对距离增大了。

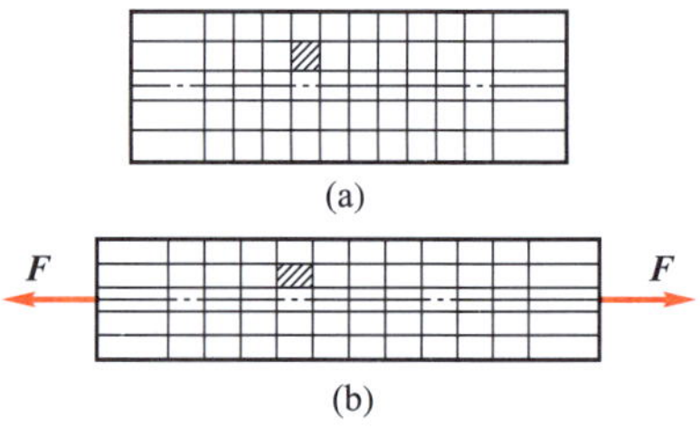

图 2.19

根据上述现象，可作如下假设：

① 平面假设。若将各条横线看作一个横截面，则杆件横截面在变形前是平面，变形后仍保持平面，并且仍垂直于杆轴，只是沿杆轴向做相对移动。

② 设想杆件是由许多纵向纤维组成的，根据平面假设可知，任意两横截面之间所有纤维都伸长了相同的长度。

根据材料的连续、均匀假设，当变形相同时，受力也相同，因而知道横截面上的内力是均匀分布的，且方向垂直于横截面。由此可得结论：轴向拉伸时，杆件横截面上各点处产生沿横截面法线方向的应力称为正应力，且大小相等。若用 A 表示杆件横截面面积，F_N 表示该横截面的轴力，则等直杆轴向拉伸时横截面上的正应力 σ 计算公式为

$$\sigma=\frac{F_{N}}{A} \tag{2.1}$$

式(2.1)同样适用于轴向压缩杆件，计算时需将轴力连同负号一并代入公式。

正应力的正、负号规定，拉应力为正；压应力为负。

微课

正应力计算

在国际单位制中，应力的单位为 Pa，1 Pa = 1 N/m^2。

实际工程中应力数值较大，常用 MPa 或 GPa 作为应力单位，即

$$1\ \text{MPa}=10^{6}\ \text{Pa}=10^{6}\ \text{N/m}^{2}=10^{6}\ \text{N}/10^{6}\ \text{mm}^{2}=1\ \text{N/mm}^{2}$$

$$1\ \text{GPa}=10^{9}\ \text{Pa}$$

三、正应力公式的适用条件

综上所述可知，正应力公式(2.1)必须符合下列两个条件，才可使用：

① 杆为等截面直杆；

② 外力(或外力的合力)的作用线与杆轴线重合。

例 2.5　如图 2.20a 所示的砖柱，其横截面为正四边形，上段柱边长 a_1 = 240 mm，下段柱边长 a_2 = 380 mm。荷载 F_1 = 50 kN，F_2 = 100 kN。不计自重。试画出柱的轴力图，并求各段柱横截面上的正应力。

解　$\boldsymbol{F}_1$、$\boldsymbol{F}_2$ 为轴向荷载，所以上、下两段柱都是轴向压缩。

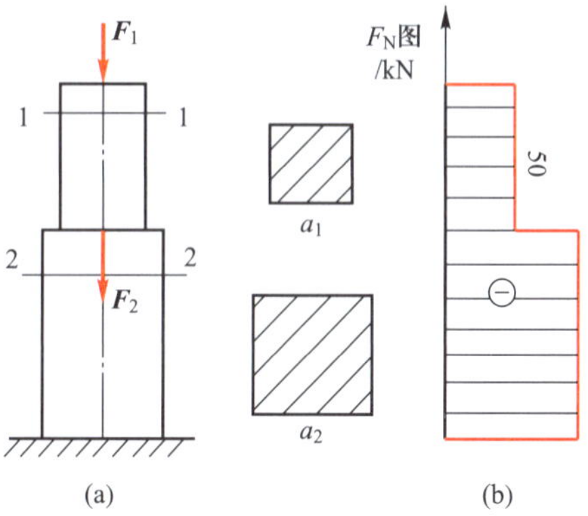

图 2.20

① 求轴力。

上段：　$F_{N1}=-F_1=-50$ kN(压力)

下段：　$F_{N2}=-50$ kN-100 kN$=-150$ kN(压力)

② 画轴力图(图 2.20b)。

③ 计算正应力。

上段：截面面积 A_1 = 240 mm×240 mm = 5.76×10^4 mm^2

$$\sigma_1=\frac{F_{N1}}{A_1}=\frac{-50\times10^{3}\ \text{N}}{5.76\times10^{4}\ \text{mm}^{2}}=-0.868\ \text{N/mm}^{2}=-0.868\ \text{MPa(压)}$$

下段：截面面积 A_2 = 380 mm×380 mm = 14.44×10^4 mm^2

$$\sigma_2=\frac{F_{N2}}{A_2}=\frac{-150\times10^{3}\ \text{N}}{14.44\times10^{4}\ \text{mm}^{2}}=-1.039\ \text{MPa(压)}$$

例 2.6　图 2.21a 所示为一三角支架，杆 AB 为圆截面钢杆，直径 d = 16 mm；杆 BC 为正方形截面木杆，边长 a = 100 mm。已知荷载 F = 30 kN，求各杆横截面上的正应力。

解　支架在 A、B、C 处为铰接，杆中间不受外力作用，所以杆 AB、BC 均为二力杆，即为轴向拉(压)杆。

① 求各杆轴力。

取 B 结点为研究对象，并假设各杆受拉(图 2.21b)，由平衡条件得

$$\sum F_x=0,\quad -F_{NBA}\cos 30°-F_{NBC}\cos 30°=0 \tag{1}$$

$$\sum F_y=0,\quad F_{NBA}\sin 30°-F_{NBC}\sin 30°-F=0 \tag{2}$$

联立解得
$$F_{NBA}=F=30\ \text{kN(拉)},F_{NBC}=-F=-30\ \text{kN(压)}$$

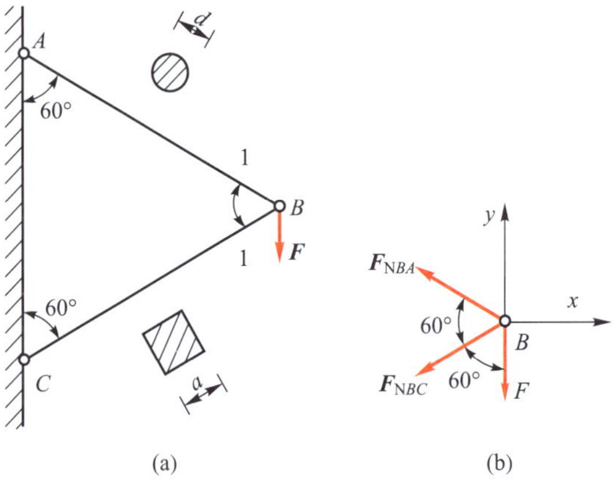

图 2.21

② 求各杆正应力。

AB 杆:截面面积 $A_{AB}=\dfrac{\pi d^2}{4}=\dfrac{\pi}{4}\times16^2\ \text{mm}^2=201\ \text{mm}^2$

$$\sigma_{AB}=\frac{F_{NBA}}{A_{AB}}=\frac{30\times10^3\ \text{N}}{201\ \text{mm}^2}=149.3\ \text{MPa(拉)}$$

BC 杆:截面面积 $A_{BC}=a^2=100^2\ \text{mm}^2=1\times10^4\ \text{mm}^2$

$$\sigma_{BC}=\frac{F_{NBC}}{A_{BC}}=\frac{-30\times10^3\ \text{N}}{1\times10^4\ \text{mm}^2}=-3\ \text{MPa(压)}$$

知识点 2　轴向变形构件的变形和胡克定律

拉(或压)杆受轴向力作用时,沿杆轴向会产生伸长(或缩短),称为**纵向变形**;同时杆的横向尺寸将减小(或增大),称为**横向变形**,如图 2.22a、b 所示。

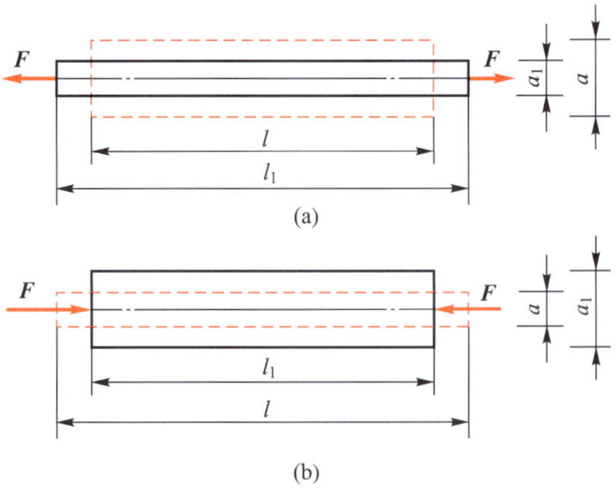

图 2.22

一、变形量

1. 纵向变形

设杆件变形前长为 l，变形后长为 l_1，则杆件的纵向变形为

$$\Delta l=l_1-l$$

杆件拉伸时，纵向变形为正；压缩时，纵向变形为负。纵向变形 Δl 的单位是 m 或 mm。

纵向变形的大小与杆的原长 l 有关，为了度量杆的变形程度，需用单位长度的变形量。单位长度的变形称**纵向线应变**，简称**线应变**，以 ε 表示。对于轴力为常量的等截面直杆，其纵向变形在杆内分布均匀，故线应变为

$$\varepsilon=\frac{\Delta l}{l} \tag{2.2}$$

杆件拉伸时，ε 为正；压缩时，ε 为负。

2. 横向变形

拉（或压）杆产生纵向变形时，横向也产生变形。设杆件变形前的横向尺寸为 a，变形后为 a_1（图 2.22a、b），则横向变形为

$$\Delta a=a_1-a$$

横向线应变 ε' 为

$$\varepsilon'=\frac{\Delta a}{a} \tag{2.3}$$

微课
轴向拉压杆变形计算

杆件伸长时，Δa 为负值，ε' 也为负值；杆件压缩时，Δa 为正值，ε' 也为正值。故拉伸和压缩时的纵向线应变与横向线应变的符号总是相反的。

试验表明，杆的横向线应变与纵向线应变之间存在着一定的关系，在弹性范围内，横向线应变 ε' 与纵向线应变 ε 的比值的绝对值是一个常数，用 μ 表示，即

$$\mu=\left|\frac{\varepsilon'}{\varepsilon}\right| \tag{2.4}$$

μ 称为**泊松比**或**横向变形系数**，其值可通过试验确定。由于 ε 和 ε' 的符号恒为异号，故有

$$\varepsilon'=-\mu\varepsilon \tag{2.5}$$

二、胡克定律

实验证明，当杆的应力未超过某一限度，纵向变形 Δl 与外力 F、杆长 l 及横截面面积 A 之间存在着如下比例关系

$$\Delta l=\frac{Fl}{EA} \tag{2.6}$$

在内力不变的杆段中，$F_N=F$，可将式（2.6）改写为用内力表达的形式，即

$$\Delta l=\frac{F_N l}{EA} \tag{2.7}$$

式（2.7）称为**胡克定律**，表明当杆件应力不超过某一限度（比例极限）时，其纵向变形与轴力及杆长成正比，与横截面面积成反比。

将$\frac{\Delta l}{l}=\varepsilon$及$\frac{F_N}{A}=\sigma$代入式(2.7),可得

$$\sigma=E\cdot\varepsilon \tag{2.8}$$

式(2.8)是胡克定律的另一表达形式,它表明当应力不超过比例极限时,应力与应变成正比。比例系数 E 称为材料的弹性模量,它与材料的性质有关,是衡量材料抵抗弹性变形能力的指标。各种材料的 E 值由试验测定,其单位与应力的单位相同。EA 称为杆件的抗拉(压)刚度,它反映了杆件抵抗拉(压)变形的能力,对长度相同,受力相等的杆件,EA 越大,变形 Δl 就越小;反之,EA 越小,变形 Δl 就越大。

特别注意

① 胡克定律只适用于杆内应力未超过某一限度的情况,此限度称为比例极限(在下一节将做进一步说明)。

② 当用于计算变形时,在杆长 l 内,它的轴力 F_N、材料弹性模量 E 及截面面积 A 都应是常数,否则要分段计算。

E 和 μ 都是反映材料弹性性能的常数。表 2.1 列出了几种材料的 E 和 μ 值。

表 2.1　几种材料的 E 和 μ 值

材料名称	弹性模量 E/GPa	泊松比 μ
碳钢	200~220	0.25~0.33
16 Mn 钢	200~220	0.25~0.33
铸铁	115~160	0.23~0.27
铝及硬铝合金	71	0.33
花岗岩	49	
混凝土	14.6~36	0.16~0.18
木材(顺纹)	10~12	

例 2.7　一钢制阶梯杆如图 2.23 所示。已知 $F_1=50$ kN,$F_2=20$ kN,杆长 $l_1=120$ mm,$l_2=l_3=100$ mm,横截面面积 $A_1=A_2=500\ \text{mm}^2$(AD 段),$A_3=250\ \text{mm}^2$(DB 段),弹性模量 $E=200$ GPa。试求 B 截面的位移。

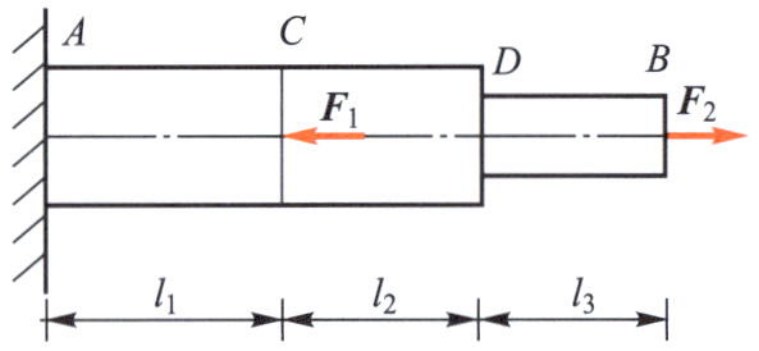

图 2.23

解　① 计算杆各段的轴力。

$$F_{NDB}=20\ \text{kN}(拉力)$$

$$F_{NCD}=20\ \text{kN}(拉力)$$

$$F_{NAC}=20\ \text{kN}-50\ \text{kN}=-30\ \text{kN}(压力)$$

② 计算杆各段的纵向变形。

$$\Delta l_{DB}=\frac{F_{NDB}l_3}{EA_3}=\frac{20\times10^3\ \text{N}\times100\ \text{mm}}{200\times10^3\ \text{MPa}\times250\ \text{mm}^2}=0.04\ \text{mm}$$

$$\Delta l_{CD}=\frac{F_{NCD}l_2}{EA_2}=\frac{20\times10^3\ \text{N}\times100\ \text{mm}}{200\times10^3\ \text{MPa}\times500\ \text{mm}^2}=0.02\ \text{mm}$$

$$\Delta l_{AC}=\frac{F_{NAC}l_1}{EA_1}=\frac{-30\times10^3\ \text{N}\times120\ \text{mm}}{200\times10^3\ \text{MPa}\times500\ \text{mm}^2}=-0.036\ \text{mm}$$

③ B 截面的位移。B 截面的位移为杆的总变形量 Δl_{AB}，它等于杆各段变形量的代数和

$$\Delta l_{AB}=\Delta l_{AC}+\Delta l_{CD}+\Delta l_{DB}=-0.036\ \text{mm}+0.02\ \text{mm}+0.04\ \text{mm}$$
$$=0.024\ \text{mm}$$

自己动手做

图 2.24a 所示为一两层的木排架，作用在横木上的荷载传给立圆柱，其中一根圆柱的受力图如图 2.24b所示，$F_1=30$ kN，$F_2=50$ kN。圆柱的截面直径 $d=150$ mm。木材的弹性模量 $E=10$ GPa。求木柱的总变形。

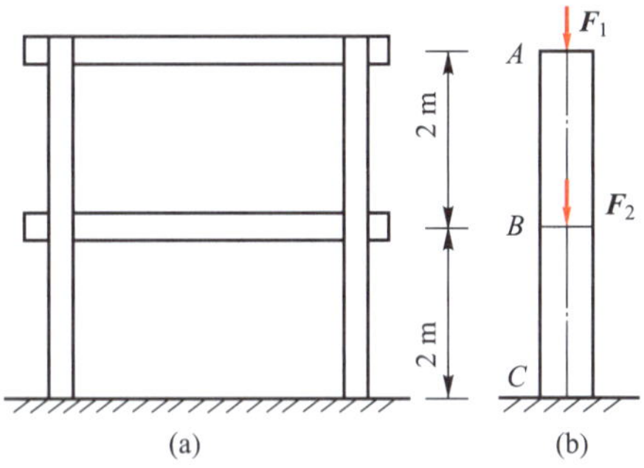

图 2.24

知识点 3　材料在轴向变形时的力学性能

前面讨论了拉（或压）杆横截面上的应力，要判别它会不会造成杆件的破坏，还需知道杆件材料可能承受的应力；弹性模量、泊松比等这些指标都属于材料的力学性能。材料的力学性能是指材料受力时力与变形之间的关系所表现出来的性能指标。材料的力学性能是根据材料的拉伸、压缩试验来测定的。

实际工程中使用的材料种类很多，习惯上根据试样在拉断时塑性变形的大小，区分为塑性材料和脆性材料两类。脆性材料拉断时塑性变形很小，如石料、铸铁、混凝土等；塑性材料拉断时具有较大的塑性变形，如低碳钢、合金钢、铜、铅等。这两类材料的力学性能有明显的差别。下面主要以常用的低碳钢和铸铁这两种最具有代表性的材料为例，研究它们在常温（一般指室温）、静载下（指在加载过程中不产生加速度）拉伸和压缩时的力学性能。

一、材料拉伸时的力学性能

进行材料拉伸试验时采用国家标准规定的标准试样。金属材料试样如图 2.25 所示。试样中间是一段等直杆，等直部分划上两条相距为 l 的横线，横线之间的部分作为测量变形的工作段，l 称为标距；两端加粗，以便在试验机上夹紧。规定，对圆形截面试样，其标距 l 与直径 d 的比例为 $l=10d$ 或 $l=5d$；对矩形截面试样，其标距 l 与截面面积 A 的比例为 $l=11.3\sqrt{A}$ 或 $l=5.65\sqrt{A}$。

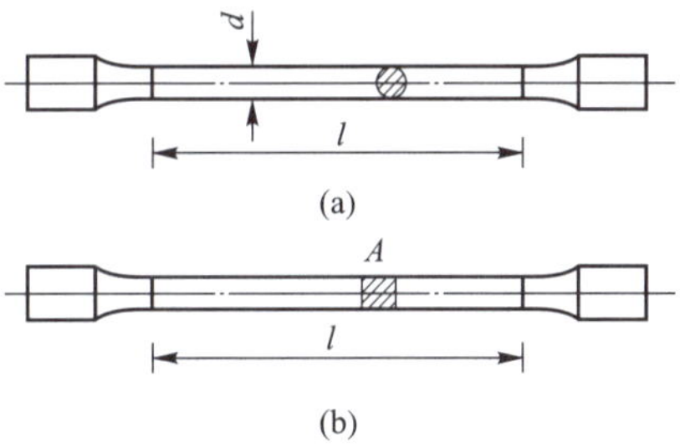

图 2.25

拉伸试验通常在万能试验机上进行，它可以对试样加载，可以测力并自动记录力与变形的关系曲线。

1. 低碳钢的拉伸试验

(1) 拉伸图和应力-应变曲线

将低碳钢试样装在试验机上，缓慢加载，同时试样逐渐伸长。记录各时刻的拉力 F 以及标距

l 段相应的纵向伸长量 Δl，直至拉断为止。将 F 和 Δl 的关系按一定比例绘制成的曲线称为**拉伸图**（或$F-\Delta l$ 曲线），如图 2.26a 所示。将拉力 F 除以试样横截面的原面积 A，作为试样工作段的正应力 σ；将试样的伸长量 Δl 除以工作段的原长 l，得到试样工作段的轴向线应变 ε。按一定的比例将拉伸图转换为 σ 与 ε 关系的曲线，如图 2.26b 所示，该曲线称为应力-应变曲线（或 $\sigma-\varepsilon$ 曲线）。

微课
低碳钢轴向拉伸时的力学性能

从应力-应变曲线可见，在低碳钢拉伸试验的不同阶段，应力与应变关系的规律不同。下面介绍各阶段的范围、特点、指标及量值。

① 弹性阶段（图 2.26b 中 Ob 段）。试样应力不超过 b 点所对应的应力时，材料的变形全是弹性变形，即卸除荷载时，试样的变形将全部消失。弹性阶段最高点 b 相对应的应力值 σ_e 称为材料的**弹性极限**。在弹性阶段内，初始直线 Oa 表明应力与应变成正比，材料服从胡克定律。过 a 点后，应力-应变曲线开始微弯，表示应力与应变不再成正比。a 点对应的应力值 σ_p 称为材料的**比例极限**。

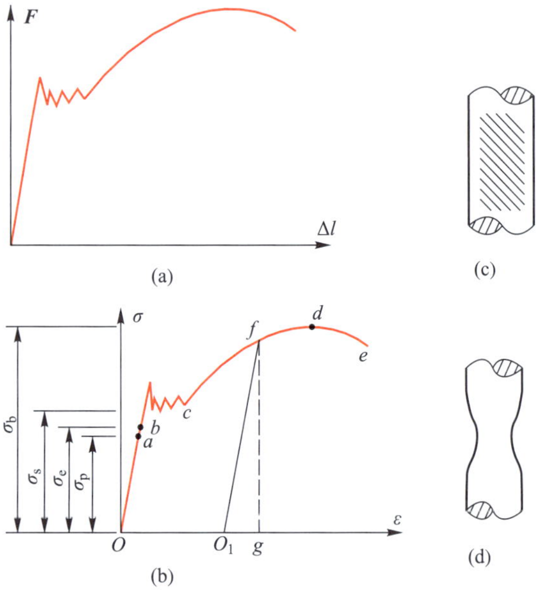

图 2.26

图 2.26b 中直线 Oa 与横坐标 ε 间的夹角为 α，材料的弹性模量 E 可由夹角的正切表示，即

$$E=\frac{\sigma}{\varepsilon}=\tan\alpha \tag{2.9}$$

弹性极限 σ_e 和比例极限 σ_p 两者意义虽然不同，但数值非常接近，工程上对它们不加严格区分，近似认为在弹性范围内材料服从胡克定律。

② 屈服阶段（图 2.26b 中 bc 段）。当应力超过 b 点，逐渐到达 c 点时，图线上将出现一段锯齿形线段 bc。此时应力基本保持不变，应变显著增加，材料暂时失去抵抗变形的能力，从而产生明显塑性变形，这种现象称为屈服（或流动）。bc 段称为**屈服阶段**。屈服阶段中的最低应力称为屈服极限，用 σ_s 表示。Q235 钢的屈服极限约为 240 MPa。

材料在屈服时，试样表面上将出现许多与轴线大致成 45°的倾斜条纹（图 2.26c），称为滑移线。这些条纹是由于材料内部晶格发生相对错动而引起的。当应力达到屈服极限而发生明显的塑性变形，就会影响材料的正常使用。所以，屈服极限是一个重要的力学性能指标。

③ 强化阶段（图 2.26b 中 cd 段）。屈服阶段以后，材料重新产生了抵抗变形的能力。若要试样继续变形，必须增加应力，这一阶段称强化阶段。曲线最高点 d 所对应的应力称为**强度极限**，用 σ_b 表示。如果在强化阶段内任一点 f 处卸载，$\sigma-\varepsilon$ 曲线仍保持直线，且卸载直线 fO_1 基本上与弹性阶段直线 Oa 平行。f 点对应的总应变为 Og，回到 O_1 时所消失的部分 O_1g 为弹性应变，不能消失的部分 OO_1 为塑性应变。若立即对残留有塑性变形的试样再重新加载，$\sigma-\varepsilon$ 曲线将基本上沿卸载时的同一直线 O_1f 上升到 f 点，f 点以后的曲线与原来的 $\sigma-\varepsilon$ 曲线相同。可见卸载后立即

再加载，材料的比例极限与屈服极限都得到了提高，而塑性降低了。这种使材料的性质获得改变的做法，称为**冷作硬化**。

工程中常利用冷作硬化来提高钢筋的屈服极限，达到节约钢材的目的。如冷拉钢筋、冷拔钢丝等。把直径为 5 mm 的钢丝（$\sigma_s = 1\ 180$ MPa）冷拉后，其屈服极限可提高到 $\sigma_s = 1\ 330$ MPa，节约钢材 10%左右。

④ 颈缩阶段（图 2.26b 中 *de* 段）。应力达到强度极限后，在试样薄弱处横截面显著缩小，出现"颈缩"现象，如图 2.26d 所示。由于颈缩部分横截面面积急剧减小，试样继续伸长所需的拉力也随之迅速下降，直至试样被拉断。

上述低碳钢拉伸的四个阶段中，有三个有关强度性能的指标需要注意，即比例极限 σ_p、屈服极限 σ_s 和强度极限 σ_b，σ_p 表示材料的弹性范围；σ_s 是衡量材料强度的一个重要指标，当应力达到 σ_s 时，杆件产生显著的塑性变形，无法正常使用；σ_b 是衡量材料强度的另一个重要指标，当应力达到 σ_b 时，杆件出现颈缩并很快被拉断。

（2）塑性指标

试样拉断后，一部分弹性变形消失，但塑性变形被保留下来。试样的标距由原来的 l 变为 l_1，断裂处的最小横截面面积为 A_1。则

$$\delta = \frac{l_1 - l}{l} \times 100\% \tag{2.10}$$

δ 称为材料的伸长率或延伸率。Q235 钢的延伸率为 20%～30%。

工程中常按伸长率的大小将材料分为两类。$\delta \geqslant 5\%$ 的材料，称为**塑性材料**，如低碳钢、铝、铜等；$\delta < 5\%$ 的材料，称为**脆性材料**，如铸铁、石料、混凝土等。

$$\psi = \frac{A - A_1}{A} \times 100\% \tag{2.11}$$

ψ 称为断面收缩率。Q235 钢的断面收缩率为 60%～70%。

伸长率 δ 和断面收缩率 ψ 是衡量材料塑性变形能力的两个指标。

知识链接

目前，在工程应用中复合材料发展得很快，如玻璃钢，其强度较高，但塑性性能较差，亦属于脆性材料。

在土建工程中常用的脆性材料，如混凝土、砖、石等，它们的共同特点是：破坏时残余变形很小，只能测得其强度极限；抗拉强度比抗压强度低得多，如混凝土的抗拉强度只有抗压强度的十分之一左右，所以在设计时均略去不计。

2. 其他塑性材料在拉伸时的力学性质

图 2.27 所示为几种塑性材料的 $\sigma-\varepsilon$ 曲线。它们的共同特点是伸长率较大。有些金属材料没有明显的屈服阶段，对这些塑性材料，通常规定，卸载后试样残留的塑性应变达 0.2%时对应的应力值作为材料的**名义屈服极限**，用 $\sigma_{0.2}$ 表示（图 2.28）。

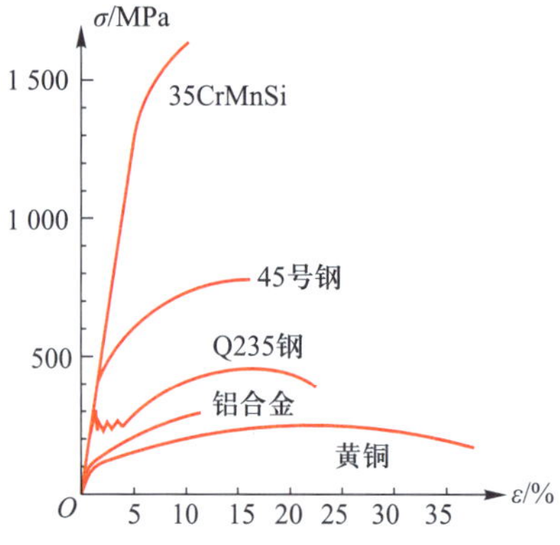

图 2.27

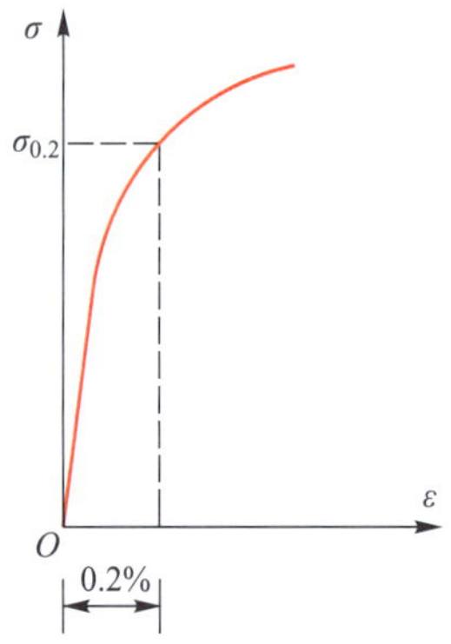

图 2.28

微课
铸铁拉伸试验

微课
铸铁轴向拉伸时的力学性能

3. 铸铁拉伸时的力学性质

由图 2.29 中铸铁拉伸时的 $\sigma-\varepsilon$ 曲线可知,铸铁作为一种典型的脆性材料,它的变形没有明显的直线部分,没有屈服阶段,断裂时的应力就是强度极限,是脆性材料衡量强度的唯一指标。铸铁的弹性模量 E 通常以产生 0.1%的总应变所对应的 $\sigma-\varepsilon$ 曲线上的割线斜率来表示。铸铁的弹性模量 E 约为 115~160 GPa。

二、材料压缩时的力学性能

金属材料(如低碳钢、铸铁等)压缩试验的试样为圆柱形,高为直径的 1.5~3.0 倍;非金属材料(如混凝土、石料等)的试样为立方体。

微课
材料在轴向压缩时的力学性能

1. 低碳钢的压缩试验

图 2.30 绘出了低碳钢压缩试验的 $\sigma-\varepsilon$ 曲线,与拉伸试验的 $\sigma-\varepsilon$ 曲线相比较,两条曲线的主要部分基本重合。低碳钢压缩时的比例极限 σ_p、弹性模量 E、屈服极限 σ_s 都与拉伸时相同。过了屈服极限之后,试样越压越扁,压力增加,受压面积也增加,试样不会被压裂,测不出强度极限。因此,低碳钢的力学性能指标通过拉伸试验都可以测定,一般不需作压缩试验。

微课
铸铁压缩试验

2. 铸铁的压缩试验

图 2.31a 表示的是铸铁压缩时的 $\sigma-\varepsilon$ 曲线,与拉伸时的 $\sigma-\varepsilon$ 曲线相比较,图线基本相似,但压缩时的伸长率比拉伸时大,压缩时的强度极限为拉伸时的 4~5 倍。其他脆性材料也具有类似的性质,所以脆性材料适用于受压构件。

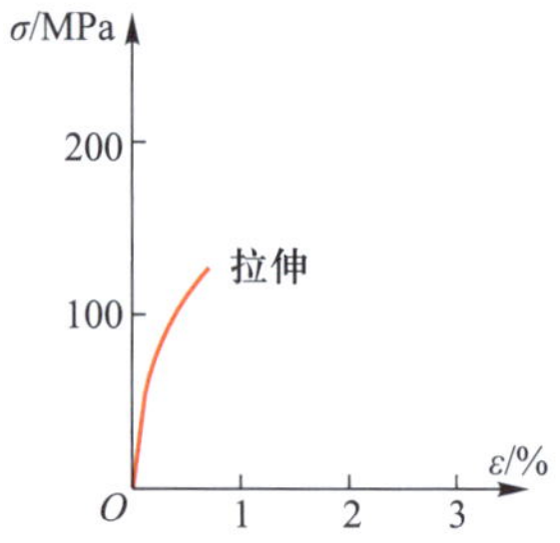

图 2.29

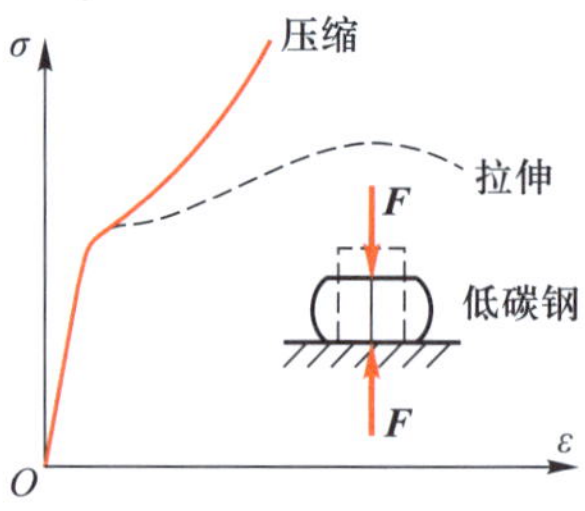

图 2.30

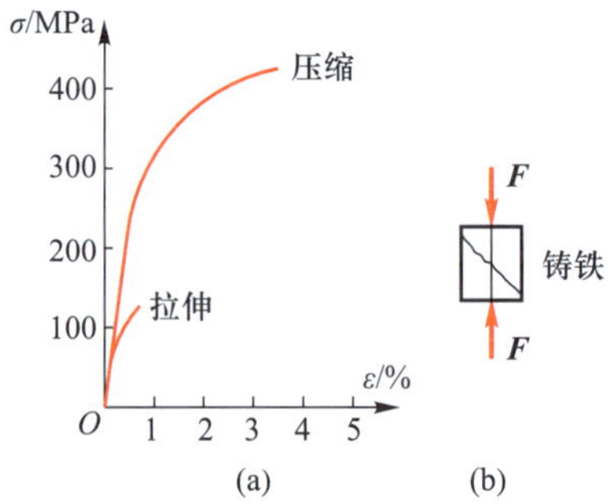

图 2.31

铸铁压缩破坏时，破坏面与轴线大致成 45°~55°（图 2.31b）。说明铸铁压缩破坏是被剪断的。

由上述试验可知，表示材料力学性能的指标共有三种：弹性指标、塑性指标和强度指标。弹性指标有弹性模量 E 和泊松比 μ；塑性指标有伸长率 δ 和断面收缩率 ψ；强度指标有屈服极限 σ_s 和强度极限 σ_b。

归纳总结

综合塑性材料和脆性材料的力学性质，归纳如下：

① 多数塑性材料在弹性变形范围内，应力与应变成正比关系，符合胡克定律。对于多数脆性材料，在拉伸（或压缩）时 $\sigma-\varepsilon$ 图一开始就是一条微弯曲线，即应力与应变不成正比关系，不符合胡克定律，但是由于 $\sigma-\varepsilon$ 曲线的曲率较小，所以在应用上假设它们成正比关系。

② 塑性材料断裂时伸长率大，塑性性能好；脆性材料断裂时伸长率很小，塑性性能很差。所以塑性材料可压成薄片或抽成细丝，而脆性材料则不能。

③ 多数塑性材料在屈服阶段以前，抗拉和抗压性能基本相同，所以应用范围广；多数脆性材料抗压性能远大于抗拉性能，且价格低廉又便于就地取材，所以主要用于制作受压构件。

④ 表征塑性材料力学性能的指标有弹性极限、屈服极限、弹性模量、伸长率和断面收缩率等。表征脆性材料力学性能的只有弹性模量和强度极限。

⑤ 塑性材料承受动荷载的能力强，脆性材料承受动荷载的能力很差，所以承受动荷载作用的构件应由塑性材料制作。

知识点 4　轴向变形构件的强度计算

一、许用应力与安全系数

1. 材料的极限应力

微课　轴向拉压强度条件

任何一种构件材料都存在着一个能承受应力的固有极限，称为**极限应力**，用 σ_0 表示。杆内的应力达到此值时，杆件即告破坏。塑性材料达到屈服极限 σ_s 时，将出现显著的塑性变形；脆性材料达到强度极限 σ_b 时会引起断裂。构件工作时发生断裂或显著塑性变形都是不容许的，所以，对塑性材料 $\sigma_0=\sigma_s$，对脆性材料 $\sigma_0=\sigma_b$。

2. 许用应力和安全系数

为了保证构件能正常地工作，必须使构件工作时产生的实际应力不超过材料的极限应力。构件在使用时又必须留有一定的安全储备，因此，将极限应力 σ_0 缩小 n 倍作为衡量材料承载能力的依据，称为**许用应力**，以符号 $[\sigma]$ 表示，即

$$[\sigma]=\frac{\sigma_0}{n} \tag{2.12}$$

n 为大于 1 的数，称**安全系数**。

对于塑性材料，$[\sigma]=\dfrac{\sigma_s}{n_s}$，　$n_s=1.4\sim1.7$

对于脆性材料，$[\sigma]=\dfrac{\sigma_b}{n_b}$，　$n_b=2.5\sim3.0$

此外，构件在使用期内可能遇到意外事故或其他不利的工作条件，必须根据构件的重要性以及事故后果的严重性，以安全系数的形式建立必要的安全储备。

二、强度条件

轴向拉（压）杆横截面上的正应力为 $\sigma=\frac{F_N}{A}$，这是拉（压）杆件工作时由荷载所引起的应力，故又称**工作应力**。为了保证杆件的安全正常工作，杆内最大工作应力不得超过材料的许用应力，即

$$\sigma_{max}=\frac{|F_N|}{A}\leqslant[\sigma] \tag{2.13}$$

式中　σ_{max}——杆内横截面上的最大工作应力；

F_N——产生最大工作应力截面上的轴力，这个截面称为**危险截面**；

A——危险截面的截面面积；

$[\sigma]$——材料的许用应力。

式(2.13)称为轴向拉（压）杆的**强度条件**。

对于等直杆件，轴力最大的截面就是危险截面；对于轴力不变而截面变化的杆，则截面积最小的截面是危险截面。

三、强度计算

根据强度条件，可以解决工程上三种不同类型的强度问题。

① **校核强度**　已知杆的材料、横截面形状、尺寸和承受的荷载，直接用式(2.13)可以检查构件是否满足安全可靠的要求。在工程计算中，准许最大工作应力略大于许用应力，一般以不超过许用应力的 5% 为宜。

② **设计截面**　已知杆的材料、承受的荷载，要求确定截面面积或尺寸。为此，将式(2.13)改写为

$$A\geqslant\frac{|F_N|}{[\sigma]}$$

根据上式，可以计算出必需的横截面面积。根据已知的横截面形状，就能确定横截面尺寸，或查型钢表即可确定型钢的型号。

③ **确定许用荷载**、　已知构件的受力形式、材料和横截面形状、尺寸，可按强度条件来确定构件所能承受的最大轴力，然后计算允许承受的最大荷载。式(2.13)可改写为

$$[F_N]\leqslant A\cdot[\sigma]$$

知识链接

复习平面汇交力系的平衡方程及应用。

任务实施

例 2.8　用绳索起吊钢筋混凝土管子，如图 2.32a 所示。如管子的重量 $W=10\ \text{kN}$，绳索的直径 $d=40\ \text{mm}$，许用应力 $[\sigma]=10\ \text{MPa}$，试校核绳索的强度。

微课
轴向拉压：强度校核

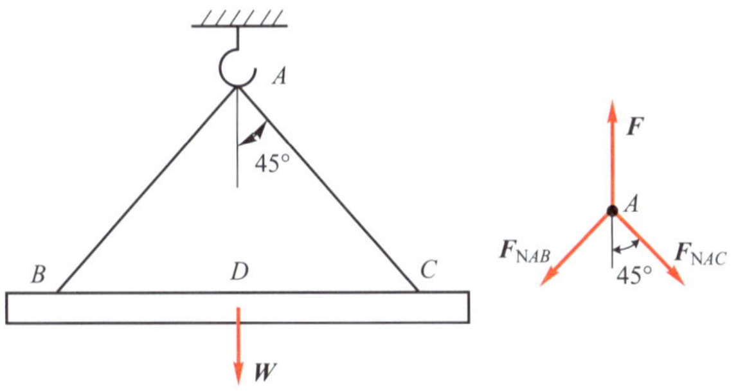

(a)　　　　(b)

图 2.32

解　① 计算绳子的内力。用截面法取结点 A 为研究对象（图 2.32b），由对称关系可设 AB、AC 两绳的轴力都是 F_N，写出平衡方程①

$$\sum F_y=0,\quad F-2F_N\cos 45°=0$$

$$F=W,\quad F_N=\frac{F}{2\cos 45°}=\frac{10\ \text{kN}}{2\cos 45°}=7.07\ \text{kN}$$

② 校核强度。绳子的最大正应力为

$$\sigma_{\max}=\frac{F_N}{A}=\frac{7.07\times10^3\ \text{N}}{\dfrac{\pi\times40^2}{4}\text{mm}^2}=5.63\ \text{MPa}<[\sigma]=10\ \text{MPa}$$

所以绳索满足强度条件。

自己动手做

图 2.33 所示为一起重用的吊环，由斜杆 AB、AC 与横梁 BC 组成，$\alpha=20°$。吊环的最大起吊重量 $F=500$ kN，斜杆是由锻钢制成的圆杆，直径 $d=54$ mm，材料的许用应力$[\sigma]=120$ MPa。试校核斜杆的强度。

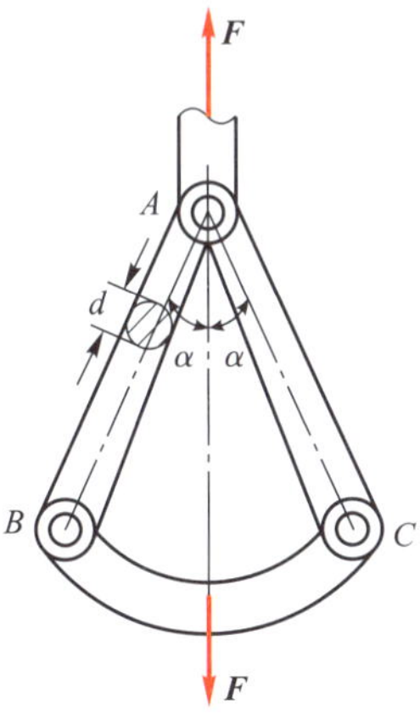

图 2.33

① 本书以后进行力的平衡计算时，如无特殊说明，则取水平向右为 x 轴正方向，竖直向上为 y 轴正方向。

例 2.9 图 2.34a 所示为一木构架，在 D 点承受集中荷载 $F=10$ kN。已知斜杆 AB 为正方形截面的木杆，材料许用应力 $[\sigma]=10$ MPa。求斜杆的截面尺寸。

解 ① 计算斜杆内力　因 A、B 处为铰接，斜杆 AB 为二力杆。取 CD 杆为研究对象（图 2.34b），由平衡方程

$$\sum M_C=0,\quad -F\times 2\ \text{m}-F_N\times 1\ \text{m}\times\sin 45^\circ=0$$

得

$$F_N=-\frac{2F}{\sin 45^\circ}=-\frac{2\times 10\ \text{kN}}{\sin 45^\circ}=-28.3\ \text{kN（压）}$$

② 确定截面尺寸　按强度条件，斜杆的截面面积为

$$A\geqslant\frac{|F_N|}{[\sigma]}=\frac{28.3\times 10^3\ \text{N}}{10\ \text{MPa}}=2\ 830\ \text{mm}^2$$

故截面边长

$$a=\sqrt{A}\geqslant\sqrt{2\ 830}=53.20\ \text{mm}$$

取 $a=60$ mm。

微课
轴向拉压：截面设计

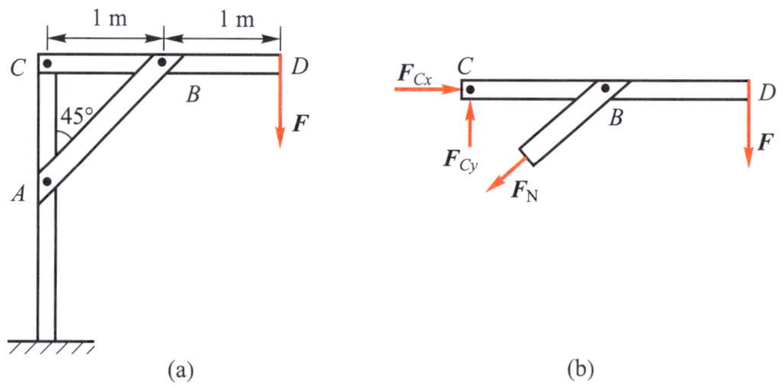

图 2.34

自己动手做

图 2.35 所示为一起重用支架。$\alpha=30^\circ$，AB 杆为圆截面钢杆，$[\sigma_1]=160$ MPa。BC 杆为正方形截面木材杆件，$[\sigma_2]=10$ MPa。请根据强度条件设计 AB 杆的截面直径 d 与 BC 杆的截面边长 a。

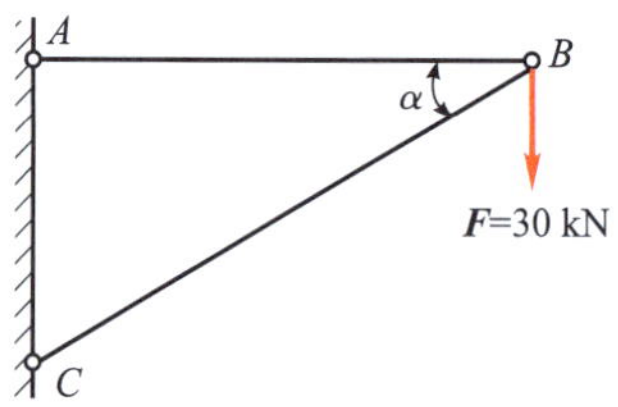

图 2.35

例 2.10 图 2.36a 所示三角形托架，AB 为钢杆，其横截面面积 $A_1=400\ \text{mm}^2$，许用应力 $[\sigma]=170$ MPa；BC 为木杆，其横截面面积 $A_2=10\ 000\ \text{mm}^2$，许用压应力 $[\sigma_c]=10$ MPa。试求荷载 $\boldsymbol{F}$ 的最大值 F_{max}。

解　① 求两杆的轴力与荷载的关系　取节点 B 为研究对象（图 2.36b），由平衡方程

$$\sum F_y=0,\quad -F_{N2}\sin 30^\circ-F=0$$

得

$$F_{N2}=-\frac{F}{\sin 30^\circ}=-2F(\text{压力})$$

$$\sum F_x=0,\quad -F_{N2}\cos 30^\circ-F_{N1}=0$$

得
$$F_{N1}=-F_{N2}\cos 30^\circ=\sqrt{3}F(\text{拉力})$$

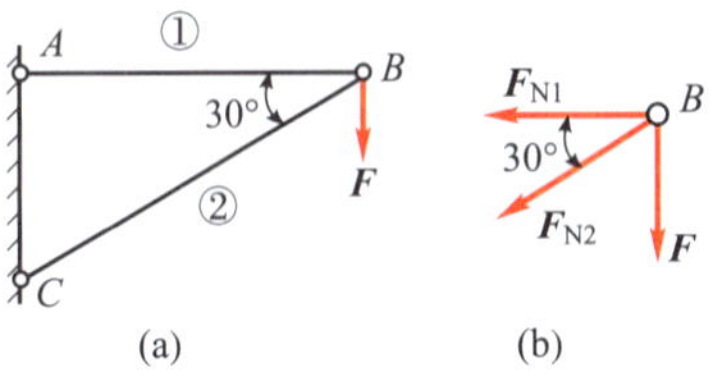

图 2.36

微课

轴向拉压杆确定许用荷载

② 计算许用荷载　先根据杆 AB 的强度条件计算杆 AB 的许可轴力

$$[F_{N1}]\leqslant A_1[\sigma]=400\ \text{mm}^2\times 170\ \text{MPa}=68\times 10^3\ \text{N}=68\ \text{kN}$$

而

$$[F_{N1}]=\sqrt{3}F$$

所以

$$[F]=\frac{[F_{N1}]}{\sqrt{3}}\leqslant\frac{68\ \text{kN}}{\sqrt{3}}=39.26\ \text{kN}$$

再根据杆 BC 的强度条件，计算杆 BC 的许可轴力为

$$[F_{N2}]\leqslant A_2[\sigma_c]=10\ 000\ \text{mm}^2\times 10\ \text{MPa}=100\ \text{kN}$$

而

$$[F_{N2}]=2[F]$$

所以

$$[F]=\frac{[F_{N2}]}{2}\leqslant\frac{100\ \text{kN}}{2}=50\ \text{kN}$$

为了保证两杆都能安全地工作，荷载 F 的最大值为

$$F_{max}=39.26\ \text{kN}$$

小疑问

例 2.10 能不能这样解：

$$[F_{N1}]\leqslant A_1[\sigma]=400\ \text{mm}^2\times 170\ \text{MPa}=68\times 10^3\ \text{N}=68\ \text{kN}$$

$$[F_{N2}]\leqslant A_2[\sigma_c]=10\ 000\times 10\ \text{N}=100\times 10^3\ \text{kN}$$

再利用图 2.36b，由 $\sum F_y=0$ 得 $[F]$？为什么？

自己动手做

图 2.37 所示支架中，杆①的许用正应力 $[\sigma_1]=100$ MPa，杆②的许用正应力 $[\sigma_2]=160$ MPa，两杆的截面面积均为 $A=200\ \text{mm}^2$。求许用荷载 $[F]$。

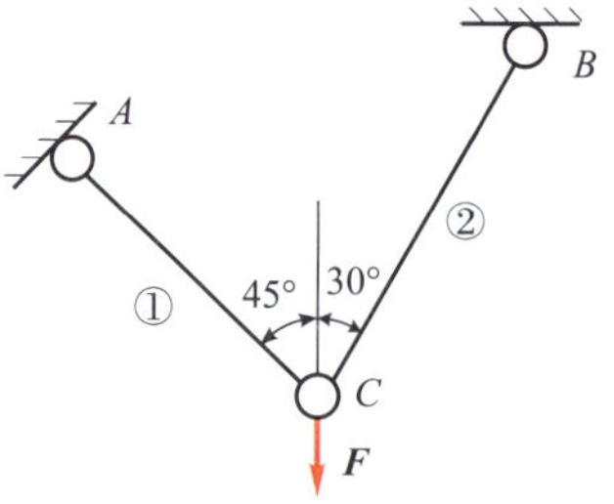

图 2.37

知识链接　应力集中

一、应力集中的概念

等截面直杆受轴向拉伸或压缩时，横截面上的应力是均匀分布的。如果截面尺寸有突然的变化，则在截面突变处应力就不是均匀分布了。例如开有圆孔的直杆受到轴向拉伸时（图 2.38a），在圆孔附近的局部区域内，应力的数值剧烈增加，而在离开这一区域稍远的地方，应力迅速降低而趋于均匀（图 2.38b）。这种由于杆件外形的突然变化而引起局部应力急剧增大的现象，称为**应力集中**。

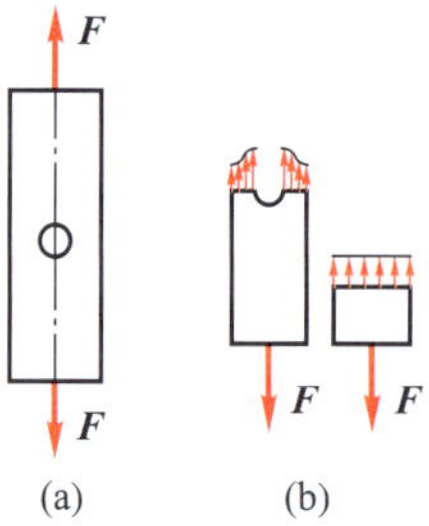

图 2.38

小疑问

试列举几种生活中的应力集中现象。

二、应力集中对构件强度的影响

应力集中对构件强度的影响随构件材料性能不同而异。塑性材料具有屈服阶段，当应力集中处的 σ_{max} 达到材料的屈服极限时，若继续增大外力，该点应力不会增大，只是应变增加。而其他点处的应力继续增大。外力不断加大，截面上到达屈服极限的区域也逐渐扩大，直至整个截面各点应力都达到屈服极限，构件才丧失工作能力。因此，塑性材料构件，尽管有应力集中，却并不显著降低抵抗荷载的能力，所以强度计算中可以不考虑应力集中的影响。脆性材料没有屈服阶段，当应力集中处的 σ_{max} 达到材料的强度极限时，将引起局部断裂，从而导致整个构件断裂，大大降低了构件的承载能力，因此，必须考虑应力集中对强度的影响。

案例解析

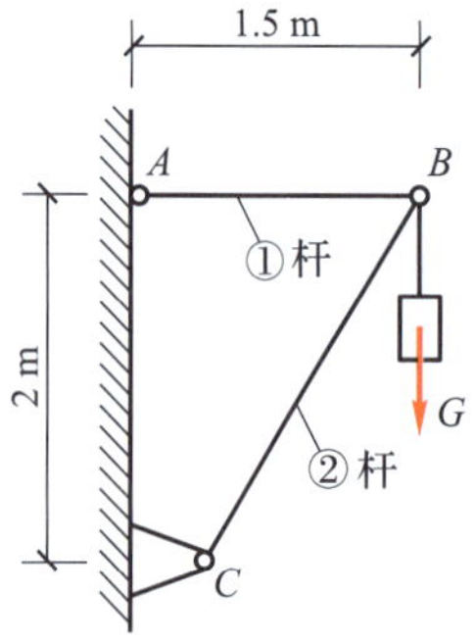

图 2.39

图 2.39 所示三角支架，已知：杆①为直径 $d=16$ mm 的圆截面钢杆，许用应力 $[\sigma]=160$ MPa；杆②为边长 $a=100$ mm 的正方形截面木杆，许用压应力 $[\sigma]=8$ MPa；结点 B 处挂一重物 $G=30$ kN。请

校核两杆件的强度。

任务 2.3　轴向受压杆件稳定性计算

细长受压杆件的稳定性是其能否正常使用的决定性因素。工程实际中应用很广泛的钢管支架和脚手架就存在细长受压杆件的稳定性问题，分析步距、扣件的紧固程度、横向支撑等对这两种结构的影响，并说明理由。

知识点 1　压杆稳定的概念

一、稳定性问题的提出

1. 简单的试验

取两根截面相同而高度不同的松木杆，如图 2.40 所示。一杆长为 20 mm，另一杆长为1 000 mm，两杆截面积均为 $A=30\ \text{mm}\times5\ \text{mm}$，若松木的强度极限 $\sigma_b=30\ \text{MPa}$，按强度考虑，两杆的极限承载力均应为 $F=\sigma_b\times A=4\ 500\ \text{N}$。给两杆缓慢施加压力会发现，长杆（图 2.40a）当加到远小于 4 500 N 时，杆件发生弯曲，当力再加大时，弯曲迅速加大，杆随即折断；而短杆（图2.40b）受力极限接近 4 500 N，且在破坏前一直保持着直线形状。显然，长杆的破坏不是由于强度不足而造成的。

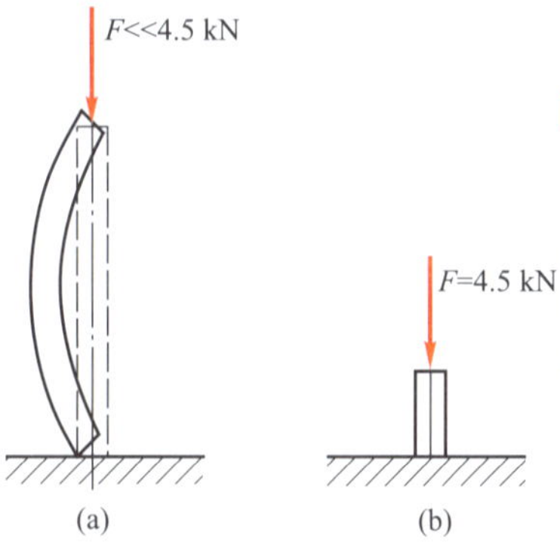

图 2.40

微课
压杆稳定概念

2. 丧失稳定

经研究得知，长杆在受到远远小于相同截面的短杆的承压力时破坏，就其性质而言，与强度问题完全不同。这种长杆由于丧失了保持直线形状的稳定性而造成的破坏称为**丧失稳定**。因此，对细长压杆进行稳定性计算显得尤为重要。

微课
压杆稳定类型

二、平衡状态的稳定性

为了弄清弹性体的稳定性，以中心受压杆的稳定性分析为例。当中心受压直杆（图 2.41）受轴向力 $\boldsymbol{F}$ 作用时，假想在杆上施加以横向干扰力 $\boldsymbol{F}_q$（图 2.41a），若轴向力不大时（图 2.41b），那么撤去干扰力后，杆的轴线将恢复其原有的直线形状；当压力逐渐增大到一定的界限值时（图 2.41c），撤去干扰力后，杆的轴线将保持弯曲的形状，而不能恢复其原有的直线形状；当压力超过界限值时（图 2.41d），撤去干扰力后，杆的轴线的弯曲会继续增大，直至弯曲折断。显然，当压力 $\boldsymbol{F}$ 不超过某一界限值时，压杆在直轴线形状下的平衡是稳定平衡，而当压力 $\boldsymbol{F}$ 增大到该界限值时，压杆在直轴线形状下的平衡就转化为不稳定平衡，中心受压直杆所能承受压力的界限值习惯上称为“临界压力”，或简称为“临界力”。用 F_{cr} 表示，

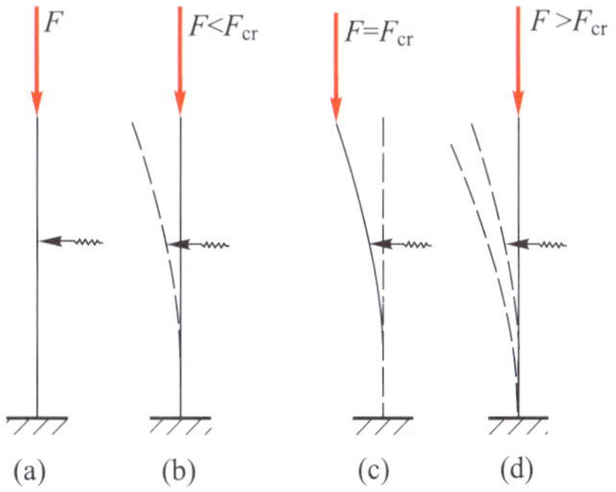

图 2.41

微课
不稳定平衡

微课
临界平衡

所谓“临界状态”，就是压杆在直轴线形状下的平衡由稳定转化为不稳定的这一特定状态。中心受压直杆在临界力 F_{cr} 作用下，其直轴线形状下的平衡丧失稳定性，称为“失稳”。

工程实际中的受压杆件(房柱、桥墩等)，由于种种原因不可能达到理想的中心受压直杆状态，材料的不均匀、制造的误差、加力的偏差以及其他不可避免因素的影响都相当于一种“干扰力”，所以，当压杆上的荷载达到临界力 F_{cr} 时，在这些不可避免的干扰力作用下，就会发生“失稳”破坏。因此，压杆稳定性计算的关键是确定在各种条件下压杆的临界力。

微课
稳定平衡

知识点 2　细长压杆的临界力

一、临界力的计算公式——欧拉公式

通过试验得知，临界力 F_{cr} 的大小与压杆的抗弯刚度成正比，与杆的长度成反比，而且与杆端的支承情况有关，杆端约束越强，临界力就越大。在材料服从胡克定律和小变形假设的条件下，可推导出细长压杆临界力的计算公式——欧拉公式，即

$$F_{cr}=\frac{\pi^2 EI}{(\mu l)^2} \tag{2.14}$$

式中　π——圆周率；

E——材料的弹性模量；

l——杆件长度；

I——杆件截面的最小惯性矩；

μ——长度系数，μl 称为计算长度。

微课
欧拉公式

长度系数 μ 与压杆两端的约束条件有关。

① 对于两端固定，$\mu=0.5$。

② 对于一端固定，一端铰支，$\mu=0.7$。

③ 对于两端铰支，$\mu=1$。

④ 对于一端固定，一端自由，$\mu=2$。

二、临界应力和柔度

在临界力的作用下，细长压杆横截面上的平均应力称为压杆的临界应力，用 σ_{cr} 表示。若压杆的横截面面积为 A，则临界应力为

$$\sigma_{cr}=\frac{F_{cr}}{A}=\frac{\pi^2 EI}{(\mu l)^2 A}$$

知识链接

i 是前面所学的惯性半径。

对于圆形截面，$i_z=i_y=\frac{D}{4}$；对于矩形截面，$i_z=\frac{h}{\sqrt{12}}$，$i_y=\frac{b}{\sqrt{12}}$。

由 $\frac{I}{A}=i^2$ 可知，

$$\sigma_{cr}=\frac{\pi^2 E}{(\mu l)^2}i^2=\frac{\pi^2 E}{\left(\frac{\mu l}{i}\right)^2}$$

令

$$\lambda=\frac{\mu l}{i} \tag{2.15}$$

于是临界应力的公式为

$$\sigma_{cr}=\frac{\pi^2 E}{\lambda^2} \tag{2.16}$$

λ 称为压杆的**柔度**或**长细比**，它综合反映了压杆的长度、支承情况、截面形状与尺寸等因素。

式(2.16)是欧拉公式的另一种表达形式。式中压杆的柔度 λ 综合反映了杆长、约束条件、截面尺寸和形状对临界应力的影响。λ 越大，表示压杆临界应力就越小，临界力也就越小，压杆就越容易失稳。因此，柔度 λ 是压杆稳定计算中的一个十分重要的几何参数。

三、欧拉公式的适用范围

欧拉公式是在材料服从胡克定律的条件下导出的，因此，压杆的临界力只适用于应力小于比例极限的情况。其条件可表示为

$$\sigma_{cr}=\frac{\pi^2 E}{\lambda^2}\leqslant\sigma_p$$

微课　欧拉公式应用

若用柔度来表示，则欧拉公式的适用范围为

$$\lambda\geqslant\lambda_p=\sqrt{\frac{\pi^2 E}{\sigma_p}} \tag{2.17}$$

式中 λ_p 为 $\sigma_{cr}=\sigma_p$ 时的柔度值。

工程中把 $\lambda\geqslant\lambda_p$ 的压杆称为细长杆（或大柔度杆），只有细长杆才能应用欧拉公式计算临界力和临界应力。

λ_p 的大小与材料的力学性能有关，不同材料的 λ_p 值不同。如 Q235 钢，若取 $E=200$ GPa，$\sigma_p=200$ MPa，代入式(2.17)可得 $\lambda_p=100$，这意味着由 Q235 钢制成的压杆，只有在 $\lambda\geqslant 100$ 时才可以应用欧拉公式。

例 2.11　图 2.42 所示轴心受压杆，截面面积为 10 mm×20 mm。已知其为细长杆，弹性模量 $E=200$ GPa，试计算其临界力。

解　由杆件的约束形式可得 $\mu=0.7$，

$$I_{min}=I_y=\frac{hb^3}{12}=\frac{20\ \text{mm}\times(10\ \text{mm})^3}{12}=1.67\times10^3\ \text{mm}^4$$

临界力

$$F_{cr}=\frac{\pi^2 EI_{min}}{(\mu l)^2}=\frac{\pi^2\times200\times10^3\ \text{MPa}\times1.67\times10^3\ \text{mm}^4}{(0.7\times2\times10^3\ \text{mm})^2}=1\ 680.16\ \text{N}=1.68\ \text{kN}$$

例 2.12　有一长 $l=4.5$ m 的压杆，截面为 20a 号工字钢，一端固定，一端铰支，材料为 Q235 钢，$E=2\times10^5$ MPa，如图 2.43 所示。试计算压杆的临界力和临界应力。

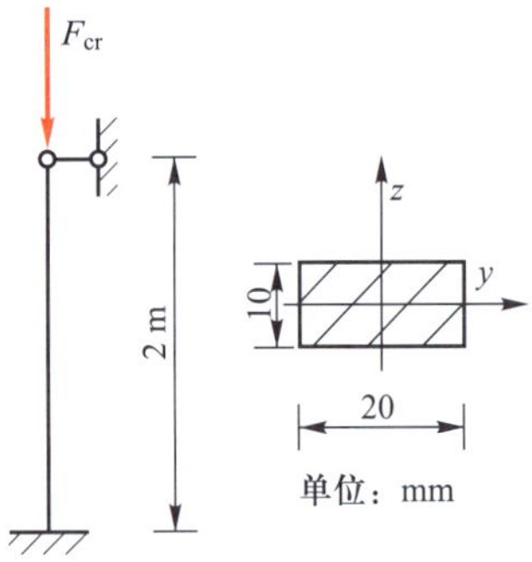

图 2.42

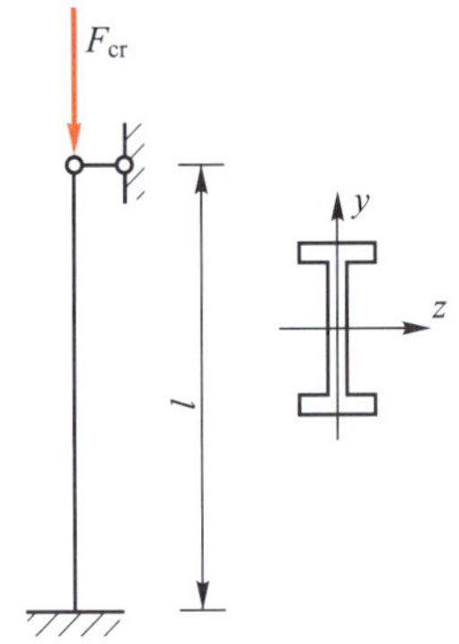

图 2.43

解 ① 计算 λ。压杆一端固定，一端铰支，$\mu=0.7$。查型钢表得

$I_z=2\ 370\ \text{cm}^4, I_y=158\ \text{cm}^4, i_y=2.12\ \text{cm}, A=35.578\ \text{cm}^2$。取 $I_{\min}=I_y=158\ \text{cm}^4$。

故 $\lambda=\dfrac{\mu l}{i}=\dfrac{0.7\times4\ 500\ \text{mm}}{21.2\ \text{mm}}=148.6>\lambda_p=100$，压杆为细长杆。

② 计算 F_{cr}

$$F_{cr}=\frac{\pi^2EI}{(\mu l)^2}=\frac{\pi^2\times2\times10^5\ \text{MPa}\times158\times10^4\ \text{mm}^4}{(0.7\times4.5\times10^3\ \text{mm})^2}$$
$$=314.00\times10^3\ \text{N}=314.00\ \text{kN}$$

③ 计算 σ_{cr}

$$\sigma_{cr}=\frac{F_{cr}}{A}=\frac{314.00\times10^3\ \text{N}}{35.6\times10^2\ \text{mm}^2}=88.2\ \text{MPa}$$

自己动手做

图 2.44 所示中心受压木柱，长 $l=8$ m，截面为矩形，$b\times h=120\ \text{mm}\times200\ \text{mm}$，柱的支承情况是：在最大刚度平面内弯曲时(中心轴为 y 轴)，两端铰支，如图 2.44a 所示；在最小刚度平面内弯曲时(中心轴为 z 轴)，两端固定，如图 2.44b 所示。木材的弹性模量 $E=10$ GPa，$\lambda_p=110$，试求木柱的临界应力和临界力。

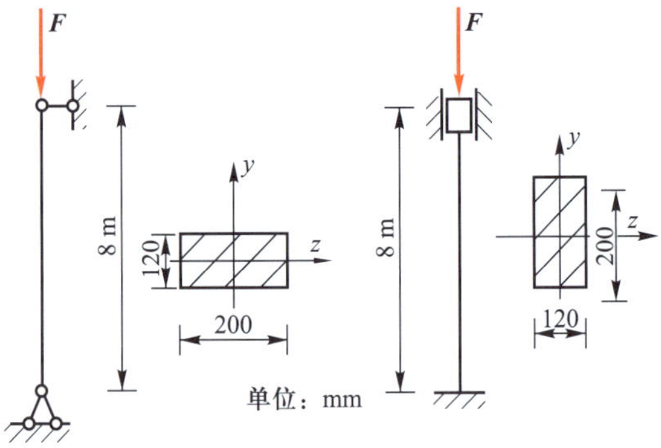

图 2.44

四、中长杆的临界应力计算

当压杆的柔度 λ 小于 λ_p 而大于 λ_s 时，称为中长杆或中柔度杆，此类压杆的材料处于弹塑性变形阶段，不能应用欧拉公式。对于这类压杆目前大都采用以试验为基础的经验公式进行计算。

我国有关规范中的经验公式为

$$\sigma_{cr}=\sigma_s-k\lambda^2 \tag{2.18}$$

式中　σ_s——材料的屈服极限；

k——与材料有关的常数，从有关规范中查出。

如 Q235 钢，$\sigma_s=240$ MPa，$E=210$ GPa，其经验公式为

$$\sigma_{cr}=(240-0.006\ 8\lambda^2)\ \text{MPa}$$

类似地，16 Mn 钢的经验公式为

$$\sigma_{cr}=(250-0.014\lambda^2)\ \text{MPa}$$

对于柔度 $\lambda\leqslant\lambda_s$ 的压杆，称为短粗杆或小柔度杆，其 $\sigma_{cr}=\sigma_s$ 或 $\sigma_{cr}=\sigma_b$。

小疑问

试问短粗杆或小柔度杆要不要考虑稳定性问题？

知识点 3　轴向受压杆件稳定性计算——折减系数法

一、稳定条件

要使压杆不丧失稳定，应使作用在杆上的压力 F 不超过压杆的临界力。在工程中为了保证压杆具有足够的稳定性，通常必须考虑一定的安全储备，因此压杆的稳定条件为

$$F\leqslant\frac{F_{cr}}{n_{st}} \tag{2.19}$$

式中　F——实际作用在压杆上的压力；

F_{cr}——压杆的临界力；

n_{st}——稳定安全系数。

稳定安全系数通常大于强度安全系数，因为与强度安全系数相比，还应考虑实际压杆存在的制造误差，微小初弯曲等因素。

稳定条件式(2.19)两边除以压杆横截面面积 A，则可改写为

$$\sigma=\frac{F}{A}\leqslant\frac{F_{cr}}{A\cdot n_{st}}=\frac{\sigma_{cr}}{n_{st}}$$

即

$$\sigma=\frac{F}{A}\leqslant[\sigma_{st}] \tag{2.20}$$

式中　σ 为杆内实际工作应力；

$[\sigma_{st}]=\dfrac{\sigma_{cr}}{n_{st}}$,可看作压杆的稳定许用应力。

由于临界应力 σ_{cr} 和稳定安全系数 n_{st} 都是随压杆的柔度 λ 而变化的,所以 $[\sigma_{st}]$ 也是随 λ 而变化的一个量,这与强度计算时材料的许用应力 $[\sigma]$ 不同。

二、折减系数法

通常在压杆稳定计算中将变化的稳定许用应力 $[\sigma_{st}]$ 用强度许用应力 $[\sigma]$ 的关系式来表达,即

$$\frac{\sigma_{cr}}{n_{st}}=[\sigma_{st}]=\varphi[\sigma]$$

由上式可知

$$\varphi=\frac{\sigma_{cr}}{n_{st}\cdot[\sigma]}$$

式中 $[\sigma]$——强度计算时的许用应力;

φ——折减系数($0\leqslant\varphi\leqslant1$),是一个随 λ 与 E 变化的量。表 2.2 为几种材料的折减系数,计算时可查用。

压杆的稳定条件可用折减系数 φ 与强度许用应力来表示,即

$$\sigma=\frac{F}{A}\leqslant\varphi[\sigma] \tag{2.21}$$

式(2.21)即为压杆需满足的稳定条件,从形式上可理解为压杆在强度破坏之前便丧失稳定,故由降低强度的许用应力来保证压杆的安全。

表 2.2 压杆的折减系数 φ

λ	φ			λ	φ		
	Q235 钢	16 Mn	木材		Q235 钢	16 Mn	木材
0	1.000	1.000	1.000	110	0.536	0.384	0.248
10	0.995	0.993	0.971	120	0.466	0.325	0.208
20	0.981	0.973	0.932	130	0.401	0.279	0.178
30	0.958	0.940	0.883	140	0.349	0.242	0.153
40	0.927	0.895	0.822	150	0.306	0.213	0.133
50	0.888	0.840	0.751	160	0.272	0.188	0.117
60	0.842	0.776	0.668	170	0.243	0.168	0.104
70	0.789	0.705	0.575	180	0.218	0.151	0.093
80	0.731	0.627	0.470	190	0.197	0.136	0.083
90	0.669	0.546	0.370	200	0.180	0.124	0.075
100	0.604	0.462	0.300				

三、稳定计算

应用式(2.21)的稳定条件,可对压杆进行三种稳定方面的计算。

1. 稳定性校核

按照压杆给定的支承情况确定 μ 值,然后由已知截面的形状和尺寸计算面积 A、惯性矩 I、惯性半径 i 及柔度 λ,由 λ 查表 2.2 得出 φ 值,最后验算是否满足

$$\sigma=\frac{F}{A}\leqslant\varphi[\sigma]$$

这一稳定条件。

2. 确定许用荷载

根据压杆的支承情况,截面形状和尺寸依次确定 μ 值、计算 A、I、i、λ 各值。然后根据材料和 λ 值,由表 2.2 查出 φ,最后按稳定条件计算许用荷载,即

$$[F]\leqslant A[\sigma]\cdot\varphi$$

3. 选择截面

稳定条件经变换后可得

$$A\geqslant\frac{F}{\varphi[\sigma]}$$

此式表明,要计算 A,先要查知 φ,但 φ 与 λ 有关,λ 与 i 有关,i 与 A 有关,当 A 未求得前,φ 值也不能查出。一般采用试算法。

选择截面试算法的步骤如下:

① 先假设一适当的 φ_1 值(一般取 0.5),由此可定出截面尺寸 A_1。

② 按初选的截面尺寸 A_1,计算 i、λ,查出 φ_1'。比较查出的 φ_1' 与假设的 φ_1,若两者比较接近,可对所选截面进行稳定性校核。

③ 若 φ_1' 与 φ_1 相差较大,则再按 $\varphi_2=\dfrac{\varphi_1+\varphi_1'}{2}$ 计算,直至 φ_n 与 φ_n' 接近为止。

知识链接

对影响钢管脚手架稳定性的步距、扣件的紧固程度、横向支撑等主要因素进行分析如下:

① **步距**(水平杆的间距)。在其他条件相同时,步距变化对脚手架承载能力影响很大。脚手架的承载能力随步距加大而降低,当步距由 1.2 m 增加到 1.8 m 时,临界荷载将下降 26%~29%;当步距增大时,在考虑稳定性的时候,相当于增加了立杆的计算长度,由欧拉公式

$$F_{cr}=\frac{\pi^2EI}{(\mu l)^2}$$

可知,当 l 越大时,临界荷载 F_{cr} 就会越小,稳定性就会越差。

② **扣件的紧固程度**。扣件的紧固程度标准为 40~50 N·m。当扣件的紧固扭矩为 30 N·m 时,将比 50 N·m 时的临界荷载降低 20%;但当达到 50 N·m 时,再增加扣件的紧固程度,脚手架的承载能力则提高很少。这说明紧固程度达到一定数值后,再采用增加扣件扭矩的方法,对提高脚手架承载力的影响已经很小;扣件的紧固程度,直接影响到立杆两端的约束情况,欧拉公式

$$F_{cr}=\frac{\pi^2 EI}{(\mu l)^2}$$

中的 μ 直接反映了压杆两端的约束情况，约束越紧，μ 值取得越小，临界荷载 F_{cr} 就越大，稳定性就越好。但是在计算临界荷载时，μ 最少取值到 0.5（即两端可简化成固定端约束），所以当紧固程度到一定数值后，对稳定性的影响就不大了。

③ **横向支撑**（剪刀撑）。设置横向支撑比不设置横向支撑的临界荷载将提高 15%。当脚手架到一定的高度后，必需设置横向支撑（剪刀撑），以此来保证脚手架整体的稳定性。

④ **钢管的质量**。规范要求承重架钢管壁厚为 3.5 mm，如果所用钢管壁过薄必将影响脚手架的承载能力。当钢管壁厚不符合要求时，钢管横截面面积变小，从而导致工作压应力过大，超过临界应力。

⑤ **安装不规范**。例如，支架欠高，且垂直不符合规范要求；支架剪刀撑的斜杆夹角不符合规范要求；斜杆没有做到与每一根杆扣紧；支架的碗扣松动、没有锁紧，个别地方没有连上碗扣。

立杆不垂直，致使立杆从轴心受力变成偏心受力，立杆处于不利受力状态，容易失稳；支架剪刀撑的斜杆夹角应为 45°~60°，这种角度可保证整个结构的稳定性；支架碗扣的松紧直接影响到立杆两端的约束情况。

任务实施

例 2.13 图 2.45 所示千斤顶的最大起重量 $F=120$ kN。已知螺杆长度 $l=600$ mm，$h=100$ mm，螺杆直径 $d=52$ mm，螺杆材料为 Q235 钢，$[\sigma]=80$ MPa，试校核螺杆的稳定性。

解 ① 计算柔度。螺杆可粗略地简化为下端固定、上端自由的压杆，故长度系数为 2，螺杆的长度取最不利的状态为 $l-h/2$，则

$$\lambda=\frac{\mu l}{i}=\frac{2\times(600\ \text{mm}-50\ \text{mm})}{\dfrac{52\ \text{mm}}{4}}=84.62$$

② 查表并用内插法计算 $\lambda=84.62$ 对应的 φ 值。

当 $\lambda=80$ 时，$\varphi=0.731$；当 $\lambda=90$ 时，$\varphi=0.669$。当 $\lambda=84.62$ 时，有

$$\varphi=0.731-\frac{0.731-0.669}{90-80}(84.62-80)=0.702$$

③ 校核螺杆的稳定性。

$$\varphi[\sigma]=0.702\times80\ \text{MPa}=56.16\ \text{MPa}$$

$$\sigma=\frac{F}{A}=\frac{120\times10^3\ \text{N}}{\dfrac{\pi}{4}\times52^2\ \text{mm}^2}=56.53\ \text{MPa}$$

$\sigma>\varphi[\sigma]$，但没有超过 5%，所以螺杆满足稳定性条件。

例 2.14 图 2.46 所示钢管支柱高 4.2 m，支柱两端固定，材料许用应力 $[\sigma]=150$ MPa，试求该压杆的许用荷载 $[F]$。

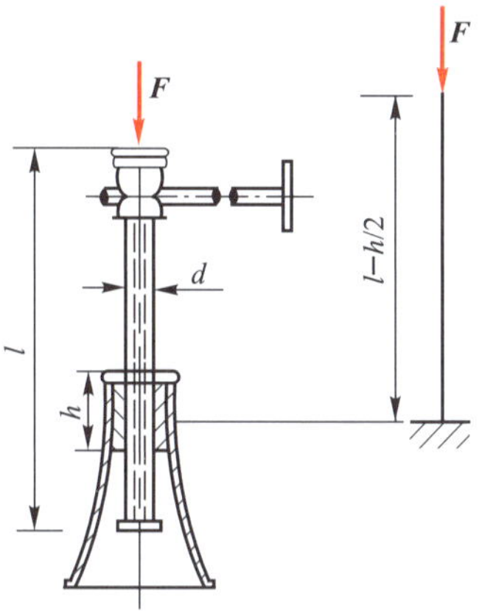

图 2.45

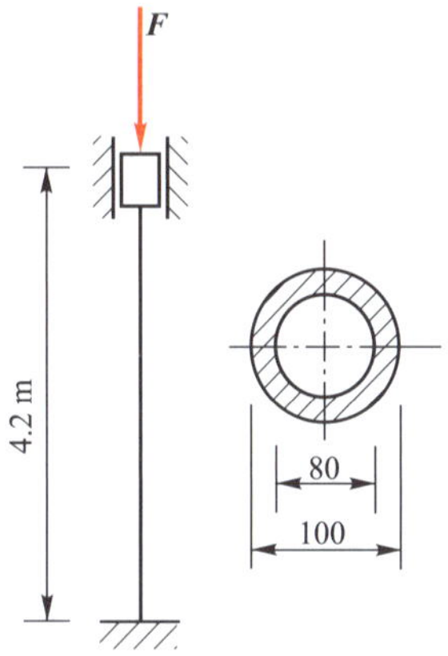

图 2.46

解　由于截面为圆环,所以 $I_z=I_y=I_{min}$,则

$$i_{min}=\sqrt{\frac{I}{A}}=\sqrt{\frac{\frac{\pi}{64}(D^4-d^4)}{\frac{\pi}{4}(D^2-d^2)}}=\frac{1}{4}\sqrt{D^2+d^2}=\frac{1}{4}\sqrt{(100\ \text{mm})^2+(80\ \text{mm})^2}$$

$$=32.02\ \text{mm}$$

钢柱两端固定,$\mu=0.5$,其柔度为

$$\lambda=\frac{\mu l}{i}=\frac{0.5\times4.2\times10^3\ \text{mm}}{32.02\ \text{mm}}=65.58$$

查表 2.2,当 $\lambda=60$ 时,$\varphi=0.842$;当 $\lambda=70$ 时,$\varphi=0.789$。用直线插入法求 $\lambda=65.58$ 时的 φ,得

$$\varphi=0.842-\frac{65.58-60}{70-60}(0.842-0.789)=0.812$$

所以许用荷载为

$$[F]=A\cdot[\sigma]\cdot\varphi=\frac{\pi}{4}(100^2-80^2)\ \text{mm}^2\times150\ \text{MPa}\times0.812$$

$$=344\ 206.8\ \text{N}=344.2\ \text{kN}$$

***例 2.15**　木柱高 $l=3.5$ m,截面为圆形,两端铰支,承受轴向压力 $F=75$ kN,木材许用应力 $[\varphi]=10$ MPa,试选择直径 d。

解　① 先设 $\varphi_1=0.5$,则

$$A_1=\frac{F}{\varphi_1[\sigma]}=\frac{7.5\times10^3\ \text{N}}{0.5\times10\ \text{MPa}}=15\times10^3\ \text{mm}^2$$

于是直径

$$d_1=\sqrt{\frac{4A_1}{\pi}}=\sqrt{\frac{4\times15\times10^3\ \text{mm}^2}{\pi}}=138\ \text{mm}$$

取 $d_1=140$ mm

② 在所选直径下得 $i_1=\dfrac{d_1}{4}=\dfrac{140\ \text{mm}}{4}=35\ \text{mm}$

$$\lambda_1=\frac{\mu l}{i_1}=\frac{1\times3.5\times10^3\ \text{mm}}{35\ \text{mm}}=100$$

查表 2.2 得 $\varphi_1'=0.3$，这与所设 $\varphi_1=0.5$ 差别较大，重新计算。

③ 设

$$\varphi_2=\frac{\varphi_1+\varphi_1'}{2}=\frac{0.5+0.3}{2}=0.4$$

则

$$A_2=\frac{F}{\varphi_2[\sigma]}=\frac{75\times10^3\ \text{N}}{0.4\times10\ \text{MPa}}=18.75\times10^3\ \text{mm}^2$$

$$d_2=\sqrt{\frac{4A_2}{\pi}}=\sqrt{\frac{4\times18.75\times10^3\ \text{mm}^2}{\pi}}=154.4\ \text{mm}$$

取 $d_2=160\ \text{mm}$

④
$$i_2=\frac{d_2}{4}=\frac{160\ \text{mm}}{4}=40\ \text{mm}$$

$$\lambda_2=\frac{\mu l}{i_2}=\frac{1\times3.5\times10^3\ \text{mm}}{40\ \text{mm}}=87.5$$

查表得 $\varphi_2'=0.393$，与 $\varphi_2=0.4$ 很接近。

⑤ 校核稳定性。

$$\sigma=\frac{F}{A}=\frac{75\times10^3\ \text{N}}{\frac{\pi}{4}\times160^2\ \text{mm}^2}=3.73\ \text{MPa}$$

$$\varphi[\sigma]=0.393\times10\ \text{MPa}=3.93\ \text{MPa}$$

$\sigma<\varphi[\sigma]$ 符合稳定条件，故最后选定圆柱直径 $d=160\ \text{mm}$。

***例 2.16** 已知压杆长 $l=3.5\ \text{m}$，由一对等边角钢组成，如图 2.47 所示。截面上有 $d=20\ \text{mm}$ 的螺栓孔。压杆两端为铰支，承受轴向压力 $F=400\ \text{kN}$。钢材许用应力为 $[\sigma]=160\ \text{MPa}$。试选择等边角钢的型号。

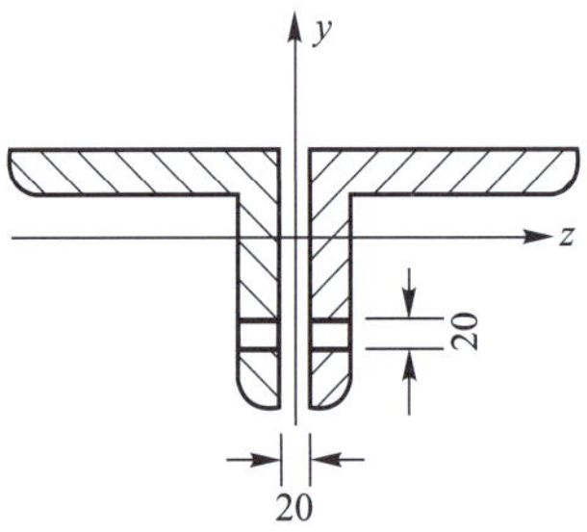

图 2.47

解 ① 初选截面。设 $\varphi_1=0.5$，则

$$A_1=\frac{F}{\varphi_1[\sigma]}=\frac{400\times10^3\ \text{N}}{0.5\times160\ \text{MPa}}=5\times10^3\ \text{mm}^2$$

由型钢表查选两根 100 mm×100 mm×14 mm 的角钢，总面积为 $A_1=2\times26.3\ \text{cm}^2=52.6\ \text{cm}^2=52.6\times10^2\ \text{mm}^2$。因稳定性是对整个杆件的平衡状态考虑的，而孔洞削弱压杆截面属于局部削弱，对稳定性影响很小，可不予考虑。采用毛面积进行计算。

因两根角钢组合后 $I_y>I_z$，所以

$$i_{\min}=i_z=\sqrt{\frac{2I_z}{2A}}=30\ \text{mm}$$

$$\lambda_1=\frac{\mu l}{i_{\min}}=\frac{1\times 3\ 500\ \text{mm}}{30\ \text{mm}}=116.7$$

由表 2.2,用插入法求得

$$\varphi_1'=0.536-\frac{0.536-0.466}{10}\times 6.7=0.489$$

φ_1' 与 φ_1 很接近,不必重选。

② 校核稳定性。

$$\sigma=\frac{F}{A}=\frac{400\times 10^3\ \text{N}}{52.6\times 10^2\ \text{mm}^2}=76\ \text{MPa}$$

$$\varphi[\sigma]=0.489\times 160\ \text{MPa}=78.2\ \text{MPa}$$

$\sigma<\varphi[\sigma]$,所选截面满足稳定性要求。

③ 校核强度。因截面有局部削弱,对削弱截面应作强度校核。

螺栓孔所在截面压杆的净面积为

$$A_{净}=52.6\times 10^2\ \text{mm}^2-2\times 14\times 20\ \text{mm}^2=4.7\times 10^3\ \text{mm}^2$$

$$\sigma=\frac{F}{A_{净}}=\frac{400\times 10^3\ \text{N}}{4.7\times 10^3\ \text{mm}^2}=85.11\ \text{MPa}<[\sigma]$$

所以,所选截面 2∠100×100×14 是合适的。

四、提高压杆稳定性的措施

提高压杆稳定性的中心问题,是提高杆件的临界力(或临界应力)。

1. 柔度方面

对于一定材料制成的压杆,临界应力与柔度 λ 的平方成反比,柔度越小,稳定性越好。

① 选择合理的截面形状　由于 λ 与 i 成反比,$i=\sqrt{\frac{I}{A}}$,所以在截面积一定的情况下,要尽量增大惯性矩 I。如在工程上常采用空心截面(图 2.48)或组合截面(图 2.49),使截面材料远离中性轴。

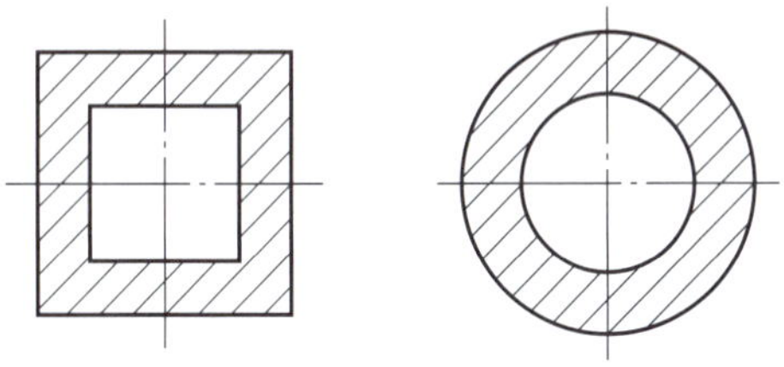

图 2.48

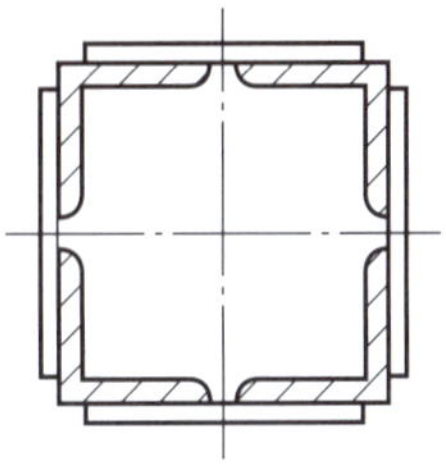

图 2.49

② 采用 λ_y 接近 λ_z 的几何截面形状　当压杆在各个弯曲平面内的支承情况相同时,为避免在最小刚度平面内发生失稳,应尽量使各个方向的惯性矩相同,例如采用圆形、正方形截面。

当压杆两端的支承情况在两个方向不同,即 μ 值不同时,则采用 I_y 和 I_z 不等的截面与相应的约束条件配合以达到 $\lambda_y=\lambda_z$,从而达到两个方向上抵抗失稳的能力相等或接近的目的。

③ 改善支承条件　因压杆两段支承越牢固,长度系数 μ 就越小,柔度也越小,从而临界应力

就越大。故采用长度系数小的支承形式可提高压杆的稳定性。

④ 减小杆的长度　压杆临界力的大小与杆长成反比,缩小杆件长度可以大大提高临界力,即提高抵抗失稳的能力。因此压杆应尽量避免细而长。可能时,在压杆中间增加支承,也能起到有效作用。

2. 材料方面

在其他条件相同的情况下,选择弹性模量 E 高的材料,也可以提高压杆的稳定性。如钢杆的临界力大于铜、铁、木杆的临界力。但对于弹性模量大致相同的材料,如合金钢与 Q235 钢,就没有必要选用合金钢这种高强度材料,以免造成浪费。

案例解析

如图 2.50 所示三角支架,已知其压杆 BC 为 16 号工字钢,材料的许用应力 $[\sigma] = 160$ MPa。在结点 B 处作用一竖向荷载 $\boldsymbol{F}$,BC 杆长度为 1.5 m,试从 BC 杆的稳定条件考虑,计算该三角架的许可荷载 $[F]$。

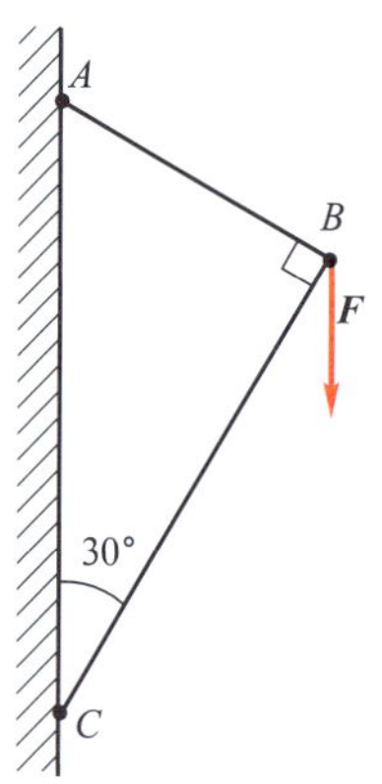

图 2.50

工学项目小结

一、本工学项目的任务 2.1 讨论了轴向变形构件的内力计算

杆件内力计算的基本方法为截面法,轴向变形的内力是轴力。

桁架是全部由链杆组成的结构。在桁架的计算简图中,通常引用下述假设:各结点都是理想铰;各杆的轴线绝对平直,且通过铰心;外力只作用在结点上。

符合上述假定的桁架称为理想桁架。理想桁架的受力特点是各杆只受轴力作用,截面上的应力均匀分布。

静定平面桁架内力计算的基本方法是结点法和截面法。这两种方法的原理和步骤相同,区别仅在于所取分离体包含的结点数不同,作用于分离体上的力系不同。当截面法所取分离体只包含一个结点时,即称为结点法。

结点法宜应用于简单桁架,所取结点上的未知力不得超过两个。计算前识别零杆可使计算工作简化。截面法应用于联合桁架的计算和简单桁架中只求少数杆件内力时的计算,所取分离体上的未知力一般不得超过三个。

任务 2.1 重点:轴向变形构件的受力特点和变形特点;轴力图;理想桁架的概念及内力计算。

二、本工学项目的任务 2.2 讨论了轴向变形构件的强度计算

任务 2.2 的主要公式有:

正应力公式
$$\sigma=\frac{F_{\mathrm{N}}}{A}$$

胡克定律
$$\Delta l=\frac{F_{\mathrm{N}}l}{EA}\quad 或\quad \sigma=E\cdot\varepsilon$$

强度条件
$$\sigma_{\max}=\frac{F_{\mathrm{Nmax}}}{A}\leqslant[\sigma]$$

对于概念、方法、公式要会定义,会运用,并要熟记。

材料的力学性能是通过试验测定的,它是解决强度问题和刚度问题的重要依据。材料的力学性能指标主要有:

① 强度性能:材料抵抗破坏的能力,屈服极限 σ_{s}、$\sigma_{0.2}$,强度极限 σ_{b}。

② 弹性变形性能:材料抵抗变形的能力,弹性模量 E、泊松比 μ。

③ 塑性变形性能:伸长率(延伸率)δ、截面收缩率 ψ。

对于这些性能指标,要熟记其含义。

任务 2.2 重点:应力、应变等基本概念;轴向变形构件的应力、应变的计算,轴向变形构件的强度条件及其应用。

强度计算是工程力学研究的主要问题。强度计算的一般步骤如下:

① 外力分析。分析杆件所受外力情况,根据受力特点,判断构件产生哪种基本变形及确定其大小(荷载与支座的反力)。

② 内力计算。截面法是计算内力的基本方法,应当熟练掌握该方法。

③ 强度计算。利用强度条件可解决三类问题:进行强度校核,选择截面尺寸和确定许用荷载。

解题时需注意,在分析杆件的强度和刚度时,应将研究的对象视为可变形固体,在计算杆件内力时,不能使用力的可传性原理和力偶的可移性原理。

三、本工学项目的任务 2.3 讨论的压杆稳定性问题是工程力学研究的内容之一

确定压杆的临界力是解决压杆稳定性问题的关键。压杆临界力和临界应力的计算,应按压杆柔度大小分别进行。

对于大柔度杆:
$$F_{\mathrm{cr}}=\frac{\pi^2EI}{(\mu l)^2},\quad \sigma_{\mathrm{cr}}=\frac{\pi^2E}{\lambda^2}$$

对于中柔度杆:
$$\sigma_{\mathrm{cr}}=\sigma_{\mathrm{s}}-k\lambda^2,\quad F_{\mathrm{cr}}=\sigma_{\mathrm{cr}}A$$

短粗杆属强度问题,应按强度条件进行计算。

柔度 λ 是一个重要的概念,它综合考虑了杆件的长度、截面形状、尺寸以及杆端约束条件的影响,即

$$\lambda=\frac{\mu l}{i}$$

柔度 λ 值愈大，临界力与临界应力就愈小，这说明当压杆的材料、横截面面积一定时，λ 值愈大，压杆就愈容易失稳。因此，对于两端支承情况和截面形状沿两个方向不同的压杆，在失稳时总是沿 λ 值大的方向失稳。

折减系数法是稳定计算的实用方法。其稳定条件为

$$\sigma=\frac{F}{A}\leqslant\varphi[\sigma]$$

式中　$[\sigma]$——强度计算时的许用应力。

思考题

2.1　轴向拉伸或压缩的受力特点、变形特点是什么？

2.2　指出图所示杆件中哪些部位属于轴向拉伸或压缩？

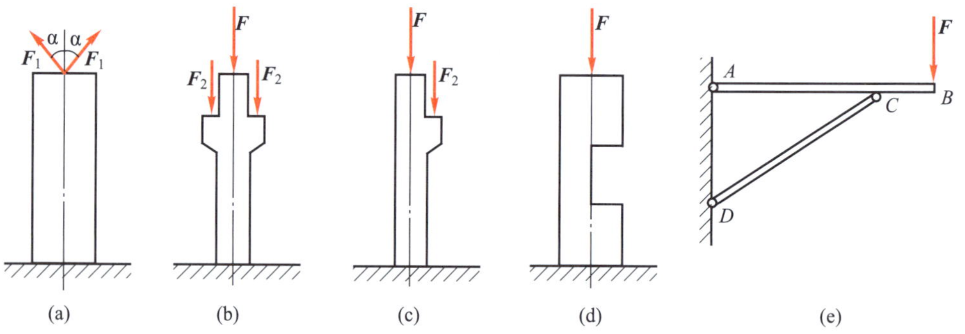

思考题 2.2 图

2.3　什么是内力？计算内力的一般步骤是什么？

2.4　何谓桁架？在平面桁架的计算简图中，通常引用哪些假定？

2.5　何谓结点法？在什么情况下应用这一方法比较适宜？

2.6　何谓零杆？怎样识别？零杆是否可以从桁架中撤去？为什么？

2.7　何谓截面法？在什么情况下应用这一方法比较适宜？

2.8　在桁架计算中，怎样避免解联立方程？

2.9　什么是应力？应力与内力的关系是什么？

2.10　杆件是否破坏，起决定作用的因素是内力还是应力？

2.11　横截面面积、长度及轴力均相同，而材料不同的两根受拉杆件，其内力、应力、轴向变形和应变是否相同？

2.12　对拉（压）杆来说，轴力最大的截面一定是危险截面吗？为什么？

2.13　低碳钢在拉伸的过程中经历了哪 4 个阶段？各个阶段有何主要特点？

2.14　说明下列概念的区别：

① 材料的拉伸图和应力应变图；

② 屈服极限与强度极限；

③ 极限应力和许用应力；

④ 线应变和伸长率。

2.15　①、②、③三根杆的材料不同，但尺寸相同，它们的 σ-ε 图如图所示。①、②、③哪种材料的强度高；刚度大；塑性好？

2.16　图示 a、b 结构中所选用的材料是否合理？为什么？其中杆①用低碳钢制作，杆②用铸铁制作。

2.17　如何区别压杆的稳定平衡与不稳定平衡？

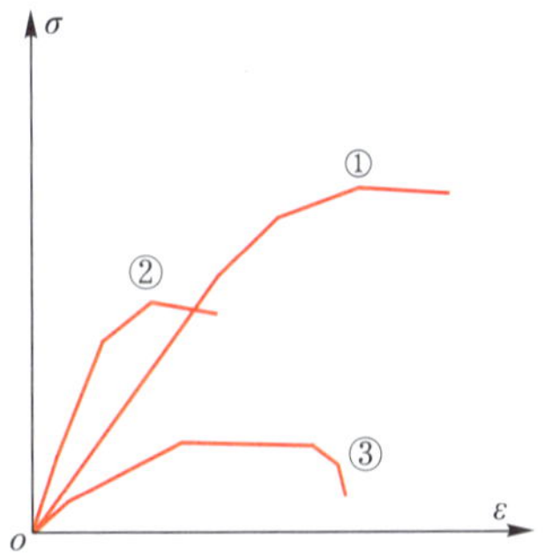

思考题 2.15 图

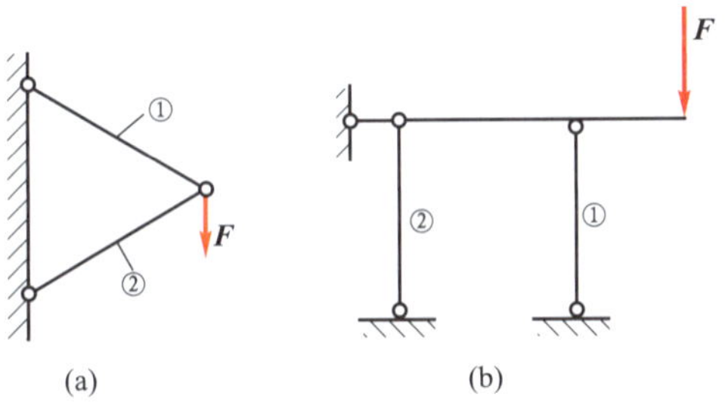

思考题 2.16 图

2.18　压杆失稳的弯曲与梁的弯曲有什么区别？

2.19　什么是临界力？什么是临界应力？

2.20　细长杆、中长杆、短粗杆分别用什么公式计算临界应力？

2.21　压杆的柔度 λ 综合反映了影响压杆稳定性的哪几种因素？

2.22　当压杆的横截面 I_z 和 I_y 不相等时，应计算哪个方向的稳定性？

2.23　为了提高压杆的稳定性，可采取一些什么措施？

2.24　图示 a、b、c 每组截面中，两截面面积相同，试问作为压杆时，每组截面中哪个合理？

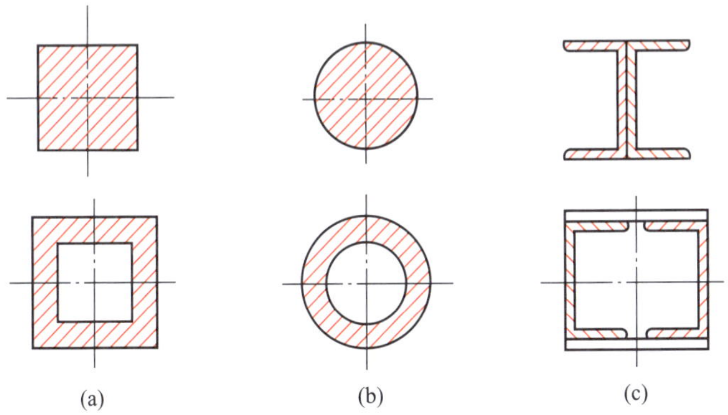

思考题 2.24 图

习题

2.1　求图示 a、b 各杆指定截面上的轴力。

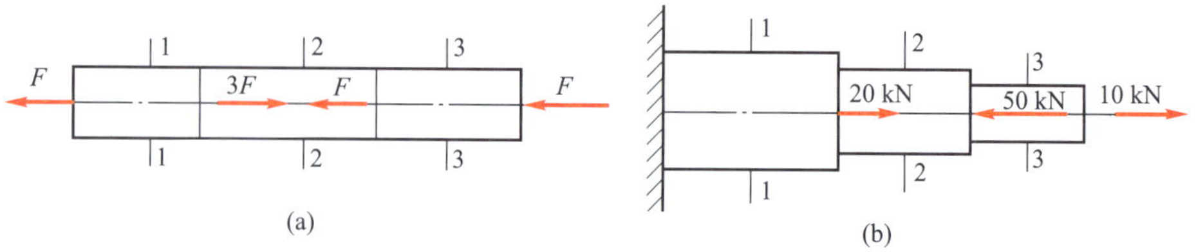

习题 2.1 图

2.2　画出图示 a～e 各杆的轴力图。

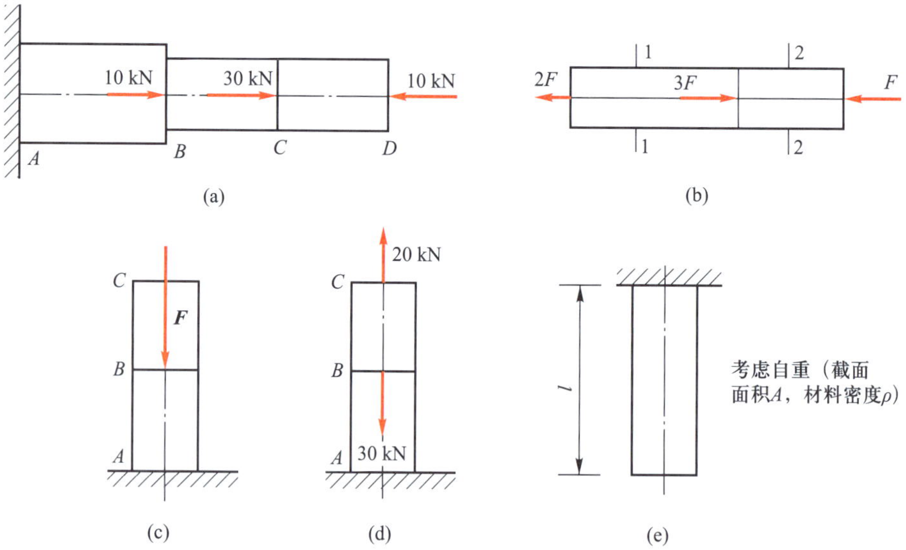

习题 2.2 图

2.3　试用结点法求图示 a、b 桁架中各杆的内力。

2.4　试判断图示 a、b 桁架中的零杆，并计算其余杆的内力。

2.5　试用截面法计算图示 a～c 桁架中指定杆的内力。

2.6　一阶梯杆受力如图所示。AB 段的横截面面积 $A_1 = 300\ \text{mm}^2$，BC 和 CD 段的横截面面积 $A_2 = 200\ \text{mm}^2$，已知 $E = 200\ \text{GPa}$。试求：① 杆的最大正应力；② 杆下端 D 截面的轴向位移。

2.7　横梁 AB 支承在支座 A、B 上，两支柱的横截面面积相同，$A = 9\times10^4\ \text{mm}^2$，作用在梁上的荷载可沿梁移动，其大小如图所示。求支座柱子的最大正应力。

2.8　截面为方形的阶梯砖柱如图所示。上柱高 $H_1 = 3\ \text{m}$，截面积 $A_1 = 240\ \text{mm}\times240\ \text{mm}$；下柱高 $H_2 = 4\ \text{m}$，截面积 $A_2 = 370\ \text{mm}\times370\ \text{mm}$。荷载 $F = 40\ \text{kN}$，砖砌体的弹性模量 $E = 3\ \text{GPa}$，砖柱自重不计，试求：① 柱子上、下两段的应力；② 柱子上、下两段的应变；③ 柱子的总缩短量。

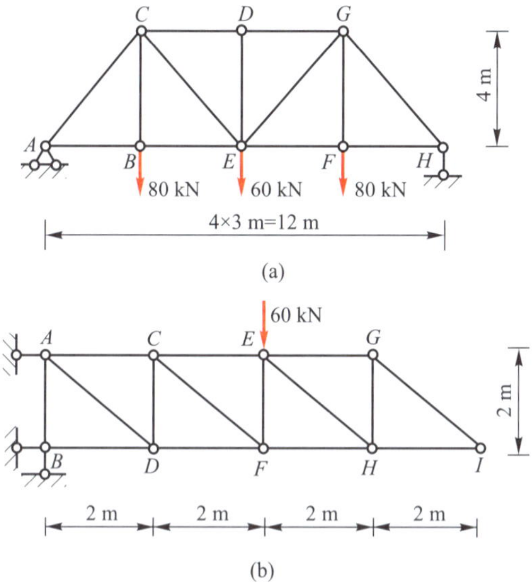

习题 2.3 图

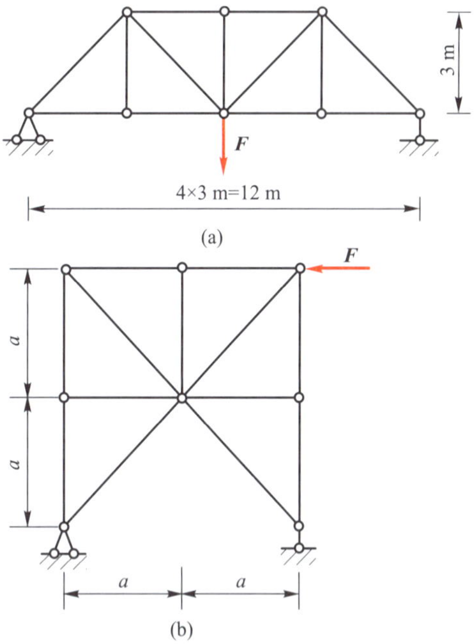

习题 2.4 图

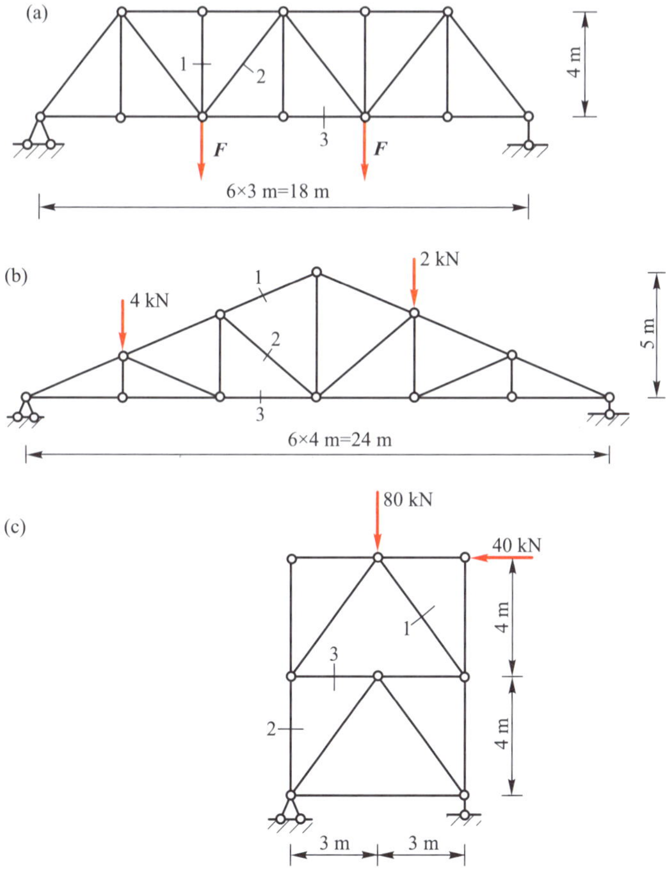

习题 2.5 图

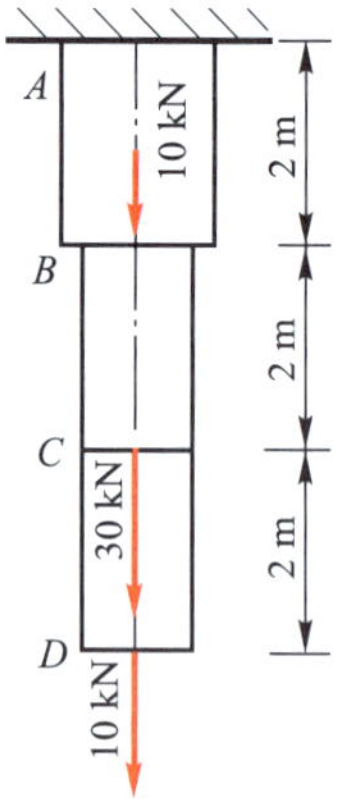

习题 2.6 图

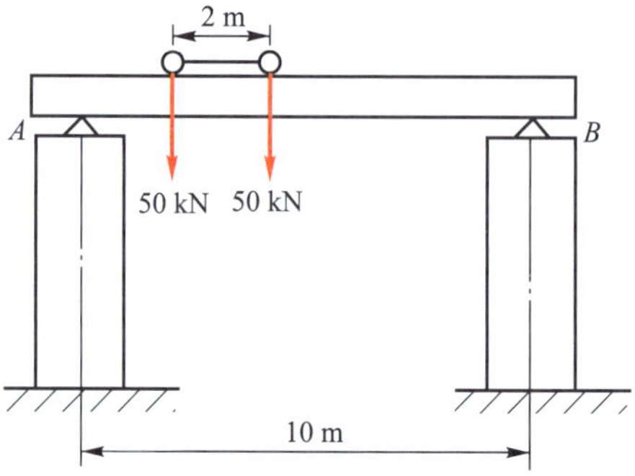

习题 2.7 图

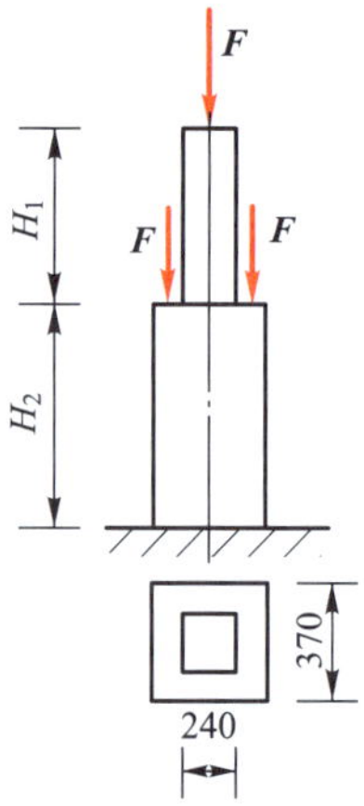

习题 2.8 图

2.9 一矩形截面木杆如图所示，两端的截面被圆孔削弱，中间的截面被两个切口减弱，试验算在承受拉力 $F=70$ kN 时杆是否安全。已知[σ] = 7 MPa。

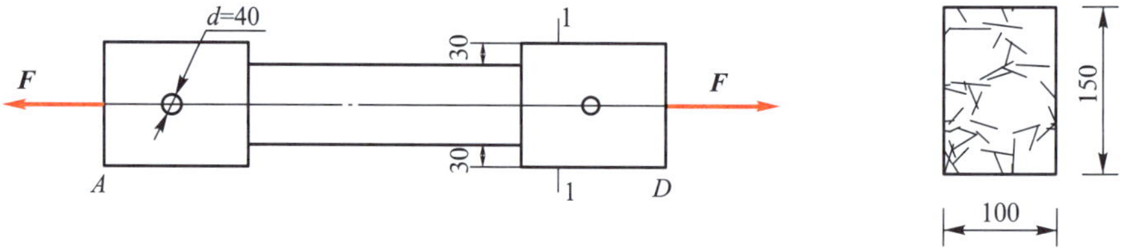

习题 2.9 图

2.10 如图所示，杆① 为直径 $d=16$ mm 的圆截面钢杆，许用应力[σ_1] = 160 MPa；杆② 为边长 $a=100$ mm 的正方形截面木杆，许用应力[σ_2] = 8 MPa。已知结点 B 处挂一重物 $W=30$ kN，试校核两杆的强度。

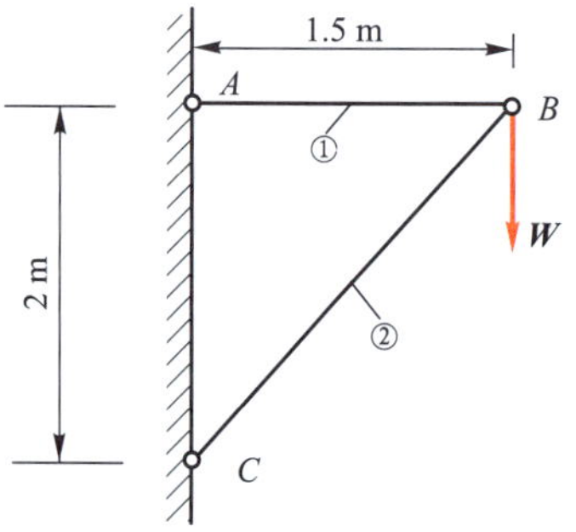

习题 2.10 图

2.11 一装物木箱重 $W=5$ kN，用绳索起吊如图所示，试求每根吊索的拉力。如吊索用麻绳，麻绳的许用应力如表所示，试选择麻绳的直径。

麻绳直径 d/mm	20	22	25	29
许用拉力 F/N	3 200	3 700	4 500	5 200

2.12　图示雨篷结构简图中，水平梁 AB 上承受均布荷载 $q=10\ \mathrm{kN/m}$，B 端用斜杆 BC 拉住。试按下列两种情况设计截面：

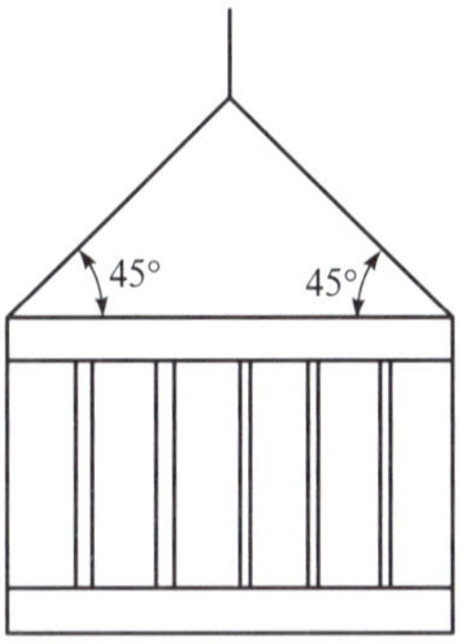

习题 2.11 图

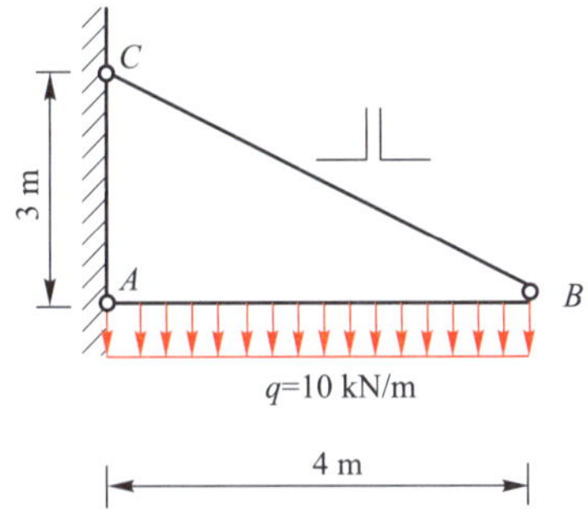

习题 2.12 图

① 斜杆由两根等边角钢制造，材料许用应力 $[\sigma]=160\ \mathrm{MPa}$，选择角钢的型号；

② 若斜杆由钢丝绳代替，每根钢丝的直径 $d=2\ \mathrm{mm}$，钢丝的许用应力 $[\sigma]=160\ \mathrm{MPa}$，求所需钢丝的根数。

2.13　图示结构中 AC、BD 两杆材料相同，许用应力 $[\sigma]=160\ \mathrm{MPa}$，弹性模量 $E=200\ \mathrm{GPa}$，荷载 $F=60\ \mathrm{kN}$。试求两杆的横截面面积。

2.14　悬臂吊车如图所示，小车可在 AB 梁上移动，斜杆 AC 的截面为圆形，许用应力 $[\sigma]=170\ \mathrm{MPa}$。已知小车荷载 $F=50\ \mathrm{kN}$，试求杆 AC 的直径 d。

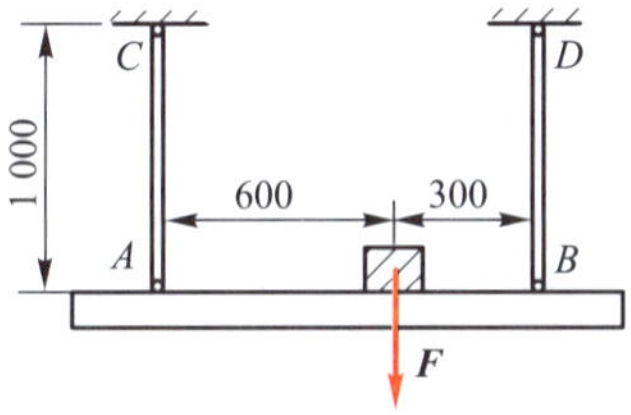

习题 2.13 图

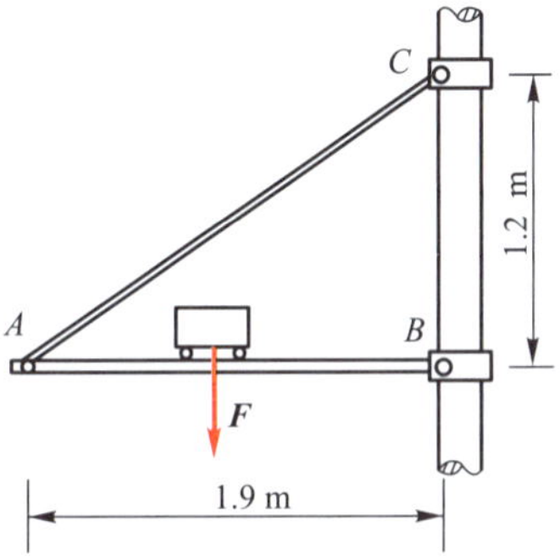

习题 2.14 图

2.15　图示起重架，在 D 点作用荷载 $F=30\ \mathrm{kN}$，若杆 AD、ED、AC 的许用应力分别为 $[\sigma_1]=100\ \mathrm{MPa}$，$[\sigma_2]=40\ \mathrm{MPa}$，$[\sigma_3]=100\ \mathrm{MPa}$。求三根杆所需的面积。

2.16　图示结构中，杆①为钢杆，$A_1=1\ 000\ \mathrm{mm}^2$，$[\sigma_1]=160\ \mathrm{MPa}$；杆②为木杆，$A_2=20\ 000\ \mathrm{mm}^2$，$[\sigma_2]=7\ \mathrm{MPa}$。求结构的许用荷载 $[F]$。

2.17　一圆截面细长柱，一端固定，一端自由，$l=2.5\ \mathrm{m}$，直径 $d=50\ \mathrm{mm}$，材料弹性模量 $E=10\ \mathrm{GPa}$，求柱的临界力和临界应力。

2.18　由 20a 号工字钢所制压杆，两端铰支，如图所示。已知压杆长 $l=4\ \mathrm{m}$，弹性模量 $E=200\ \mathrm{GPa}$，$\lambda_p=100$，判断是否为细长杆，试计算压杆的临界力和临界应力。

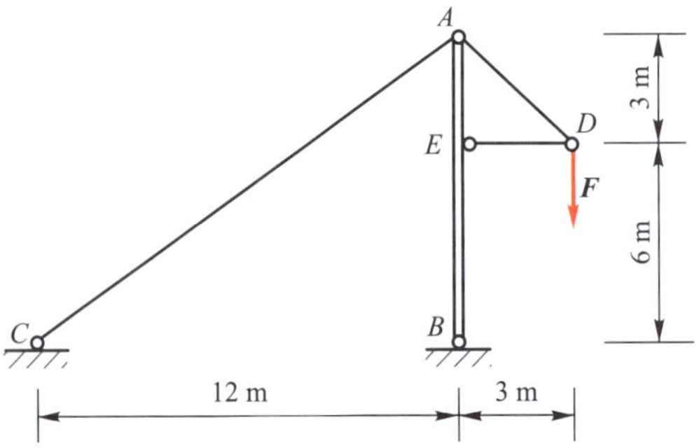

习题 2.15 图

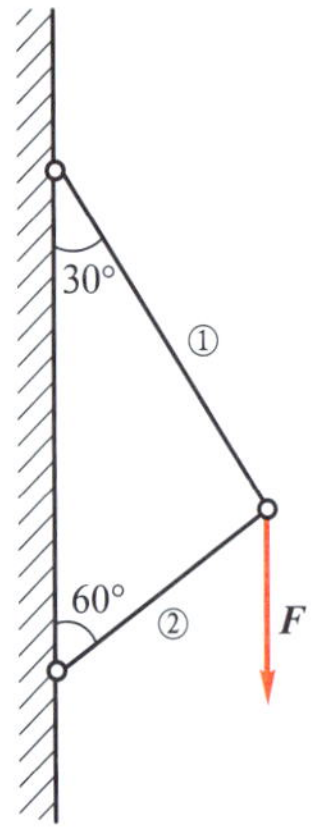

习题 2.16 图

2.19 一矩形截面木柱，柱高 $l=4$ m，两端铰支。已知截面尺寸 $b=180$ mm，$h=240$ mm，材料的许用应力$[\sigma]=10$ MPa，承受轴向压力 $F=150$ kN，试校核木柱的稳定性。

2.20 图示受压木杆，截面为矩形，杆长 $l=2$ m，支承方式与截面尺寸如图所示，弹性模量$E=10$ GPa，许用应力$[\sigma]=10$ MPa，求此压杆的许用荷载。

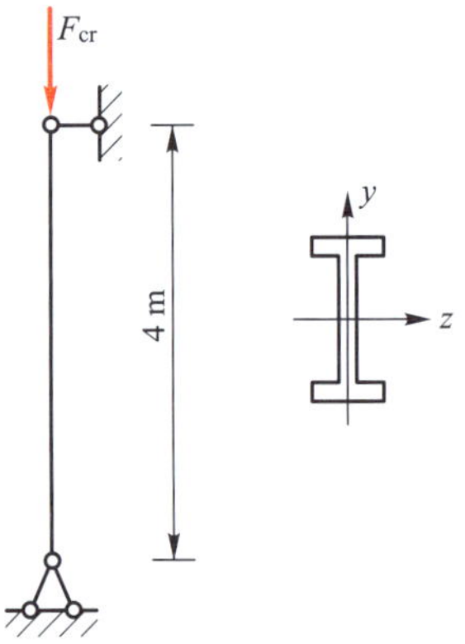

习题 2.18 图

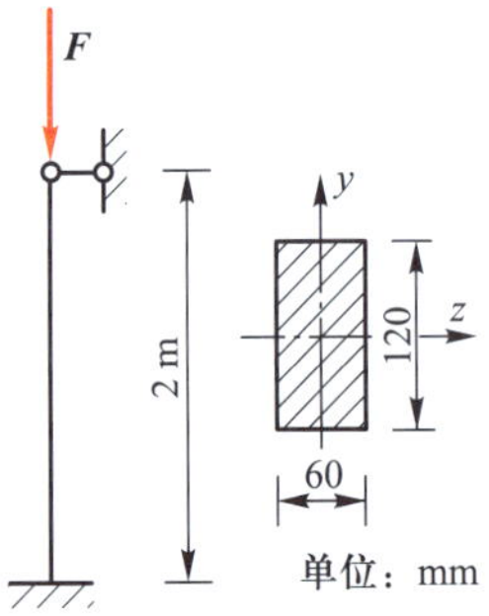

习题 2.20 图

2.21 图示一压杆两端固定，杆长 1 m，截面为圆形，直径 $d=40$ mm，材料为 Q235 钢，$[\sigma]=150$ MPa，试求此压杆的许用荷载。

2.22 压杆由 32a 号工字钢制成如图所示。在 z 轴平面内弯曲时（截面绕 y 轴转动），两端为固定；在 y 轴平面内弯曲时（截面绕 z 轴转动），一端固定、一端自由。杆长 $l=5$ m，$[\sigma]=160$ MPa，试求压杆的许用荷载。

2.23 压杆由两根等边角钢∠140 mm×12 mm 组成如图所示。杆长 $l=2.4$ m，两端铰支。承受轴向压力 $F=800$ kN，$[\sigma]=160$ MPa，铆钉孔直径 $d=23$ mm，试对压杆作稳定性和强度校核。

2.24 桁架上弦杆所受的轴向压力 $F_N=25$ kN，杆长 $l=3.61$ m，截面为正方形，材料为松木，许用应力$[\sigma]=10$ MPa。若按两端铰支考虑，试确定弦杆的截面尺寸。

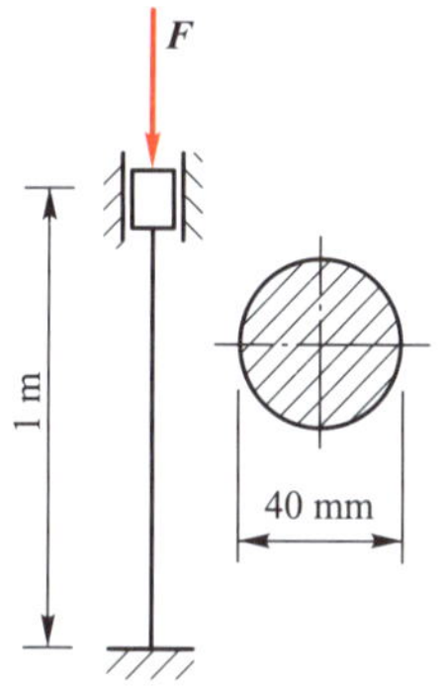

习题 2.21 图

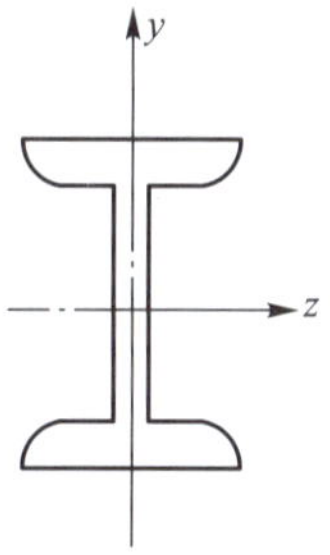

习题 2.22 图

2.25　图示托架,斜撑 CD 为圆木杆,两端铰支,横杆 AB 承受均布荷载 $q=50\ \mathrm{kN/m}$。木材许用应力$[\sigma]=10\ \mathrm{MPa}$。试求斜撑所需直径。

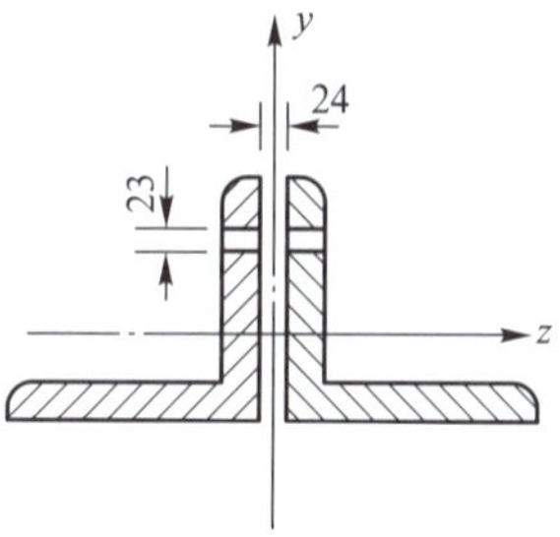

习题 2.23 图

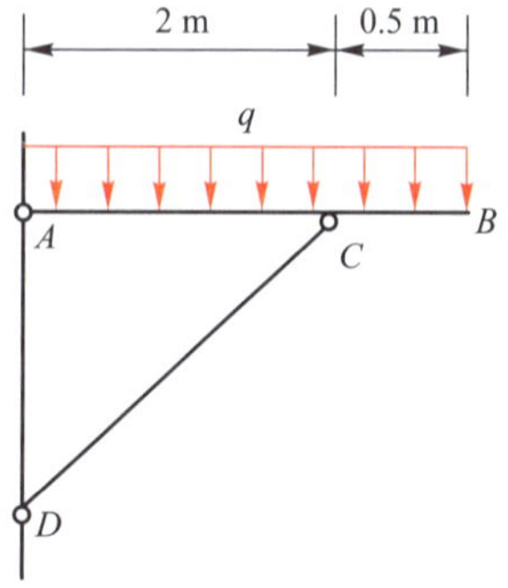

习题 2.25 图

工学项目 3

3

剪切变形构件力学分析

知识目标

通过本工学项目的学习，理解剪切变形及剪力、挤压力的概念，理解剪切胡克定律和剪应力互等定理，熟悉连接件的破坏形态，掌握剪切面和挤压面的判别方法，能够进行剪切和挤压实用计算。

能力目标

通过本工学项目的学习，能够对连接件中普通螺栓、铆钉进行强度验算；能确定地基混凝土板的厚度。

素质目标

通过本工学项目的学习，增强精益求精的工匠精神意识。

项目导学

实际工程中，构件之间需要采用连接件相互连接，工作中的连接件会产生剪切变形、挤压变形。连接件对整个结构的牢固和安全起着重要作用，对其强度分析应予以足够重视。本工学项目主要研究剪切变形构件的强度问题。

任务　剪切变形构件强度计算

任务导入

图 3.1 所示为钢结构中常用的螺栓连接和铆钉连接，本任务主要研究这类构件的强度问题。

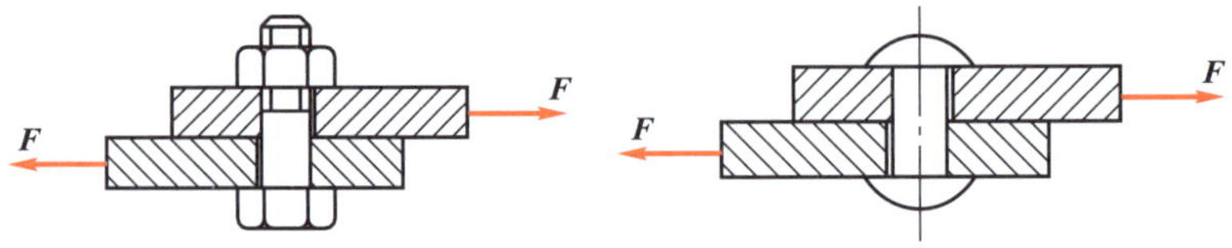

图 3.1

知识点 1　连接件剪切强度实用计算

一、剪切的概念

剪切变形是杆件的基本变形之一。它是指杆件受到一对大小相等、方向相反、作用线相距很近并且方向垂直于杆轴的力作用，两力间的横截面将沿力的方向发生相对错动。这种变形称为**剪切变形**。两力之间发生错动的截面称为**剪切面**，当力 F 足够大时，杆件将沿剪切面剪断。

只有一个剪切面的剪切称为单剪，如图 3.1、图 3.2 所示；同时有两个剪切面的剪切称为双剪，如图 3.3 所示。

微课

剪切

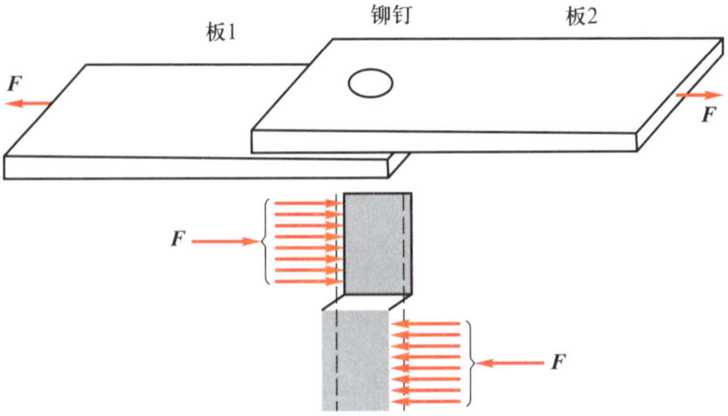

图 3.2

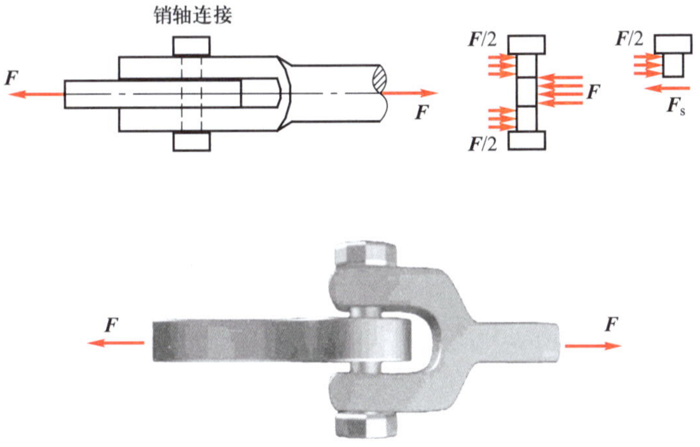

图 3.3

小疑问

剪切变形杆件的受力特点与变形特点是什么？

工程中或生活中有哪些剪切变形的构件？

剪切构件在发生剪切变形的同时，往往伴随有其他形式的变形。如受剪切的螺栓，其上的两个外力形成一个力偶，要保持螺栓的平衡，必然还有其他外力的作用，从而出现了拉伸等其他形式的变形。但是，这些附加的变形一般都不是影响剪切构件强度的主要因素，可以不予考虑。

小疑问

试问轴向拉压杆件的内力叫什么？如何求解？

二、剪切的计算

假想将螺栓沿剪切面截开分为上、下两部分（图 3.4），任取其中一部分为研究对象，由平衡条件可知，剪切面上的内力 $\boldsymbol{F}_{\mathrm{S}}$ 必然与外力共线，规定以使分离体有顺时针转动趋势方向为正，大小由 $\sum F_x=0, F-F_{\mathrm{S}}=0$ 得 $\boldsymbol{F}_{\mathrm{S}}=\boldsymbol{F}$。这种相切于截面的内力 $\boldsymbol{F}_{\mathrm{S}}$ 称为剪力。

微课

剪切构件的实用计算 1

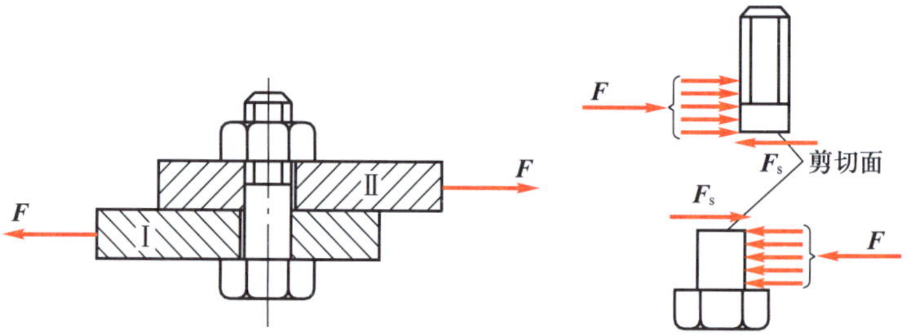

图 3.4

与剪力 $\boldsymbol{F}_{\mathrm{S}}$ 相应，在剪切面上有剪应力 τ 存在，因为应力的实际分布情况比较复杂，要作精确的分析是比较困难的。在实际的工程强度计算中，通常以试验及经验为基础作出一些假设，采用简化的计算方法，称为剪切的实用计算。剪切实用计算的基本点是假定剪切面的剪应力是均匀分布的。剪应力的计算式为

$$\tau=\frac{\boldsymbol{F}_{\mathrm{S}}}{A} \tag{3.1}$$

式中　$\boldsymbol{F}_{\mathrm{S}}$——剪切面上的剪力；

　　A——剪切面的面积。

为保证构件不发生剪切破坏，就要求剪切面上的平均剪应力不超过材料的许用剪应力，即剪切时的强度条件为

$$\tau=\frac{F_{\mathrm{S}}}{A}\leqslant[\tau] \tag{3.2}$$

式中　$[\tau]$——许用剪应力。

剪切强度条件式(3.2)虽然是结合螺栓的情况得出的，但也适用于其他剪切构件。利用式(3.2)同样可进行剪切构件的强度校核（判断构件是否破坏）、截面设计（构件安全工作时合理截面形状和尺寸）和许用荷载的确定（构件最大承载力的确定）。

在剪切强度条件中所采用的许用剪应力，是在与剪切构件实际受力情况相似的条件下进行试验，并同样按剪应力均匀分布的假设计算出来的。在有关的设计规范中，对一些剪切构件的许用剪应力值作了规定。根据试验，一般情况下材料的许用剪应力 $[\tau]$ 与许用拉应力 $[\sigma]$ 之间有以下的关系：

① 对于塑性材料，$[\tau]=(0.6\sim0.8)[\sigma]$。

② 对于脆性材料，$[\tau]=(0.8\sim1.0)[\sigma]$。

利用这一关系，可根据许用拉应力估计许用剪应力的数值。

剪切实用计算是一种带有经验性的强度计算。这种计算比较粗略，但由于许用剪应力的测定条件与实际构件的情况相似，而且其计算也与名义剪应力的计算方法相同，所以剪切实用计算基本上是符合实际情况的，在工程实践中已得到了广泛应用。

例 3.1　两块钢板用一颗铆钉连接。铆钉的直径 $d=24$ mm，每块钢板的厚度 $t=12$ mm，拉力 $F=40$ kN，铆钉许用应力 $[\tau]=100$ MPa，试对铆钉进行强度校核。

解　$F_s=F=40$ kN　剪切面积 $A=\dfrac{\pi\times(24\ \text{mm})^2}{4}=452.39\ \text{mm}^2$

$$\tau=\frac{F_s}{A}=\frac{40\times10^3\ \text{N}}{452.39\ \text{mm}^2}=88.42\ \text{MPa}<[\tau]=100\ \text{MPa}$$

铆钉满足剪切强度。

例 3.2　正方形截面的混凝土柱和基底混凝土板如图 3.5a 所示。假设地基对基底板的反力均匀分布，其压强为 p，如图 3.5b 所示。混凝土的许用剪应力 $[\tau]=1.5$ MPa，试确定混凝土板不被柱穿透所需的最小厚度 t_{min}。

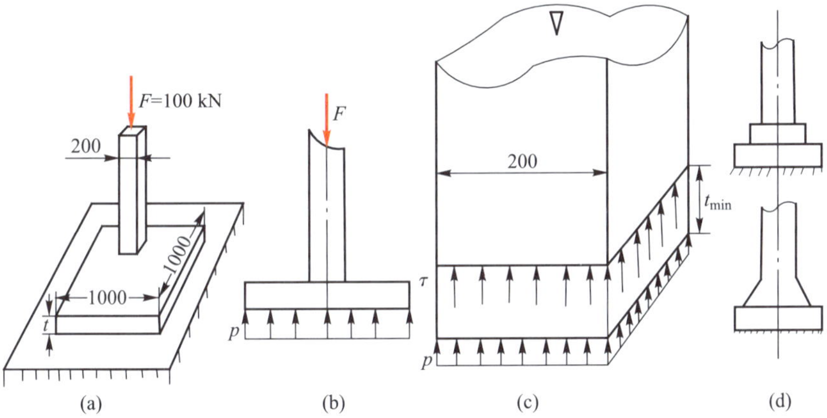

图 3.5

解　已假设地基对地基板反力为均匀分布，所以

$$p=F/A_{板}=100\ \text{kN}/(1\ 000\times1\ 000\times10^{-6}\ \text{m}^2)=100\ \text{kPa}$$

沿剪切面将柱截出，其受力如图 3.5c 所示。为保证基底板不被剪断，当其厚度为 t_{min} 时，应满足剪切强度条件

$$\tau=\frac{F-pA_{柱}}{A_{\min}}\leqslant[\tau]$$

$$\frac{F-p(200\times200\times10^{-6}\ \text{m}^2)}{4\times(200t_{\min}\times10^{-6}\ \text{m}^2)}\leqslant[\tau]$$

$$t_{\min}\geqslant\frac{100\times10^3-100\times10^3\times4\times10^{-2}}{4\times200\times10^{-6}\times1.5\times10^6}\ \text{mm}=80\ \text{mm}$$

微课
剪切构件的实用计算 2

实际工程中，为了减小基底板的厚度，常将柱的底部做成阶梯状或斜坡形式，如图 3.5d 所示。

自己动手做

试校核图 3.6 所示连接销钉的抗剪强度。已知 $F=100$ kN，销钉直径 $d=30$ mm，材料的许用剪应力 $[\tau]=60$ MPa。若强度不够，应改用多大直径的销钉？

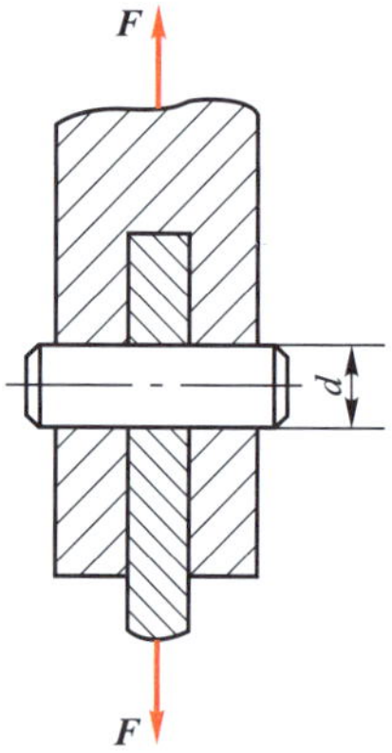

图 3.6

小疑问

铆钉连接和螺栓连接有什么区别？钢结构还有哪些其他连接方式？

知识点 2　连接件挤压强度实用计算

连接件在受剪切的同时，在两构件接触面上，因为互相压紧会产生局部受压，称为挤压。剪切构件除可能被剪断外，还可能发生挤压破坏。挤压破坏的特点为：在构件互相接触的表面上，因承受较大的压力作用，使接触处的局部区域发生显著的塑性变形或被压碎。在接触处产生的变形称为挤压变形。图 3.7a 所示的螺栓连接中，作用在钢板上的拉力 $\boldsymbol{F}$ 通过钢板与螺栓的接触面传递给螺栓，接触面上就产生挤压。两构件的接触面称挤压面，以 A_{bs} 表示；作用于接触面的压力称挤压力，以 $\boldsymbol{F}_{bs}$ 表示；挤压面上的压应力称挤压应力，以 σ_{bs} 表示。当挤压力过大时，孔壁边缘将受压变形，螺杆局部压扁，圆孔变成椭圆，连接松动，这就是挤压破坏。

为了保证构件的正常工作，应要求构件工作时所引起的挤压应力不得超过某一许用值，因此挤压强度条件为

微课
挤压

$$\sigma_{bs}=\frac{F_{bs}}{A_{bs}}\leqslant[\sigma_{bs}] \tag{3.3}$$

式中　A_{bs}——挤压面的计算面积。当接触面为平面时，接触面的面积就是计算面积；当接触面为半圆柱面时，取圆柱体的直径平面作为计算面积，如图 3.8 所示。

σ_{bs}——材料的许用挤压应力，其值可从有关规范中查得。

根据试验，许用挤压应力与许用拉应力有以下关系：

① 对于塑性材料，$[\sigma_{bs}]=(1.5\sim2.5)[\sigma]$。

② 对于脆性材料，$[\sigma_{bs}]=(0.9\sim1.5)[\sigma]$。

微课
挤压构件的实用计算 1

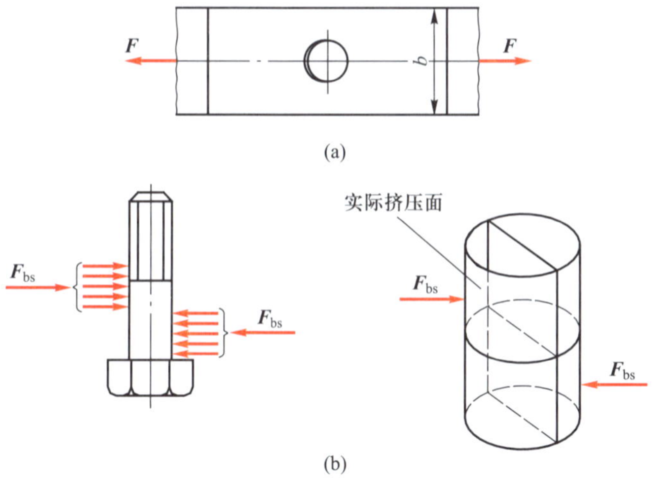

图 3.7

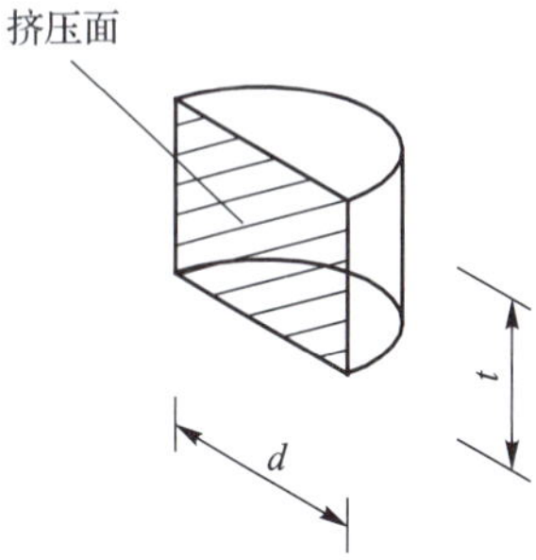

图 3.8

当两个接触构件的材料不同时，应对连接中抵抗挤压能力较弱的构件进行挤压强度计算。

小疑问

试对比普通螺栓破坏特点和高强度螺栓破坏特点。

如前所述，剪切面通常是和外力平行的面，挤压面是和外力垂直的面。而且连接件中剪切、挤压往往同时发生，因此需要对连接件同时进行剪切和挤压强度计算。

例 3.3　图 3.9a 所示为某起重机的吊具，吊钩与吊板通过销轴连接来起吊重物。已知 $F=40$ kN，销轴直径 $D=22$ mm，吊钩厚度 $t=20$ mm。销轴许用应力$[\tau]=60$ MPa，$[\sigma_{bs}]=120$ MPa。试校核销轴的强度。

解　① 剪切强度校核。销轴的受力情况如图 3.9b、c 所示，剪切面为 $m-n$ 和 $o-p$。截取 $mnop$ 段作为分离体，在两剪切面上的剪力

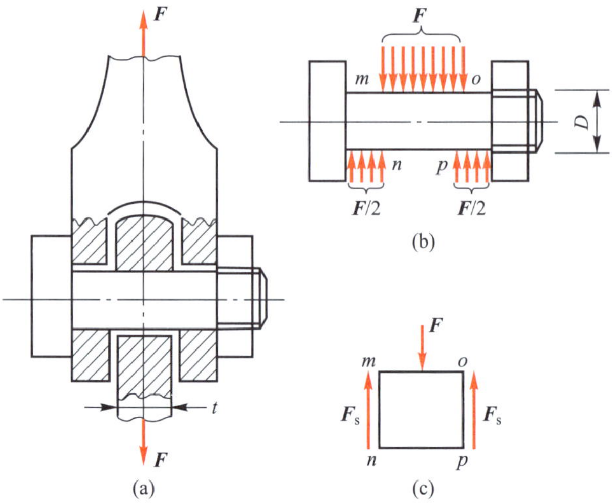

图 3.9

$$F_S=\frac{F}{2}$$

剪应力强度条件为

$$\tau=\frac{F_S}{A}\leqslant[\tau]$$

将有关数据代入,得

$$\tau=\frac{F_S}{A}=\frac{F}{2\times\frac{\pi D^2}{4}}=\frac{40\times10^3\ \text{N}}{2\times\frac{3.14}{4}\times0.022^2\ \text{m}^2}$$

$$=52.6\times10^6\ \text{Pa}=52.6\ \text{MPa}<[\tau]$$

故安全。

② 挤压强度校核。销轴与吊钩及吊板均有接触,所以其上、下两个侧面都有挤压应力。设两板的厚度之和比吊钩厚度大,则只校核销轴与吊钩之间的挤压应力即可。

挤压应力强度条件为

$$\sigma_{bs}=\frac{F}{A_{bs}}\leqslant[\sigma_{bs}]$$

将有关数据代入,得

$$\sigma_{bs}=\frac{F}{A_{bs}}=\frac{F}{D\times t}=\frac{40\times10^3\ \text{N}}{0.022\ \text{m}\times0.02\ \text{m}}=91\times10^6\ \text{Pa}=91\ \text{MPa}\leqslant[\sigma_{bs}]$$

故安全。

自己动手做

图 3.10 所示铆接钢板的厚度 $t=10$ mm,铆钉直径 $d=17$ mm,铆钉的许用剪应力$[\tau]=140$

MPa，许用挤压应力$[\sigma_{bs}]=320$ MPa，$F=24$ kN，试作强度校核。

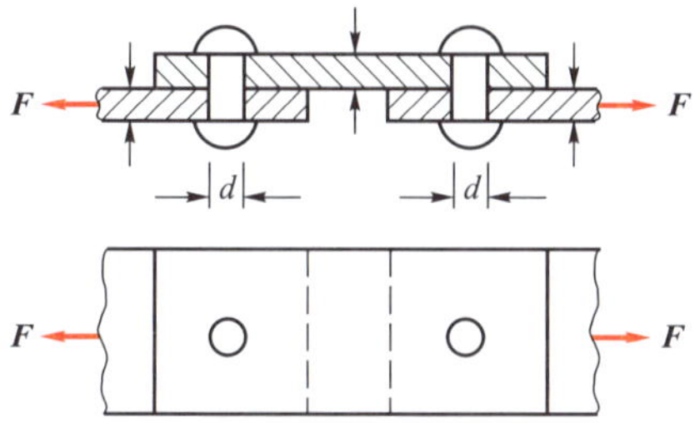

图 3.10

知识拓展　剪切的应力-应变关系

一、剪应力互等定理

设单元体的边长分别为 dx、dy、dz，如图 3.11 所示。已知单元体左右两侧面上无正应力，只有剪应力 τ。这两个面上的剪应力数值相等，但方向相反。于是这两个面上的剪力组成一个力偶，其力偶矩为$(\tau \mathrm{d}z\mathrm{d}y)\mathrm{d}x$。单元体的前、后两个面上无任何应力。因为单元体是平衡的，所以它的上、下两个面上必存在大小相等、方向相反的剪应力 τ'，它们组成的力偶矩为$(\tau'\mathrm{d}x\mathrm{d}z)\mathrm{d}y$，应与左、右面上的力偶平衡，即

$$(\tau'\mathrm{d}x\mathrm{d}z)\mathrm{d}y=(\tau\mathrm{d}z\mathrm{d}y)\mathrm{d}x$$

由此可得

$$\tau'=\tau \tag{3.4}$$

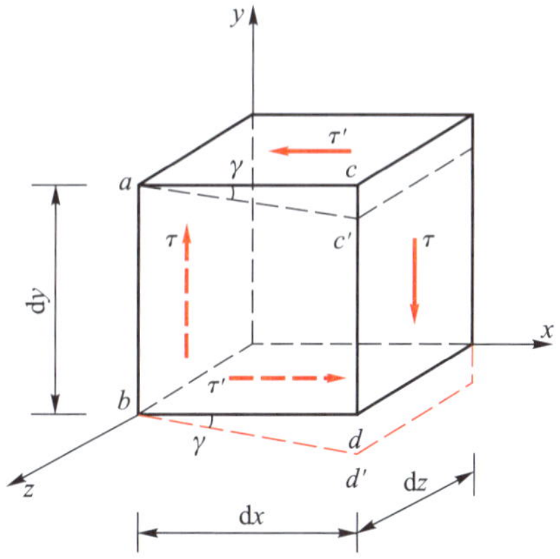

图 3.11

对于一个单元体，在相互垂直的两个面上，沿垂直于两个面交线方向的剪应力必定成对出现，且大小相等，而方向都指向两面的交线，或者都背离该两面的交线。此性质称为剪应力互等定理。该定理具有普遍性，不仅对只有剪应力的单元体成立，对正应力和剪应力同时作用的单元体也成立。

单元体只作用有剪应力而没有正应力的情况称为纯剪切。

二、剪切胡克定律

杆件发生剪切变形时，杆内与外力平行的截面就会产生相对错动。在杆件受剪部位中的某点取一微小的正六面体（单元体），把它放大，如图 3.12a 所示。剪切变形时，在剪应力作用下，截面发生相对滑动，致使正六面体变为斜平行六面体。原来的直角有了微小的变化，这个直角的改变量称为剪应变，用 γ 表示，它的单位是弧度（rad）。

τ 与 γ 的关系，如同 σ 与 ε 一样。试验证明：当剪应力 τ 不超过材料的比例极限 τ_b 时，剪应力与剪应变成正比，如图 3.12b 所示，即

$$\tau=G\gamma \tag{3.5}$$

式（3.5）称为剪切胡克定律。式中 G 称为材料的剪切弹性模量，它是表示材料抵抗剪切变形能力的物理量，其单位与应力相同，常采用 GPa。各种材料的 G 值均由试验测定。钢材的 G 值约为

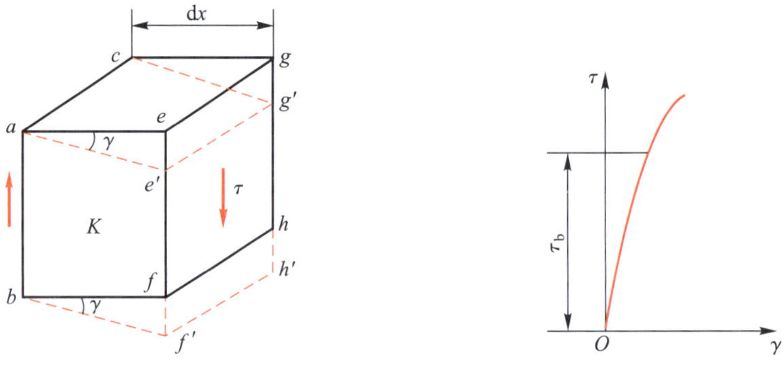

(a) (b)

图 3.12

80 GPa，对于其他材料也可以做类似的试验。G 值越大，表示材料抵抗剪切变形的能力越强，它是材料的弹性指标之一。对于各向同性的材料，其拉压弹性模量 E、剪切弹性模量 G 和泊松比 μ 三者之间的关系为

$$G=\frac{E}{2(1+\mu)} \tag{3.6}$$

小疑问

拉(压)杆件的胡克定律是什么？

综合案例

用四个铆钉搭接两块钢板，如图 3.13a 所示。已知拉力 $F=110$ kN，铆钉直径 $d=16$ mm，钢板宽度 $b=90$ mm，厚 $t=10$ mm。钢板与铆钉材料相同，$[\tau]=140$ MPa，$[\sigma_{bs}]=320$ MPa，$[\sigma]=160$ MPa。试校核此连接件的强度。

解 连接件存在三种破坏的可能性：① 铆钉被剪断；② 铆钉或钢板发生挤压破坏；③ 钢板由于钻孔，断面受到削弱，在削弱截面处被拉断。要使连接件安全可靠，必须同时满足以上三方面的强度条件。

① 受力分析。连接件有四个铆钉，铆钉的直径相同，且相对于钢板轴线对称分布。在实用计算中假设每个铆钉传递的力相等，如图 3.13b 所示。得

$$F_1=\frac{F}{4}=\frac{110\ \text{kN}}{4}=27.5\ \text{kN}$$

② 铆钉的剪切强度校核。铆钉受力如图 3.13c 所示。

$$\tau=\frac{F_S}{A}=\frac{F_1}{\pi d^2/4}=\frac{27.5\times10^3\ \text{N}\times4}{\pi\times16^2\ \text{mm}^2}=136.8\ \text{MPa}<[\tau]=140\ \text{MPa}$$

所以铆钉满足剪切强度条件。

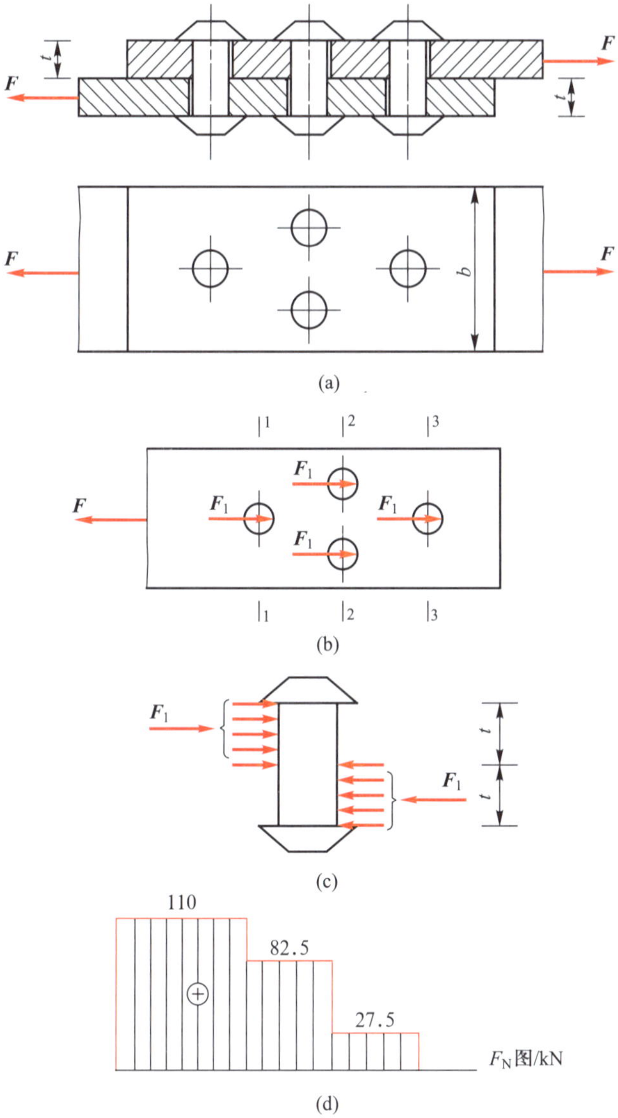

图 3.13

微课
挤压构件的实用计算 2

③ 挤压强度校核。

$$\sigma_{bs}=\frac{F_{bs}}{A_{bs}}=\frac{F_1}{td}=\frac{27.5\times10^3\ \mathrm{N}}{10\ \mathrm{mm}\times16\ \mathrm{mm}}=171.9\ \mathrm{MPa}<[\sigma_{bs}]=320\ \mathrm{MPa}$$

钢板和铆钉也满足挤压强度条件。

④ 钢板的拉伸强度校核。两块钢板的受力情况及开孔情况相同，只要校核其中一块即可。现计算下面一块。作钢板的轴力图，如图 3.13d 所示。分析钢板被削弱的截面。由于 $A_1=A_3$，$F_{N1}>F_{N3}$，故 3-3 不是危险截面。而 $A_1>A_2$，$F_{N1}>F_{N2}$，故需对截面 1-1 和 2-2 进行强度校核。

$$\sigma_{1-1}=\frac{F}{A_1}=\frac{F}{(b-d)t}=\frac{110\times10^3\ \text{N}}{(90-16)\ \text{mm}\times10\ \text{mm}}=149\ \text{MPa}<[\sigma]=160\ \text{MPa}$$

$$\sigma_{2-2}=\frac{\frac{3}{4}F}{A_2}=\frac{\frac{3}{4}F}{(b-2d)t}=\frac{\frac{3}{4}\times110\times10^3\ \text{N}}{(90-2\times16)\ \text{mm}\times10\ \text{mm}}=142\ \text{MPa}<[\sigma]=160\ \text{MPa}$$

所以钢板满足拉伸强度要求。

经三方面校核，连接件满足强度要求。

工学项目小结

杆件受到一对大小相等、方向相反、作用线相距很近并且方向垂直于杆轴的力作用时，两力间的横截面将沿力的方向发生相对错动，这种错动就是剪切变形。其中拉(压)杆连接件的变形形式主要是剪切并伴有挤压。实用计算假定剪切面上的剪应力和挤压应力均匀分布，其强度条件分别为

$$\tau=\frac{F_S}{A}\leqslant[\tau]$$

$$\sigma_{bs}=\frac{F_{bs}}{A_{bs}}\leqslant[\sigma_{bs}]$$

一般情况下，连接件需进行三种强度计算：剪切、挤压和拉伸。

在连接件的计算中，正确判断剪切面和挤压面是分析问题的关键。

思考题

3.1 什么叫剪切变形？

3.2 工程中常见的剪切变形有哪些？

3.3 什么是剪切面、挤压面？

3.4 钢结构普通螺栓连接的破坏方式有哪些？

3.5 如何进行连接件的强度计算？

习题

3.1 指出图示 a、b 构件的剪切面和挤压面，并算出剪切面和挤压面的面积。

3.2 用夹剪剪断直径为 3 mm 的铅丝，如图所示。若铅丝的剪切极限应力为 100 MPa，试问需要多大的力 F？若销钉 B 的直径为 8 mm，试求销钉内的剪应力。

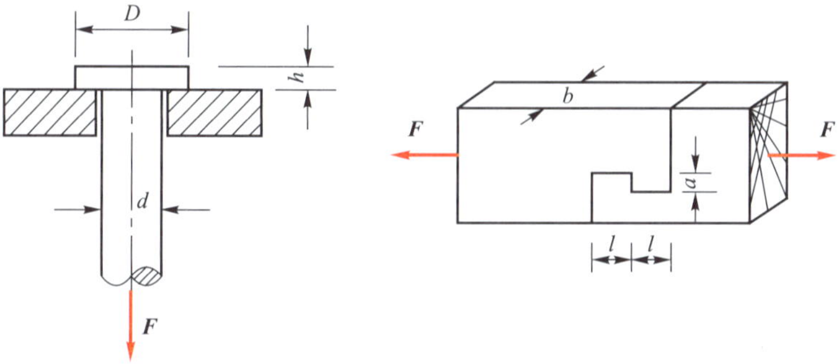

习题 3.1 图

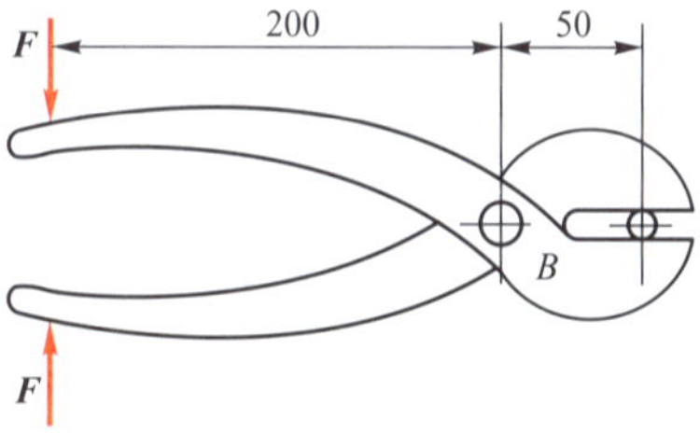

习题 3.2 图

3.3　图示为一正方形截面的混凝土柱，浇筑在混凝土基础上。基础分两层，每层厚度为 t。已知 $F=200$ kN，假设地基对混凝土板的反力均匀分布，混凝土的许用剪应力 $[\tau]=1.5$ MPa。试计算为使基础不被剪坏，所需的厚度 t 值。

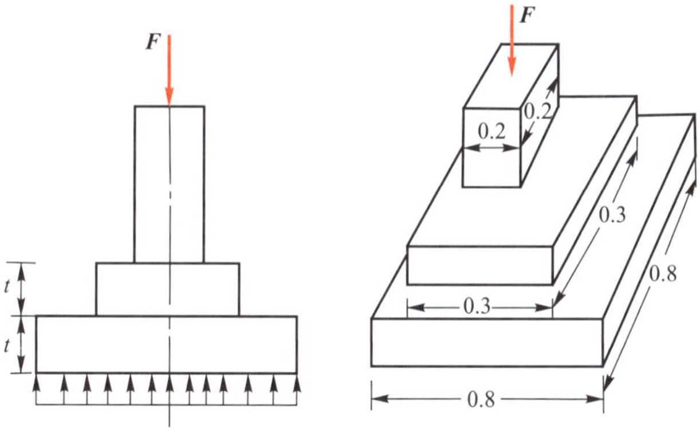

习题 3.3 图

3.4　两块厚度 $t=6$ mm 的钢板用 3 个铆钉连接，如图所示。若 $F=50$ kN，许用剪应力 $[\tau]=100$ MPa，许用挤压应力 $[\sigma_{bs}]=280$ MPa，求铆钉的直径。

3.5　直径 $d=40$ mm 的圆杆承受拉力 $F=100$ kN，用 $t\times b=(10\times50)$ mm^2 的矩形销杆支承如图所示。已知 $a=15$ mm，求：① 圆杆的最大拉应力和剪应力；② 销杆的挤压应力和剪应力。

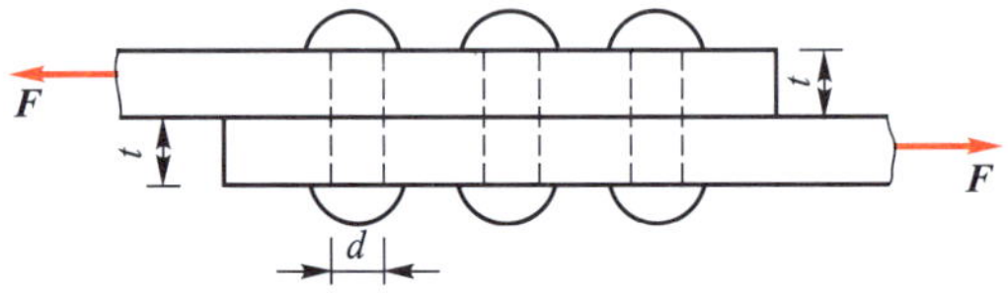

习题 3.4 图

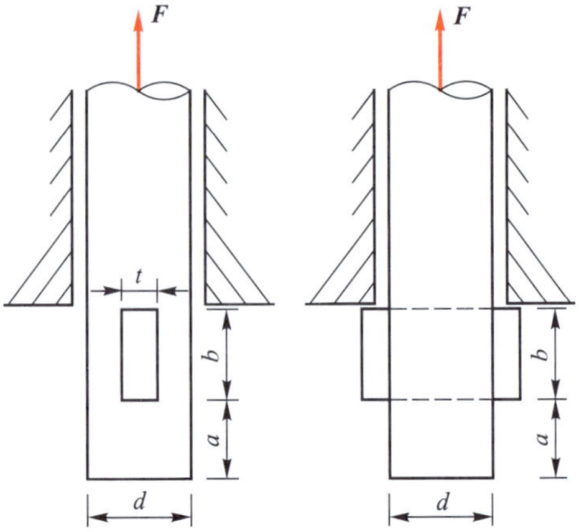

习题 3.5 图

3.6 设两块钢板用一颗铆钉连接。铆钉的直径 $d=24\ \text{mm}$，每块钢板的厚度 $t=12\ \text{mm}$，拉力 $F=40\ \text{kN}$，铆钉许用应力 $[\tau]=100\ \text{MPa}$，$[\sigma_{bs}]=250\ \text{MPa}$，试对铆钉进行强度校核。

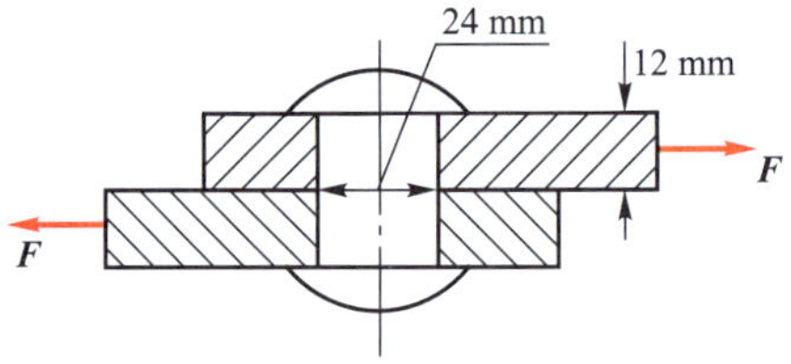

习题 3.6 图

工学项目 4

4

* 扭转变形构件力学分析

知识目标

通过本工学项目的学习，理解扭转和扭转变形的概念，掌握扭转杆件的内力（扭矩）计算和扭矩图画法，理解扭转杆件的应力、变形计算，掌握圆轴扭转时的强度条件和刚度条件。

能力目标

通过本工学项目的学习，能够对工程实际中产生扭转变形的构件进行强度和刚度计算。

素质目标

通过本工学项目的学习，强化自强不息的爱国情怀。

项目导学

图 4.1、图 4.2 所示分别为汽车传动轴、钻探机钻杆，这类构件均为扭转构件，在土木工程、工程机械以及生活中较为常见，它们要正常工作，必须满足承载力的要求。本工学项目将研究扭转构件的强度与刚度问题。

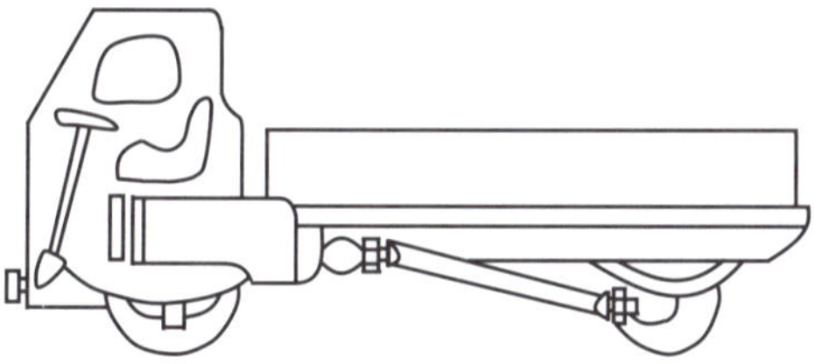

图 4.1

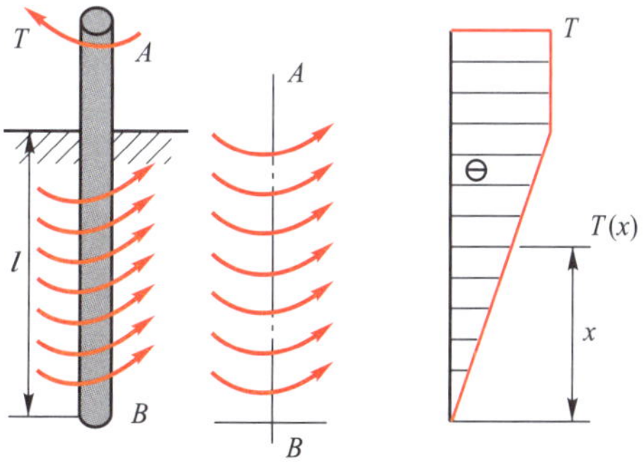

图 4.2

任务 4.1 扭转变形构件内力计算

任务导入

扭转变形构件强度和刚度计算的前提是知道该构件各部位的内力大小。本任务主要研究扭转变形构件的内力计算。

知识点 1 扭转的概念

如果杆件受力偶作用,而力偶是作用在垂直于杆件轴线的平面内,则这杆件就承受了扭转。受扭杆件的受力特点是:所受到的外力是一些力偶,作用在垂直于杆轴的平面内。在外力偶的作用下,杆件的任意两个横截面都绕轴线发生相对转动。杆件的这种变化形式称为扭转变形。受扭杆件的变形特点是:杆件的任意两个横截面都绕轴线发生相对转动。

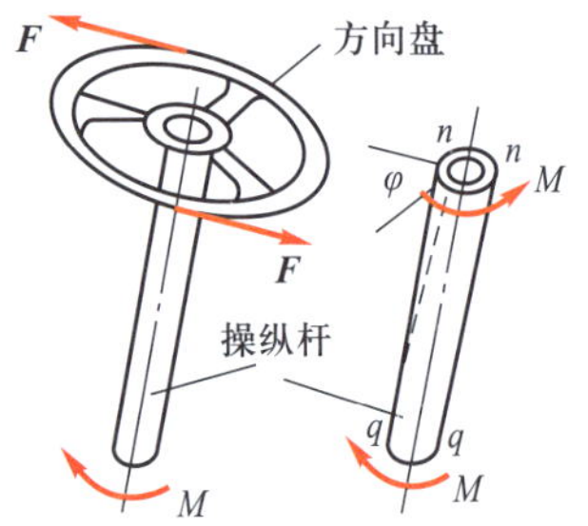

图 4.3

实际工程中有很多扭转变形的杆件。如图 4.3 所示汽车方向盘的操纵杆,当在方向盘平面内用两手施加一个力偶时,操纵杆的下端则受到转向器负载的反力偶作用。因此,操纵杆会产生扭转变形;拧自来水开关时,当水龙头已经关上后,若继续拧,则竖向的轴会在手施加的力偶和另一端的约束反力偶的共同作用下产生扭转变形。

杆件扭转时,常常还伴有其他形式的变形,这里只介绍圆轴的扭转变形。

小疑问

杆件的基本变形有哪些?

扭转变形杆件的受力特点与变形特点是什么?

知识点 2 扭矩、扭矩图

圆轴在外力偶矩的作用下,将在截面上产生内力。截面上的内力可用截面法求出。将杆件沿横截面 $n-n$ 假想地分为两段,任取其中一段(例如左段,如图 4.4b 所示)为研究对象。根据该段杆件的平衡条件可知,扭转时,杆件横截面上的分布内力必构成一垂直于杆件横截面的力偶,其力偶矩称为扭矩,用符号 T 表示。由平衡方程 $\sum M_x=0$ 得

$$T=M$$

如果取杆件的右段(图 4.4c)为研究对象,扭矩 T 也有同样的结果,它与前者互为反作用。

图 4.4d 所示是表示扭矩沿杆轴线的变化规律的图线,称为扭矩图。扭矩图表示了扭矩随截面位置的变化规律。

为了使截面的左、右两段轴求得的扭矩具有相同的正负号,对扭矩的正、负作如下规定:采用

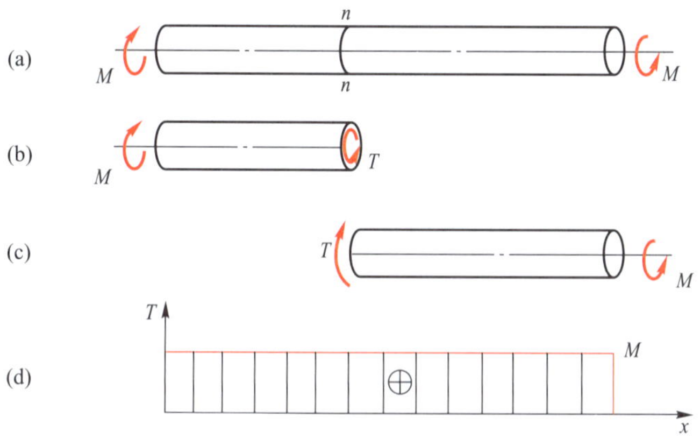

图 4.4

微课

扭转构件内力计算 1

右手螺旋法则，如图 4.5 所示，以右手四指表示扭矩的转向，当拇指的指向与截面外法线方向一致时，扭矩为正号；反之为负号。

微课

扭转构件内力计算 2

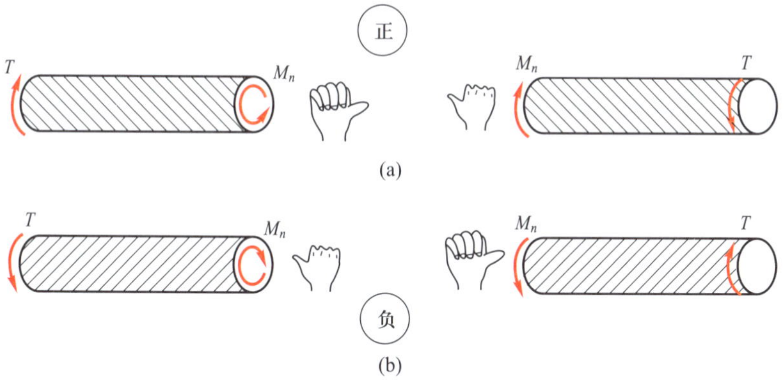

图 4.5

小疑问

绘制扭矩图的步骤是什么？

作用在轴上的外力偶矩，一般可根据已知的外荷载由静力平衡方程确定。然而，工程中的传动轴，往往只给出轴所传递的功率和轴的转速。这时，需通过计算来确定外力偶矩。

若已知传动轴的转速为 n，单位为 r/min（转/分），其所传递的功率为 P，单位为 kW（千瓦），则可得外力偶矩 M 的计算公式为 $M=9\ 550\dfrac{P}{n}$（单位为 N·m）或 $M=9.55\dfrac{P}{n}$（单位为 kN·m）。

例 4.1 传动轴如图 4.6a 所示。主动轮 A 输入功率 $P_A=36.75$ kW，从动轮 B、C、D 输出功率分别为 $P_B=P_C=11$ kW，$P_D=14.7$ kW，轴的转速 $n=300$ r/min。试画出轴的扭矩图。

解 ① 计算外力偶矩。由于给出功率以 kW 为单位，则

$$M_A=9\ 550\frac{P_A}{n}=9\ 550\times\frac{36.75}{300}\text{N}\cdot\text{m}=1\ 170\ \text{N}\cdot\text{m}$$

$$M_B=M_C=9\ 550\frac{P_B}{n}=9\ 550\times\frac{11}{300}\text{N}\cdot\text{m}=351\ \text{N}\cdot\text{m}$$

$$M_D=9\ 550\frac{P_D}{n}=9\ 550\times\frac{14.7}{300}\text{N}\cdot\text{m}=468\ \text{N}\cdot\text{m}$$

微课
扭转构件内力计算3

② 计算扭矩。由图4.6a知，外力偶矩的作用位置将轴分为 *BC*、*CA*、*AD* 三段。现分别在各段中任取一横截面，也就是用截面法，根据平衡条件计算其扭矩。

特别注意

求扭矩时应假设为正方向。

BC 段：以 T_1 表示截面Ⅰ-Ⅰ上的扭矩，并把 T_1 的方向假设为如图4.6b所示。根据平衡条件 $\sum M_x=0$ 得

$$T_1+M_B=0$$
$$T_1=-M_B=-351\ \text{N}\cdot\text{m}$$

微课
绘制扭矩图1

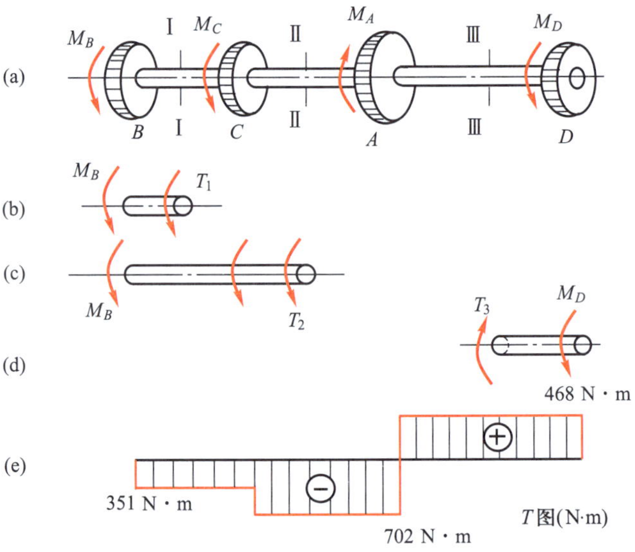

图4.6

计算结果的负号说明，实际扭矩的方向与所设的相反，应为负扭矩。*BC* 段内各截面上的扭矩不变，均为351 N·m。所以这一段内扭矩图为一水平线。

同理，在 *CA* 段内

$$T_2+M_C+M_B=0$$
$$T_2=-M_C-M_B=-702\ \text{N}\cdot\text{m}$$

AD 段：

$$T_3-M_D=0$$

$$T_3 = M_D = 468\ \text{N} \cdot \text{m}$$

根据所得数据，即可画出扭矩图，如图 4.6e 所示。由扭矩图可知，最大扭矩发生在 CA 段内，且 $T_{max} = 702\ \text{N} \cdot \text{m}$

自己动手做

微课
绘制扭矩图 2

如图 4.7 所示某转动轴，转速 $n = 300\ \text{r/min}$，轮 1 为主动轮，输入功率 $P_1 = 50\ \text{kW}$，轮 2、3、4 为从动轮，输出功率分别为 $P_2 = 10\ \text{kW}$，$P_3 = P_4 = 20\ \text{kW}$。

① 试绘轴的扭矩图。

② 如将轮 1 和轮 3 位置对调，试分析对轴的受力是否有利？

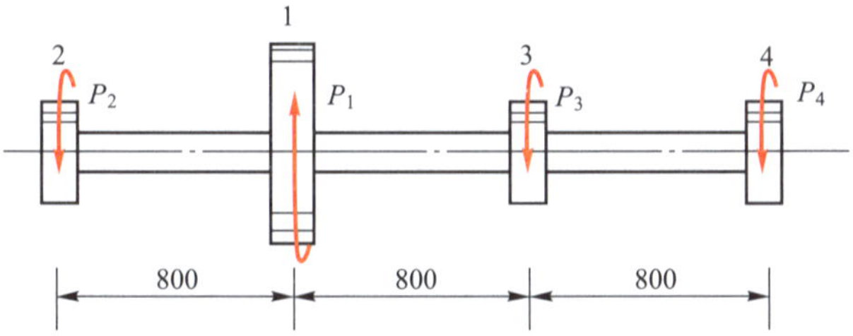

图 4.7

任务 4.2 扭转变形构件强度计算

任务导入

扭转变形构件要能安全正常工作，不能因扭矩过大等原因造成破坏，必须对其进行校核。本任务主要研究扭转变形构件的强度计算。

知识点 1 扭转变形构件应力计算

一、薄壁圆筒的扭转

设圆筒的壁厚为 t，圆筒的平均半径为 R，当 t 远小于 R 时，这种圆筒称为薄壁圆筒。

为了研究薄壁圆筒受扭转时的应力，首先观察扭转时的变形现象。为此扭转前在圆筒表面画上等距离圆周线和纵向线，形成许多小方格，如图 4.8a 所示。然后在圆筒两端施加一对矩为 M 的外力偶，使其发生扭转变形如图 4.8b 所示，于是可以看到如下现象：

① 各圆周线的形状、大小及间距均未改变，只是绕轴线作了相对转动。

② 各纵向线都倾斜了同一个角度 γ，表面矩形方格错动成平行四边形。直角的改变量为 γ，即为剪应变。

根据观察到的现象可以得到以下推论：

① 由于圆周线的形状、大小和间距不变，说明圆筒无纵向线应变，故横截面上无正应力。

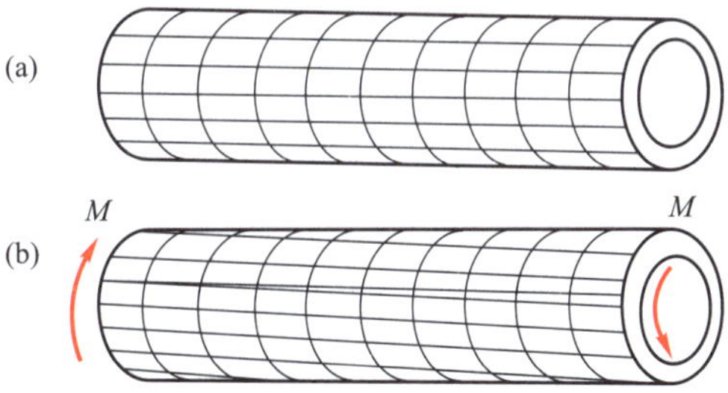

图 4.8

② 由于圆筒表面方格左右两侧的边发生相对错动，产生了剪应变 γ，说明圆筒横截面上有剪应力。

③ 由于相邻两圆周线间每个方格的直角改变量相等，即剪应变相同，根据材料连续均匀的假设可知，横截面上沿圆周各点处的剪应力也应相等，且方向垂直于半径（因剪切变形发生在垂直于半径的平面内）。至于剪应力沿半径方向的变化，因圆筒壁很薄，可假设剪应力沿壁厚均匀分布如图 4.9a 所示。

动画
扭转圆管

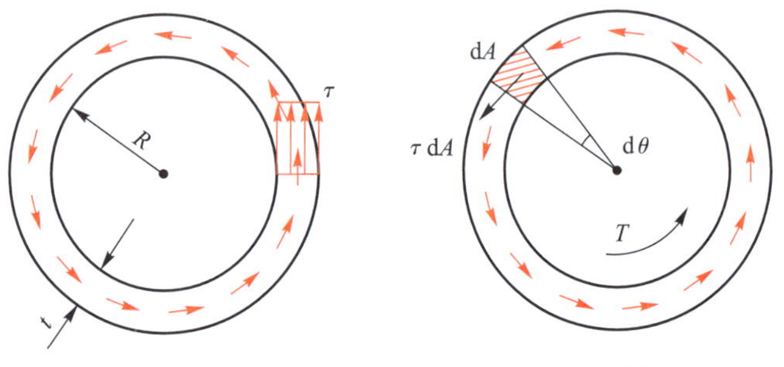

图 4.9

根据上述分析可以认为，薄壁圆筒扭转时，横截面上只有剪应力，且大小相等，方向垂直于半径。

在图 4.9b 中取圆心角 $\mathrm{d}\theta$ 对应的微面积 $\mathrm{d}A=tR\mathrm{d}\theta$，横截面上的切向分布内力 $\tau\mathrm{d}A=\tau tR\mathrm{d}\theta$，圆筒横截面上的扭转内力偶就是由这些切向分布内力组成。切向分布内力 $\tau\mathrm{d}A$ 对圆心之矩为 $\tau tR^2\mathrm{d}\theta$，于是横截面的扭矩为

$$T=\int R\tau\mathrm{d}A=\int_0^{2\pi}\tau tR^2\mathrm{d}\theta=2\pi tR^2\tau$$

横截面上的剪应力公式为

微课
扭转构件应力计算公式

$$\tau=\frac{T}{2\pi R^2 t}$$

式中 T——横截面上的扭矩；

R——薄壁圆筒的平均半径；

t——薄壁圆筒的厚度。

二、圆轴的扭转

圆轴是工程中常见的受扭转构件。与薄壁圆筒相仿，圆轴在扭转时横截面上也只有剪应力。综合考虑变形几何关系、物理关系和静力学关系，便可得到圆轴扭转时横截面上任一点处剪应力的计算公式为

微课
扭转圆柱体

$$\tau_\rho=\frac{T\rho}{I_\mathrm{p}} \tag{4.1}$$

式中 T——横截面上的扭矩；

ρ——要求应力的点到圆心的距离；

I_p——该截面的极惯性矩。

当 ρ 等于半径 R 时，即在横截面最外边缘处，剪应力最大，其值为

$$\tau_{max}=\frac{T_{max}}{W_p} \tag{4.2}$$

式中：W_p——圆截面的抗扭截面模量。

微课 扭转构件应力计算

对于实心圆截面，$W_p=\frac{\pi d^3}{16}\approx 0.2d^3$；

对于空心圆截面，$W_{p空}=\frac{\pi D^3}{16}(1-\alpha^4)\approx 0.2D^3(1-\alpha^4)$。

式中 α——空心圆截面内、外径之比，$\alpha=d/D$。

小疑问

矩形截面惯性矩计算公式是什么？

例 4.2 某圆轴的直径 $D=50$ mm，传递的扭矩 $T=1\ 180$ N·m，试计算与圆心距离 $\rho=15$ mm 处 k 点的剪应力以及截面上最大剪应力。

解 k 点的剪应力 $\tau_k=\frac{T\cdot\rho}{I_p}=\frac{1\ 180\times10^3\times15}{\frac{\pi\times50^4}{32}}\ \text{MPa}=28.86\ \text{MPa}$

截面上最大剪应力 $\tau_{max}=\frac{T}{W_p}=\frac{1\ 180\times10^3}{\frac{\pi\times50^3}{16}}\ \text{MPa}=48.10\ \text{MPa}$

知识点 2 扭转变形构件强度计算

由式(4.1)可知，越靠近杆轴处剪应力值越小，如做成实心杆，则该处材料强度就没有得到充分利用。反之，如采用空心轴，就可以充分发挥材料的作用，达到经济的效果。

为了保证轴的正常工作，轴内最大剪应力不应超过材料的许用剪应力，即

$$\tau_{max}=\frac{T_{max}}{W_p}\leqslant[\tau] \tag{4.3}$$

微课 扭转构件强度计算

式(4.3)为圆轴扭转时的强度条件。与轴向拉(压)变形一样，根据强度条件，可以对轴进行三方面计算，即校核强度、设计截面和确定许用荷载。

小疑问

杆件的扭转强度如何计算？

例 4.3 已知图 4.10a 所示传动轴的主动轮输入功率 $P_A=300$ kW，从动轮的输出功率分别为 $P_B=80$ kW，$P_C=40$ kW，$P_D=180$ kW。轴做匀速转动，转速为 $n=200$ r/min。轴的直径 $d=78$ mm，

材料的许用应力$[\tau]=100\ \text{MPa}$，试校核轴的强度。

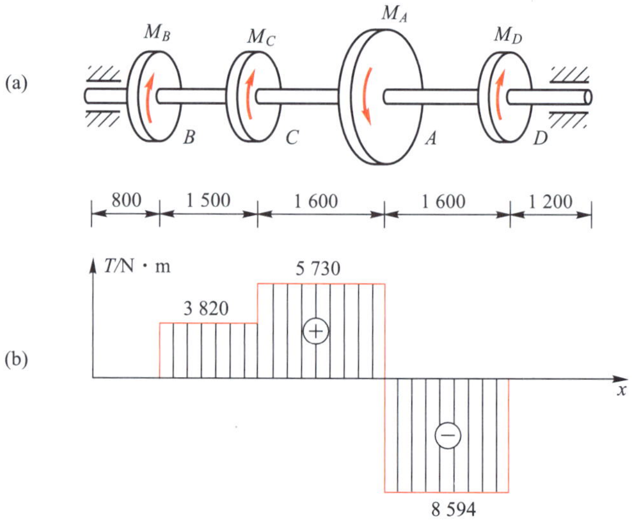

图 4.10

解 ① 计算出各轮的外力偶矩数值。

$$M_A=9\ 550\frac{P_A}{n}=9\ 550\times\frac{300}{200}\ \text{N}\cdot\text{m}=14\ 324\ \text{N}\cdot\text{m}$$

$$M_B=9\ 550\frac{P_B}{n}=9\ 550\times\frac{80}{200}\ \text{N}\cdot\text{m}=3\ 820\ \text{N}\cdot\text{m}$$

$$M_C=9\ 550\frac{P_C}{n}=9\ 550\times\frac{40}{200}\ \text{N}\cdot\text{m}=1\ 910\ \text{N}\cdot\text{m}$$

$$M_D=9\ 550\frac{P_D}{n}=9\ 550\times\frac{180}{200}\ \text{N}\cdot\text{m}=8\ 594\ \text{N}\cdot\text{m}$$

微课
扭转构件强度计算举例

② 作扭矩图如图 4.10b 所示。可见最大扭矩发生在 AD 轴段，为 $T_{\max}=8\ 594\ \text{N}\cdot\text{m}$

③ 计算圆轴截面的抗扭截面模量。

$$W_p=\frac{\pi d^3}{16}=\frac{\pi\times78^3}{16}\ \text{mm}^3=93\ 130\ \text{mm}^3$$

强度校核得

$$\tau_{\max}=\frac{T_{\max}}{W_p}=\frac{8\ 594\times10^3\ \text{N}\cdot\text{mm}}{93\ 130\ \text{mm}^3}=92.29\ \text{MPa}<[\tau]=100\ \text{MPa}$$

可见，该轴满足强度条件。

例 4.4 如把例 4.3 中的实心轴改为空心轴，设 $\alpha=0.916$。在最大剪应力相同的情况下，试求轴的外径 D_1 及空、实心轴的重量之比。

解 由题设知 $T_{\max}$ 和 $\tau_{\max}$ 与上题相等，所以 W_p 也应相等，即

$$W_p=\frac{\pi D_1^3}{16}(1-\alpha^4)=93\ 130\ \text{mm}^3$$

则
$$D_1=\sqrt[3]{\frac{16\times 93\ 130\ \text{mm}^3}{\pi(1-0.916^4)}}=117\ \text{mm}$$

由于空心圆轴与实心圆轴的重量之比等于横截面面积之比，即

$$\frac{A_{空}}{A_{实}}=\frac{\frac{\pi}{4}(D_1^2-d^2)}{\frac{\pi}{4}D^2}$$

$$=\frac{117^2\ \text{mm}^2-(0.916\times 117)^2\ \text{mm}^2}{78^2\ \text{mm}^2}=0.36$$

计算结果表明，在强度条件相同的情况下，空心轴重量只是实心轴重量的36%，明显地减轻了自重。这是因为实心截面接近圆心部分的应力很低，材料没有充分利用。可见空心圆轴较实心圆轴更合理。但圆轴能否采用空心轴，除考虑强度外，还要考虑轴的尺寸大小、工艺及批量生产和加工成本等因素，此外，空心轴壁厚不能过薄，以免导致失稳。

任务4.3 扭转变形构件刚度计算

任务导入

扭转变形构件在满足其强度要求时，能保证构件不会破坏，但是如果变形过大，则会影响正常使用，因此还需要对扭转构件进行刚度校核。

知识点1 扭转变形构件变形计算

扭转角是指受扭构件上两个横截面绕轴线的相对转角。圆轴受扭转作用时，除了考虑强度条件外，有时还要满足刚度条件。若扭转变形太大，也会影响正常使用。

若两横截面间的扭矩 T 为常量，且轴的直径不变，则两横截面间的扭转角为

$$\varphi=\frac{Tl}{GI_p}$$

扭转角 φ 的单位为rad（弧度），转向与扭矩 T 的转向相同。当 T、l 一定时，φ 与 GI_p 成反比。GI_p 反映了圆轴抵抗扭转变形的能力，称为抗扭刚度。工程中通常用单位长度扭转角 $\frac{d\varphi}{dx}$ 来衡量轴的扭转变形程度。单位长度扭转角用 θ 表示，量纲为[长度]$^{-1}$，常用单位为rad/m（弧度/米）。

例4.5 受扭圆杆如图4.11所示，已知杆的直径 $d=80$ mm，材料的剪切弹性模量 $G=80\times10^3$ MPa，计算 AC 两截面的相对扭转角 φ_{AC}。

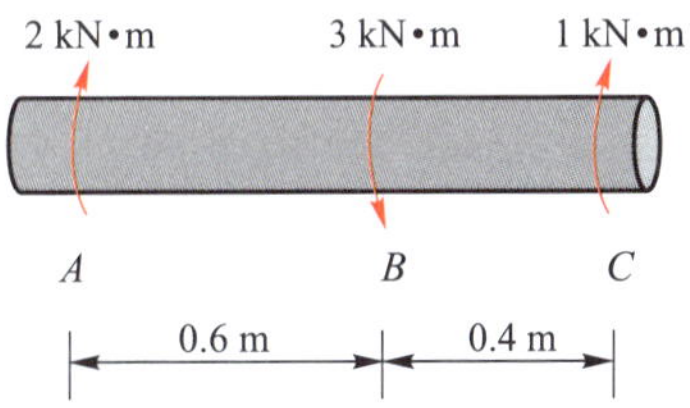

图4.11

解 $T_{AB}=2\ \text{kN}\cdot\text{m}\quad T_{BC}=-1\ \text{kN}\cdot\text{m}$

$$\varphi_{AC}=\varphi_{AB}+\varphi_{BC}=\frac{T_{AB}l_{AB}}{GI_P}+\frac{T_{BC}l_{BC}}{GI_P}=\frac{1}{GI_P}(T_{AB}l_{AB}+T_{BC}l_{BC})$$

$$=\frac{1}{8\times10^4\times\frac{\pi\times80^4}{32}}\times(2\times10^6\times0.6\times10^3-1\times10^6\times0.4\times10^3)\ \text{rad}$$

$$=0.249\times10^{-2}\ \text{rad}$$

知识点 2　扭转变形构件刚度计算

为保证轴的刚度，通常规定单位长度扭转角的最大值 θ_{max} 不得超过许用单位长度扭转角[θ]，即

$$\theta_{max}=\frac{T_{max}}{GI_p}\leqslant[\theta]$$

式中　[θ]——许用单位长度扭转角。

工程计算中，常以(°)/m(度/米)为单位给出[θ]的值，此时应先进行换算，即

$$\theta_{max}=\frac{T_{max}}{GI_p}\times\frac{180}{\pi}\leqslant[\theta]\qquad(4.4)$$

微课

扭转构件变形计算

微课

扭转构件刚度检算

任务实施

例 4.6　某搅拌反应器的搅拌轴传递的功率 $P=5$ kW，空心圆轴的材料为 45 号钢，$\alpha=d/D=0.8$，转速 $n=60$ r/min，[τ] = 40 MPa，[θ] = 0.5(°)/m，$G=8.1\times10^4$ MPa，试计算轴的内、外径尺寸 d 与 D 各为多少？

解　① 计算外力矩。

$$M=9\ 550\frac{P}{n}=9\ 550\times\frac{5}{60}\ \text{N}\cdot\text{m}=796\ \text{N}\cdot\text{m}$$

微课

扭转构件刚度检算举例

轴的横截面上的扭矩 $T=M=796$ N·m。

② 由强度条件

$$\tau_{max}=\frac{T}{W_p}\leqslant[\tau]$$

$$W_p=0.2D^3(1-\alpha^4)=0.2D^3(1-0.8^4)=0.118D^3$$

得
$$D\geqslant\sqrt[3]{\frac{796}{0.118\times40\times10^6}}\ \text{m}=5.525\times10^{-2}\ \text{m}=55.25\ \text{mm}$$

③ 由刚度条件

$$\theta=\frac{T}{G\cdot I_p}\times\frac{180}{\pi}\leqslant[\theta]$$

得
$$D\geqslant\sqrt[4]{\frac{796\times180}{8.1\times10^{10}\times0.059\times\pi}}\ \text{m}=5.559\times10^{-2}\ \text{m}=55.59\ \text{mm}$$

故选 $D=60$ mm，$d=0.8D=48$ mm。

自己动手做

如图4.12所示，已知钻探机钻杆外径 $D=60$ mm，内径 $d=50$ mm，功率 $P=7.355$ kW，转速 $n=180$ r/min，钻杆入土深度 $l=40$ m，钻杆材料的剪切模量 $G=8\times10^4$ MPa，许用剪应力 $[\tau]=40$ MPa。假设土壤对钻杆的阻力是沿长度均匀分布的。

① 试求单位长度上土壤对钻杆的阻力矩密度 t。

② 作钻杆扭矩图，并进行强度校核。

③ 试求钻杆入土段相距10 m的 A、B 两截面的相对扭转角。

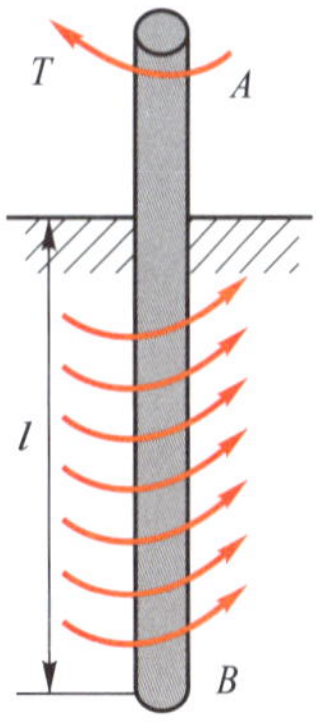

图4.12

综合案例

已知某转动轴如图4.13所示，$m_A=0.287$ kN·m，$m_B=0.573$ kN·m，$m_C=0.191$ kN·m，$m_D=0.095$ kN·m，$[\tau]=60$ MPa，轴直径 $d=35$ mm。

① 试绘制该轴的扭矩图；

② 试利用有限元分析软件 MIDAS 建立该梁模型，并查看其扭矩图；

③ 校核该轴的强度，并进行分析。

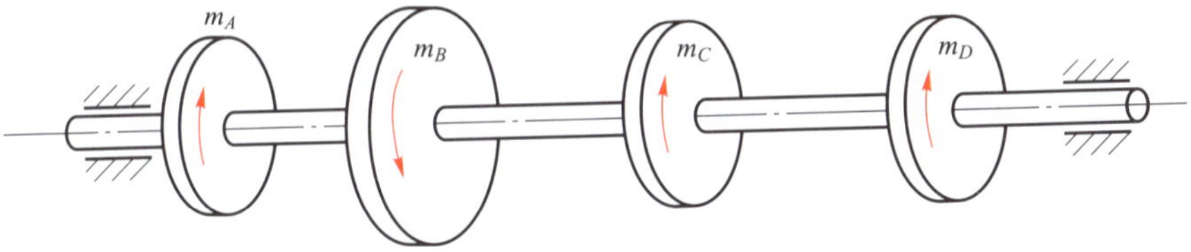

图4.13

工学项目小结

当外力偶矩方向与杆件的轴线重合时杆件发生扭转变形；在两个外力偶的作用面之间扭矩的大小不变。如果杆件上有 n 个力偶的作用面，那么 n 个力偶的作用面把杆件分成 $n-1$ 段，在每一段上扭矩假设为正，用截面法可求出该段上的扭矩。

每一段的扭矩均求出后，x 轴永远与杆件的轴线平行，T 轴代表扭矩的大小，用力偶的作用面将杆件，即 x 轴分段，对应画出各段的扭矩，扭矩为正的画在 x 轴的上方；为负的画在 x 轴的下方。

经过画线、加载、观察现象、平面假设，得到扭转变形时杆件在横截面上产生剪应力，且剪应力在横截面上的分布规律为：① 与该点所在的半径垂直；② 与该点到圆心的距离成正比；③ 方向顺着扭矩的方向。剪应力计算公式为

$$\tau=\frac{T\rho}{I_p}$$

根据内力图、横截面面积的大小确定危险面的位置。利用强度条件 $\tau=\dfrac{T_{\max}}{W_{p}}\leqslant[\tau]$ 可以进行三个方面的强度计算：① 校核强度；② 确定截面；③ 确定系统的许可荷载。

圆轴扭转时的刚度条件为

$$\theta_{\max}=\frac{T_{\max}}{GI_{p}}\times\frac{180}{\pi}\leqslant[\theta]$$

思考题

4.1 什么叫扭转变形？

4.2 扭矩的正负如何规定？

4.3 怎样绘制扭矩图？

4.4 如何进行扭转时的强度计算？

4.5 如何进行圆轴扭转的变形与刚度计算？

习题

4.1 绘制图示 a~d 各杆的扭矩图。

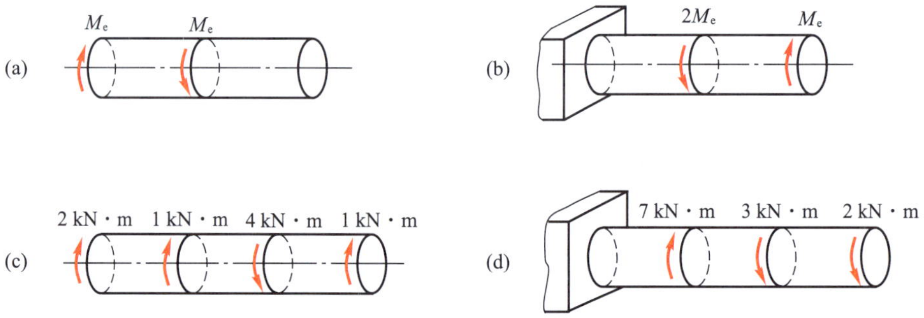

习题 4.1 图

4.2 直径 $D=5$ cm 的圆轴，受到扭矩 $M_n=2.15$ kN·m 的作用，试求在距离轴心 1 cm 处的剪应力，并求轴截面上的最大剪应力。

4.3 传动轴的转速 $n=500$ r/min，主动轮 1 输入功率 $P_1=367.5$ kW，从动轮 2、3 分别输出功率 $P_2=147$ kW，$P_3=220.5$ kW。已知 $[\tau]=70$ MPa，$[\theta]=1(°)/\text{m}$，$G=80$ GPa。① 试确定 AB 段的直径 d_1 和 BC 段的直径 d_2。② 若 AB 和 BC 两段选用同一直径，试确定直径 d。③ 主动轮和从动轮应如何安排才比较合理。

4.4 图示传动轴中，AC 段为空心圆轴，外径 $D_1=100$ mm，内径 $d_1=80$ mm；CD 段为实心圆轴，直径 $D_2=80$ mm。B 轮输入功率 $P_B=250$ kW，A 轮输出功率 $P_A=120$ kW，D 轮输出功率 $P_D=$

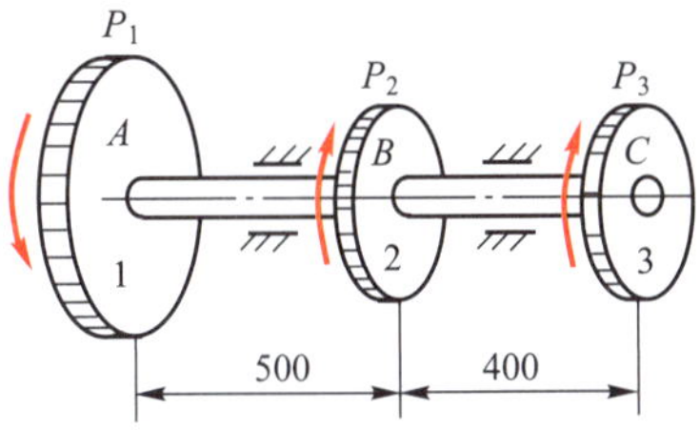

习题 4.3 图

130 kW。已知轴的转速 $n=300$ r/min,材料许用剪应力$[\tau]=40$ MPa,试校核该轴的强度。

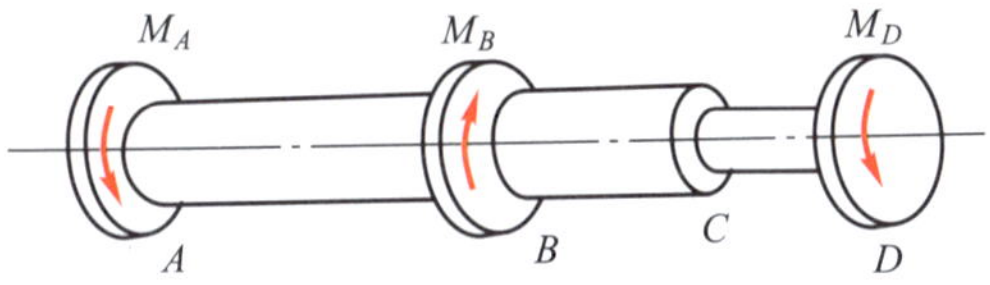

习题 4.4 图

4.5 已知轴的转速 $n=240$ r/min,传递功率为 $P=447$ kW,许用剪应力$[\tau]=40$ MPa,单位长度的许用扭转角$[\theta]=1(°)/\mathrm{m}$,剪切弹性模量 $G=80$ GPa,试按强度和刚度条件计算轴的直径。

工学项目 5

5

弯曲变形构件力学分析

知识目标

通过本工学项目的学习,理解平面弯曲的概念;理解剪力、弯矩的概念;掌握剪力图和弯矩图的画法,尤其是简捷法;掌握弯曲构件横截面上应力的作用形式、分布规律;掌握弯曲变形构件的强度及刚度检算;理解影响线的概念并会画单跨静定梁的影响线;理解最不利荷载位置,会计算简支梁的跨中最大弯矩和绝对最大弯矩。

能力目标

通过本工学项目的学习,能够检算单跨静定梁的强度、刚度;会计算平面弯曲梁在移动荷载作用下的相关内力。

素质目标

通过本工学项目的学习,提升个人修养;培养实事求是、严谨认真的职业素养;坚定科技报国的理想信念。

项目导学

工程结构中存在大量弯曲变形构件,它们要想正常使用,必须具有一定的承载能力,即必须满足强度、刚度要求。本工学项目主要研究弯曲变形构件的强度、刚度问题。

任务 5.1　弯曲变形构件内力计算

任务导入

如图 5.1 所示,梁是在土木工程中普遍使用的一种结构,对其进行内力计算是对这类构件进行力学分析的前提。本任务主要研究这类构件的内力计算和内力图绘制。

知识点 1　单跨静定梁的内力计算

一、平面弯曲的概念

杆件受到垂直于其轴线的外力或位于其轴线所在平面内的外力偶作用时,杆轴线由直线变为曲线的变形称为弯曲。如图 5.2 所示,以弯曲变形为主要变形形式的杆件称为梁。

图 5.1

工程中常见的梁,其横截面往往有一根竖向对称轴,这根对称轴与梁轴线所组成的平面称为纵向对称平面。当作用在梁上的外力和外力偶(包括荷载和支座反力)都位于纵向对称平面内时,梁的轴线将在此纵向对称平面内弯曲,如图 5.3 所示。这种弯曲平面与外力作用平面相重合的弯曲称为平面弯曲。

动画 水平面内弯曲

动画 竖直面内弯曲

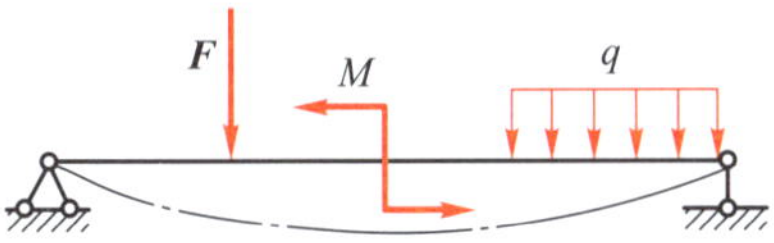

图 5.2

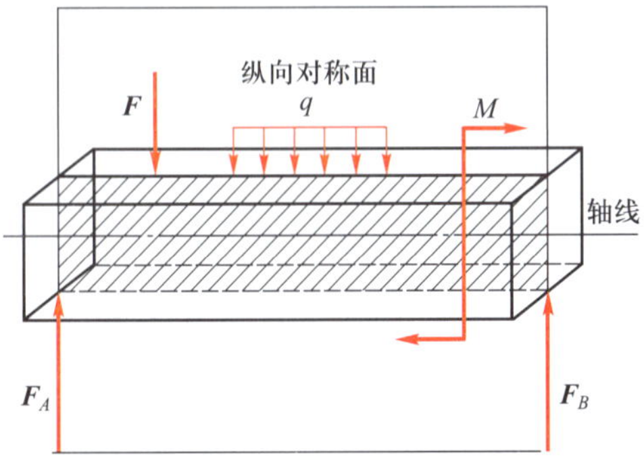

图 5.3

二、梁的类型

根据梁的支座反力能否用静力平衡条件完全确定,可将梁分为静定梁和超静定梁两类。工程中对于单跨静定梁按其支座情况分为:

① 简支梁。即一端为固定铰支座,另一端为可动铰支座的梁,如图 5.4a 所示。

② 外伸梁。即一端或两端伸出支座的简支梁,如图 5.4b 所示。

③ 悬臂梁。即一端固定,一端自由的梁,如图 5.4c 所示。

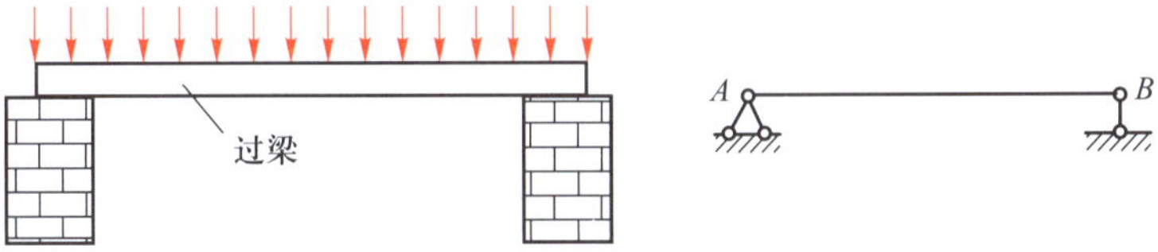

(a)

(b)

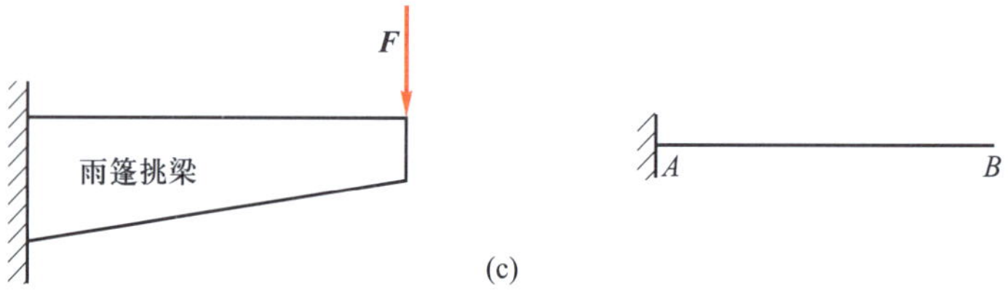

(c)

图 5.4

三、剪力和弯矩

梁承受荷载,同时产生内力和变形。梁某横截面上的内力是指该横截面以左、以右梁段的相互作用力,且“内力”专指分布内力的合力。当作用在梁上的外力(荷载和支座反力)已知时,用截面法即可显示和确定梁在某截面上的内力。

微课
弯曲内力的计算方法

图 5.5a 所示的简支梁,其荷载 $\boldsymbol{F}$ 和支座反力 $\boldsymbol{F}_A$、$\boldsymbol{F}_B$ 是作用在该梁纵向对称平面内的平衡力系。在计算出 $\boldsymbol{F}_A$、$\boldsymbol{F}_B$ 之后,利用截面法即可分析梁上任一横截面 $m-m$ 上的内力。

假想沿截面 $m-m$ 将梁 AB 截为左右两段,取左段作为研究对象,如图 5.5b 所示。因有支座反力作用,为使左段平衡,截面 $m-m$ 上必有与 $\boldsymbol{F}_A$ 反向的内力 $\boldsymbol{F}_S$ 存在,于是由 $\sum F_y=0$ 得

$$F_A-F_S=0,\quad F_S=F_A$$

相切于横截面的内力 $\boldsymbol{F}_S$,称为剪力,常用单位:N(牛)或 kN(千牛)。

同时,$\boldsymbol{F}_A$ 对截面 $m-m$ 的形心 O 点有一个顺时针力矩 $\boldsymbol{F}_A\cdot x$,为满足左段平衡,截面 $m-m$ 也必然有一个与力矩 $\boldsymbol{F}_A\cdot x$ 转向相反的内力偶矩 M 存在,于是由 $\sum M_O=0$ 得

$$F_A\cdot x-M=0,\quad M=F_A\cdot x$$

作用面与横截面相垂直的内力偶矩 M 称为弯矩,常用单位为 N·m(牛·米)、N·mm(牛·毫米)、kN·m(千牛·米)。

若取右段梁作为研究对象,同样可计算出横截面 $m-m$ 上的 F_S 和 M。根据作用力和反作用力的关系,右段梁在截面 $m-m$ 上的 F_S、M 与左段梁在同一截面上的 F_S、M 应该大小相等,方向(或转向)相反,如图 5.5c 所示。

剪力符号:当截面上的剪力使分离体有顺时针方向转动的趋势时为正,如图 5.5b、c,反之为负。

弯矩符号:当截面上的弯矩使分离体上部受压、下部受拉时为正,如图 5.5b、c,反之为负。

例 5.1 如图 5.6a 所示的简支梁,已知 $F_1=30$ kN,$F_2=20$ kN。请计算截面 $m-m$ 上的剪力和弯矩。

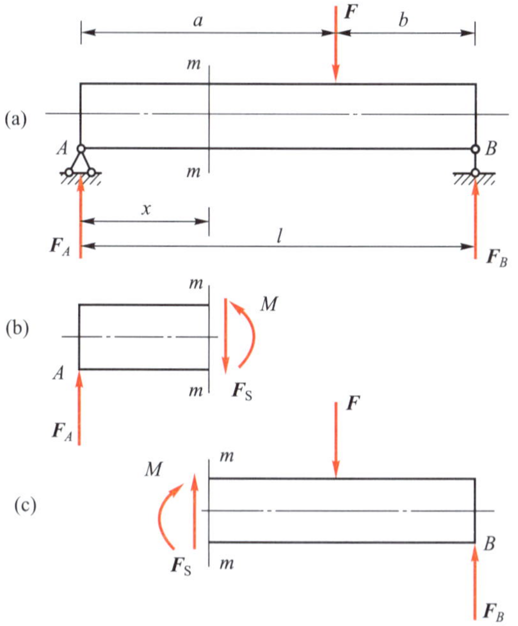

图 5.5

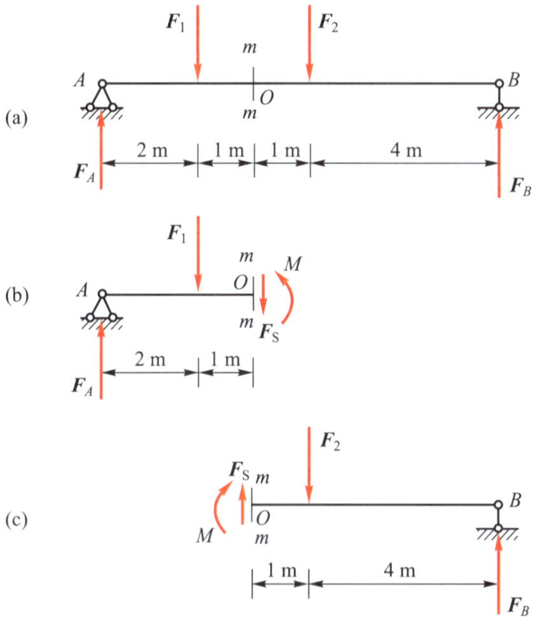

图 5.6

解　① 计算支座反力。以整梁为研究对象，假设支座反力 $\boldsymbol{F}_A$、$\boldsymbol{F}_B$ 方向向上，列平衡方程：

由 $\sum M_A=0$ 得 $F_B\times8\ \mathrm{m}-F_1\times2\ \mathrm{m}-F_2\times4\ \mathrm{m}=0$

$$F_B=\frac{F_1\times2\ \mathrm{m}+F_2\times4\ \mathrm{m}}{8\ \mathrm{m}}=\frac{30\ \mathrm{kN}\times2\ \mathrm{m}+20\ \mathrm{kN}\times4\ \mathrm{m}}{8\ \mathrm{m}}=17.5\ \mathrm{kN}$$

由 $\sum F_y=0$ 得 $F_A+F_B-F_1-F_2=0$

$$F_A=F_1+F_2-F_B=30\ \mathrm{kN}+20\ \mathrm{kN}-17.5\ \mathrm{kN}=32.5\ \mathrm{kN}$$

② 截面法计算内力。

知识链接

截面法计算内力的步骤：

截—取—代—平。

截：假想在指定截面 $m-m$ 处将梁截成两段。

取：取左段作为研究对象。

代：在假想截面处代以剪力 $\boldsymbol{F}_S$ 和弯矩 M，假定为正，画出研究对象的受力图（图 5.6b）。

平：列平衡方程求解。

由 $\sum F_y=0$ 得　$F_A-F_1-F_S=0$

$$F_S=F_A-F_1=32.5\ \mathrm{kN}-30\ \mathrm{kN}=2.5\ \mathrm{kN}$$

由 $\sum M_O=0$ 得 $M+F_1\times1\ \mathrm{m}-F_A\times3\ \mathrm{m}=0$

$$M=F_A\times3\ \mathrm{m}-F_1\times1\ \mathrm{m}=32.5\ \mathrm{kN}\times3\ \mathrm{m}-30\ \mathrm{kN}\times1\ \mathrm{m}=67.5\ \mathrm{kN}\cdot\mathrm{m}$$

归纳总结

截面法计算内力规律 1(正负号):

① 在画研究对象的受力图时,$\boldsymbol{F}_S$、M 按其正负规定,假定为正。

② 在列平衡方程时,把 $\boldsymbol{F}_S$、M 作为研究对象上的外力看待。

注:若计算结果为正,说明假设方向与实际方向一致;若结果为负,说明假设方向与实际方向相反。

假如取右段作为研究对象,并设剪力 $\boldsymbol{F}_S$ 和弯矩 M 都为正,画出研究对象的受力图(图 5.6c),列平衡方程:

由 $\sum F_y=0$ 得 $F_B+F_S-F_2=0$

$$F_S=F_2-F_B=20\ \text{kN}-17.5\ \text{kN}=2.5\ \text{kN}$$

由 $\sum M_O=0$ 得 $F_B\times5\ \text{m}-M-F_2\times1\ \text{m}=0$

$$M=F_B\times5\ \text{m}-F_2\times1\ \text{m}=17.5\ \text{kN}\times5\ \text{m}-20\ \text{kN}\times1\ \text{m}=67.5\ \text{kN}\cdot\text{m}$$

可见,选取右段梁或选取左段梁为研究对象,所得截面 $m—m$ 上的内力结果相同。

归纳总结

截面法计算内力规律 2:

截面法计算内力时可取截面以左或以右部分作为研究对象,一般取外力较简单的一侧进行分析。

例 5.2 如图 5.7a 所示的外伸梁,截面 1-1 和 2-2 都无限接近于截面 B,截面 3-3 和 4-4 也都无限接近于截面 C。请计算这些截面上的剪力和弯矩。

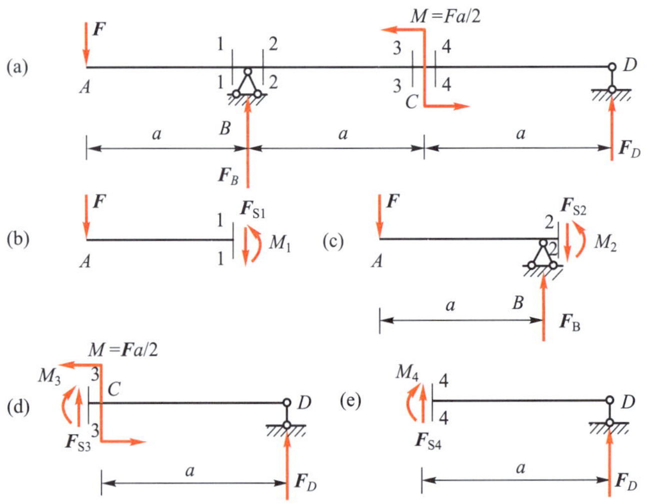

图 5.7

解 ① 计算支座反力。以整梁为研究对象,假设支座反力 $\boldsymbol{F}_B$、$\boldsymbol{F}_D$ 方向向上,列平衡方程:

由 $\sum M_D=0$ 得 $M+F\times3a-F_B\times2a=0$

$$F_B=\frac{M+F\times3a}{2a}=\frac{\frac{1}{2}Fa+3Fa}{2a}=\frac{7}{4}F$$

由 $\sum F_y=0$ 得 $F_B+F_D-F=0$

$$F_D=F-F_B=F-\frac{7}{4}F=-\frac{3}{4}F$$

② 取截面 1-1 左段作为研究对象,并设剪力 $\boldsymbol{F}_{S1}$ 和弯矩 M_1 都为正,画出研究对象的受力图(图 5.7b),列平衡方程:

由 $\sum F_y=0$ 得 $-F-F_{S1}=0,F_{S1}=-F$

由 $\sum M_1=0$ 得 $M_1+F\times a=0,M_1=-Fa$

③ 取截面 2-2 左段作为研究对象,并设剪力 F_{S2} 和弯矩 M_2 都为正,画出研究对象的受力图(图 5.7c),列平衡方程:

由 $\sum F_y=0$ 得 $F_B-F-F_{S2}=0,F_{S2}=F_B-F=\frac{7}{4}F-F=\frac{3}{4}F$

由 $\sum M_2=0$ 得 $M_2+F\times a=0,M_2=-Fa$

④ 取截面 3-3 右段作为研究对象,并设剪力 F_{S3} 和弯矩 M_3 都为正,画出研究对象的受力图(图 5.7d),列平衡方程:

由 $\sum F_y=0$ 得 $F_D+F_{S3}=0,F_{S3}=-F_D=\frac{3}{4}F$

由 $\sum M_3=0$ 得 $F_D\times a+M-M_3=0$

$$M_3=F_D\times a+M=-\frac{3}{4}F\times a+\frac{1}{2}Fa=-\frac{1}{4}Fa$$

⑤ 取截面 4-4 右段作为研究对象,并设剪力 F_{S4} 和弯矩 M_4 都为正,画出研究对象的受力图(图 5.7e),列平衡方程:

由 $\sum F_y=0$ 得 $F_D+F_{S4}=0,F_{S4}=-F_D=\frac{3}{4}F$

由 $\sum M_4=0$ 得 $F_D\times a-M_4=0$

$$M_4=F_D\times a=-\frac{3}{4}F\times a=-\frac{3}{4}Fa$$

归纳总结

① 在集中力的两侧截面弯矩相同、剪力发生突变,突变值等于该集中力的大小。当集中力向上时,剪力图向上跳跃;反之,向下跳跃。

② 在集中力偶的两侧截面剪力相同、弯矩发生突变,突变值等于该集中力偶力偶矩的大小。当集中力偶顺时针方向作用时,从右向左看弯矩图向上跳跃;反之,向下跳跃。

自己动手做

请用截面法计算图 5.8 所示简支梁指定截面上的剪力和弯矩。

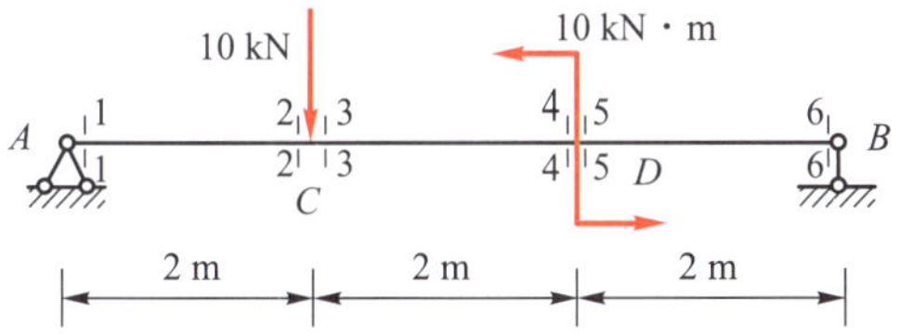

图 5.8

四、剪力图和弯矩图

在梁的强度和刚度问题中,除要计算指定截面的剪力和弯矩外,还必须知道剪力和弯矩沿梁轴线的变化规律,从而找到梁内剪力和弯矩的最大值以及它们所在的截面位置。

1. 函数法(内力方程法)

一般情况下,截面上的剪力和弯矩是随截面位置变化的,若横截面的位置用沿梁轴线的坐标 x 表示,则各个横截面上的剪力和弯矩都可以表示为坐标 x 的函数,即

$$F_{Sx}=F_S(x)$$
$$M_x=M(x)$$

$F_S(x)$ 和 $M(x)$ 分别称为剪力方程和弯矩方程,它们可以表明梁内剪力和弯矩沿梁轴线的变化规律。

为了能形象地表现剪力和弯矩沿梁轴线的变化规律,可以根据剪力方程和弯矩方程分别绘制剪力图和弯矩图。其绘制方法与轴力图相似,以沿梁轴线的横坐标 x 表示梁横截面的位置,以纵坐标表示相应截面的剪力或弯矩。一般认为,剪力 F_S 坐标轴向上为正,弯矩 M 坐标轴向下为正。

例 5.3 请用函数法绘制图 5.9a 所示简支梁的剪力图和弯矩图。

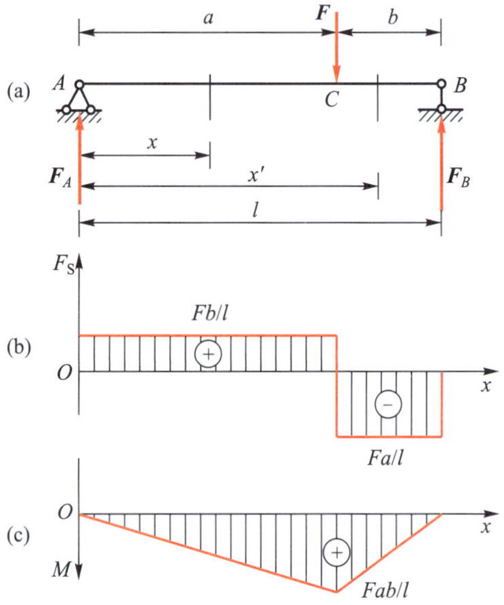

图 5.9

解 ① 计算支座反力。以整梁为研究对象,假设支座反力 $\boldsymbol{F}_A$、$\boldsymbol{F}_B$ 方向向上,列平衡方程:

由 $\sum M_A=0$ 得 $F_B\times l-F\times a=0,F_B=\dfrac{Fa}{l}$

由 $\sum F_y=0$ 得 $F_A+F_B-F=0,F_A=F-F_B=\dfrac{Fb}{l}$

② 列剪力和弯矩方程。设梁的左端点 A 为坐标原点,在 AC 范围内,在距原点 x 截面处取左段梁为研究对象,列出剪力方程和弯矩方程为

$$F_{Sx}=F_S(x)=F_A=\frac{Fb}{l}\quad(0<x<a)$$

$$M_x=M(x)=F_Ax=\frac{Fb}{l}x\quad(0\leqslant x\leqslant a)$$

在 CB 范围内,在距原点 x' 截面处取左段梁为研究对象,列出剪力方程和弯矩方程为

$$F_{Sx}=F_S(x)=-F_B=-\frac{Fa}{l}\quad(a<x<l)$$

$$M_x=M(x)=F_B(l-x)=\frac{Fa}{l}(l-x)\quad(a\leqslant x\leqslant l)$$

③ 绘制剪力图和弯矩图。

剪力图:在 AC 范围内,剪力 $F_S(x)$ 为常数,剪力图是在 x 轴上方平行于 x 轴的一条直线;在 CB 范围内,剪力 $F_S(x)$ 为常数,剪力图是在 x 轴下方平行于 x 轴的一条直线,绘制剪力图如图 5.9b 所示。

弯矩图:在 AC 范围内,弯矩 $M(x)$ 是 x 的一次函数,弯矩图是一条斜直线;在 CB 范围内,弯矩 $M(x)$ 是 x 的一次函数,弯矩图是一条斜直线,绘制弯矩图如图 5.9c 所示。

由内力图可知，受集中力作用的简支梁，当 $a>b$ 时，最大剪力发生在 CB 段的任意截面上，其数值 $|F_S|_{max}=Fa/l$；最大弯矩发生在集中力作用处的截面上，其数值 $|M|_{max}=Fab/l$。如集中力作用在梁的跨中，即当 $a=b=l/2$ 时，则最大弯矩发生在梁的跨中截面上，其数值 $M_{max}=Fl/4$。

例 5.4　请用函数法绘制图 5.10a 所示简支梁的剪力图和弯矩图。

解　① 计算支座反力。以整梁为研究对象，由对称关系可得 $F_A=F_B=\dfrac{ql}{2}$

② 列剪力方程和弯矩方程。设梁的左端点 A 为坐标原点，在距原点 x 截面处取左段梁为研究对象，列出剪力方程和弯矩方程为

$$F_{Sx}=F_S(x)=F_A-qx=\frac{1}{2}ql-qx\quad(0<x<l)$$

$$M_x=M(x)=F_Ax-\frac{1}{2}qx^2=\frac{1}{2}qlx-\frac{1}{2}qx^2\quad(0\leqslant x\leqslant l)$$

③ 绘制剪力图和弯矩图。

剪力图：剪力 $F_S(x)$ 是 x 的一次函数，剪力图是一条斜直线，绘制剪力图如图 5.10b 所示。

弯矩图：弯矩 $M(x)$ 是 x 的二次函数，弯矩图是一条二次抛物线，绘制弯矩图如图 5.10c 所示。

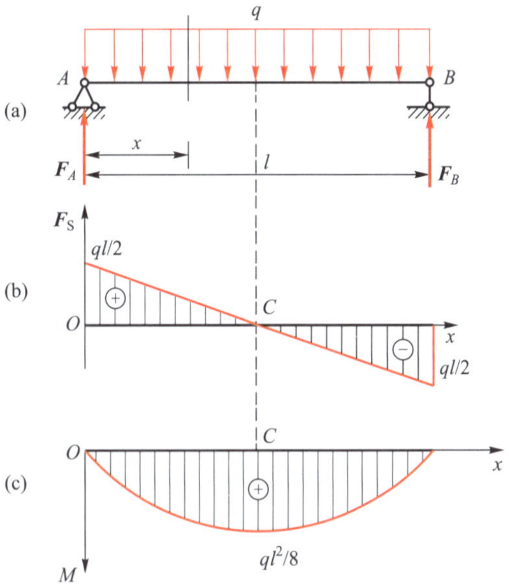

图 5.10

由内力图可知，受均布荷载作用的简支梁，最大剪力发生在梁端，其数值 $|F_S|_{max}=ql/2$；最大弯矩发生在剪力为零的跨中截面，其数值 $|M|_{max}=ql^2/8$。

归纳总结

剪力图、弯矩图的图线类型如下：

① 无荷载区段：剪力图为水平线，弯矩图为斜直线。

② 均布荷载区段：剪力图为斜直线，弯矩图为二次抛物线。

2. 简捷法（微分关系法）

如图 5.11 所示，梁上作用一分布荷载，荷载集度 $q(x)$ 为 x 的连续函数，并规定 $q(x)$ 以向上为正。取 A 为坐标原点，x 轴向右为正。

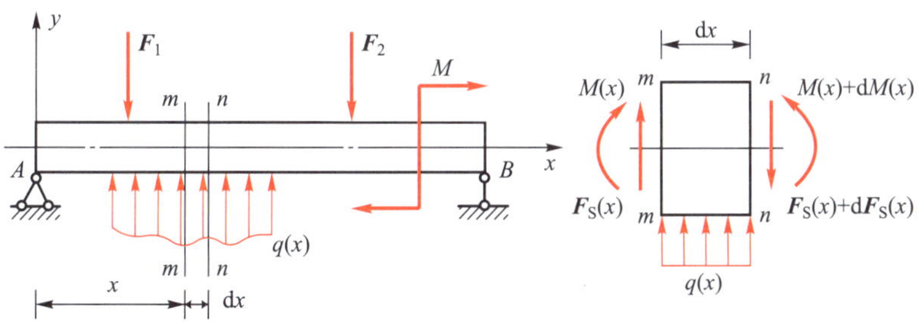

图 5.11

微课
单跨静定梁内力图的画法—简易法

对于无荷载的梁段，有 $q(x)=0$。假想用截面 $m-m$ 和 $n-n$ 截取长为 dx 的微段作为分离体，其上荷载集度视为均布。设距离坐标原点 x 处的截面 $m-m$ 上的内力为 $\boldsymbol{F}_S(x)$ 和 $M(x)$，距坐标原点 $x+dx$ 的 $n-n$ 截面上的内力为 $\boldsymbol{F}_S(x)+d\boldsymbol{F}_S(x)$ 和 $M(x)+dM(x)$。

因为整梁平衡，因此微段也平衡。由 $\sum F_y=0$ 得

$$F_S(x)+q(x)dx-[F_S(x)+dF_S(x)]=0$$

$$\frac{dF_S(x)}{dx}=q(x)$$

由此得到结论一：梁上任一横截面上的剪力对 x 的一阶导数等于作用在该截面处的分布荷载集度。此微分关系的几何意义是：剪力图上某点切线的斜率等于相应截面处的分布荷载集度。

对微段右侧截面 $n-n$ 的形心取矩，由 $\sum M_C=0$ 得

$$M(x)+dM(x)-q(x)dx\cdot\frac{dx}{2}-M(x)-F_S(x)dx=0$$

略去二阶微量 $q(x)dx\cdot\frac{dx}{2}$，得

$$\frac{dM(x)}{dx}=F_S(x)$$

由此得到结论二：梁上任一横截面上的弯矩对 x 的一阶导数等于该截面处的剪力。此微分关系的几何意义是：弯矩图上某点切线的斜率等于相应截面处的剪力。

对上式两边求导，得

$$\frac{d^2M(x)}{dx}=q(x)$$

由此得到结论三：梁上任一横截面上的弯矩对 x 的二阶导数等于该截面处的分布荷载集度。此微分关系的几何意义是：弯矩图上某点的曲率等于相应截面处的分布荷载集度。由分布荷载集度的正负可以判断弯矩图的凸凹方向。

绘制剪力图和弯矩图的关键是确定图线的类型和位置。利用荷载集度、剪力和弯矩之间的微分关系来判断每一区段剪力图和弯矩图的图线类型，如表 5.1 所示。然后确定控制截面的剪力值和弯矩值，从而简便地绘制出内力图。这种方法称为简捷法（又称简易法）。

表 5.1　荷载、剪力图和弯矩图之间的关系

荷载	F_S 图图线类型	M 图图线类型
无荷载区段	水平线（一点确定）	斜直线（两点确定） 注：F_S 为 0 时，为水平线
均布荷载区段	斜直线（两点确定）	二次抛物线（两点或三点确定）
备注	1. 关键点的位置：集中力的作用点；集中力偶的作用点；分布荷载的起点、终点；支座的位置、中间铰点。 2. 剪力图中下一个关键点的纵坐标＝上一个关键点的纵坐标＋荷载图（即受力图）中对应区段的面积；弯矩图中下一个关键点的纵坐标＝上一个关键点的纵坐标＋剪力图中对应区段的面积	

例 5.5　请用简捷法绘制图 5.12a 所示简支梁的剪力图和弯矩图。

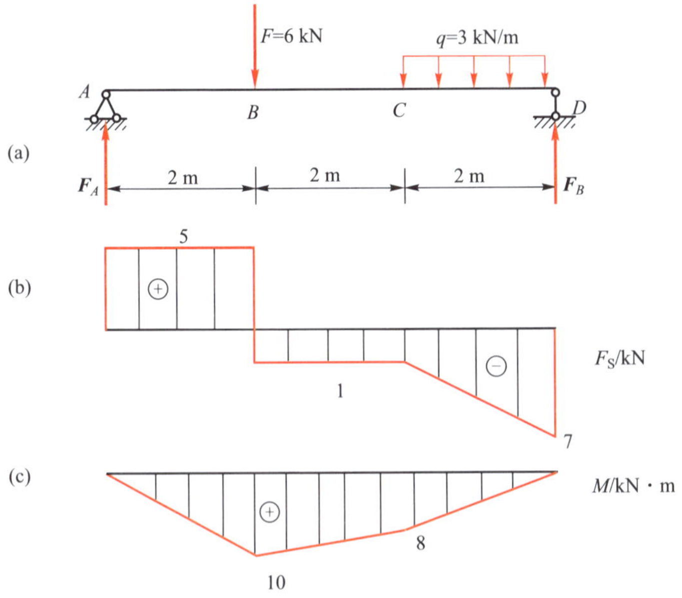

图 5.12

微课
剪力图—集中力

微课
剪力图—均布荷载

解　① 计算支座反力。以整梁为研究对象，假设支座反力 $\boldsymbol{F}_A$、$\boldsymbol{F}_B$ 方向向上，列平衡方程

由 $\sum M_A=0$ 得 $-6\ \text{kN}\times2\ \text{m}-3\ \text{m}\times2\ \text{m}\times5\ \text{m}+6F_B=0$，$F_B=7\ \text{kN}$

由 $\sum F_y=0$ 得 $F_A+F_B-6\ \text{kN}-3\ \text{m}\times2\ \text{m}=0$，$F_A=5\ \text{kN}$

② 绘前准备（画轴线、标关键点）。根据梁上荷载情况，取 A、B、C、D 四个关键点绘制内力图。

③ 绘图。

剪力图：对应荷载图中 AB 间面积为 0，BC 间面积为 0，CD 间面积为 -6，各段如表 5.2 所示。

表 5.2　剪　力　图

区段	荷载	F_S 图图线类型	F_S 值/kN
AB	$q=0$	水平线	$F_{SA}^{R}=5$
BC	$q=0$	水平线	$F_{SB}^{R}=F_{SB}^{L}-6=-1$
CD	$q=$常数	斜直线	$F_{SC}^{R}=F_{SC}^{L}=-1$ $F_{SD}^{L}=-1-6=-7$

绘制剪力图如图 5.12b 所示。

弯矩图：对应剪力图中 AB 间面积为 10，BC 间面积为 -2，CD 间面积为 -8，各段弯矩如表 5.3 所示。

表 5.3 弯 矩 图

区段	剪力	M 图图线类型	M 值/kN · m
AB	F_S = 常数	斜直线	$M_A^R=0$ $M_B^L=0+10=10$
BC	F_S = 常数	斜直线	$M_B^R=M_B^L=10$ $M_C^L=10-2=8$
CD	F_S = 变量	曲线	$M_C^R=M_C^L=8$ $M_D^L=8-8=0$

绘制弯矩图如图 5.12c 所示。

④ 绘后完善(标数值、画竖标线、标正负号、标图名、标单位、标斜交点)。

微课 弯矩图—集中力

微课 弯矩图—均布荷载

归纳总结

简捷法绘制内力图的主要步骤:2+1+6=9 步

绘前准备

画轴线

标关键点

+

绘图

+

绘后完善

标数值

画竖标线

标正负号

标图名

标单位

标斜交点

例 5.6 试用简捷法绘制图 5.13a 所示外伸梁的剪力图和弯矩图。

解 ① 计算支座反力。以整梁为研究对象,假设支座反力 $\boldsymbol{F}_A$、$\boldsymbol{F}_B$ 方向向上,列平衡方程:

由 $\sum M_A=0$ 得 $F_B\times 4\ \text{m}-10\ \text{kN/m}\times 4\ \text{m}\times 2\ \text{m}-20\ \text{kN}\times 6\ \text{m}=0$, $F_B=50\ \text{kN}$

由 $\sum F_y=0$ 得 $F_A+F_B-20\ \text{kN}-10\ \text{kN/m}\times 4\ \text{m}=0$, $F_A=60\ \text{kN}-50\ \text{kN}=10\ \text{kN}$

② 绘前准备(画轴线、标关键点)。根据梁上荷载情况,取 A、B、C 三个关键点绘制内力图。

③ 绘图。

剪力图:对应荷载图中 AB 间面积为-40,BC 间面积为 0,各段剪力如表 5.4 所示。

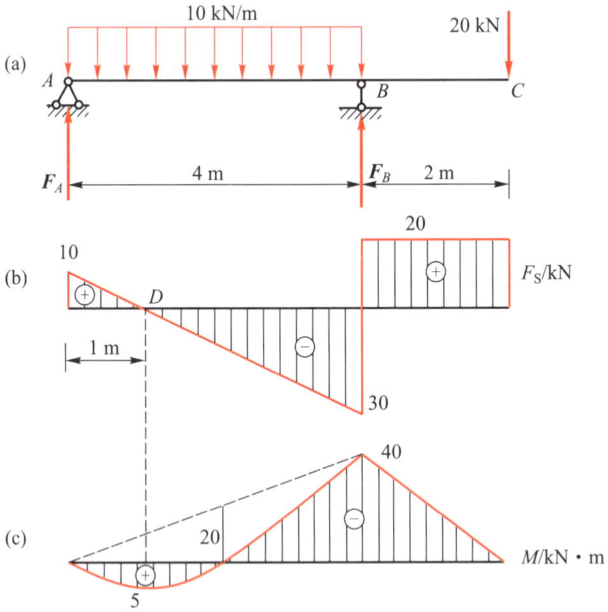

图 5.13

表 5.4　剪　力　图

区段	荷载	F_S 图图线类型	F_S 值/kN
AB	q = 常数	斜直线	$F_{SA}^{R}=10$ $F_{SB}^{L}=10-40=-30$
BC	$q=0$	水平线	$F_{SB}^{R}=F_{SB}^{L}+50=20$

绘制剪力图如图 5.13b 所示。

弯矩图：附加关键点 D，对应剪力图中 AD 间面积为 5，DB 间面积为−45，BC 间面积为 40，各段弯矩如表 5.5 所示。

表 5.5　弯　矩　图

区段	剪力	M 图图线类型	M 值/kN · m
AB	F_S = 变量	曲线	$M_A^{R}=0$ $M_D=0+5=5$ $M_B^{L}=5-45=-40$
BC	F_S = 常数	斜直线	$M_B^{R}=M_B^{L}=-40$ $M_C^{L}=-40+40=0$

特别注意

若剪力图上图线与轴线斜交，则在绘制弯矩图时需在该对应位置附加关键点。

绘制弯矩图如图 5.13c 所示。

④ 绘后完善(标数值、画竖标线、标正负号、标图名、标单位、标斜交点)。

例 5.7 请用简捷法绘制图 5.14a 所示简支梁的剪力图和弯矩图。

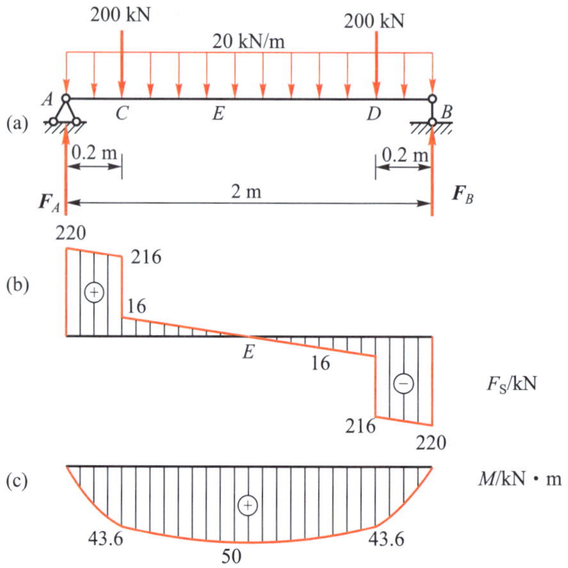

图 5.14

微课

剪力图—力偶

微课

弯矩图—力偶

解 ① 计算支座反力。以整梁为研究对象,由对称关系可得:$\boldsymbol{F}_A=\boldsymbol{F}_B=220$ kN

② 绘前准备(画轴线、标关键点)。根据梁上荷载情况,取 A、C、D、B 四个关键点绘制内力图。

③ 绘图。

剪力图:对应荷载图中 AC 间面积为−4,CD 间面积为−32,DB 间面积为−4,各段剪力如表 5.6 所示。

表 5.6 剪 力 图

区段	荷载	F_S 图图线类型	F_S 值/kN
AC	q=常数	斜直线	$F_{SA}^{R}=220$ $F_{SC}^{L}=220-4=216$
CD	q=常数	斜直线	$F_{SC}^{R}=F_{SC}^{L}-200=16$ $F_{SD}^{L}=16-32=-16$
DB	q=常数	斜直线	$F_{SD}^{R}=F_{SD}^{L}-200=-216$ $F_{SB}^{L}=-216-4=-220$

绘制剪力图如图 5.14b 所示。

弯矩图:附加关键点 E,对应剪力图中 AC 间面积为 43.6,CE 间面积为 6.4,ED 间面积为−6.4,DB 间面积为−43.6,各段弯矩如表 5.7 所示。

表 5.7　弯　矩　图

区段	剪力	M 图图线类型	M 值/kN · m
AC	F_S = 变量	曲线	$M_A^R=0$ $M_C^L=0+43.6=43.6$
CD	F_S = 变量	曲线	$M_C^R=M_C^L=43.6$ $M_E=43.6+6.4=50$ $M_D^L=50-6.4=43.6$
DB	F_S = 变量	曲线	$M_D^R=M_D^L=43.6$ $M_B^L=43.6-43.6=0$

绘制弯矩图如图 5.14c 所示。

④ 绘后完善(标数值、画竖标线、标正负号、标图名、标单位、标斜交点)。

自己动手做

试用简捷法绘制图 5.15 所示各梁的剪力图和弯矩图。

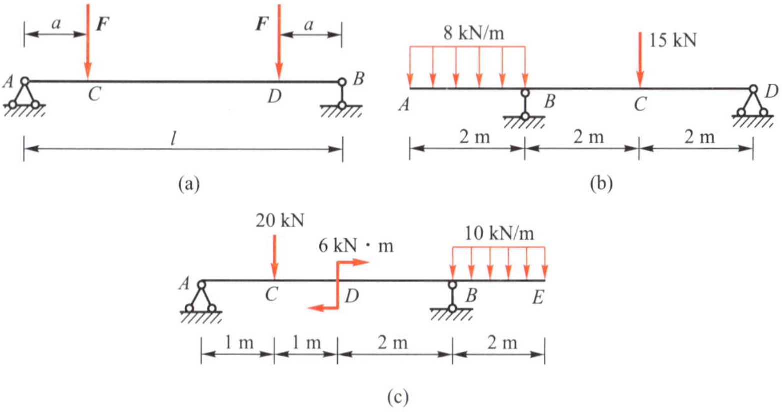

图 5.15

微课
单跨静定梁弯矩图的画法—叠加法

3. 叠加法(根据叠加原理绘制内力图)

在实际工程中,梁的变形为小变形。在计算支座反力、剪力和弯矩时,均忽略微小变形量的影响,而按照原始尺寸计算,所得到的结果均与梁上荷载呈线性关系,如表 5.8 所示。在这种情况下,如果梁上同时有几项荷载作用,如图 5.16a 所示,那么每项荷载所引起的支反力、内力不会受其他荷载作用的影响。这样,就可以分别计算各项荷载单独作用时梁的某一量值(例如同一支座的同一种支反力,或同一截面的同一种内力),再求它们的代数和,即得几项荷载共同作用下的该量值。

表 5.8　简单梁在单一荷载作用下的弯矩图

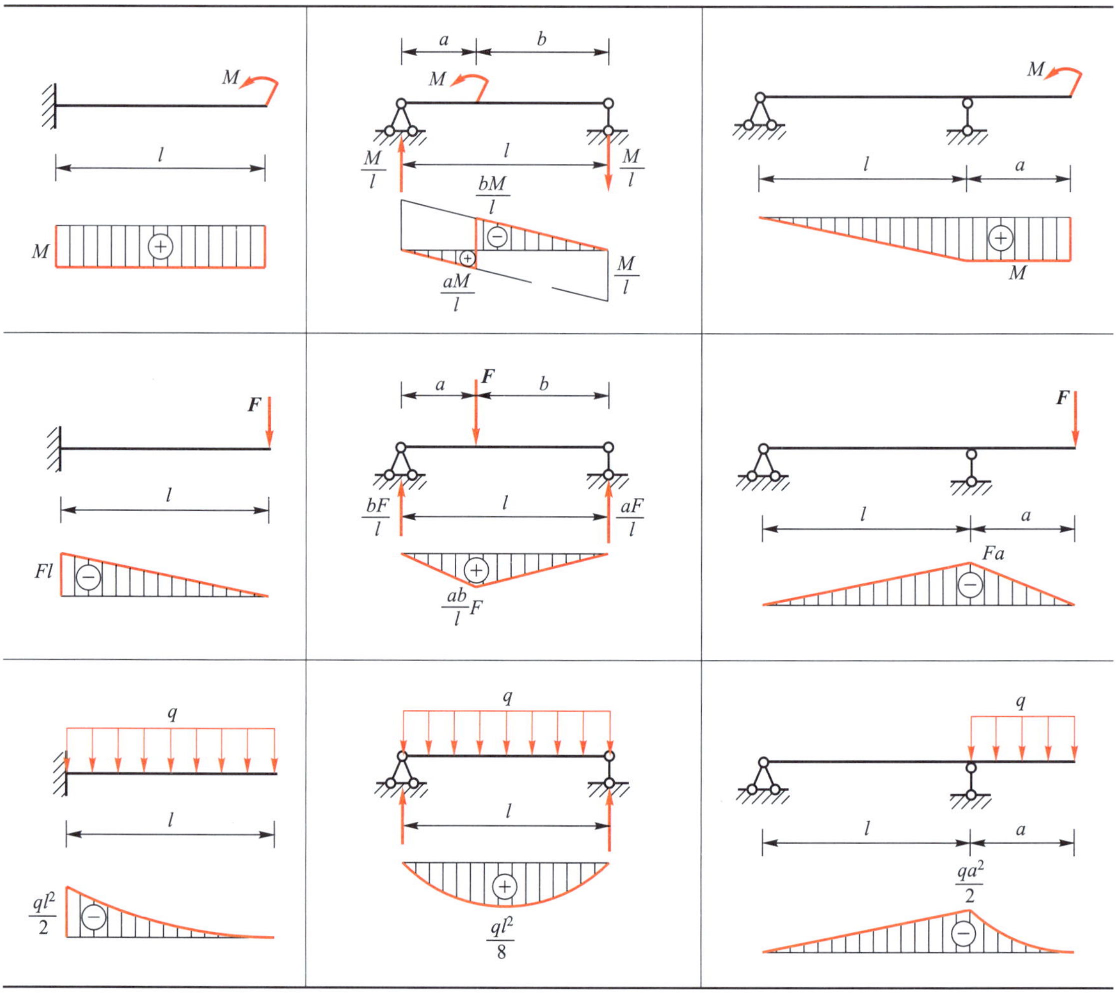

如图 5.16 所示的悬臂梁，有 $F_A = F_{AF} + F_{Aq}$，$M_C = M_{CF} + M_{Cq}$。

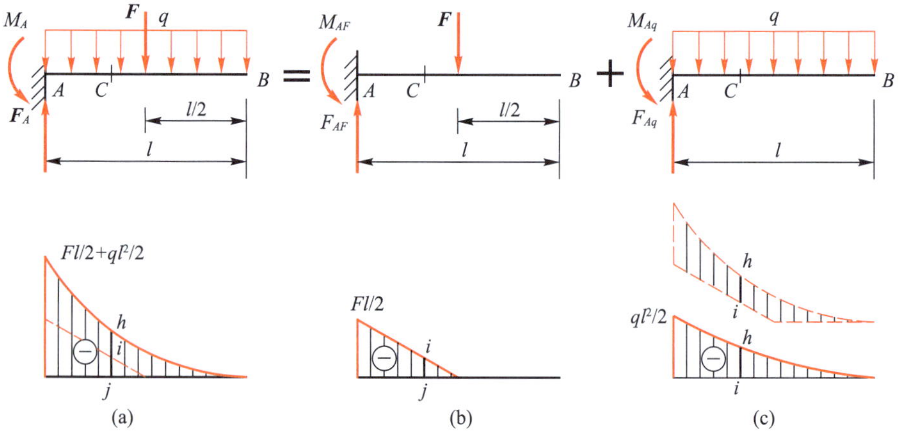

图 5.16

这里实际应用了一个带有普遍性的原理，即**叠加原理**：在几个荷载共同作用下所引起的某一量值（支反力、内力、应力或位移），等于各个荷载单独作用时所引起的该量值的代数和。

根据叠加原理来绘制内力图的方法称叠加法。在常见荷载作用下，梁的剪力图比较简单，一般不用叠加法绘制。以下只讨论用叠加法画弯矩图。

如图 5.16a 所示，对于指定截面 C 的弯矩叠加，是指弯矩图 C 截面处纵标线（有向线段）的叠加：设图 5.16b 中表示 M_{CF} 的 ji 为第一条纵标线，图 5.16c 中表示 M_{Cq} 的 ih 为第二条纵标线，现以第一条纵标线的终点作为第二条纵标线的起点，按前者方向连接第二条纵标线，形成表示 M_C 的纵标线 jh，如图 5.16a 所示。

若所有截面上的弯矩进行叠加，则为各截面处弯矩图纵标线同时各自叠加，因为图 5.16c 中的所有纵标线的起点都要落在图 5.16b 的图线上，所以图 5.16c 的弯矩图作了相应的错动（图 5.16c上方的虚线范围）。错动的前提条件是：图形在垂直于杆轴线的方向错动；错动前后面积不变；其形心沿杆轴线方向的坐标不变。

例 5.8　用叠加法绘制图 5.17 所示简支梁的弯矩图。

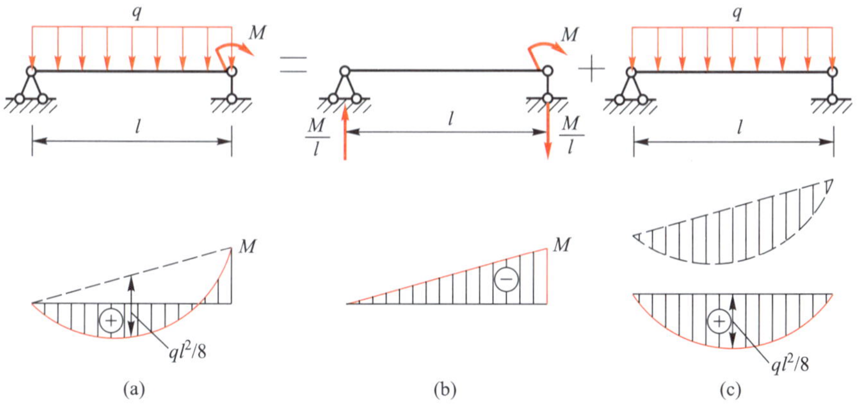

图 5.17

微课
叠加法绘制弯矩图

分析　将集中力偶、均布荷载分别单独作用在梁上，绘制弯矩图。在直线图形（图 5.17b）上叠加曲线图形，即将曲线图形错动，使其基线平行于直线图形的图线，如图 5.17c 所示，再让这两条平行线段重合。

作图　绘制简支梁在集中力偶作用下的弯矩图。图线画虚线，如图 5.17a 所示。以这条图线为基线绘制梁在均布荷载作用下的弯矩图，纵标线始终垂直于梁的轴线。以第一图形的基线为基线，第二图形的图线为图线，所形成的图形即为所求的弯矩图，如图 5.17a 所示。

例 5.9　用叠加法绘制图 5.18a 所示外伸梁的弯矩图。

分析　先绘制均布荷载单独作用在 BD 段

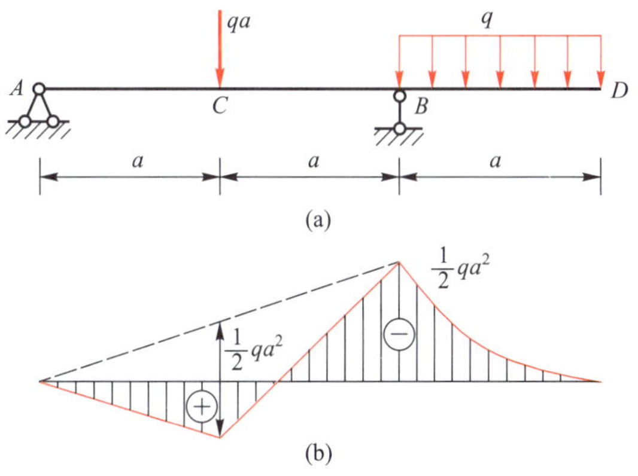

图 5.18

梁上的弯矩图，得到 B 点弯矩为 $\frac{1}{2}qa^2$。然后再考虑 AB 段的弯矩叠加。

作图 AB 段简支梁的图线为斜直线，用虚线表示。以此条图线为基线，绘制集中力作用下的弯矩图，简支段弯矩图为三角形，集中力处的弯矩值为 $\frac{1}{2}qa^2$。以第一图形的图线为基线，第二图形的图线为图线，形成的图形即为所求的弯矩图，如图 5.18b 所示。

知识点 2　多跨静定梁的内力计算

一、层次图

单跨静定梁多使用于跨度不大的情况，如门窗、楼板、屋面大梁、短跨的桥梁以及吊车梁等。通常将若干根单跨梁用铰相连，并用若干支座与基础连接而组成的静定结构称为**多跨静定梁**。图 5.19a 所示为房屋建筑中木檩条的结构图，在各短梁的接头处采用斜搭接加螺栓系紧。由于接头处不能抵抗弯矩，因而视为铰结点。其计算简图如图 5.19b 所示。

从几何组成上看，多跨静定梁的组成部分可分为基本部分和附属部分。如图 5.19b 所示，其中梁 AB 部分，有三根支座链杆直接与基础（屋架）相连，不依赖其他部分构成几何不变体系，称为**基本部分**；对于梁的 EF 和 IJ 部分，因它们在竖向荷载作用下，也能独立保持平衡，故在竖向荷载作用下，可以把它们当作基本部分；而短梁 CD 和 GH 两部分支承在基本部分之上，需依靠基本部分才能保持其几何不变性，故称为**附属部分**。为了清楚地看到梁各部分之间的依存关系和力的传递层次，可以把基本部分画在下层，把附属部分画在上层，如图 5.19c 所示，称为**层次图**。

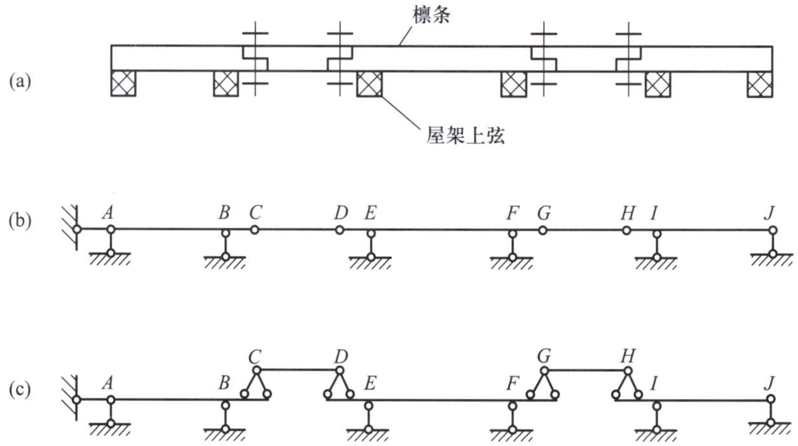

图 5.19

微课
多跨静定梁分析

二、多跨静定梁的内力计算

从受力分析看，由于基本部分能独立地承受荷载而维持平衡，故当荷载作用于基本部分时，由平衡条件可知，将只有基本部分受力，附属部分不受力。而当荷载作用于附属部分时，则不仅附属部分受力，其反力将通过铰接处传给基本部分，使基本部分同时受力。

由上述基本部分和附属部分力的传递关系可知，多跨静定梁的计算顺序应该是先计算附属部分，后计算基本部分。计算附属部分时，应先从附属程度最高的部分算起；计算基本部分时，把计算出的附属部分的约束力反其方向，作为荷载作用于基本部分。多跨静定梁中每一跨梁都是单跨梁，将各单跨梁的内力图连在一起，就是多跨静定梁的内力图。

例 5.10　绘制图 5.20a 所示多跨静定梁的剪力图和弯矩图。

微课
多跨静定梁内力图

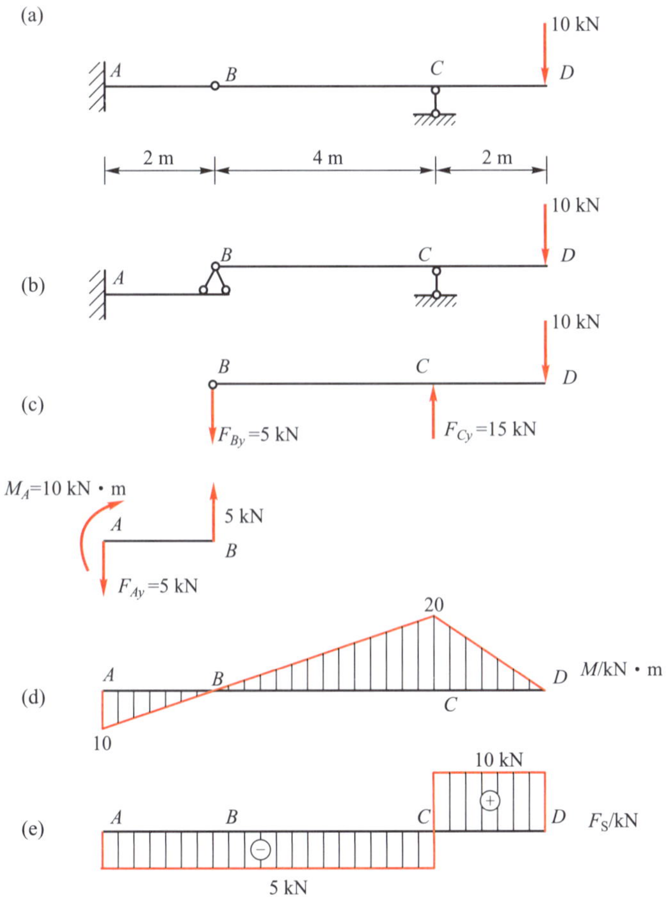

图 5.20

解　① 画出该多跨静定梁的层次图，如图 5.20b 所示。

② 计算支座反力。对 BD 梁列平衡方程可得

$$F_{Cy}=15\text{ kN}(\uparrow),\quad F_{By}=5\text{ kN}(\downarrow)$$

将 F_{By} 反方向作用于 AB 梁上，对 AB 梁列平衡方程可得

$$F_{Ay}=5\text{ kN}(\downarrow),\quad M_A=10\text{ kN}\cdot\text{m}(\text{顺时针})$$

③ 绘制内力图。分段绘制出各段梁的弯矩图和剪力图，连成一体即得多跨静定梁的弯矩图和剪力图，如图 5.20d、e 所示。

例 5.11　绘制图 5.21a 所示多跨静定梁的剪力图和弯矩图。

解　① 画出该多跨静定梁的层次图。如图 5.21b 所示。

② 计算支座反力。对 CD 梁列平衡方程可得

$$F_{Cy}=F_{Dy}=10\text{ kN}(\uparrow)$$

将 F_{Cy} 反方向作用于 AC 梁上，对梁 AC 列平衡方程可得

$$F_{Ay}=5\ \text{kN}(\downarrow),\quad F_{By}=15\ \text{kN}(\uparrow)$$

同理，$F_{Fy}=5\ \text{kN}(\downarrow)$，$F_{Ey}=15\ \text{kN}(\uparrow)$

③ 绘制内力图。分段绘制出各段梁的弯矩图和剪力图，连成一体即得多跨静定梁的弯矩图和剪力图，如图 5.21d、e 所示。

微课 多跨静定梁内力图的画法

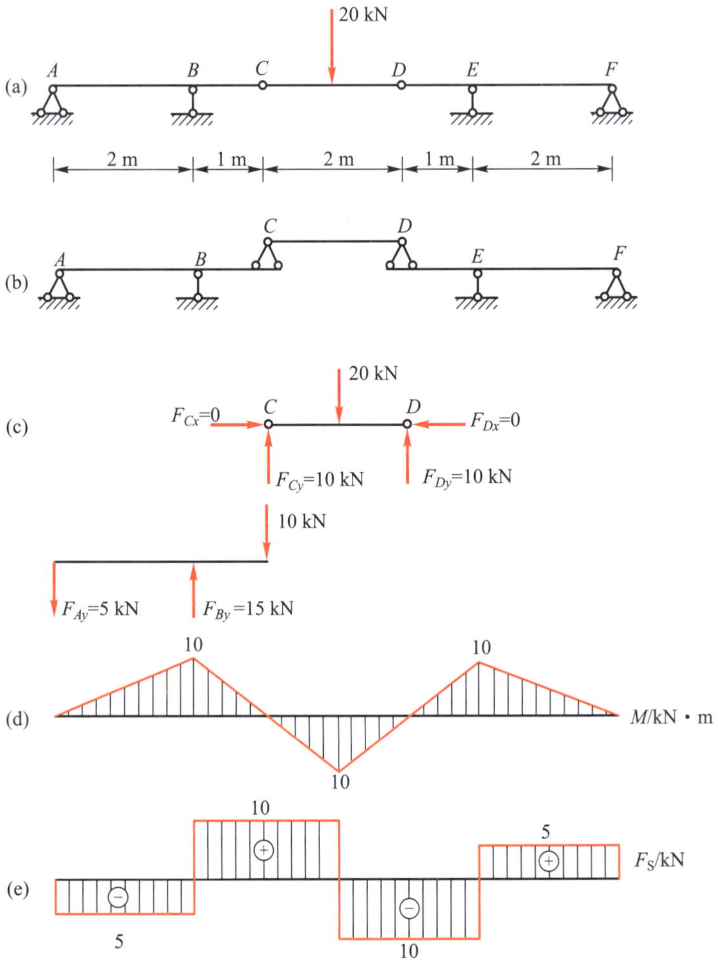

图 5.21

归纳总结

多跨静定梁内力计算的一般步骤如下：

① 对结构进行几何组成分析，弄清结构的几何组成顺序并画出结构层次图，先组成的部分（基本部分）画在下面，后组成的部分（附属部分）画在上面。

② 画出由结构层次图所确定的各单跨静定梁的受力图，并计算出各支座的约束力。

③ 取相同的比例尺，在同一直线上绘制出各跨梁的剪力图和弯矩图。

案例解析

多跨静定梁如图 5.22 所示。

① 绘制该梁的剪力图、弯矩图；

② 利用有限元分析软件 MIDAS 建立该梁模型，并查看其剪力图、弯矩图；

③ 分别查看剪力图、弯矩图，对比其理论值和软件计算结果，并进行分析。

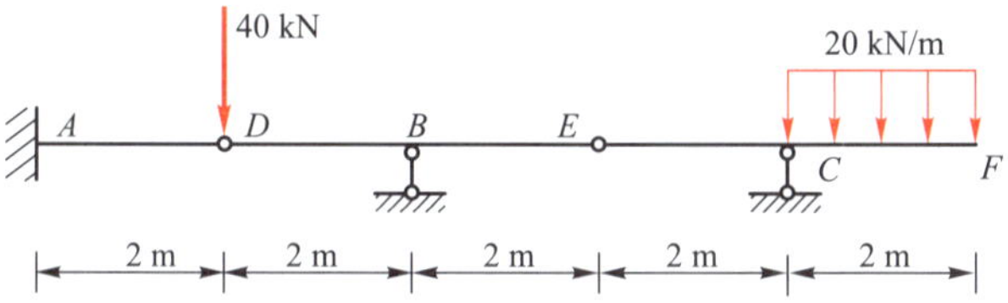

图 5.22

微课
多跨静定梁的内力图

微课
软件操作-多跨静定梁的内力图

特别注意

力的传递类似于水流，从上往下，即该力从所在部分向下一直传递到基本部分，而不会传递到上一层。

注：若集中力作用在结点上，则该力应看作作用在该结点所连部分层次较低的一层上。

任务 5.2　弯曲变形构件强度计算

任务导入

图 5.1 所示的梁若要正常使用，必须具有一定的承载能力，即必须满足强度、刚度要求。本任务主要研究这类构件的强度问题。

知识点 1　弯曲应力

一、梁横截面上的正应力

1. 纯弯曲时的正应力

如图 5.23a 所示的简支梁，荷载与支座反力都作用在梁的纵向对称平面内，其剪力图和弯矩图如图 5.23b、c 所示。在梁的 AC 和 DB 段中，各横截面上同时有剪力和弯矩，这种弯曲称为剪力弯曲或横力弯曲。在 CD 段中，各横截面上只有弯矩而无剪力，这种弯曲称为纯弯曲。

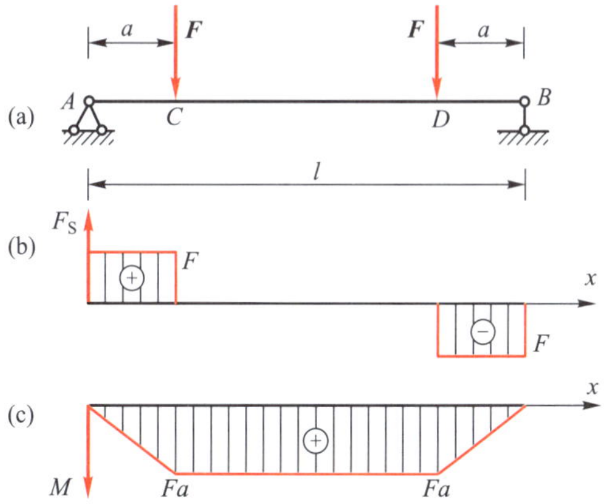

图 5.23

动画
纯弯曲

(1) 梁在纯弯曲时的现象分析

为观察梁纯弯曲时的表面变形情

况，在矩形截面梁的表面画上一些纵向直线和横向直线，形成许多小矩形，然后在梁两端对称位置上加集中荷载 $\boldsymbol{F}$，梁受力后产生对称变形，在两个集中荷载之间的区段产生纯弯曲变形，如图 5.24 所示。

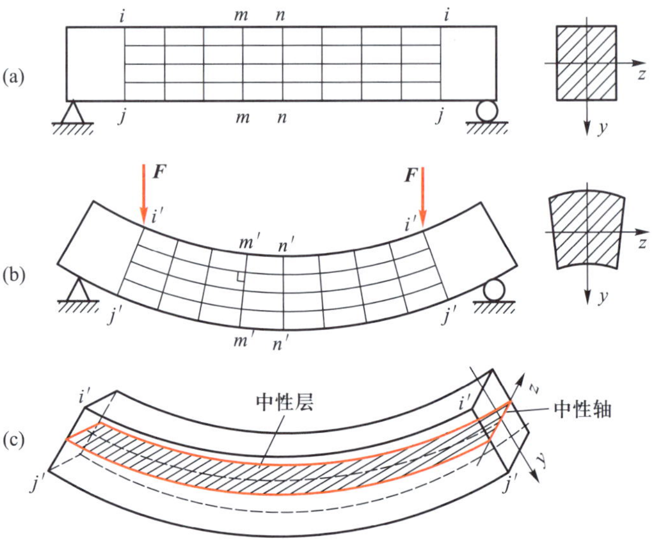

图 5.24

从实验中观察到如下现象：

① 所有纵向直线均变为曲线，靠近顶面（凹边）的纵向线缩短，靠近底面（凸边）的纵向线伸长，如图 5.24b 中的 i'-i' 和 j'-j'。

② 所有横向直线仍为直线，只是各横向线之间作了相对转动，但仍与变形后的纵向线正交，如图 5.24b 中的 m'-m'。

③ 变形后横截面的高度不变，而宽度在纵向线伸长区减小，在纵向线缩短区增大，如图5.24b 右图所示。

根据以上观察到的现象，并将表面横向直线看作梁的横截面，可作如下假设：

① 平面假设：变形前为平面的横截面，变形后仍为平面，它像刚性平面一样绕某轴旋转了一个角度，但仍垂直于梁变形后的轴线。

② 单向受力假设：认为梁由无数微纵向纤维组成，各纵向纤维的变形只是简单的拉伸或压缩，各纵向纤维无挤压现象。

根据平面假设，梁变形后的横截面转动，使得梁的凸边纤维伸长，凹边纤维缩短。由变形的连续性可知，中间必有一层纤维既不伸长也不缩短，此层纤维称为**中性层**，如图 5.24c 所示。中性层与横截面的交线称为**中性轴**，它将横截面分为受拉和受压两个区域。在图示平面弯曲情况下的梁，由于外力作用在梁的纵向对称平面内，故梁的变形也对称于此平面，因此，中性轴应垂直于截面的对称轴。

简而言之，在纯弯曲条件下，梁的各横截面仍保持平面并绕中性轴作相对转动，各纵向纤维处于纵向拉伸（压缩）状态。

(2) 梁在纯弯曲时横截面上正应力的计算公式

通过对矩形截面梁在纯弯曲时横截面上的正应力进行推导，得

$$\sigma=\frac{M}{I_z}y \tag{5.1}$$

式(5.1)表明，梁在纯弯曲时横截面上任一点的正应力，与截面上的弯矩 M 和该点到中性轴的距离 y 成正比，而与截面对中性轴的惯性矩 I_z 成反比。正应力在横截面上的分布如图 5.25 所示。

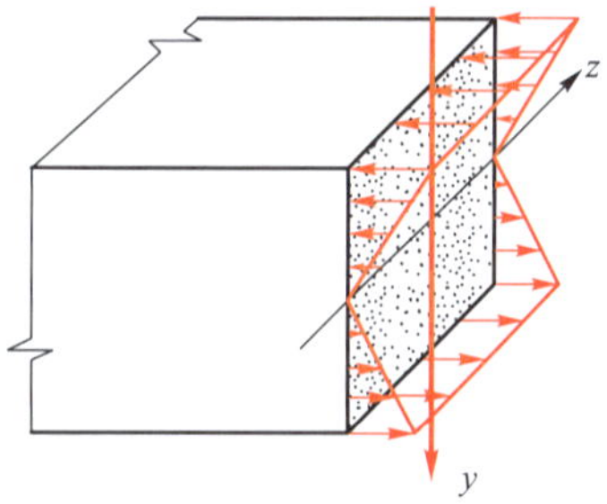

图 5.25

特别注意

应用式(5.1)时，常以 M 和 y 的绝对值代入计算公式，并根据梁的变形情况直接判断 σ 的符号：即以中性轴为界，在受拉区的 σ 为正(拉应力)，在受压区的 σ 为负(压应力)，并将正负号写在计算式的前面。

例 5.12　如图 5.26 所示的简支梁，已知 $q=4$ kN/m，梁的跨度为 3 m，截面为矩形，$b=120$ mm，$h=180$ mm。试计算：① C 截面上 a、b、c 三点处的正应力。② 梁的最大正应力 $\sigma_{\max}$ 及其位置。

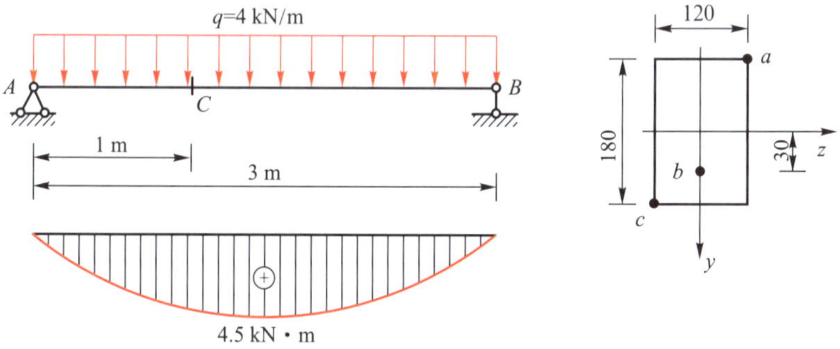

图 5.26

解　① C 截面上 a、b、c 三点处的正应力。以整梁为研究对象，由对称关系可得

$$F_A=F_B=\frac{ql}{2}=\frac{4\ \text{kN/m}\times 3\ \text{m}}{2}=6\ \text{kN}$$

计算 C 截面的弯矩

$$M_C=F_A\times 1\ \text{m}-q\times 1\ \text{m}\times\frac{1}{2}\ \text{m}=6\ \text{kN}\times 1\ \text{m}-4\ \text{kN/m}\times 1\ \text{m}\times\frac{1}{2}\ \text{m}=4\ \text{kN}\cdot\text{m}$$

计算截面对中性轴 z 的惯性矩

$$I_z=\frac{1}{12}bh^3=\frac{1}{12}\times 120\times 180^3\ \text{mm}^4=5.832\times 10^7\ \text{mm}^4$$

$$\sigma_a=\frac{M}{I_z}y=\frac{4\times 10^6\ \text{N}\cdot\text{mm}}{5.832\times 10^7\ \text{mm}^4}\times 90\ \text{mm}=6.17\ \text{N/mm}^2=6.17\ \text{MPa}(\text{压})$$

$$\sigma_b=\frac{M}{I_z}y=\frac{4\times10^6\ \text{N}\cdot\text{mm}}{5.832\times10^7\ \text{mm}^4}\times30\ \text{mm}=2.06\ \text{N/mm}^2=2.06\ \text{MPa(拉)}$$

$$\sigma_c=\frac{M}{I_z}y=\frac{4\times10^6\ \text{N}\cdot\text{mm}}{5.832\times10^7\ \text{mm}^4}\times90\ \text{mm}=6.17\ \text{N/mm}^2=6.17\ \text{MPa(拉)}$$

② 梁的最大正应力 σ_{max} 及其位置。最大弯矩发生在跨中截面

$$M_{max}=\frac{1}{8}ql^2=\frac{1}{8}\times4\times3^2\ \text{kN}\cdot\text{m}=4.5\ \text{kN}\cdot\text{m}$$

由梁的变形情况可以判断：最大拉应力发生在跨中截面的下边缘处；最大压应力发生在跨中截面的上边缘处。

最大正应力的值为

$$\sigma_{max}=\frac{M_{max}}{I_z}y_{max}=\frac{4.5\times10^6\ \text{N}\cdot\text{mm}}{5.832\times10^7\ \text{mm}^4}\times90\ \text{mm}=6.94\ \text{N/mm}^2=6.94\ \text{MPa}$$

2. 横力弯曲时的正应力

前面所述式(5.1)是梁在纯弯曲条件下建立的，此时截面上只有弯矩而没有剪力。但常见的情况是，梁在横向力的作用下，截面上既有弯矩又有剪力。因此，杆件的横截面上不仅存在正应力，而且还有剪应力。由于剪应力的存在，杆件的横截面将发生翘曲。此外，在与中性层平行的纵向截面上，还有横向力引起的相互挤压应力。这样，杆件在纯弯曲时所作的平面假设和纵向纤维之间互不挤压的假设将不能成立。但精确分析证明，当梁的跨度与截面高度之比 $l/h>5$ 时，剪力的影响很小。例如均布荷载作用下的简支梁，当 $l/h>5$ 时，横截面上的最大正应力按式(5.1)计算，其误差不超过 1%，符合工程中对精度要求。工程中梁的跨度远远大于横截面的高度，因此仍可以用式(5.1)计算横力弯曲时横截面上的正应力。

此外，式(5.1)是以矩形截面梁在纯弯曲情况下推导出的，由于在推导过程中并未用到矩形的几何特征，故该公式也适用于具有纵向对称轴的其他形状截面的杆件，如圆形、工字形和 T 形截面。

式(5.1)是在直杆条件下推导的，一般不能用于曲杆。但对 $R_0/y_0\geqslant10$ 的小曲率曲杆(如图 5.27 所示)，其弯曲正应力也可近似地用式(5.1)计算。这里 R_0 为曲杆轴线的原始曲率半径，y_0 为截面形心到截面内侧边缘的距离。

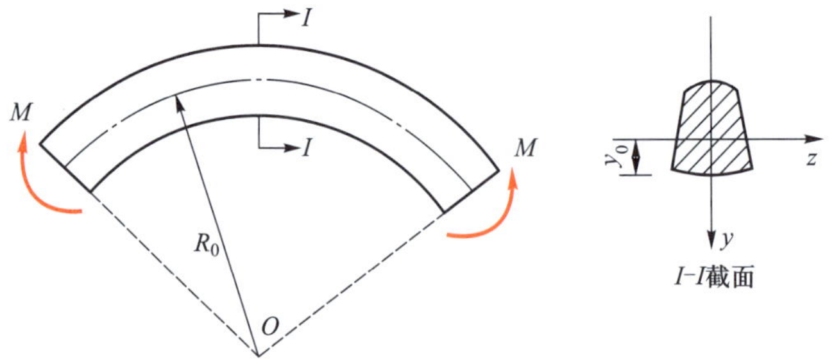

图 5.27

3. 最大正应力

产生最大正应力的截面，称为**危险截面**。对于等直梁，弯矩最大的截面就是危险截面。危险

截面上的最大应力处称为危险点，它发生在距中性轴最远的上、下边缘处。

对于中性轴是截面对称轴的梁，最大正应力的值为

$$\sigma_{max}=\frac{M_{max}}{I_z}y_{max}$$

令 $W_z=\frac{I_z}{y_{max}}$，则

$$\sigma_{max}=\frac{M_{max}}{W_z}$$

式中 W_z 称为抗弯截面系数，是一个与截面形状和尺寸有关的几何量。常用单位为 m^3 或 mm^3。W_z 值越大，σ_{max} 就越小，它也反映了截面形状及尺寸对梁的强度的影响。

对高为 h、宽为 b 的矩形截面，其抗弯截面系数为

$$W_z=\frac{I_z}{y_{max}}=\frac{bh^3/12}{h/2}=\frac{bh^2}{6}$$

对直径为 d 的圆形截面，其抗弯截面系数为

$$W_z=\frac{I_z}{y_{max}}=\frac{\pi d^4/64}{d/2}=\frac{\pi d^3}{32}$$

对于中性轴不是截面对称轴的梁，例如图 5.28 所示的 T 形截面梁，在正弯矩 M 作用下梁下边缘处产生最大拉应力，上边缘处产生最大压应力，其值分别为

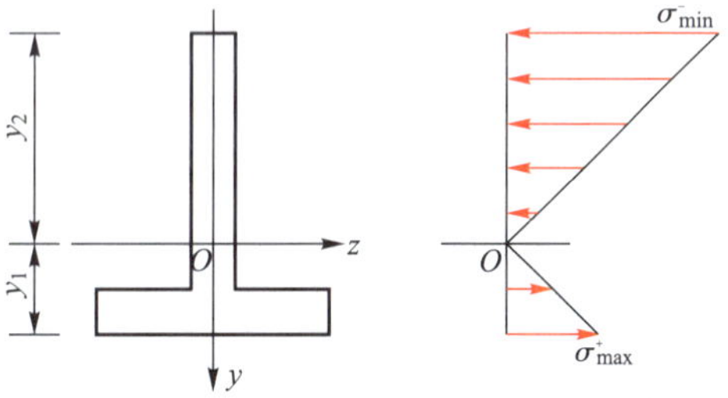

图 5.28

$$\sigma^+_{max}=\frac{My_1}{I_z}$$

$$\sigma^-_{max}=\frac{My_2}{I_z}$$

令 $W_1=\frac{I_z}{y_1}$，$W_2=\frac{I_z}{y_2}$，则有

$$\sigma^+_{max}=\frac{M}{W_1}$$

$$\sigma^-_{max}=\frac{M}{W_2}$$

二、梁横截面上的剪应力

在横力弯曲情况下，梁的横截面上同时有弯矩 M 和剪力 F_S 存在，因此，横截面上不仅有与弯矩 M 对应的正应力 σ，还有与剪力 F_S 对应的剪应力 τ，但在一般情况下，剪应力是影响梁强度的次要因素，在此主要研究直梁横截面上剪应力 τ 的分布规律及大小计算。

1. 矩形截面梁横截面上的剪应力

在梁的横截面上，为了简化计算，在推导剪应力计算公式时，根据剪应力互等定理和截面上剪力是由切向分布内力合成所得，对狭长矩形截面梁横截面上剪应力分布规律作如下假设(如图 5.29 所示)：

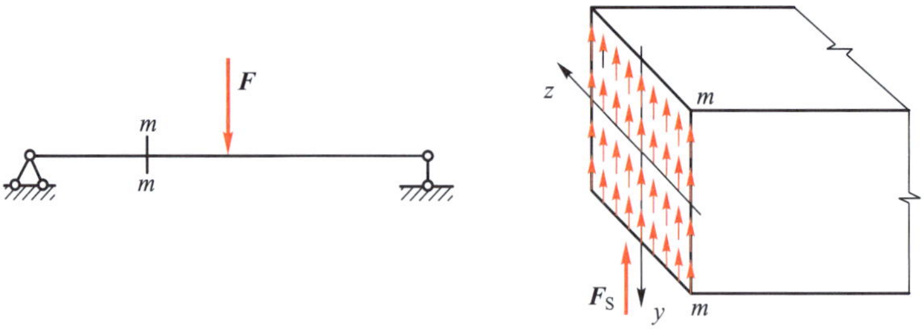

图 5.29

① 截面上各点处的剪应力的方向与剪力方向一致,并平行于两侧边。

② 横截面上距中性轴等远的各点处的剪应力大小相等。即剪应力沿截面宽度方向均匀分布。

利用静力平衡条件可得到剪应力的大小为(推导过程略)

$$\tau=\frac{F_S S_z^*}{I_z b} \tag{5.2}$$

式中 F_S——横截面上的剪力;

S_z^*——横截面上需计算剪应力处的水平线以下(或以上)部分面积 A^* 对中性轴的静矩;

I_z——横截面对中性轴的惯性矩;

b——矩形截面宽度。

计算时 F_S、S_z^* 均为绝对值代入公式。

当横截面给定时,F_S、I_z、b 均为确定值,只有静矩 S_z^* 随剪应力计算点在截面上的位置而变化。如图 5.30a 所示,对于矩形截面,剪应力的大小沿横截面的高度按二次抛物线规律分布,在截面上、下边缘处($y=\pm h/2$),剪应力为零;在中性轴处($y=0$),剪应力最大,其值为

$$\tau_{max}=\frac{3}{2}\cdot\frac{F_S}{bh}=\frac{3}{2}\cdot\frac{F_S}{A}$$

可见,矩形截面梁横截面上的最大剪应力值是平均剪应力的 1.5 倍,发生在中性轴上。

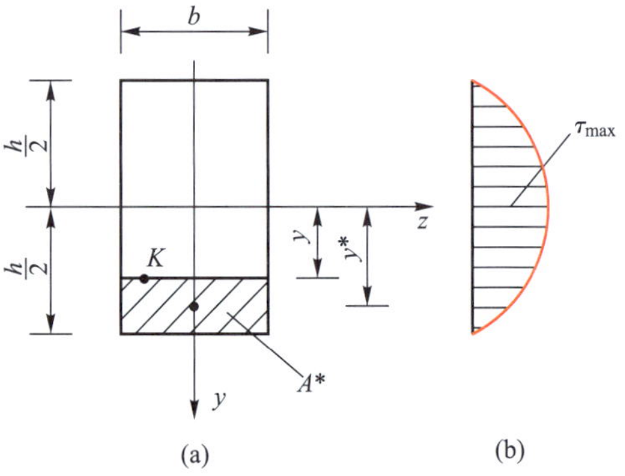

图 5.30

2. 工字形截面梁横截面上的剪应力

工字形截面由上下翼缘和腹板组成,如图 5.31a 所示。由于腹板是一狭长矩形,对矩形截面剪应力所作的假设仍然适用,所以腹板上任一点 K(距中性轴 y 处)处剪应力可用公式(5.2)计算,即

$$\tau_f=\frac{F_S S_z^*}{I_z b_1}$$

式中 b_1——腹板的宽度;

S_z^*——图 5.31a 中阴影部分面积对中性轴的静矩。

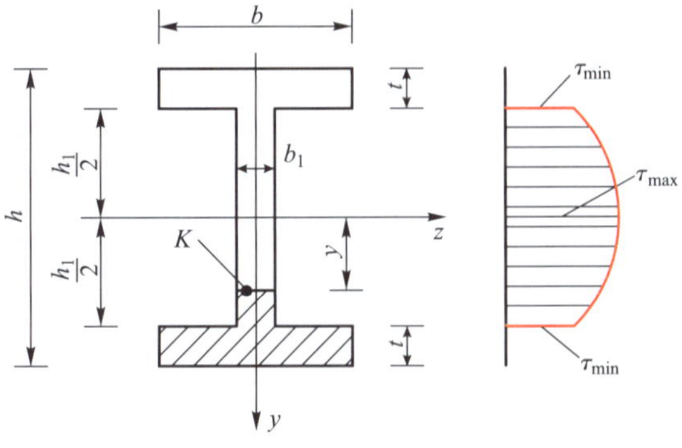

图 5.31

在腹板的范围内，S_z^* 是 y 的二次函数，故腹板部分的剪应力 τ_f 沿腹板高度仍按二次抛物线规律变化，剪应力分布图如图 5.31b 所示，腹板上的最大剪应力仍产生在中性轴的各点上。工字形截面翼缘上剪应力的情况较为复杂，且数值较小，一般不予计算。

可以证明，工字形截面梁的最大剪应力仍发生在截面的中性轴处，其值为

$$\tau_{max}=\frac{F_S S_{zmax}^*}{I_z b_1}$$

式中　S_{zmax}^*——半个截面（包括翼缘部分）对中性轴的静矩。

3. 圆形截面梁横截面上的剪应力

圆形截面的最大竖向剪应力也发生在中性轴上，并沿中性轴均匀分布，如图 5.32 所示，其值为

$$\tau_{max}=\frac{F_S S_{zmax}^*}{I_z b}=\frac{4}{3}\cdot\frac{F_S}{A}$$

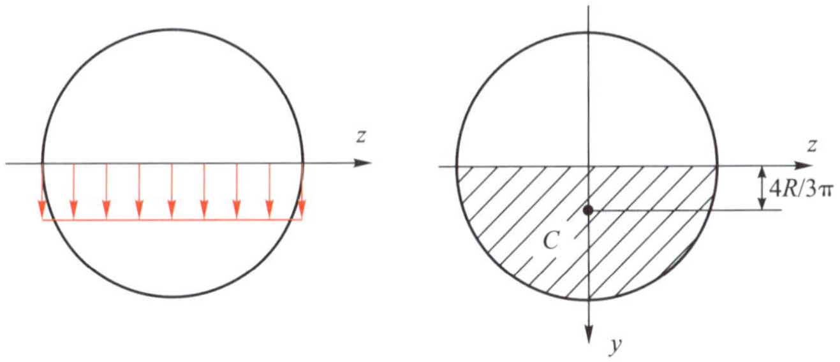

图 5.32

可见，在圆形截面梁横截面上的最大剪应力值是平均剪应力的 1.33 倍。

知识点 2　弯曲变形构件强度计算

一、弯曲强度条件

为了保证梁能安全地工作，必须使梁横截面上的最大应力不超过材料的许用应力。

① 正应力强度条件为

$$\sigma_{\max}=\frac{M_{\max}}{W_z}\leqslant[\sigma] \tag{5.3}$$

式中 $[\sigma]$——材料许用正应力。

② 剪应力强度条件为

$$\tau_{\max}=\frac{F_{S\max}S_{z\max}^{*}}{I_z b}\leqslant[\tau] \tag{5.4}$$

式中 $[\tau]$——材料许用剪应力。

二、弯曲强度计算

根据强度条件可解决有关强度方面的三类问题：

① 校核强度。已知梁的材料和横截面的形状、尺寸(即已知$[\sigma]$、$[\tau]$、W_z、$S_{z\max}^{*}$、I_z、b)以及所受荷载(即已知 $M_{\max}$、$F_{S\max}$)，检查梁是否满足正应力、剪应力强度条件。

② 设计截面。已知所受荷载和梁的材料(即已知 $M_{\max}$、$[\sigma]$)，根据正应力强度条件计算出梁所需的最小抗弯截面系数，即

$$W_z\geqslant\frac{M_{\max}}{[\sigma]}$$

然后根据梁的截面形状进一步确定截面的具体尺寸，最后校核其剪应力强度条件。

③ 确定许用荷载。已知梁的材料和截面形状、尺寸(即已知$[\sigma]$、W_z)，根据强度条件计算出梁所能承受的最大弯矩，即

$$M_{\max}\leqslant W_z[\sigma]$$

然后由 $M_{\max}$与荷载间的关系确定许用荷载，最后校核其剪应力强度条件。

在梁的强度计算中，必须同时满足正应力和剪应力两个强度条件。由于梁的强度多由正应力控制，所以通常是先按正应力强度条件设计截面或确定许用荷载，再用剪应力强度条件进行校核。一般情况下，当正应力强度满足时，剪应力强度也同时满足，不必进行剪应力强度校核。但当梁出现下列情况之一时，必须校核剪应力强度：

① 当梁的跨度较小或者在支座附近作用有较大荷载时，梁内可能出现弯矩较小而剪力很大的情况。

② 对于某些组合截面梁(如焊接的工字形钢板梁)，当腹板厚度与其高度之比小于相应型钢的相应比值时。

③ 木梁或玻璃钢等复合材料梁，由于材料的抗剪能力差，在横力弯曲时可能发生剪切破坏。

例 5.13 如图 5.33a 所示的矩形截面简支梁，已知材料的许用应力$[\sigma]$ = 10 MPa，$[\tau]$ = 2 MPa。请校核该梁的强度。

解 ① 绘出剪力图、弯矩图(图 5.33b、c)，可见 $M_{\max}$ = 20 kN · m，$F_{S\max}$ = 20 kN。

② 校核强度。C 截面的最大压应力在上边缘点处，最大拉应力在下边缘点处，其值为

$$\sigma_{\max}=\frac{M_{\max}}{W_z}=\frac{20\times10^6\ \text{N}\cdot\text{mm}}{\frac{200\times300^2}{6}\text{mm}^3}=6.67\ \text{MPa}<[\sigma]=10\ \text{MPa}$$

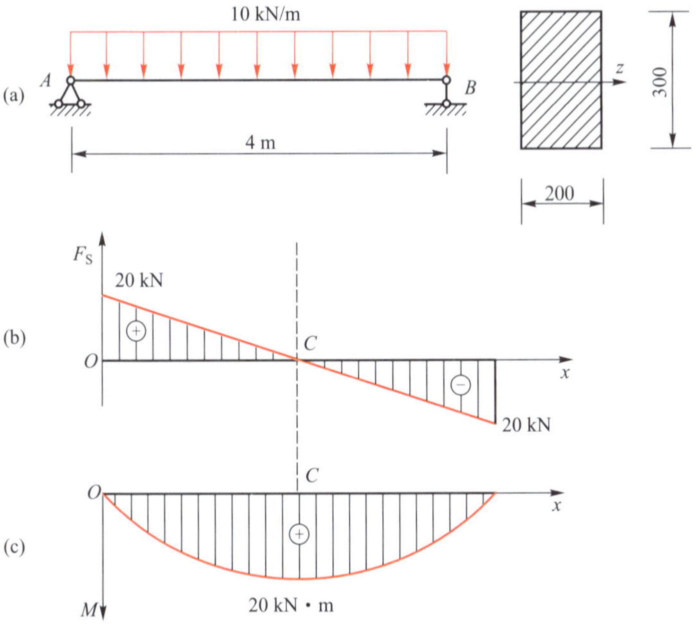

图 5.33

微课
梁强度校核

最大剪应力值为

$$\tau_{\max}=\frac{3}{2}\cdot\frac{F_{S\max}}{A}=\frac{3}{2}\times\frac{20\times10^{3}\ \text{N}}{200\ \text{mm}\times300\ \text{mm}}=0.5\ \text{MPa}<[\tau]=2\ \text{MPa}$$

故满足强度要求。

特别注意

使用正应力公式对梁进行强度计算时必须弄清所要计算的是哪个截面上、哪一点的正应力。

例 5.14　如图 5.34a 所示的简支梁，已知 $F_1=60$ kN，$F_2=20$ kN，材料的许用应力$[\sigma]=170$ MPa。试选择工字钢的型号。

微课
梁的截面设计

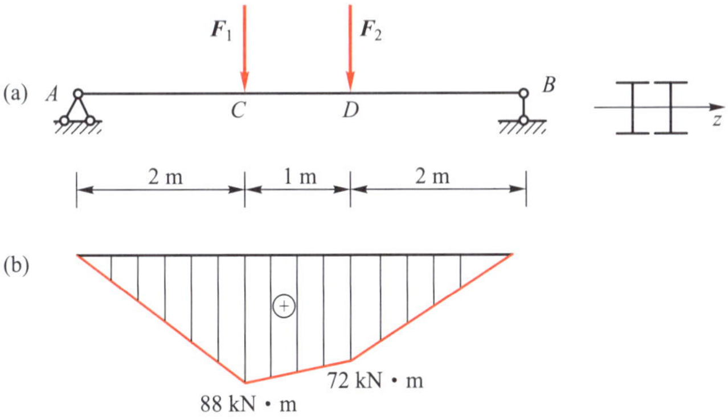

图 5.34

解　① 绘出弯矩图（图 5.34b），可见 C 截面有最大正弯矩。

② 选择工字钢的型号。由 $\sigma_{max}=\dfrac{M_{max}}{W_z}\leqslant[\sigma]$ 得每根工字梁所需的抗弯截面系数为

$$W_z\geqslant\frac{M_{max}}{2[\sigma]}=\frac{88\times10^6\ \text{N}\cdot\text{mm}}{2\times170\ \text{MPa}}=259\times10^3\ \text{mm}^3=259\ \text{cm}^3$$

由型钢表查得 22a 号工字钢的 $W_z=309\ \text{cm}^3>259\ \text{cm}^3$，采用两根 22a 号工字钢。

例 5.15 如图 5.35a 所示的悬臂梁，已知该梁由两根不等边角钢 2×∠125×80×10 组成，材料的许用应力 $[\sigma]=160$ MPa。试确定许用荷载 $[F]$。

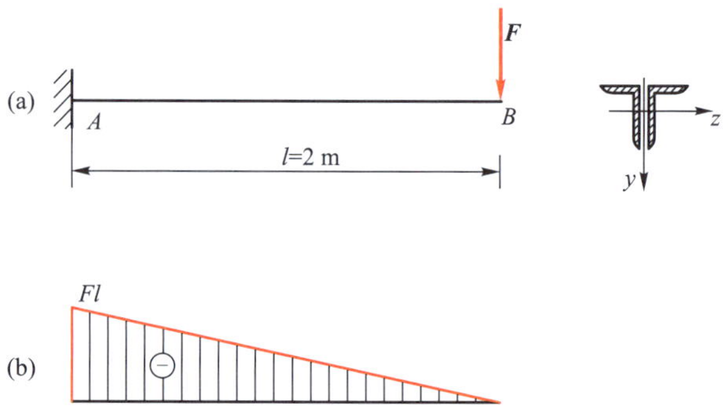

图 5.35

解 ① 绘出弯矩图（图 5.35b），可见 A 截面有最大负弯矩。

② 计算许用荷载。由 $\sigma_{max}=\dfrac{M_{max}}{W_z}\leqslant[\sigma]$ 得

$$\sigma_{max}=\frac{M_{max}}{W_z}=\frac{Fl}{2W_z'}\leqslant[\sigma]$$

由型钢表查得∠125×80×10 的抗弯截面系数为

$$W_z'=37.33\ \text{cm}^3$$

故 $[F]\leqslant\dfrac{2W_z'[\sigma]}{l}=\dfrac{2\times37.33\times10^3\times160\ \text{N}\cdot\text{mm}}{2\times10^3\ \text{mm}}=5\ 973\ \text{N}=5.97\ \text{kN}$

微课
确定梁的许用荷载

例 5.16 如图 5.36a 所示的工字钢简支梁，已知材料的许用应力 $[\sigma]=160$ MPa，$[\tau]=100$ MPa。试选择工字钢的型号。

解 ① 绘出剪力图、弯矩图（图 5.36b、c），可见 $M_{max}=50\ \text{kN}\cdot\text{m}$，$F_{Smax}=220$ kN。

② 选择工字钢的型号。由 $\sigma_{max}=\dfrac{M_{max}}{W_z}\leqslant[\sigma]$ 得

$$W_z\geqslant\frac{M_{max}}{[\sigma]}=\frac{50\times10^6\ \text{N}\cdot\text{mm}}{160\ \text{MPa}}=312.5\times10^3\ \text{mm}^3=312.5\ \text{cm}^3$$

查型钢表，选用 22b 号工字钢，$W_z=325\ \text{cm}^3$。

③ 因为支座附近有较大的集中力作用，故应作剪应力强度校核。

由表查得 22b 号工字钢的 $I/S=18.7$ cm，$b=9.5$ mm 则

$$\tau_{max}=\frac{F_{Smax}}{b(I/S)}=\frac{220\times10^3\ \text{N}}{9.5\times187\ \text{mm}^2}=123.8\ \text{MPa}>[\tau]$$

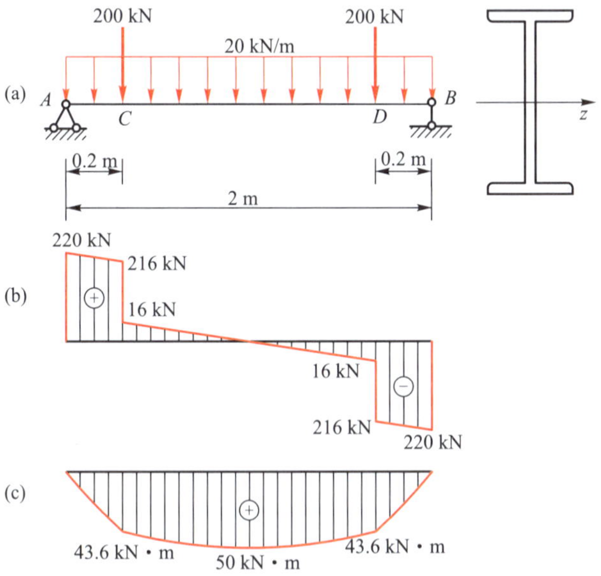

图 5.36

梁的剪应力不满足强度要求，应加大截面尺寸。现以 25b 号工字钢进行试校核。由型钢表查得

$$I/S = 21.27\ \text{cm},\quad b = 10\ \text{mm}$$

$$\tau_{\max} = \frac{F_{S\max}}{b(I/S)} = \frac{220\times10^3\ \text{N}}{10\times212.7\ \text{mm}^2} = 103.4\ \text{MPa} > [\tau]$$

因 $\dfrac{\tau_{\max}-[\tau]}{[\tau]}\times100\% = \dfrac{103.4\ \text{MPa}-100\ \text{MPa}}{100\ \text{MPa}}\times100\% = 3.4\% < 5\%$，故该梁可采用 25b 号工字钢。

三、提高弯曲强度的措施

1. 采用合理的截面形状

梁的设计既要保证其具有足够的强度，在荷载作用下能安全的工作，又要节约材料、减轻自重，使其经济合理。

一般情况下，梁的弯曲强度是由正应力控制的，弯曲正应力强度条件为

$$\sigma_{\max} = \frac{M_{\max}}{W_z} \leqslant [\sigma]$$

这是梁弯曲强度计算的主要依据。要提高梁的强度应从以下几个方面入手。

(1) 根据 W_z/A 的比值选择截面

梁能承受的弯矩与抗弯截面系数 W_z 成正比，而用料的多少又与截面面积 A 成正比，所以 W_z/A 的比值越大越合理。

对截面高度相同而形状不同的截面，可用 W_z/A 的比值来比较。

① 高为 h，宽为 b 的矩形截面

$$\frac{W}{A} = \frac{\frac{1}{6}bh^2}{bh} = \frac{h}{6} = 0.167h$$

② 直径为 h 的圆形截面

$$\frac{W}{A}=\frac{\frac{\pi}{32}h^3}{\frac{\pi}{4}h^2}=\frac{h}{8}=0.125h$$

③ 高为 h 的槽形及工字形截面

$$\frac{W}{A}=(0.27\sim0.31)h$$

可见,槽形及工字形截面最合理,矩形截面次之,圆形截面最差。

这一结论也可用正应力的分布规律得到解释:当距中性轴最远处应力达到相应许用应力时,中性轴上(或附近)的应力分别为零(或较小),这部分材料没有充分发挥作用。故应把这部分材料移至远离中性轴的位置。为了充分发挥材料的潜力应将截面面积布置得离中性轴远些为好。所以,工程上常常采用工字形、环形、箱形等截面形式。

(2) 根据材料的力学特性选择截面

对于用抗拉和抗压强度相同的塑性材料制成的梁,宜选用对称于中性轴的截面,如工字形、矩形和圆环形截面。

对于由脆性材料制成的梁,由于抗拉强度小于抗压强度,宜采用中性轴不是对称轴的截面,且应使中性轴靠近强度较低的一侧,如铸铁等脆性材料制成的梁常采用 T 形和箱形截面,如图 5.37所示,并使 y_1 和 y_2 之比满足

$$\frac{\sigma_{\max}^{+}}{\sigma_{\max}^{-}}=\frac{My_1/I_z}{My_2/I_z}=\frac{y_1}{y_2}=\frac{[\sigma^{+}]}{[\sigma^{-}]}$$

即截面到受拉、受压边缘的距离与材料的抗拉、抗压许用应力成正比,这样,截面上的最大拉应力和最大压应力同时达到许用应力。

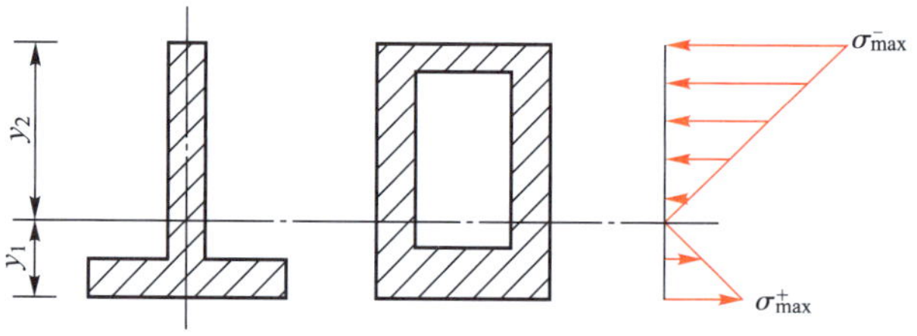

图 5.37

2. 合理调整梁的外力分布

合理调整梁的外力分布,在保证承载能力的前提下,降低最大弯矩值。

(1) 合理布置荷载作用位置及方式

在结构条件允许的情况下,适当把荷载安排得靠近支座,或把集中荷载分散成多个较小的荷载,均可达到减小截面上最大弯矩值的目的。如图 5.38a 所示简支梁的 $M_{中}=0.25Fl$,改成图 5.38 b、c、d 所示三种布置方式时,最大弯矩分别降低至 $0.109Fl$、$0.125Fl$、$0.125Fl$。

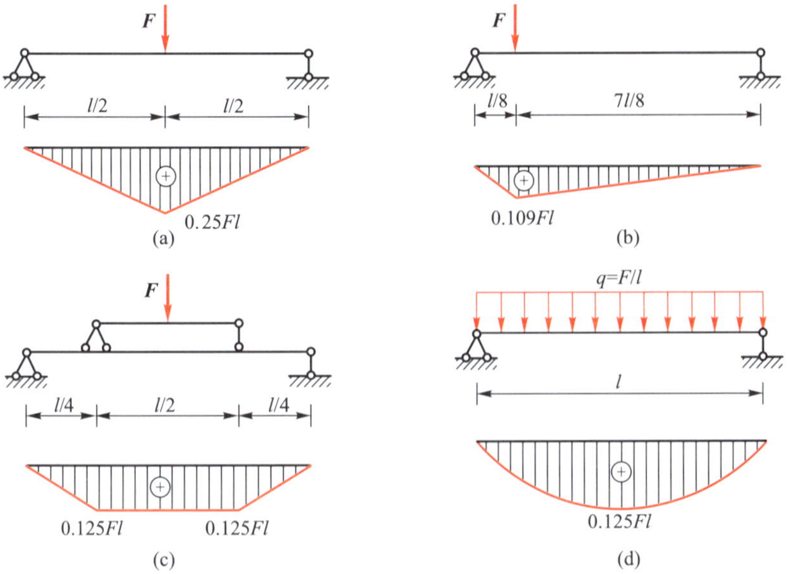

图 5.38

(2) 合理安排支座位置或增加支座数目

为了减小梁的弯矩,还可采用增加支座和减小跨度的办法。如图 5.39a 所示的简支梁,若把它变成图 5.39b、c 所示的形式,则最大弯矩分别比原来减小 80%、75%。

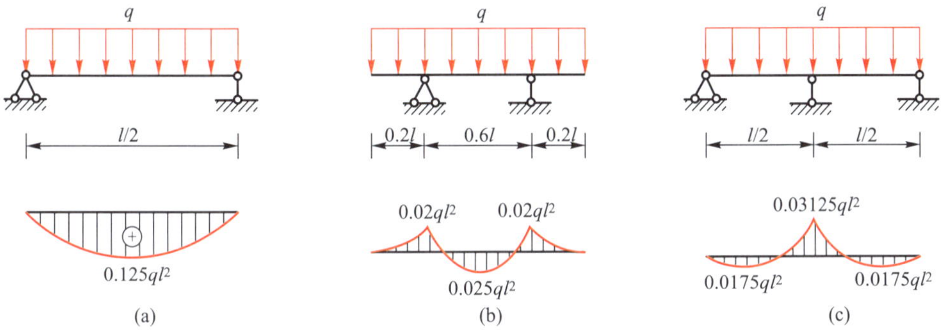

图 5.39

3. 采用等强度梁

一般情况下,梁的各截面上的弯矩随截面的位置不同而变化。按正应力强度设计梁的截面时,是以 M_{max} 为依据的,对等截面梁,除 M_{max} 所在截面处危险点的 σ_{max} 达到或接近 $[\sigma]$ 外,其余弯矩小的截面上的材料均未得到充分利用。

为了节约材料,减轻梁的自重,可采用弯矩大的截面用较大的截面尺寸,弯矩较小的截面用较小的截面尺寸,此梁称**变截面梁**。当梁的各截面上的最大应力 σ_{max} 都等于材料的许用应力时,称为**等强度梁**。此时

$$\sigma_{max}=\frac{M(x)}{W_z(x)}\leqslant[\sigma]$$

$$W_z(x)=\frac{M(x)}{[\sigma]}$$

由于工程中为了施工方便，常将梁作成接近等强度的变截面梁。如阳台或雨篷的悬臂梁（图 5.40a）、鱼腹式梁（图 5.40b）和盖板钢梁（图 5.40c）。

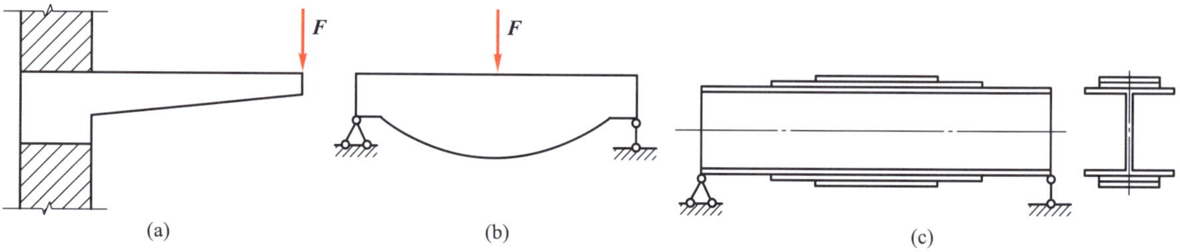

图 5.40

案例解析

某矩形截面梁计算简图如图 5.41 所示，材料$[\sigma]=10$ MPa，$[\tau]=2$ MPa。

① 校核该梁的强度；

② 利用有限元分析软件 MIDAS 建立该梁模型，并查看其应力图；

③ 查看应力图，分别对比其最大正应力和最大剪应力的理论值和软件计算结果，并进行分析。

微课 单跨静定梁的应力与强度计算

微课 软件操作－单跨静定梁的应力与强度计算

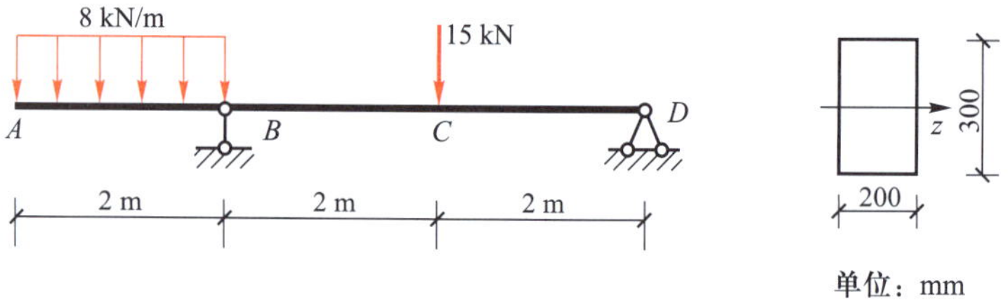

图 5.41

任务 5.3　弯曲变形构件刚度计算

任务导入

在任务 5.2 中主要研究了弯曲变形构件的强度问题，若要其正常使用，还必须满足刚度要求。本任务主要研究这类构件的刚度问题。

知识点 1　弯曲变形

一、挠曲线

梁在外力作用下，产生弯曲变形，如果变形过大，就会影响梁的正常工作。例如，桥梁的变形过大，在列车通过时会引起很大的振动等。因此，必须研究梁的变形，以便把梁的变形限制在规定的范围之内，保证梁的正常工作。

以图 5.42 所示的简支梁为例，说明平面弯曲时变形的一些概念。AB 线表示梁的轴线，设直角坐标系如图所示，x 轴向右为正，w 轴向下为正。该坐标平面就是梁的纵向对称平面，外力作用在这个平面上，梁轴线也在此平面内弯曲。

如图 5.42 所示，观察梁在平面弯曲时的变形，可以看出梁的横截面产生了挠度和转角两种位移。

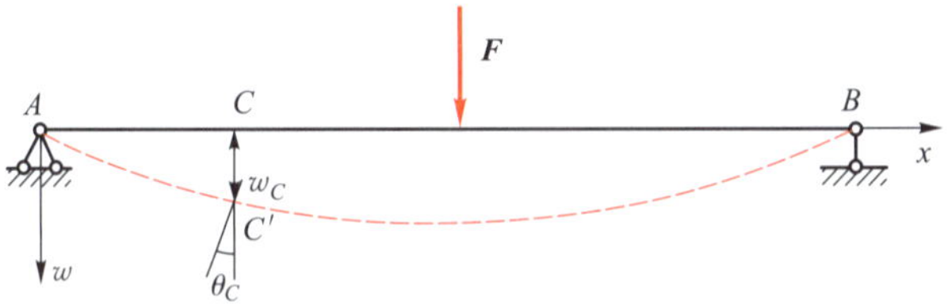

图 5.42

① 挠度。指梁任一横截面的形心沿 w 轴方向的线位移 CC'，通常用 w 表示，并以向下为正，单位为 m 或 mm。

横截面形心沿 x 轴方向的线位移很小，可忽略不计。

② 转角。指梁任一横截面相对于原来位置所转动的角度，即角位移，用 θ 表示，并以顺时针转动为正，单位为 rad。

梁发生弯曲变形后，梁轴线变成一条连续光滑的曲线，弯曲后的梁轴线称为梁的**挠曲线**或弹性曲线。

梁的挠曲线可用方程 $w=w(x)$ 来表示，称为梁的**挠曲线方程**。它表示梁的挠度沿梁长度的变化规律。

根据平面假设，梁的横截面在梁弯曲前垂直于轴线，弯曲后仍将垂直于挠曲线在该处的切线，因此，截面转角 θ 就等于挠曲线在该处的切线与 x 轴的夹角，挠曲线上任意一点处的斜率为 $\tan\theta=\frac{\mathrm{d}w}{\mathrm{d}x}$。

由于实际变形中 θ 很小，所以 $\tan\theta\approx\theta$，即 $\theta=\frac{\mathrm{d}w}{\mathrm{d}x}$。该式表明，挠曲线上任一点处切线的斜率表示该点处横截面的转角 θ，该式称为**转角方程**。

由上可知，计算梁的挠度和转角，关键在于确定挠曲线方程。

由前面的内容可知，梁在纯弯曲时的曲率公式为

$$\frac{1}{\rho}=\frac{M}{EI}$$

对于剪切弯曲的梁，由于梁的跨度通常较横截面高度大得多，剪力对梁的变形影响很小，可以忽略不计，所以上列关系仍可应用。但应注意，这时的 M 和 ρ 都不再是常量，它们随截面位置变化而不同，因此，上式应改写为

$$\frac{1}{\rho(x)}=\frac{M(x)}{EI} \tag{a}$$

另一方面,由高等数学中的知识可知,平面曲线的曲率与曲线方程之间存在下列关系

$$\frac{1}{\rho(x)}=\pm\frac{\frac{d^2w}{dx^2}}{\left[1+\left(\frac{dw}{dx}\right)^2\right]^{3/2}}$$

因为是小变形,$\frac{dw}{dx}$是一个很小的量,$\left(\frac{dw}{dx}\right)^2$ 与 1 相比十分微小,可忽略不计,所以上式可近似写成

$$\frac{1}{\rho(x)}=\pm\frac{d^2w}{dx^2} \tag{b}$$

由式(a)和(b)可得

$$\frac{d^2w}{dx^2}=\pm\frac{M(x)}{EI}$$

考虑土建工程中坐标系的选择和弯矩正、负的规定,式中的右边应取负号,故上式应该写成

$$\frac{d^2w}{dx^2}=-\frac{M(x)}{EI}$$

上式称为**梁的挠曲线近似微分方程**。它只适用于弹性范围内的小变形情况。求解这个微分方程,就可以得到梁的挠曲线方程,从而可计算出梁任一截面的挠度和转角。

二、位移计算

1. 积分法

建立了挠曲线的近似微分方程后,要求挠曲线方程 $w=f(x)$,只需将挠曲线近似微分方程积分。对于等截面梁,抗弯刚度 EI 为常量,$M(x)$是 x 的函数,对挠曲线近似微分方程积分一次便得到转角方程为

$$\theta=\frac{dw}{dx}=-\frac{1}{EI}\left[\int M(x)\,dx+C\right]$$

再积分一次就得到挠曲线方程为

$$w=-\frac{1}{EI}\left\{\int\left[\int M(x)\,dx\right]dx+Cx+D\right\}$$

以上两式中的 C、D 为积分常数,这两个值可以根据梁挠曲线上已知条件确定。这种已知的条件称为**边界条件和连续条件**,如图 5.43 所示。

计算出积分常数 C、D 后,得到梁的转角方程和挠曲线方程,进而可计算指定截面的挠度和转角。

例 5.17 计算图 5.44 所示悬臂梁的最大转角和最大挠度。EI 为常量。

解 ① 建立坐标系如图 5.44 所示。列弯矩方程

$$M(x)=-F(l-x)$$

② 列出挠曲线近似微分方程

$$\frac{d^2w}{dx^2}=-\frac{M(x)}{EI}=\frac{F}{EI}(l-x)$$

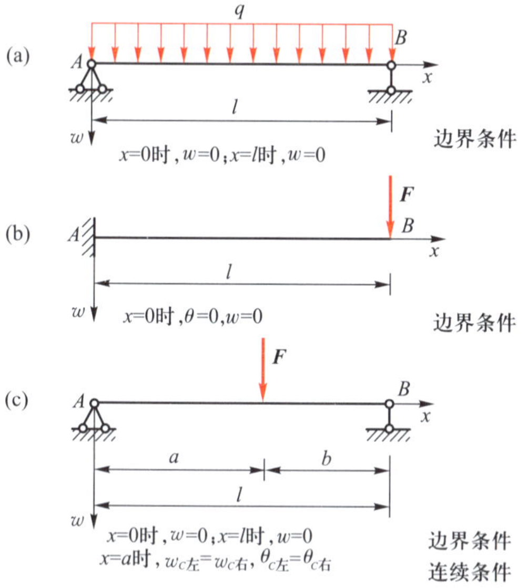

图 5.43

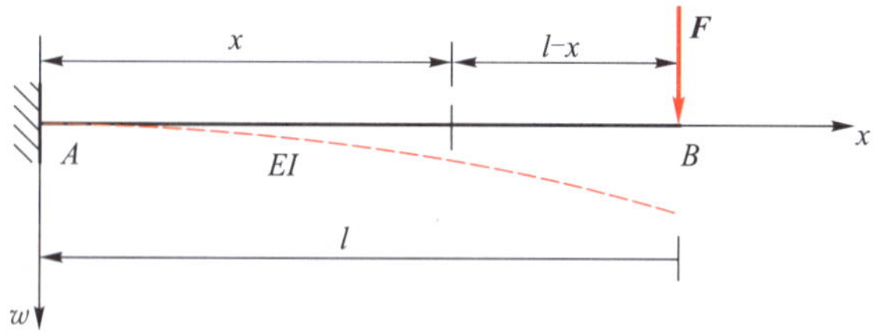

图 5.44

积分一次，得

$$\theta=\frac{\mathrm{d}w}{\mathrm{d}x}=\frac{1}{EI}\left[\int F(l-x)\mathrm{d}x+C\right]=\frac{1}{EI}\left[Flx-\frac{F}{2}x^2+C\right] \tag{a}$$

再积分一次，得

$$w=\frac{1}{EI}\left[\frac{Fl}{2}x^2-\frac{F}{6}x^3+Cx+D\right] \tag{b}$$

③ 确定积分常数。悬臂梁的边界条件是固定端处的挠度和转角都为零。即

$x=0$ 处，$\theta=0$，代入式(a)得 $C=0$；

$x=0$ 处，$w=0$，代入式(b)得 $D=0$。

④ 列出转角和挠曲线方程。将 C、D 值代入式(a)和(b)，得到梁的转角方程和挠曲线方程分别为

$$\theta=\frac{1}{EI}\left[Flx-\frac{F}{2}x^2\right] \tag{c}$$

$$w=\frac{1}{EI}\left[\frac{Fl}{2}x^2-\frac{F}{6}x^3\right] \tag{d}$$

⑤ 计算 $\theta_{\max}$ 和 $w_{\max}$。根据梁的受力情况，梁的挠曲线大致形状如图 5.44 所示。可见 $\theta_{\max}$ 和 $w_{\max}$ 都在自由端处。将 $x=l$ 代入式(c)和(d)，即得

$$\theta_{\max}=\theta_B=\frac{Fl^2}{2EI}(\text{顺时针}),\quad w_{\max}=w_B=\frac{Fl^3}{3EI}(\downarrow)$$

2. 叠加法

由积分法可知，梁的转角和挠度都与梁上的荷载呈线性关系。于是，可以用叠加法来计算梁的位移。即先分别计算每一种荷载单独作用时所引起的梁的挠度或转角，然后再把它们代数相加，就得到这些荷载共同作用下的挠度或转角。

梁在简单荷载作用下的挠度和转角可从表 5.9 中查得。

表 5.9　梁在简单荷载作用下的位移

序号	梁的计算简图及其挠曲线方程	梁端转角和最大挠度
1	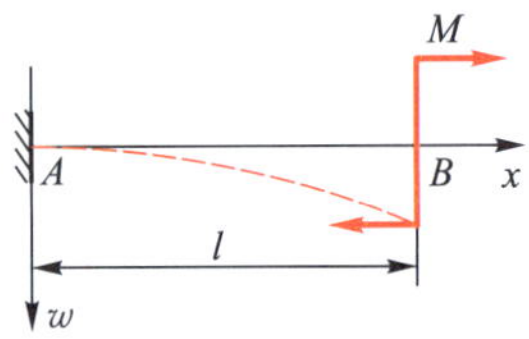 $w=\dfrac{Mx^2}{2EI}$	$\theta_B=\dfrac{Ml}{EI}$ $w_{\max}=w_B=\dfrac{Ml^2}{2EI}$
2	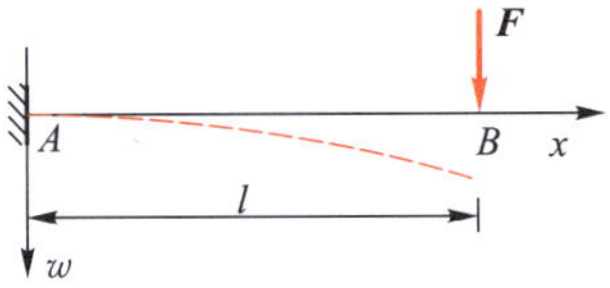 $w=\dfrac{Fx^2}{6EI}(3l-x)$	$\theta_B=\dfrac{Fl^2}{2EI}$ $w_{\max}=w_B=\dfrac{Fl^3}{3EI}$
3	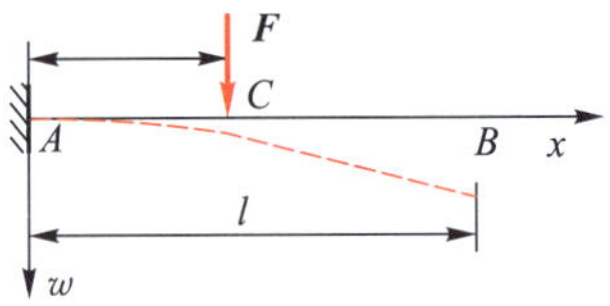 $w=\dfrac{Fx^2}{6EI}(3a-x)\quad(0\leqslant x\leqslant a)$ $w=\dfrac{Fa^2}{6EI}(3x-a)\quad(a\leqslant x\leqslant l)$	$\theta_B=\dfrac{Fa^2}{2EI}$ $w_{\max}=w_B=\dfrac{Fa^2}{6EI}(3l-a)$
4	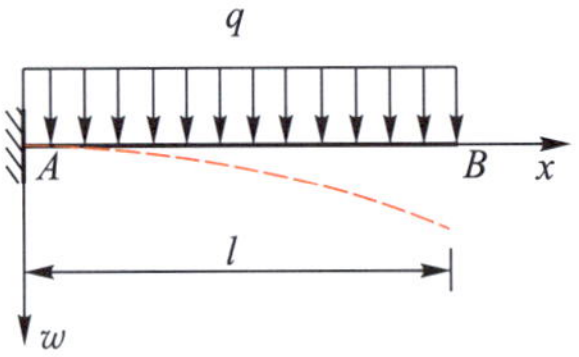 $w=\dfrac{qx^2}{24EI}(x^2-4xl+6l^2)$	$\theta_B=\dfrac{ql^3}{6EI}$ $w_{\max}=w_B=\dfrac{ql^4}{8EI}$
5	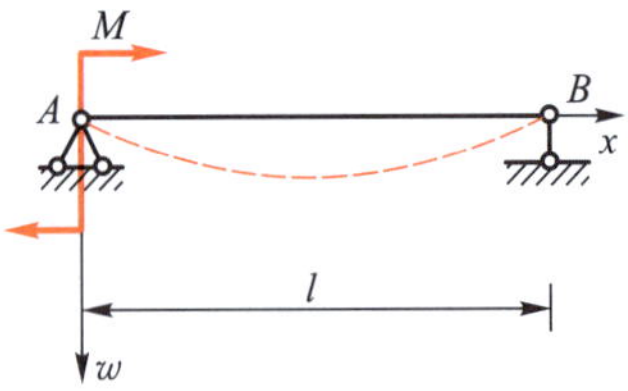 $w=\dfrac{Mx}{6lEI}(l-x)(2l-x)$	$\theta_A=\dfrac{Ml}{3EI},\theta_B=-\dfrac{Ml}{6EI}$ 在 $x=\left(1-\dfrac{1}{\sqrt{3}}\right)l$ 处，$w_{\max}=\dfrac{Ml^2}{9\sqrt{3}EI}$ 在 $x=\dfrac{l}{2}$ 处，$w_{l/2}=\dfrac{Ml^2}{16EI}$

续表

序号	梁的计算简图及其挠曲线方程	梁端转角和最大挠度
6	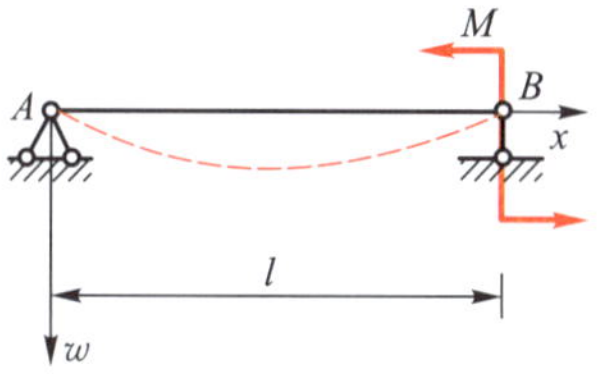 $w=\frac{Mx}{6lEI}(l^2-x^2)$	$\theta_A=\frac{Ml}{6EI},\theta_B=-\frac{Ml}{3EI}$ 在 $x=l/\sqrt{3}$ 处，$w_{\max}=\frac{Ml^2}{9\sqrt{3}EI}$ 在 $x=\frac{l}{2}$ 处，$w_{l/2}=\frac{Ml^2}{16EI}$
7	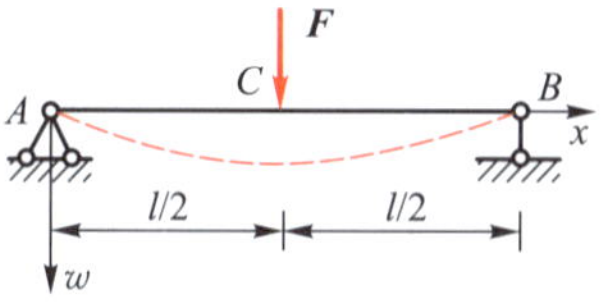 $w=\frac{Fx}{48EI}(3l^2-4x^2)\quad\left(0\leqslant x\leqslant\frac{l}{2}\right)$	$\theta_A=-\theta_B=\frac{Fl^2}{16EI}$ $w_{\max}=w_C=\frac{Fl^3}{48EI}$
8	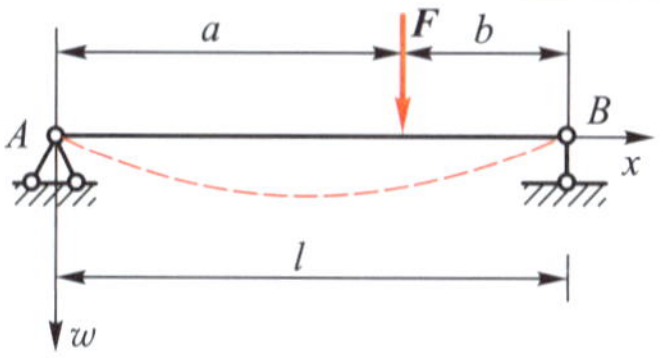 $w=\frac{Fbx}{6lEI}(l^2-x^2-b^2)$ $(0\leqslant x\leqslant a)$ $w=\frac{Fa(l-x)}{6lEI}(2lx-x^2-a^2)$ $(a\leqslant x\leqslant l)$	$\theta_A=\frac{Fab(l+b)}{6lEI},\theta_B=-\frac{Fab(l+a)}{6lEI}$ 设 $a>b$： 在 $x=\sqrt{\frac{l^2-b^2}{3}}$ 处，$w_{\max}=\frac{\sqrt{3}Fb}{27lEI}(l^2-b^2)^{3/2}$ 在 $x=\frac{l}{2}$ 处，$w_{l/2}=\frac{Fb}{48EI}(3l^2-4b^2)$
9	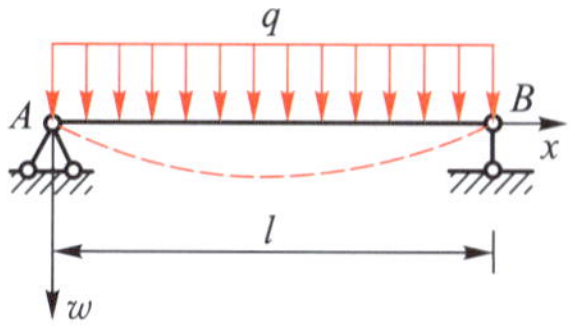 $w=\frac{qx}{24EI}(l^3-2lx^2+x^3)$	$\theta_A=-\theta_B=\frac{ql^3}{24EI}$ 在 $x=\frac{l}{2}$ 处，$w_{\max}=\frac{5ql^4}{384EI}$
10	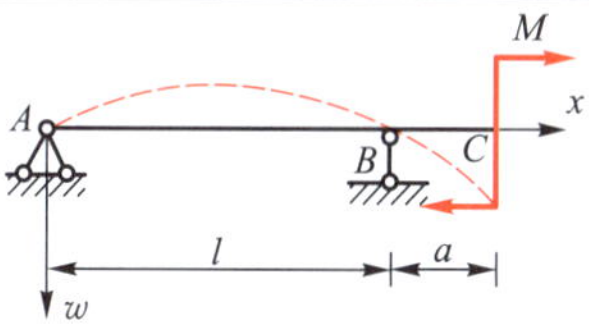 $w=-\frac{Mx}{6lEI}(l^2-x^2)$ $(0\leqslant x\leqslant l)$ $w=\frac{M}{6EI}(3x^2-4xl+l^2)$ $l\leqslant x\leqslant(l+a)$	$\theta_A=-\frac{Ml}{6EI},\theta_B=\frac{Ml}{3EI},\theta_C=\frac{M(l+3a)}{3EI}$ $w_C=\frac{Ma}{6EI}(2l+3a)$ $w_{l/2}=-\frac{Ml^2}{16EI}$

续表

序号	梁的计算简图及其挠曲线方程	梁端转角和最大挠度
11	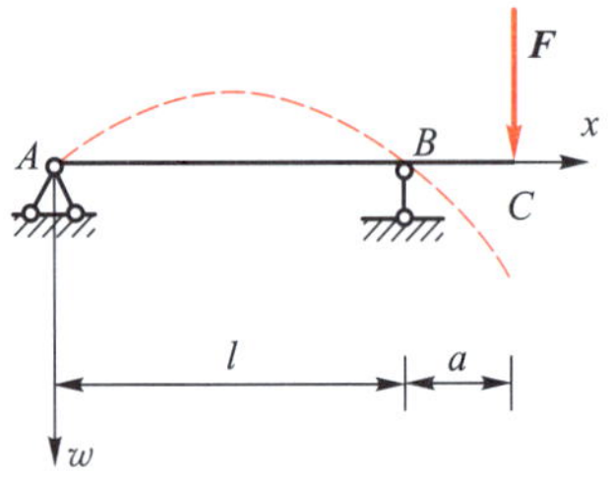 $w=-\frac{Fax}{6lEI}(l^2-x^2)$ $(0\leqslant x\leqslant l)$ $w=\frac{F(l-x)}{6EI}[(x-l)^2-3ax+al]$ $l\leqslant x\leqslant(l+a)$	$\theta_A=-\frac{Fal}{6EI},\theta_B=\frac{Fal}{3EI},\theta_C=\frac{Fa(2l+3a)}{6EI}$ $w_C=\frac{Fa^2}{3EI}(l+a)$ $w_{l/2}=-\frac{Fl^2a}{16EI}$
12	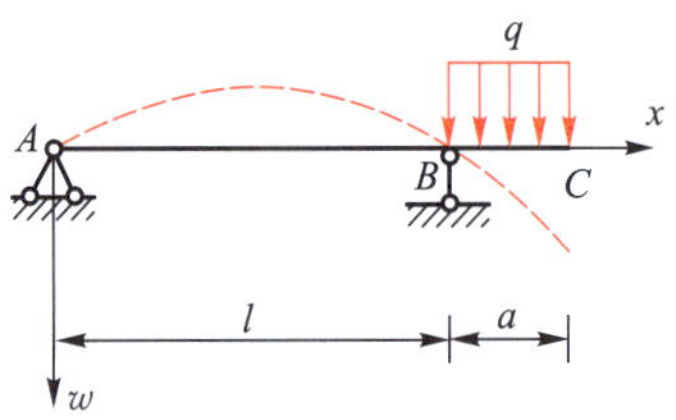 $w=-\frac{qa^2x}{12lEI}(l^2-x^2)$ $(0\leqslant x\leqslant l)$ $w=\frac{q(x-l)}{24EI}[2a^2(3x-l)+(x-l)^2(x-l-4a)]$ $l\leqslant x\leqslant(l+a)$	$\theta_A=-\frac{qa^2l}{12EI},\theta_B=\frac{qa^2l}{6EI},\theta_C=\frac{qa^2(l+a)}{6EI}$ $w_C=\frac{qa^3}{24EI}(4l+3a)$ $w_{l/2}=-\frac{ql^2a^2}{32EI}$

注：转角以顺时针转向(↻)为正，挠度以向下(↓)为正。

例 5.18 用叠加法计算图 5.45a 所示简支梁跨中截面的最大挠度 $w_{\max}$ 和支座处截面的转角 θ_A、θ_B。EI 为常量。

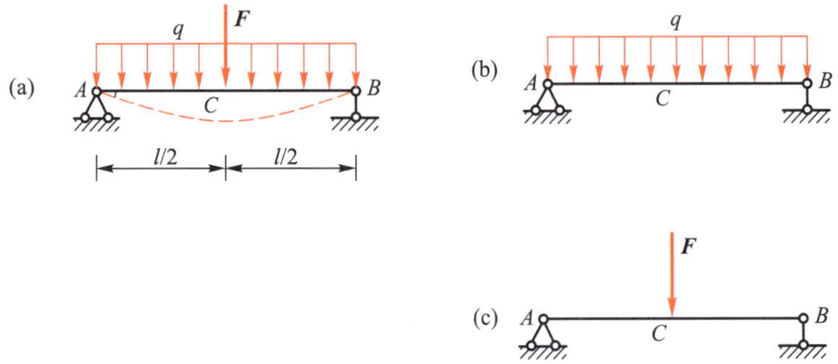

微课

单跨静定梁变形的计算方法——叠加法

图 5.45

解 将梁上的荷载分解成两种简单的荷载，如图 5.45b、c 所示。

$$w_{\max}=w_C=w_{Cq}+w_{CF}=\frac{5ql^4}{384EI}+\frac{Fl^3}{48EI}$$

$$\theta_A=\theta_{Aq}+\theta_{AF}=\frac{ql^3}{24EI}+\frac{Fl^2}{16EI}$$

$$\theta_B=\theta_{Bq}+\theta_{BF}=-\frac{ql^3}{24EI}-\frac{Fl^2}{16EI}$$

知识点 2　弯曲变形构件刚度计算

一、弯曲刚度条件

在土建工程中，对梁的刚度要求就是把梁的最大挠度与跨度的比值限制在许可的范围之内，即

微课
单跨静定梁的刚度检算

$$\frac{w_{\max}}{l}\leqslant\left[\frac{w}{l}\right]\tag{5.5}$$

$\left[\frac{w}{l}\right]$的值一般限制在$\frac{1}{1\ 000}$~$\frac{1}{200}$范围内，根据构件的不同用途在有关规范中有具体规定。

二、弯曲刚度计算

和强度条件的应用类似，利用刚度条件也可以解决以下三方面的问题：① 校核刚度；② 设计截面；③ 确定许用荷载。但是，对于一般土建工程中的梁，强度要求如能满足，刚度要求一般也能满足。也就是说，强度条件是起控制作用的。因此，在设计梁时，习惯上先以强度条件来设计截面，然后进行刚度校核。

例 5.19　如图 5.46 所示的简支梁，已知该梁由 18 号工字钢制成，材料的许用应力$[\sigma]=160$ MPa，$E=210$ GPa，$\left[\frac{w}{l}\right]=\frac{1}{250}$。校核该梁的强度和刚度。

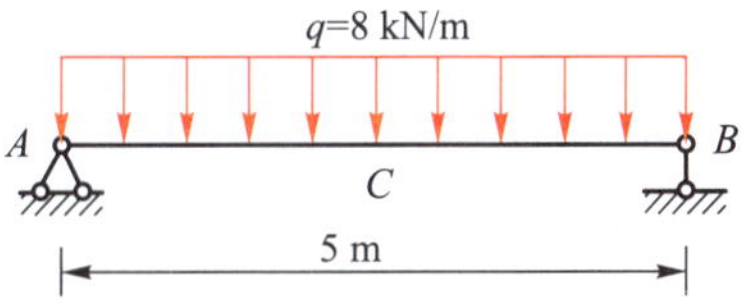

图 5.46

解　由型钢表查得 18 号工字钢的有关数据如下

$$W_z=185\ \text{cm}^3,\quad I_z=1\ 660\ \text{cm}^4$$

① 校核强度。

$$\sigma_{\max}=\frac{M_{\max}}{W_z}=\frac{\frac{1}{8}ql^2}{W_z}=\frac{\frac{1}{8}\times8\times5^2\times10^6\ \text{N}\cdot\text{mm}}{185\times10^3\ \text{mm}^3}=135\ \text{MPa}<[\sigma]=160\ \text{MPa}$$

此梁满足强度要求。

② 校核刚度。简支梁在均布荷载作用下的最大挠度在跨中截面，其值为

$$w_{\max}=w_C=\frac{5ql^4}{384EI}=\frac{5\times8\times5^4\times10^{12}\ \text{N}\cdot\text{mm}^3}{384\times2.1\times10^5\times1\ 660\times10^4\ \text{N}\cdot\text{mm}^2}=18.7\ \text{mm}$$

$$w_{\max}/l=\frac{18.7\ \text{mm}}{5\times10^3\ \text{mm}}=\frac{1}{268}<\left[\frac{w}{l}\right]=\frac{1}{250}$$

此梁也满足刚度要求。

三、梁的合理截面

在保持跨度及荷载不变的前提下，要提高梁的承载能力，就要选择合理的截面形状。梁的合理截面是指使用最少的材料以获得最大的 I_z 值或 W_z 值。综合考虑梁的强度条件和刚度条件，可以从以下几个方面入手。

1. 设计合理的截面形状

从强度方面考虑，圆形截面梁由于在正应力大的区域内材料布置相对较少，所以一般很少采用。对于矩形截面梁，在用料不变的前提下，增大截面高度，会使截面的 I 值迅速增大，从而提高了梁抵抗变形的能力。但在设计时，还必须同时考虑到梁在竖直方向的稳定性，以及梁高的增加会影响室内或桥下的使用空间，因此相关规范中对于矩形截面梁的高宽比有相应的规定，不能无限度地减小截面宽度。

2. 改变梁的放置方式

梁的截面形状和面积不变时，采用合理的放置方式，可以在很大程度上提高 I 值。例如图 5.47a、b 所示的矩形截面梁，两种放置方式的 I 值之比为

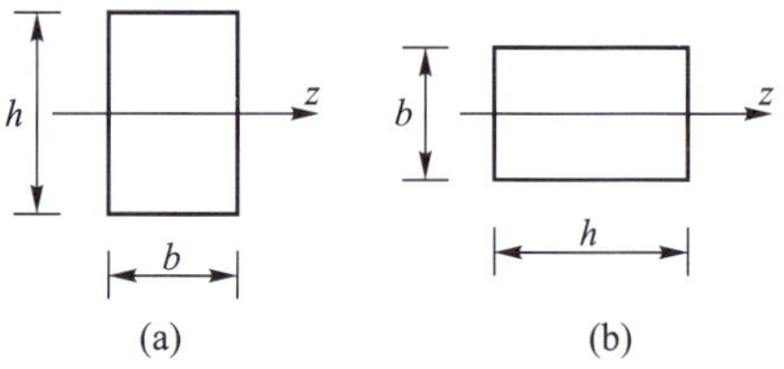

图 5.47

$$\frac{I_{za}}{I_{zb}}=\frac{\dfrac{bh^3}{12}}{\dfrac{b^3h}{12}}=\frac{h^2}{b^2}>1$$

则有 $I_{za}>I_{zb}$。该结果表明，对于矩形截面梁，竖放比横放更合理。

3. 采用空心截面

从正应力分布来说，如果把中性轴附近的材料尽量减少，而把大部分材料布置在距中性轴较远处，则截面形状就显得合理。所以工程中常常采用空心截面来提高梁的抗弯能力。常用的有 T 形、工字形、圆环形、箱形等截面形式，如图 5.48 所示。建筑中常用的空心板也是根据这个道理制作的。

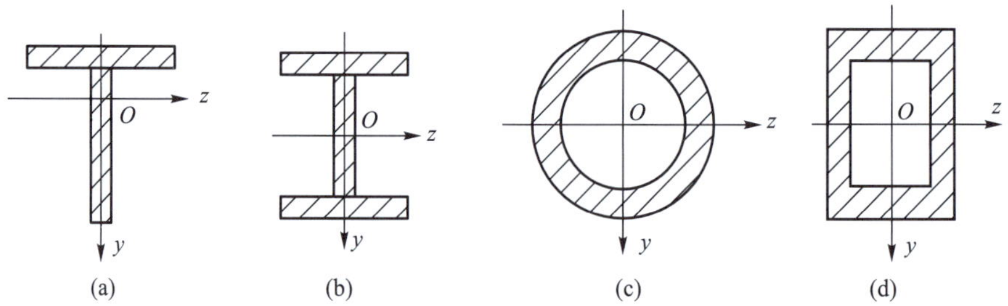

图 5.48

案例解析

图 5.49 所示简支梁由 25a 工字钢制成，$F=10\ \text{kN}$，$q=4\ \text{kN/m}$，$l=6\ \text{m}$，$E=200\ \text{GPa}$，$\left[\dfrac{w}{l}\right]=\dfrac{1}{400}$。

① 校核该梁的刚度；

② 利用有限元分析软件 MIDAS 建立该梁模型，并查看其位移图；

③ 查看位移图，对比其跨中最大挠度的理论值和软件计算结果，并进行分析。

微课
单跨静定梁的变形与刚度计算

微课
软件操作－单跨静定梁的变形与刚度计算

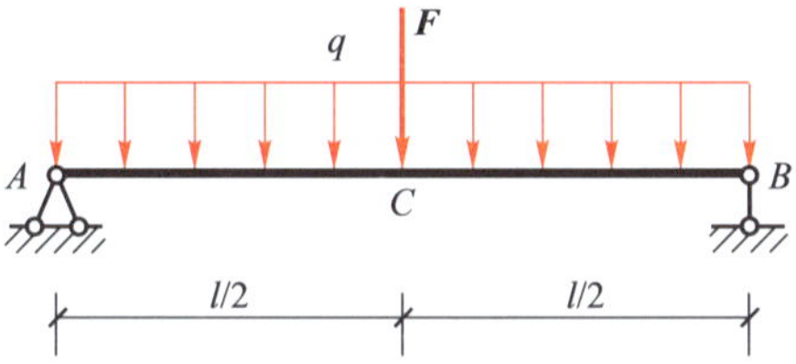

图 5.49

任务 5.4　移动荷载作用下平面弯曲梁内力计算

任务导入

一般的工程结构除了承受恒载外，还可能受到大小、方向不变，但作用位置移动的荷载作用，这类荷载称为移动荷载，如桥梁上的火车、汽车等荷载，厂房中吊车梁上的吊车荷载等。本任务主要研究移动荷载对结构的影响。

知识点 1　影响线

一、影响线的概念

在移动荷载作用下，结构的反力、内力和挠度（统称量值，以字母 S 表示），都将随荷载位置的移动而变化，对结构进行强度计算时，必须计算出移动荷载作用下量值的最大值，为此，应该研究当荷载移动时，结构量值的变化范围和变化规律。

微课
移动荷载作用下的简支梁

实际工程中，遇到的移动荷载类型较多，规格不一，通常无法对每种具体的移动荷载逐个加以研究。为此，先只研究一个较为简单的移动荷载，即竖向单位移动荷载 $F=1$。研究当它沿结构移动时，对结构某量值的影响，然后依叠加原理，即可解决实际移动荷载对该量值的影响。

竖向单位集中荷载 $F=1$ 沿结构移动时，表示某量值变化规律的图形，称为该量值的影响线。

影响线是研究移动荷载作用下结构计算的基本工具，利用影响线可确定实际移动荷载作用下结构某量值的最不利荷载位置，从而计算出该量值的最大值。

绘制影响线的基本方法有静力法和机动法两种。这里只介绍静力法。

二、简支梁的影响线

1. 反力影响线

图 5.50a 所示的简支梁，当单位移动荷载 $F=1$ 移动到梁上的任意位置时，由 $\sum M_B=0$ 得

$$F_A=\frac{l-x}{l}=1-\frac{x}{l}(0\leqslant x\leqslant l) \tag{a}$$

由 $\sum M_A=0$ 得

$$F_B=\frac{x}{l}(0\leqslant x\leqslant l) \tag{b}$$

由式(a)、(b)分别绘制反力 F_A、F_B 的影响线，如图 5.50d、e 所示。可见，单位移动荷载作用点由 A 移动到 B 时，F_A 的值逐渐减小，而 F_B 的值逐渐增大。当单位移动荷载 $F=1$ 作用在 A 点时，F_A 有最大值；当单位移动荷载 $F=1$ 作用在 B 点时，F_B 有最大值。绘制影响线时，正值画在 x 轴的上方，负值画在 x 轴的下方，并注明正、负号。某反力影响线上某一点竖标的物理意义是：当单位移动荷载 $F=1$ 作用于该处时，该反力的大小。

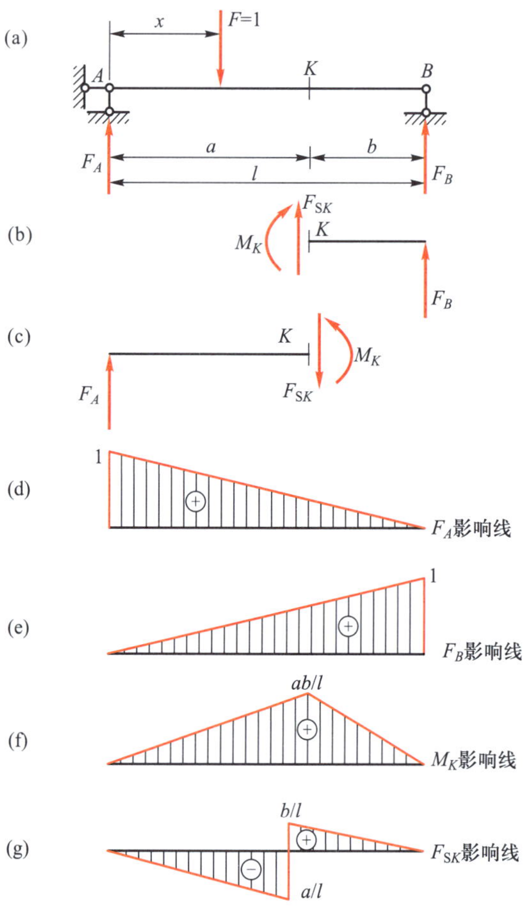

图 5.50

归纳总结

静力法绘制影响线的一般步骤如下：

① 选择坐标系，定坐标原点，并以单位移动荷载 $F=1$ 的作用点与坐标原点的距离 x 为变量。

② 用静力平衡条件推出所计算量值的影响线方程；并注明其适用范围。

③ 根据影响线方程式绘制影响线。

2. 弯矩影响线

绘制图 5.50a 所示简支梁任意 K 截面上弯矩 M_K 的影响线。

当单位移动荷载 $F=1$ 在 AK 段上移动时，取 KB 段为分离体，如图 5.50b 所示。

微课 影响线的画法

由 $\sum M_K=0$ 得

$$M_K=F_B\cdot b=\frac{b}{l}x\quad(0\leqslant x\leqslant a) \tag{c}$$

当单位移动荷载 $F=1$ 在 KB 段上移动时，取 AK 段为分离体如图 5.50c 所示。

由 $\sum M_K=0$ 得

$$M_K=F_A\cdot a=\frac{(l-x)\cdot a}{l}\quad(a\leqslant x\leqslant l) \tag{d}$$

由式(c)、(d)绘制 M_K 的影响线，如图 5.50f 所示。可见，M_K 的影响线是左、右两段斜线，左、

右斜线在 K 截面处相交成一个三角形，三角形顶点处的竖标为 ab/l。

3. 剪力影响线

绘制图 5.50a 所示简支梁任意 K 截面上剪力 F_{SK} 的影响线。

当单位移动荷载 $F=1$ 在 AK 段上移动时，取 KB 段为分离体，如图 5.50b 所示。由 $\sum F_y=0$ 得

$$F_{SK}=-F_B=-\frac{x}{l}\quad(0\leqslant x<a) \tag{e}$$

当单位移动荷载 $F=1$ 在 KB 段上移动时，取 AK 段为分离体，如图 5.50c 所示。

由 $\sum F_y=0$ 得

$$F_{SK}=F_A=\frac{l-x}{l}\quad(a<x\leqslant l) \tag{f}$$

由式(e)、(f)绘制 F_{SK} 的影响线，如图 5.50g 所示。

F_{SK} 影响线由两段相互平行的斜线组成。竖标在 K 点处有一突变，表明单位移动荷载由 K 截面的左侧移动到右侧时，K 截面上的剪力影响线将发生突变，其突变值等于 1。而当单位移动荷载恰好作用在 K 截面时，剪力 F_{SK} 影响线的值是不确定的。按比例可计算出正的最大竖标为 b/l，负的最大竖标为 a/l。

小疑问

受一个集中荷载作用的简支梁如图 5.51 所示，其弯矩图（图 a）与弯矩影响线（图 b）有何区别？

微课
单跨简支梁内力影响线

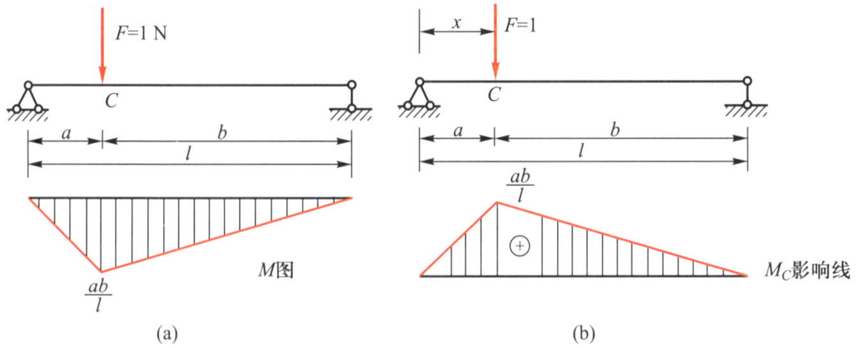

图 5.51

三、外伸梁的影响线

1. 反力影响线

如图 5.52a 所示的外伸梁，当单位移动荷载 $F=1$ 移动到梁上的任意位置时，有

$$F_A=1-\frac{x}{l}$$

$$F_B=\frac{x}{l}$$

由此可见，外伸梁反力影响线方程的形式与相应简支梁反力影响线的方程完全相同，因此，只需将简支梁的反力影响线向两个外伸部分延长，即得到外伸梁的反力影响线，如图 5.52b、c 所示。

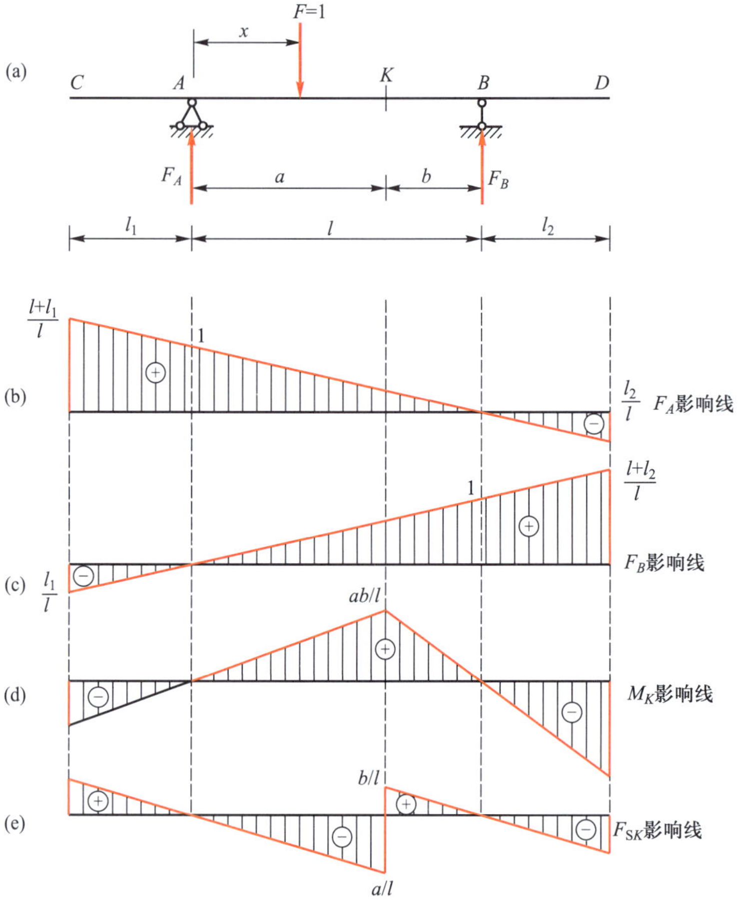

图 5.52

2. 跨内部分截面内力影响线

绘制图 5.52a 所示外伸梁 AB 段内任意截面 K 上弯矩 M_K 和剪力 F_{SK}的影响线。

当单位移动荷载 $F=1$ 在 CK 段上移动时，取 KD 段为分离体，由平衡条件得

$$M_K=\frac{b}{l}x$$

$$F_{SK}=-\frac{x}{l}$$

当单位移动荷载 $F=1$ 在 KD 段上移动时，取 CK 段为分离体，由平衡条件得

$$M_K=\left(1-\frac{x}{l}\right)a$$

$$F_{SK}=1-\frac{x}{l}$$

上述弯矩 M_K 和剪力 F_{SK} 的影响线方程也与简支梁相应的影响线方程形式完全相同，只需将相应简支梁 K 截面的弯矩 M_K 和剪力 F_{SK} 的影响线分别向外伸部分延长，就可得到外伸梁弯矩 M_K 和剪力 F_{SK} 的影响线，如图 5.52d、e 所示。

3. 外伸部分截面内力影响线

绘制图 5.53a 所示外伸梁外伸部分任一截面 J 内力的影响线。

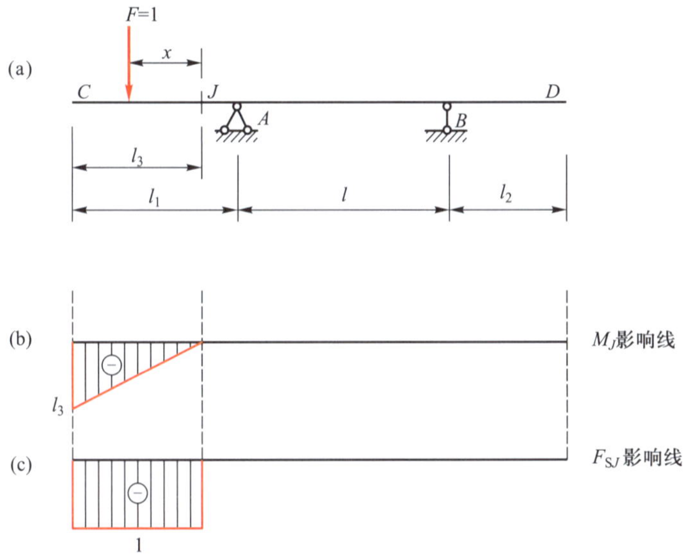

图 5.53

当单位移动荷载 $F=1$ 在 CJ 段上移动时，取 CJ 段为分离体，由平衡条件得

$$F_{SJ}=-1$$

$$M_J=-x$$

当单位移动荷载 $F=1$ 在 JD 段上移动时，还取 CJ 段为分离体，由平衡条件得

$$F_{SJ}=0$$

$$M_J=0$$

由上面的方程式分别绘制出弯矩 M_J 和剪力 F_{SJ} 的影响线如图 5.53b、c 所示。

自己动手做

试绘制图 5.54 所示悬臂梁支座 A 处的反力 F_A、M_A 和截面 C 的弯矩 M_C、剪力 F_{SC} 影响线。

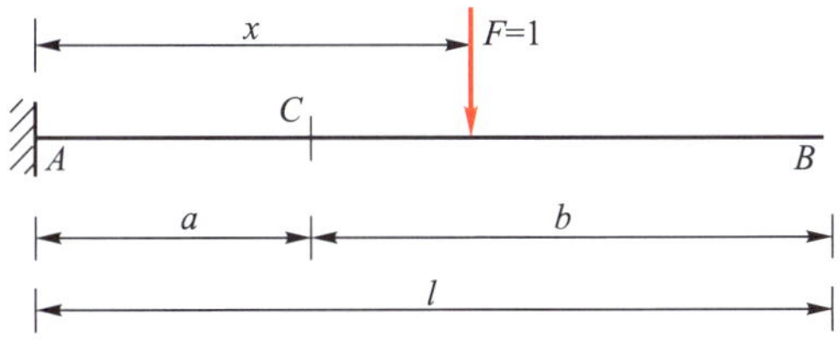

图 5.54

知识点 2　影响线的应用

一、利用影响线计算量值

若结构中某指定量值 S 的影响线已绘制出，则根据叠加原理，利用影响线便可计算出实际荷载在某已知位置作用时的 S 值。

1. 集中荷载作用时

如图 5.55 所示，已绘制出某量值 S 的影响线，现有一组平行的竖向集中荷载 $F_1,F_2,\cdots,F_n$ 作用于某已知位置，影响线上与各荷载作用点相应位置处的竖标分别为 $y_1,y_2,\cdots,y_n$。根据叠加原理，在这组集中合荷载作用下所产生的 S 值为

$$S=F_1y_1+F_2y_2+\cdots+F_ny_n=\sum F_iy_i$$

注： 式中 y_i 是带正负号的。

微课

利用影响线计算梁的内力

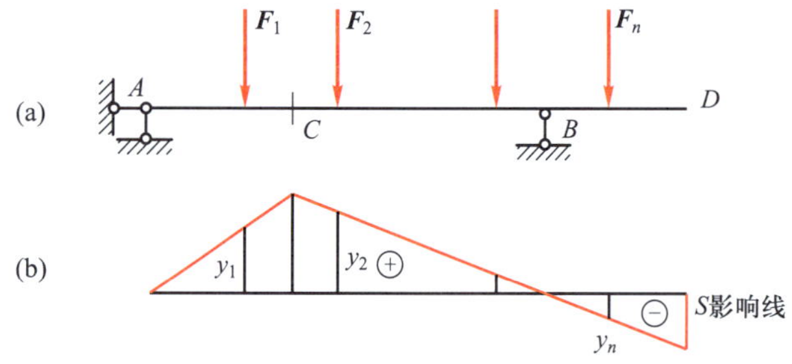

图 5.55

例 5.20　利用影响线计算图 5.56a 所示吊车梁在指定荷载作用下 C 截面的弯矩 M_C 和剪力 F_{SC}。

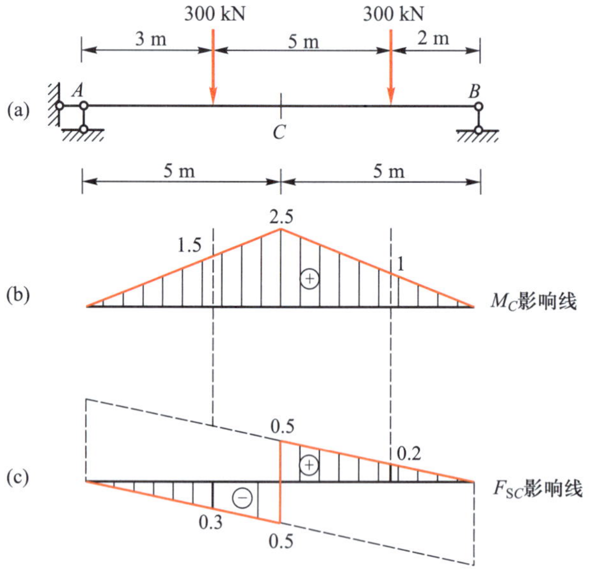

图 5.56

解　① 绘制弯矩 M_C 和剪力 F_{SC} 的影响线，如图 5.56b、c 所示。

② 计算 F_1、F_2 作用点处影响线上的竖标值。

③ 计算 M_C 和 F_{SC}。

根据叠加原理得

$$M_C = F_1 y_1 + F_2 y_2 = 300\ \text{kN} \times 1.5\ \text{m} + 300\ \text{kN} \times 1\ \text{m} = 750\ \text{kN} \cdot \text{m}$$

$$F_{SC} = F_1 y_1' + F_2 y_2' = 300\ \text{kN} \times (-0.3)\ \text{m} + 300\ \text{kN} \times 0.2\ \text{m} = -30\ \text{kN}$$

2. 均布荷载作用时

图 5.57a 所示的结构上作用有均布荷载 q，图 5.57b 所示为某量值 S 的影响线，则在 CD 区段内的均布荷载所产生的量值为

$$S = qA$$

式中　A——影响线中与均布荷载作用范围 CD 相对应部分的面积。影响线有正、负，面积 A 则是正、负面积的代数和。

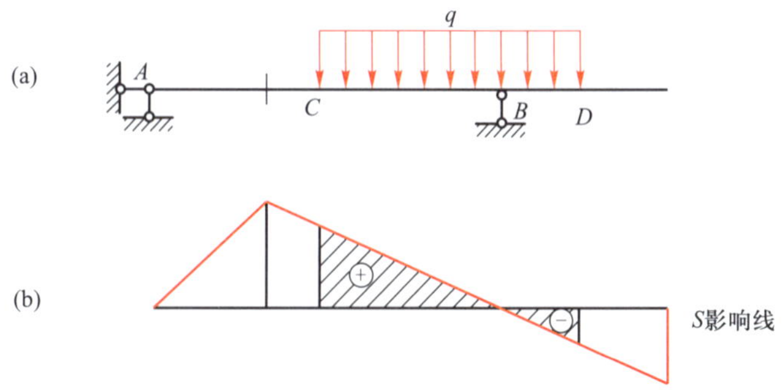

图 5.57

例 5.21　利用影响线计算图 5.58a 所示简支梁在指定荷载作用下 C 截面的剪力 F_{SC} 值。

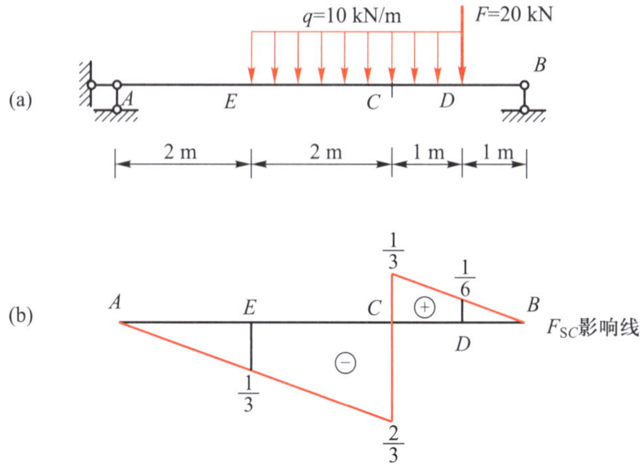

图 5.58

解　① 绘制 F_{SC} 影响线，如图 5.58b 所示。

② 计算 F 作用点处及 q 作用范围边缘所对应的影响线图上的竖标值，如图 5.58b 所示。

③ 计算 F_{SC}

$$
\begin{aligned}
F_{SC} &= Fy_D+q(A_2-A_1) \\
&= 20\ \text{kN}\times\frac{1}{6}+10\ \text{kN/m}\times\left[\frac{1}{2}\left(\frac{1}{3}+\frac{1}{6}\right)\times 1\ \text{m}-\frac{1}{2}\left(\frac{1}{3}+\frac{2}{3}\right)\times 2\ \text{m}\right] \\
&= -4.17\ \text{kN}
\end{aligned}
$$

二、利用影响线确定最不利荷载位置

在移动荷载作用下，结构的反力、内力和挠度（统称量值，以字母 S 表示），都将随荷载位置的移动而变化，总有一个荷载位置使某量值达到最大值，此位置称为该量值的**最不利荷载位置**。

1. 移动的集中荷载作用时

当荷载比较简单时，最不利荷载位置凭观察判断即可确定。如图 5.59 所示，当只有一个移动集中荷载 $\boldsymbol{F}$ 时，则只要将 $\boldsymbol{F}$ 置于影响线的竖标最大处即为最不利荷载位置。

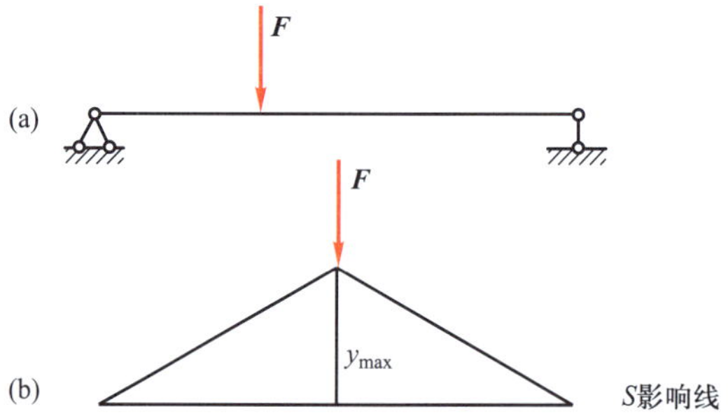

图 5.59

特别注意

影响线是研究移动荷载最不利位置和计算梁内力最大值的基本工具。

当移动集中荷载的个数比较多时，最不利荷载位置就难以凭直观确定。当荷载在最不利位置时，必有一个集中荷载 F_K 作用在某量值影响线的顶点处。根据最不利荷载位置的定义，当荷载 F_K 移动到该位置时，量值达到最大值，荷载 F_K 由该位置向右或向左稍作移动，量值均将减少，如图 5.60 所示。经推证，得到三角形影响线临界荷载 F_K 的判别式为

$$
\left.\begin{aligned}
\frac{F_{左}}{a} &< \frac{F_K+F_{右}}{b} \\
\frac{F_K+F_{左}}{a} &> \frac{F_{右}}{b}
\end{aligned}\right\}
$$

式中 $F_{左}$——F_K 以左所有力的合力；

$F_{右}$——F_K 以右所有力的合力。

此式说明，如果把不等式的左边和右边分别视为 a 段和 b 段的平均荷载，则 F_K 计入影响线顶点的哪一边，这一边的平均荷载就比另一边的平均荷载大。当临界荷载 F_K 位于影响线顶点时，S 将有极大值。

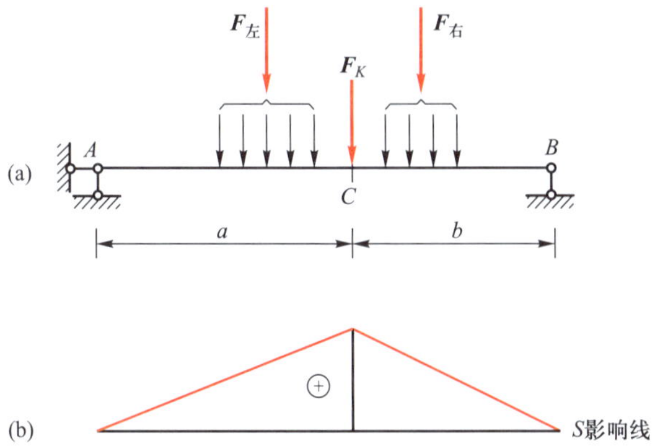

图 5.60

特别注意

随着移动集中荷载数目的增多，试算的工作量也会明显增大。由于临界荷载 F_K 总是发生在排列密集、数值较大的荷载中，这样就可以通过观察进行预判断，从而减少试算的次数。

应用临界荷载 F_K 的判别式时必须注意：

① 影响线图形必须是三角形。对于竖标有突变的直角三角形影响线，最不利荷载位置可布置几种荷载位置直接算出相应的 S 值，从中选出其中最大者即可确定。

② 有时在一组荷载中有不止一个 F_K 能满足该判别式，应分别计算出各 F_K 对应的 S 的极值，从中选出最大者，其对应的荷载位置就是最不利荷载位置。

例 5.22　计算图 5.61a 所示简支梁在所给移动荷载作用下截面 C 处的最大弯矩。

解　① 绘制 M_C 影响线如图 5.61b 所示。

② 判别临界荷载 F_K。先假设 F_K = 40 kN，得

荷载左移　$\dfrac{40}{3} > \dfrac{60+20+30}{9}$

荷载右移　$\dfrac{0}{3} < \dfrac{40+60+20+30}{9}$

判别式条件满足。

再分别假设 F_K 为 60 kN，20 kN，30 kN，都不满足判别式条件，所以临界荷载为 40 kN。

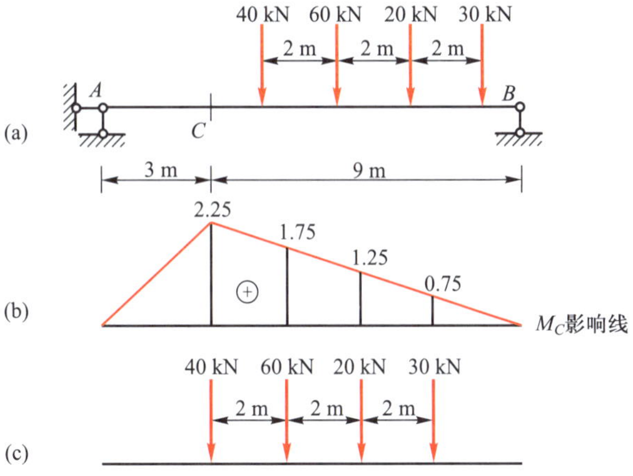

图 5.61

③ 计算 M_{Cmax}。如图 5.61b、c 所示，40 kN 荷载置于 C 点，其他荷载按序排列，则

$$M_{Cmax} = 40\ \text{kN} \times 2.25\ \text{m} + 60\ \text{kN} \times 1.75\ \text{m} + 20\ \text{kN} \times 1.25\ \text{m} + 30\ \text{kN} \times 0.75\ \text{m} = 242.5\ \text{kN} \cdot \text{m}$$

④ 荷载调头研究不会出现最不利位置，故 $M_{Cmax} = 242.5\ \text{kN} \cdot \text{m}$。

特别注意

移动荷载作用下梁的弯矩计算问题主要有两个：

① 求荷载移动时梁上某截面弯矩的变化规律。

② 移动荷载作用于梁的什么位置时会使梁的某截面 C 产生最大弯矩？这个会产生 $M_{C\max}$ 所对应的移动荷载的作用位置，称为弯矩 M_C 的最不利荷载位置。

自己动手做

试判断图 5.62 所示简支梁在所给移动荷载作用下，截面 C 处弯矩的临界荷载，并计算该最大弯矩。

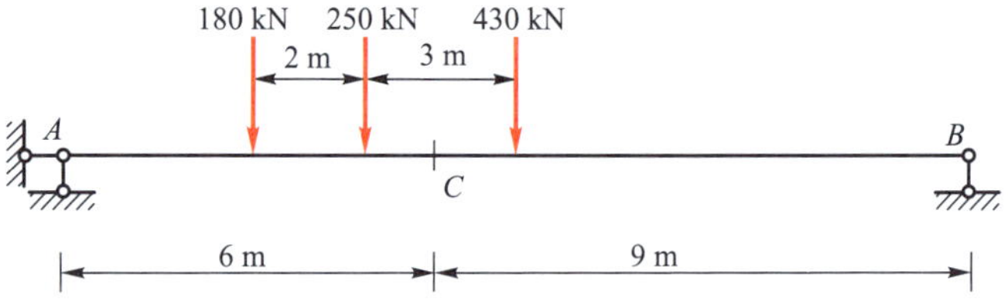

图 5.62

微课
简支梁绝对最大弯矩

2. 移动的均布荷载作用时

对于可以任意断续布置的可动均布荷载，将荷载布满对应于影响线所有正的面积部分，则产生的量值为最大值；反之，将荷载布满对应于影响线所有负面积部分，则产生量值的最小值，如图 5.63 所示。

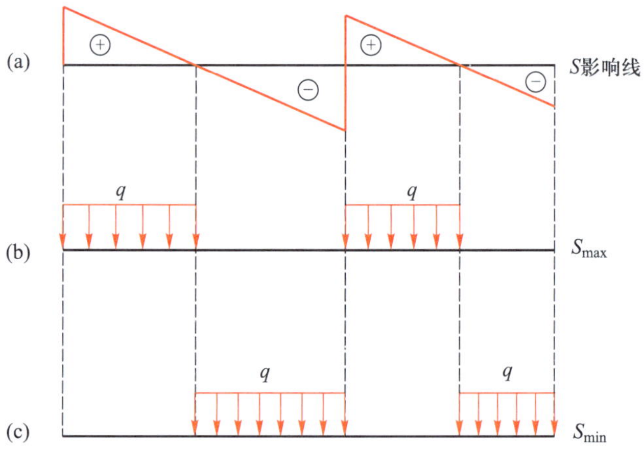

图 5.63

微课
梁内最不利荷载位置的确定方法

知识点 3　简支梁的绝对最大弯矩和内力包络图

一、绝对最大弯矩

计算出简支梁在已知移动荷载作用下各个截面弯矩 M 的最大值，这些最大值中的最大者，称为**绝对最大弯矩**。

要确定简支梁的绝对最大弯矩，不仅要知道绝对最大弯矩发生在哪个截面，同时还要知道发生绝对最大弯矩的最不利荷载位置。也就是说，截面位置与荷载位置都是未知的。当梁上作用的移动荷载都是集中荷载时，不论荷载在哪个位置，梁弯矩图的顶点总是在某集中荷载作用点处。因此可以判定，绝对最大弯矩必定发生在某一集中荷载作用的截面上。任选一个荷载，研究该荷载作用截面（截面随荷载移动而变化）的弯矩，当荷载移动到什么位置时达到最大，并计算出其数值。然后按同样方法对其他各个荷载作用处截面计算出最大弯矩，加以比较即可得出绝对最大弯矩。

如图 5.64 所示，一组移动集中荷载作用在简支梁上，假设其中一个荷载 $\boldsymbol{F}_K$ 作用截面上的弯矩为绝对最大弯矩。x 表示 $\boldsymbol{F}_K$ 到左边支座 A 的距离，$\boldsymbol{F}_R$ 为作用于梁上所有荷载的合力，a 为 $\boldsymbol{F}_R$ 与 $\boldsymbol{F}_K$ 之间的距离，$\boldsymbol{F}_R$ 在 $\boldsymbol{F}_K$ 右边时 a 为正；反之为负。通过计算 M_K 的极值，得

$$x=\frac{l}{2}-\frac{a}{2}$$

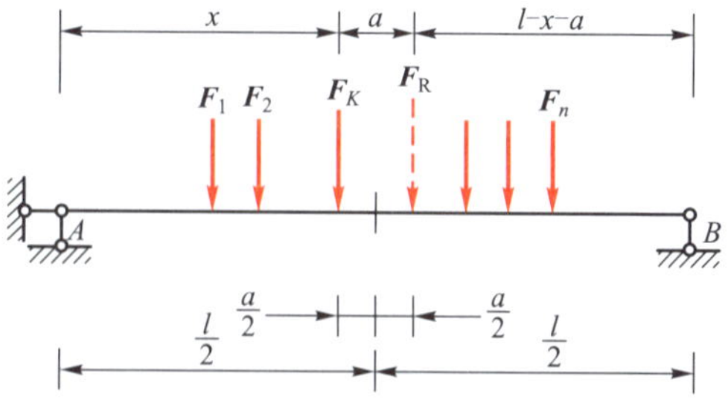

图 5.64

此式表明，当 $\boldsymbol{F}_K$ 与 $\boldsymbol{F}_R$ 位于梁中点两侧的对称位置时，$\boldsymbol{F}_K$ 作用截面的弯矩达到最大值，其值为

$$M_{\max}=\frac{F_R}{4l}(l-a)^2-M^L \tag{5.6}$$

式中　M^L——$\boldsymbol{F}_K$ 以左所有作用在梁上的荷载对 $\boldsymbol{F}_K$ 作用截面（点）的力矩之和，它是一个与 x 无关的常量。

依次将每个荷载作为临界荷载按公式计算最大弯矩值，再在这些值中选出最大的，它就是绝对最大弯矩。经验表明，绝对最大弯矩总是发生在跨中截面附近，至于究竟哪个荷载是临界荷载，需直观判断并结合计算进行比较而确定。

例 5.23　计算图 5.65 所示简支梁在所给移动荷载作用下的绝对最大弯矩和跨中截面 C 处的最大弯矩，并比较之。

解　① 计算绝对最大弯矩。选取 130 kN 为临界荷载，四个荷载全在梁上，计算合力得

$$F_R=70\ \text{kN}+130\ \text{kN}+50\ \text{kN}+100\ \text{kN}=350\ \text{kN}$$

设 $\boldsymbol{F}_R$ 到临界荷载 $\boldsymbol{F}_K$ 作用线的距离为 a，由合力矩定理可计算出

$$a=\frac{50\ \text{kN}\times5\ \text{m}+100\ \text{kN}\times9\ \text{m}-70\ \text{kN}\times4\ \text{m}}{350}=2.486\ \text{m}$$

特别注意

当荷载系列较长，安排 $\boldsymbol{F}_K$ 和 $\boldsymbol{F}_R$ 的位置时，有些荷载可能进入梁跨范围内，有些则可能离开。若某些荷载不再位于梁上，就需要重新计算 $\boldsymbol{F}_R$ 的数值和其作用位置。

临界荷载 $\boldsymbol{F}_K$ 与合力 $\boldsymbol{F}_R$ 对称分布于梁的中点 C，如图 5.65c 所示，四个荷载全在梁上，再计算绝对最大弯矩得

$$M_{max}=\frac{F_R}{4l}(l-a)^2-M^L$$

$$=\frac{350\ \text{kN}}{4\times20\ \text{m}}(20\ \text{m}-2.486\ \text{m})^2-70\ \text{kN}\times4\ \text{m}=1\ 062\ \text{kN}\cdot\text{m}$$

② 计算跨中截面 C 处的最大弯矩。绘制 M_C 的影响线如图 5.65b 所示。

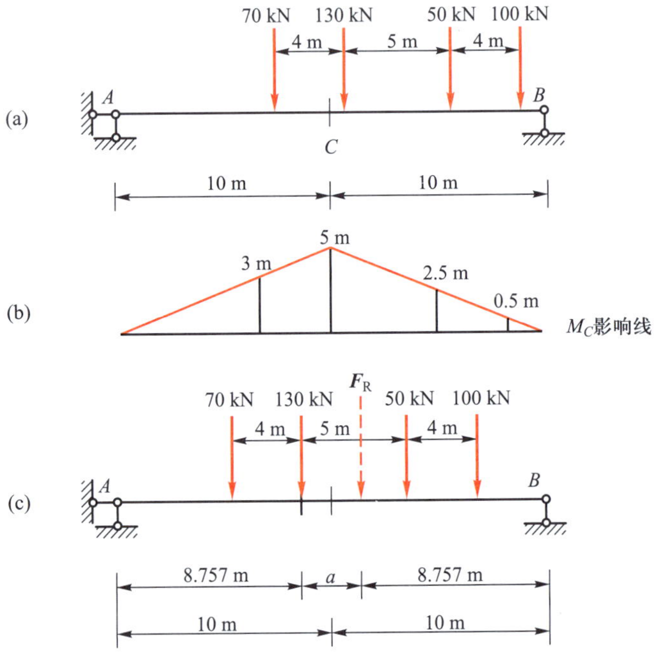

图 5.65

设 130 kN 为临界荷载，则 M_C 的最大值为

$$M_{C\max}=70\ \text{kN}\times3\ \text{m}+130\ \text{kN}\times5\ \text{m}+50\ \text{kN}\times2.5\ \text{m}+100\ \text{kN}\times0.5\ \text{m}=1\ 035\ \text{kN}\cdot\text{m}$$

由计算结果可见，绝对最大弯矩比跨中最大弯矩大 2.6%，因此，在初步设计时用跨中最大弯矩代替绝对最大弯矩，既能满足工程要求，还能使计算过程简化。

小疑问

为何在对梁板进行初步设计时用跨中最大弯矩代替绝对最大弯矩？

自己动手做

试计算图 5.66 所示简支梁在所给移动荷载作用下的绝对最大弯矩和跨中 C 截面的最大弯矩，并比较之。

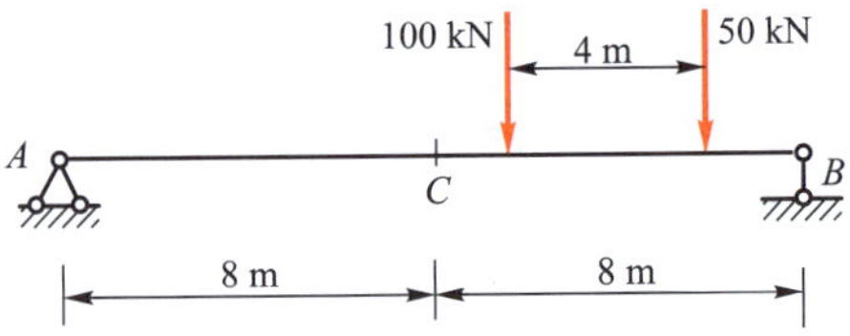

图 5.66

二、内力包络图

工程结构一般要承受恒载和活载共同作用。为进行结构设计和验算，必须计算出结构各截面内力的最大值和最小值。将结构各截面上同种内力的最大值和最小值求出，按照同一比例标在图上，分别将最大值、最小值连成两条曲线，所得图形称为**内力包络图**。

包络图在结构设计中经常用来选择合理的结构截面尺寸，并为钢筋混凝土梁布置钢筋提供依据。

例 5.24　图 5.67a 所示为一跨度 12 m 的吊车梁，承受两台桥式吊车荷载作用。绘制出其内力包络图。

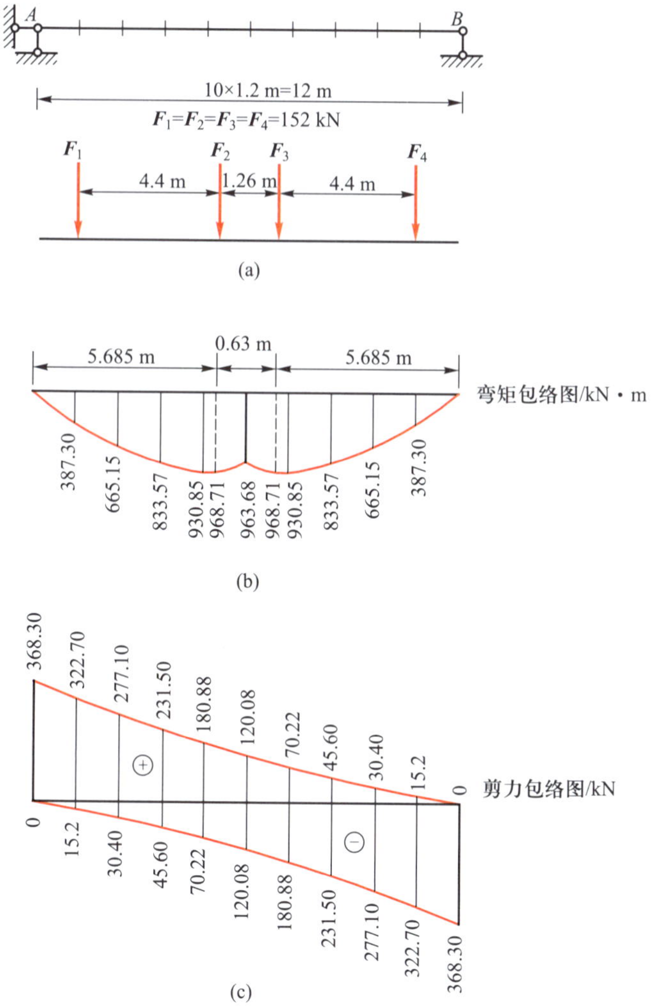

图 5.67

解　① 将梁分成 10 等份，计算出各等分点处截面的最大弯矩、最大剪力和最小剪力。由于对称，可只计算半跨截面。

② 以横截面的位置为横坐标，以移动荷载作用下各截面的最大弯矩为纵坐标。因最小弯矩均为零，可省去计算，将纵坐标连成一条曲线，就是弯矩包络图。如图 5.67b 所示。

特别注意

反映全梁各截面弯矩最大值的图形，称为该梁的弯矩包络图。

该图表示，无论荷载移动到什么位置，各截面的弯矩值都不会超出该包络图的范围。

弯矩包络图是移动荷载作用下设计梁的重要依据。

再以最大剪力、最小剪力为纵坐标描点，分别将两种点连成两条曲线就是剪力包络图，如图 5.67c 所示。

必须指出，上述的内力包络图仅考虑了移动荷载作用，设计时还应将恒载作用下相应的内力图叠加进去。

案例解析

微课 移动荷载作用下单跨静定梁的内力计算

图 5.68 所示简支梁受移动荷载作用。

① 计算跨中 C 截面的最大弯矩和梁内绝对最大弯矩；

② 利用有限元分析软件 MIDAS 建立该梁模型，并查看其弯矩包络图；

③ 查看弯矩包络图，分别对比其跨中最大弯矩和绝对最大弯矩的理论值和软件计算结果，并进行分析。

微课 软件操作－移动荷载作用下单跨静定梁的内力计算

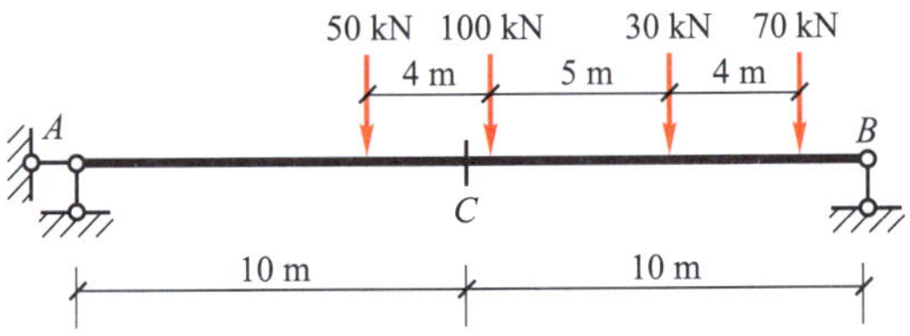

图 5.68

工学项目小结

一、本工学项目的任务 5.1 主要讨论了弯曲变形构件的内力问题

弯曲是杆件的基本变形之一，在土建工程中经常遇到。对弯曲变形构件进行内力分析及绘制剪力图、弯矩图是验算其强度和刚度的前提，故应熟练掌握。

(1) 弯曲内力

弯曲变形构件横截面上有两个内力分量，即剪力 $\boldsymbol{F}_{\mathrm{S}}$ 和弯矩 M，它们的正、负号规定如下：

剪力：当截面上的剪力使分离体有顺时针方向转动的趋势时为正；反之为负。

弯矩：当截面上的弯矩使分离体产生向下凸的变形（即上部受压、下部受拉）时为正；反之为负。

(2) 计算截面内力的方法

截面法（截—取—代—平）是计算内力的基本方法，必须足够重视。

(3) 剪力图和弯矩图的绘制方法

① 函数法。根据截面内力与截面位置间函数关系的内力方程绘制剪力图、弯矩图。

② 简捷法。根据荷载、剪力和弯矩之间的微分关系绘制剪力图、弯矩图。

③ 叠加法。根据叠加原理绘制梁的内力图

二、本工学项目的任务 5.2 主要讨论了弯曲变形构件的强度问题

本任务介绍了弯曲应力的计算方法，并在此基础上建立了强度条件，对弯曲变形构件进行强度计算。

(1) 应力计算公式

① 正应力计算公式为

$$\sigma=\frac{M}{I_z}y$$

弯曲正应力沿截面高度呈线性分布，并以中性轴为界，一侧为拉应力，另一侧为压应力。中性轴处正应力为零；在距中性轴等远的各点处（同一层）的正应力相等；在截面的上、下边缘将产生正应力的最大值或最小值。

② 剪应力计算公式为

$$\tau=\frac{F_S S_z^*}{I_z b}$$

矩形截面梁横截面上的剪应力沿横截面的高度按二次抛物线规律分布。在截面上、下边缘处（$y=\pm h/2$），剪应力为零；在中性轴处（$y=0$），剪应力最大。

(2) 强度条件

① 正应力强度条件为

$$\sigma_{\max}=\frac{M_{\max}}{W_z}\leqslant[\sigma]$$

② 剪应力强度条件为

$$\tau_{\max}=\frac{F_{S\max}S_{z\max}^*}{I_z b}\leqslant[\tau]$$

对于等截面梁，最大正应力的危险点在弯矩最大截面的上、下边缘处；最大剪应力的危险点在剪力最大截面的中性轴上。

使用正应力公式对弯曲变形构件进行强度计算时必须弄清所要计算的是哪个截面上、哪一点的正应力。在中性轴的两侧分别受拉或受压，弯曲正应力的正负号可根据梁的变形情况直接判断，即以中性轴为界，在受拉区的 σ 为正（拉应力），在受压区的 σ 为负（压应力）；在中性轴上正应力为零；在梁的上、下边缘处正应力最大。材料抗拉、抗压能力不同时，对最大正弯矩和最大负弯矩所在截面都要进行强度计算。

在进行强度计算时，必须同时满足正应力和剪应力两个强度条件。由于弯曲变形构件的强度多由正应力控制，所以通常是先按正应力强度条件设计截面或确定许用荷载，再用剪应力强度

条件进行校核。一般情况下,当正应力强度满足时,剪应力强度也同时满足,不必进行剪应力强度校核,只有在特殊情况下才需校核剪应力或主应力强度。

三、本工学项目的任务 5.3 主要讨论了弯曲变形构件的刚度问题

本任务介绍了有关弯曲变形的概念及变形计算的基本方法,从而建立了弯曲变形的刚度条件。

① 挠曲线近似微分方程为

$$\frac{d^2w}{dx^2}=-\frac{M(x)}{EI}$$

② 积分法是计算弯曲变形的一种基本方法。可计算出弯曲变形构件的挠曲线及转角方程从而求出各截面的挠度和转角。积分法计算变形时,若弯矩分段,挠曲线近似微分方程也要随之分段,积分常数由各段边界条件综合求出。

③ 叠加法可快捷、方便地求出指定截面的变形。计算时应注意:a. 将梁上复杂荷载分成几种简单荷载时,要能直接应用现成的变形计算图表;b. 宜画出每一种简单荷载单独作用下的挠曲线大致形状,从而直接判断挠度和转角的正负号,然后叠加。

④ 梁的刚度条件为

$$\frac{w_{max}}{l}\leqslant\left[\frac{w}{l}\right]$$

四、本工学项目的任务 5.4 主要讨论了平面弯曲梁在移动荷载作用下的相关内力

影响线是研究移动荷载作用下平面弯曲梁内力的基本工具,本任务介绍了静力法作单跨静定梁的影响线以及影响线的应用。

计算移动荷载作用下平面弯曲梁的绝对最大弯矩和画内力包络图是移动荷载作用下设计梁的重要依据,在后续的一些专业课中有具体的应用,在本任务中只作简单介绍。

思考题

5.1 简述平面弯曲梁的受力特点和变形特点。

5.2 什么是截面法?横截面上内力(轴力、剪力和弯矩)的正负是如何规定的?与静力平衡方程中关于力的投影和力矩的正负规定有何区别?

5.3 在集中力、集中力偶作用处截面的剪力和弯矩各有什么特点?

5.4 如何根据荷载、剪力和弯矩之间的微分关系对内力图进行校核?

5.5 两根跨度相等的简支梁,承受相同的荷载作用,问在下列情况下,其内力图是否相同?

① 两根梁的材料不同,截面形状、尺寸相同。

② 两根梁的截面形状、尺寸不同,材料相同。

5.6 当荷载作用在多跨静定梁的基本部分时,附属部分是否受力,为什么?

5.7 什么是剪力弯曲(或横力弯曲),它和纯弯曲有何区别?

5.8 推导梁的平面弯曲正应力公式时做了哪些假设?在什么条件下才是正确的?为何要

作这些假设?

5.9　什么是中性层、中性轴?

5.10　梁的正应力和剪应力在横截面上是如何分布的? 最大正应力和最大剪应力分布在横截面上的什么位置?

5.11　什么是危险截面、危险点? 如何确定其位置?

5.12　根据强度条件可解决哪几类问题?

5.13　在对梁进行强度检算时,什么情况下必须对剪应力强度进行校核?

5.14　最大正应力是否一定发生在弯矩绝对值最大的截面上?

5.15　提高弯曲强度的措施有哪些?

5.16　影响线的含义是什么? 弯矩影响线和弯矩图有何区别?

5.17　什么是临界荷载,如何确定? 其与最不利荷载位置有何关系,如何确定移动荷载作用下截面的最不利荷载位置?

5.18　什么是绝对最大弯矩? 简支梁的绝对最大弯矩与跨中截面的最大弯矩有何区别,相差多少?

5.19　什么是内力包络图? 内力包络图和内力图有何区别,和影响线又有何区别?

5.20　钢筋混凝土梁中布置纵向受力钢筋的依据是什么?

习题

5.1　用截面法计算图示 a、b 各梁指定截面上的剪力和弯矩。

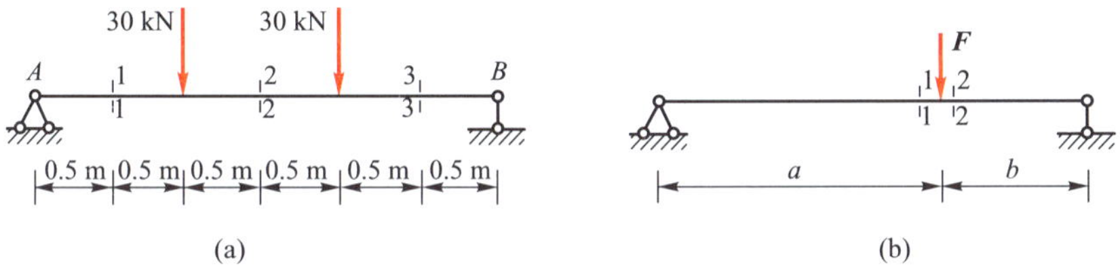

习题 5.1 图

5.2　用简捷法绘制图示 a、b 各梁的剪力图和弯矩图,并计算指定截面上的内力。

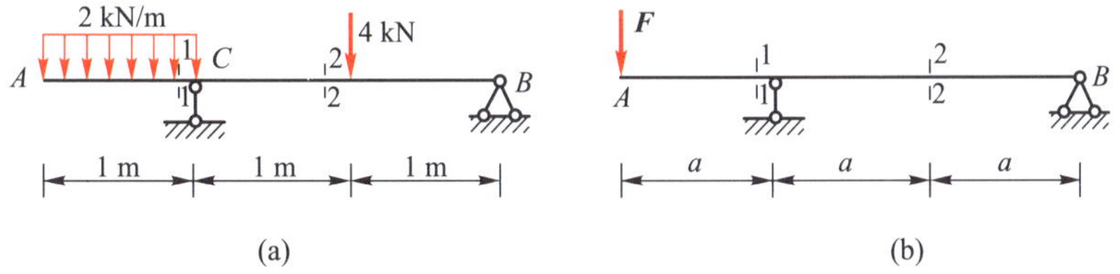

习题 5.2 图

5.3　用简捷法绘制图示 a～f 各梁的剪力图和弯矩图。

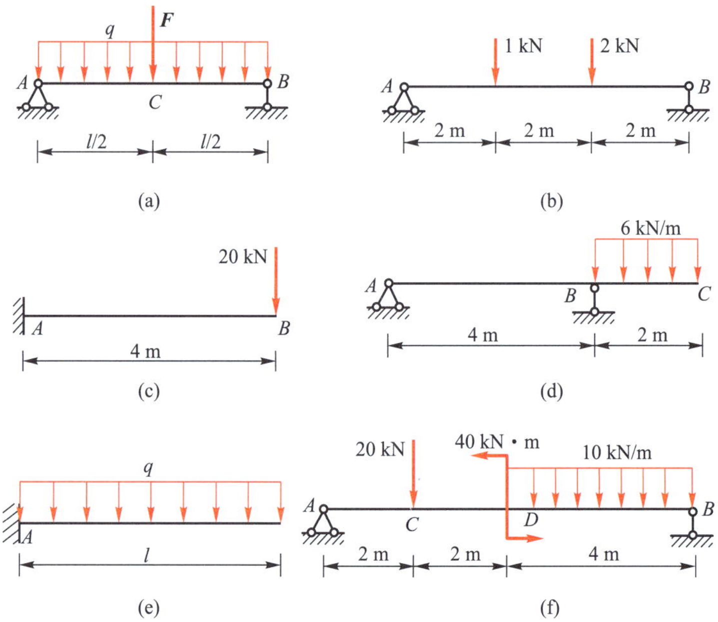

习题 5.3 图

5.4　用叠加法绘制图示 a~d 各梁弯矩图。

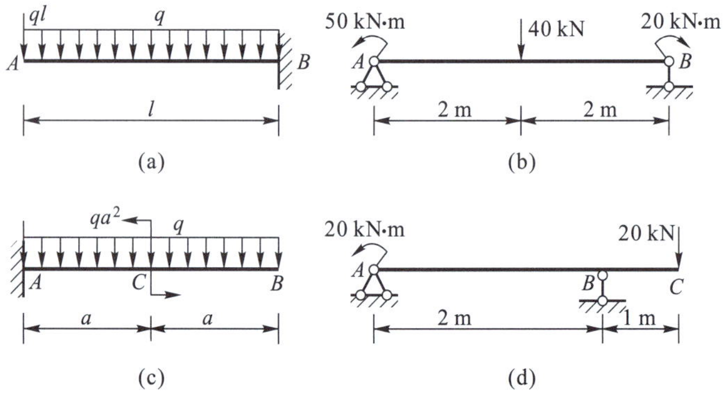

习题 5.4 图

5.5　绘制图示多跨静定梁的剪力图和弯矩图。

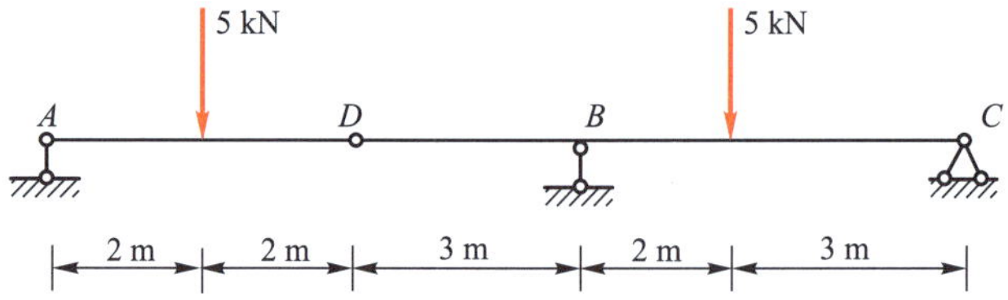

习题 5.5 图

5.6　计算图示 a~c 各梁的最大正应力,并指出其所在位置。

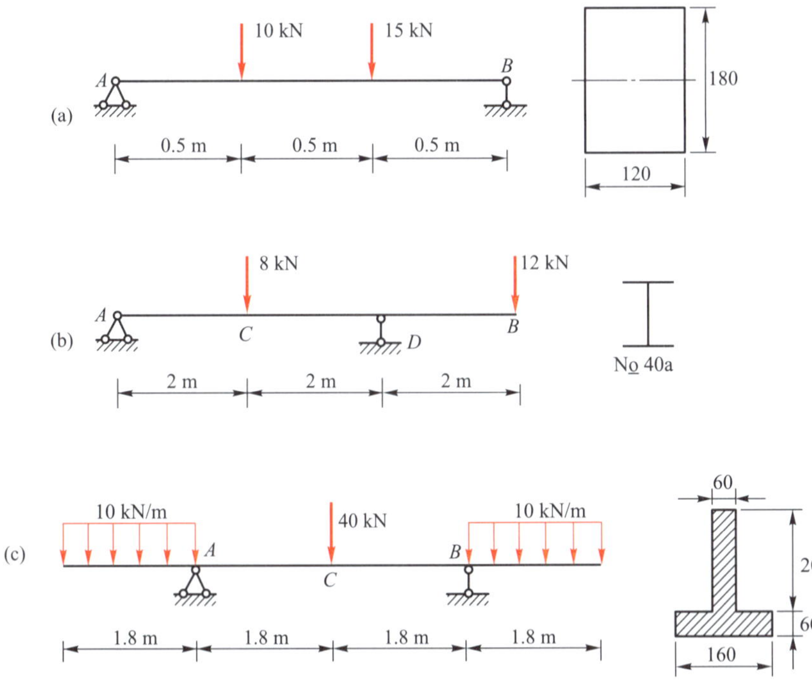

习题 5.6 图

5.7 如图所示的矩形截面梁,已知材料的许用应力 $[\sigma]=10$ MPa, $[\tau]=2$ MPa。试校核该梁的强度。

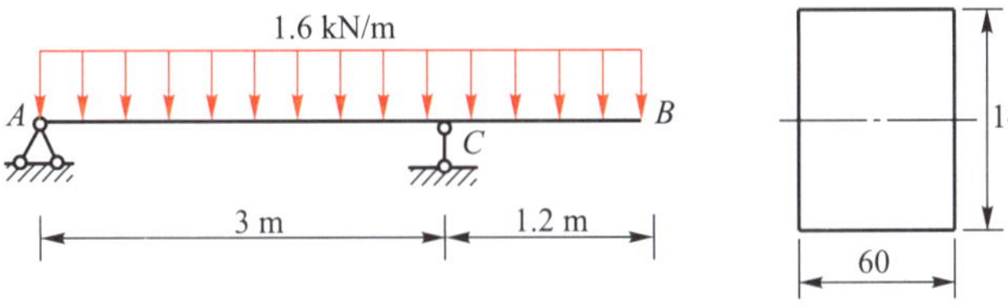

习题 5.7 图

5.8 如图所示的矩形截面梁,已知材料的许用应力 $[\sigma]=10$ MPa, $[\tau]=2$ MPa; $b=200$ mm, $h=300$ mm。试校核该梁的强度。

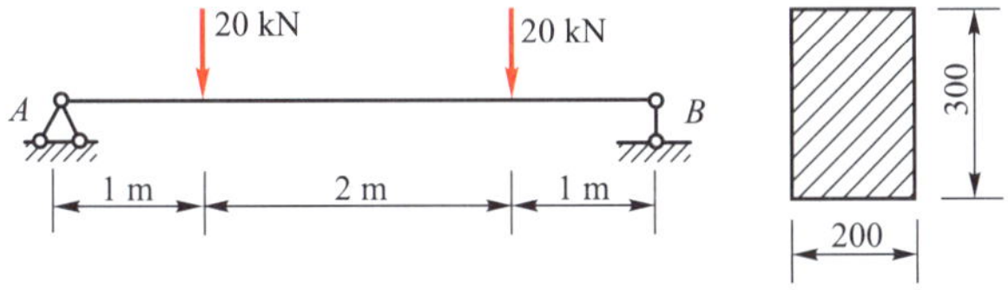

习题 5.8 图

5.9 如图所示的矩形截面梁,已知 $b/h=2/3$, $[\sigma]=10$ MPa。试确定此梁的横截面尺寸。

5.10 如图所示的工字钢简支梁,已知材料的许用应力 $[\sigma]=160$ MPa。请选择工字钢的型号。

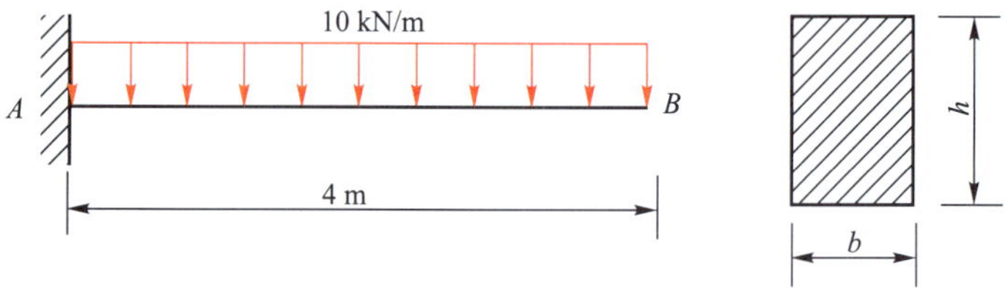

习题 5.9 图

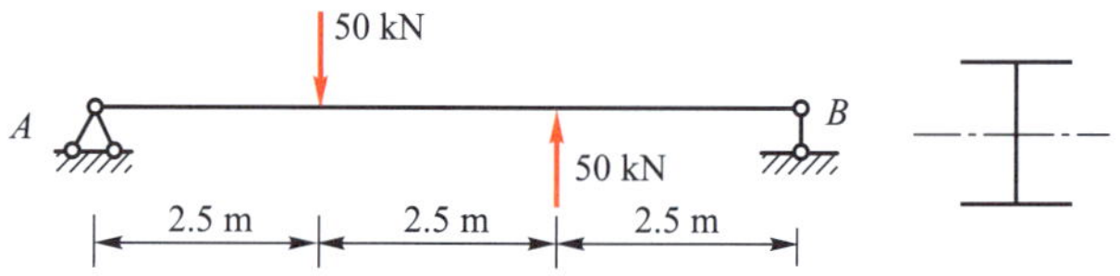

习题 5.10 图

5.11　如图所示的矩形截面梁，已知材料的许用应力$[\sigma]=10$ MPa。试确定该梁的许用荷载 q。

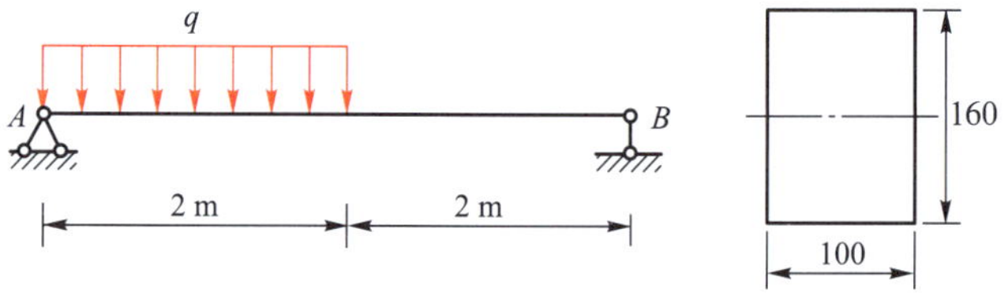

习题 5.11 图

5.12　结构尺寸及受力如图所示。梁 ABC 为 22b 号工字钢，$[\sigma]=160$ MPa；柱 BD 为圆截面木材，直径 $d=160$ mm，$[\sigma]=10$ MPa，两端铰支。试作梁的强度校核和柱的稳定性校核。

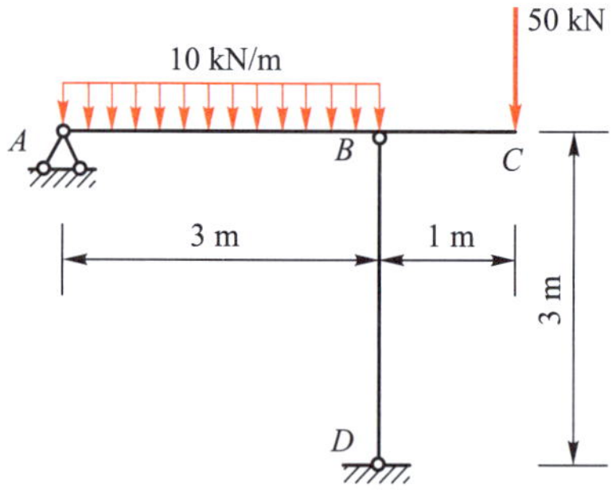

习题 5.12 图

5.13　如图所示，一简支梁用 20b 号工字钢制成，已知 $F=10$ kN，$q=4$ kN/m，$l=6$ m，材料的弹性模量 $E=200$ GPa，$\left[\dfrac{w}{l}\right]=\dfrac{1}{400}$。试校核该梁的刚度。

5.14　绘制图示外伸梁支座 B 处的反力 F_B 和截面 C 的弯矩 M_C、剪力 F_{SC}影响线。

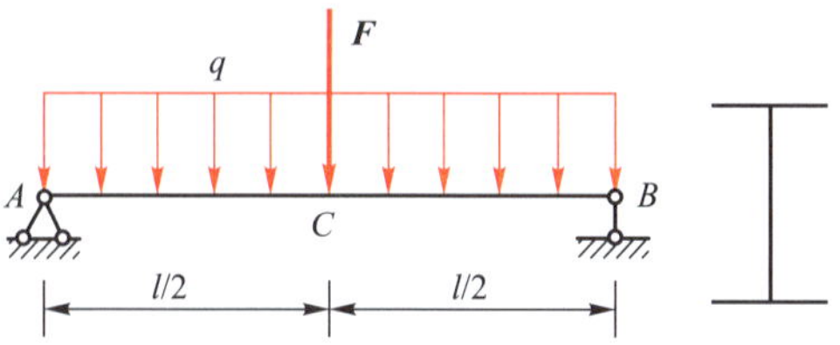

习题 5.13 图

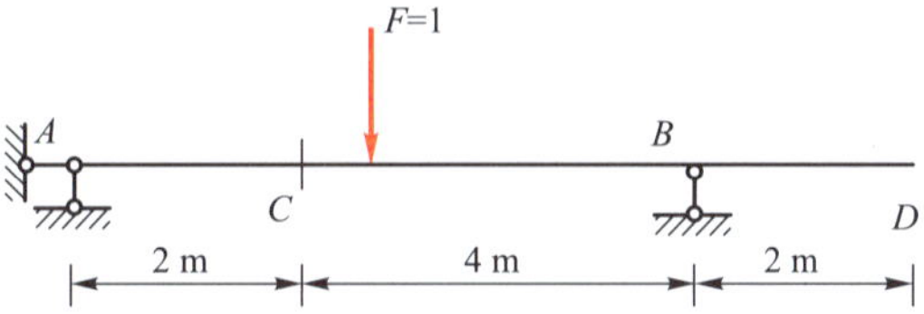

习题 5.14 图

5.15　利用影响线计算图示外伸梁在指定荷载作用下的 F_B、M_C、F_{SC}值。

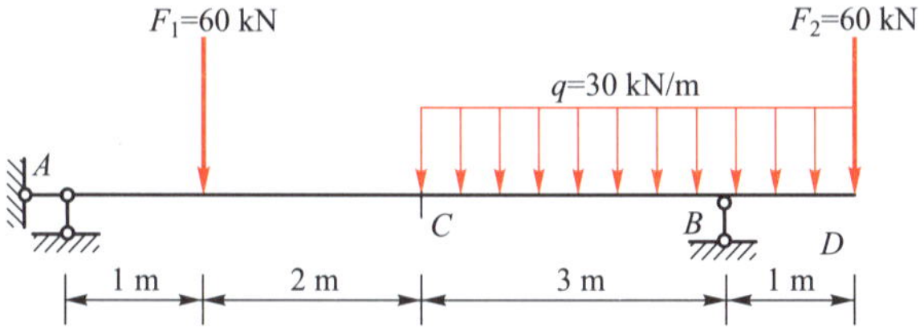

习题 5.15 图

5.16　计算图示简支梁在所给移动荷载作用下，截面 C 处的最大弯矩。

5.17　计算图示简支梁在所给移动荷载作用下的绝对最大弯矩和跨中截面 C 处的最大弯矩，并比较之。

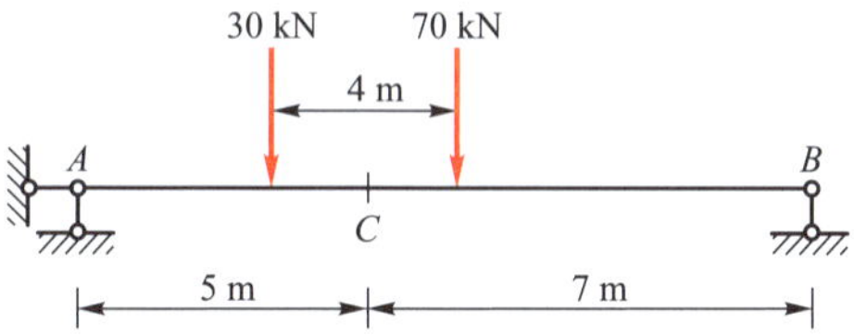

习题 5.16 图

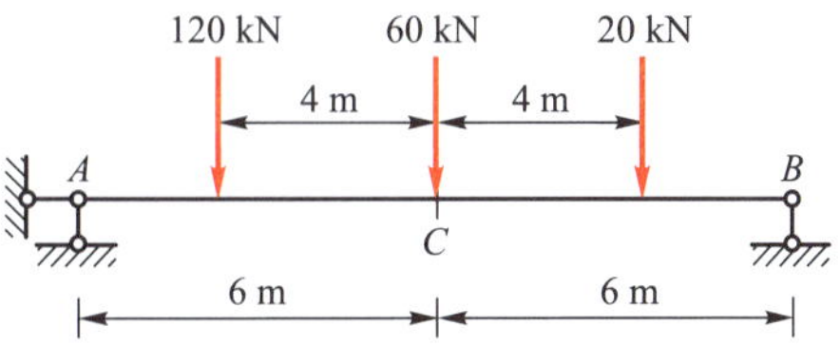

习题 5.17 图

工学项目 6

6

组合变形构件力学分析

知识目标

通过本工学项目的学习，理解组合变形构件的受力特点、变形特点，掌握组合变形构件的计算方法，能验算组合变形构件的强度。

能力目标

通过本工学项目的学习，能够验算挡土墙、牛腿柱等结构的强度，能够对扣件式钢管支架进行力学计算。

素质目标

通过本工学项目的学习，培养不畏艰险、勇攀高峰、精细高效的“火车头”精神。

项目导学

在工学项目 2、3、4、5 中讨论了构件发生基本变形时内力、应力及变形的计算，并建立了其相应的强度条件。图 6.1 所示的牛腿柱、图 6.2 所示的挡土墙在工作中可能会发生多种基本变形，结构同时发生两种或两种以上的基本变形称为组合变形。本工学项目研究两种典型组合变形构件的强度计算。

图 6.1

图 6.2

任务 6.1　斜弯曲变形构件强度计算

任务导入

在工学项目 5 中已经指出，只要作用在杆件上的横向力通过横截面的弯曲中心，并与一个形心主轴方向重合或平行，杆件就发生平面弯曲。但是在实际工程中，有时候横向力通过截面弯曲中心，但不与形心主轴重合或平行，梁变形后的轴线也位于外力作用面外，这种弯曲称为斜弯曲。例如图 6.3a 所示屋架上斜放置的矩形截面檩条。它所承受的屋面荷载 q 没有沿着截面的形心主轴方向，如图 6.3b 所示。试验结果以及下面的分析均表明，此时挠曲线不再位于外力所在的纵向对称面内，也就是说变形后梁轴线所在平面与外力作用所在平面不重合，檩条发生的不是平面弯曲，而是斜弯曲。

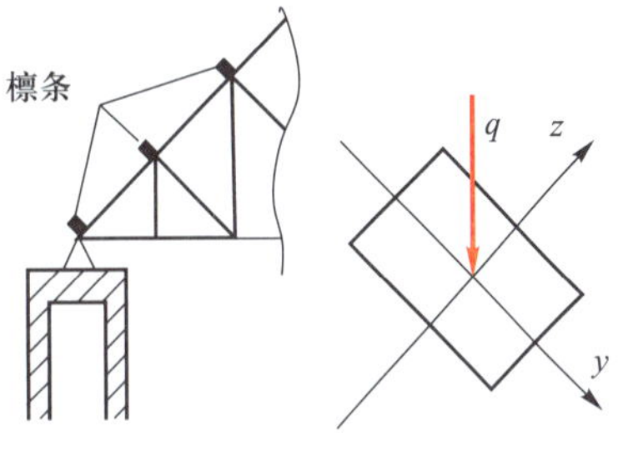

(a)　　(b)

图 6.3

动画

斜弯曲

小疑问

杆件的基本变形有哪些？平面弯曲的受力特点是什么？

知识点 1　内力分析

下面以图 6.4a 所示的矩形截面悬臂梁为例来说明斜弯曲时的应力计算。设作用在梁自由端的集中力 F 通过截面形心，且与竖直对称轴之间的夹角为 φ。

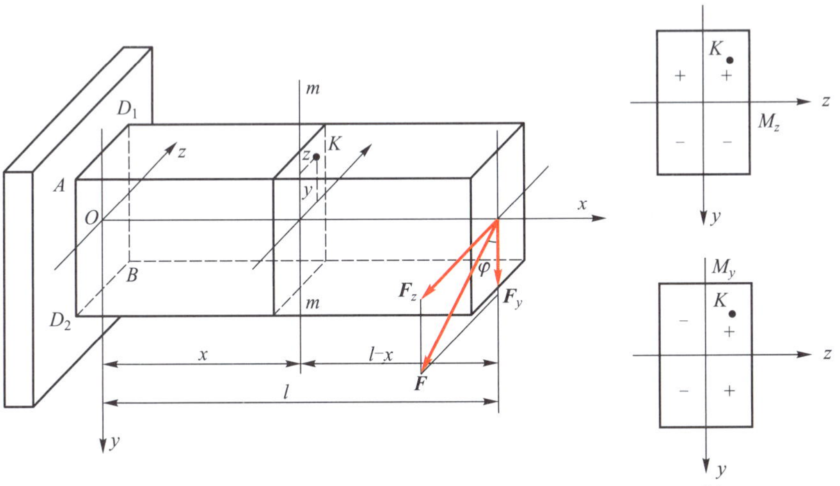

(a)　　(b)

图 6.4

微课

斜弯曲构件内力计算 1

1. 荷载分解

将力 $\boldsymbol{F}$ 沿着截面的两个对称轴 y 和 z 方向分解，得

$$F_y = F\cos\varphi,\quad F_z = F\sin\varphi$$

在 $\boldsymbol{F}_y$ 单独作用下，梁在竖直平面 Oxy 内发生平面弯曲，z 轴为中性轴；而在 $\boldsymbol{F}_z$ 单独作用下，梁在水平平面 xOz 内发生平面弯曲，y 轴为中性轴。可见，斜弯曲是两个方向互相垂直的平面弯曲的组合。

2. 内力计算

微课 斜弯曲构件内力计算 2

$\boldsymbol{F}_y$ 和 $\boldsymbol{F}_z$ 各自单独作用时，距固定端 x 的横断面上，绕 z 轴和 y 轴的弯矩分别为

$$M_z = F_y(l-x) = F\cos\varphi(l-x) = M\cos\varphi$$

$$M_y = F_z(l-x) = F\sin\varphi(l-x) = M\sin\varphi$$

由此可见，弯矩 M_y 和 M_z 也可以用分解 M 来求得结果。

知识链接

解决组合变形强度问题的基本方法是叠加法。分析问题的基本步骤是：首先将杆件的组合变形分解为基本变形；然后计算杆件在每一种基本变形情况下所发生的应力；最后再将同一点的应力叠加起来，便可得到杆件在组合变形下的应力。

知识点 2　强度计算

1. 正应力计算

只要材料在线弹性范围之内工作，则对于其中的每一个平面弯曲，均可以采用我们前面学过的横力弯曲时梁的正应力公式进行计算。对于 $m-m$ 截面上第一象限内某点 $K(y,z)$ 处，与弯矩 M_z 和 M_y 对应的正应力分别为

$$\sigma' = \frac{M_z}{I_z}y = \frac{M\cos\varphi}{I_z}y$$

$$\sigma'' = \frac{M_y}{I_y}z = \frac{M\sin\varphi}{I_y}z$$

注意，这里的弯矩均采用绝对值。对于每一个具体的点，σ' 和 σ'' 的正、负号根据两个平面弯曲的变形情况来确定。如图 6.4b 所示由 M_z 和 M_y 引起的 K 点处的正应力均为拉应力，故 σ' 和 σ'' 均为正值。当 F_y 和 F_z 共同作用时，应用叠加法，取 σ' 和 σ'' 的代数和，即为 K 点处由集中力 F 引起的正应力 σ，即

微课 斜弯曲构件内力计算 3

$$\begin{aligned}\sigma &= \sigma' + \sigma'' = \frac{M_z}{I_z}y + \frac{M_y}{I_y}z \\ &= \frac{F(l-x)\cos\varphi}{I_z}y + \frac{F(l-x)\sin\varphi}{I_y}z\end{aligned} \tag{6.1}$$

特别注意

一般情况下，斜弯曲梁的强度是由最大正应力控制的，因此，在内力分析时，主要是计算弯矩。

2. 强度计算

进行强度计算时，首先需要确定危险截面和危险点的位置，然后计算出危险点的应力。对于图 6.4a 所示的等截面悬臂梁，由图可知当 $x=0$ 时，弯矩 M_z 和 M_y 同时达到最大值，因此，梁的固定端截面就是危险截面。该截面的弯矩分别为

$$M_{z\max}=F_y l=Fl\cos\varphi,\quad M_{y\max}=F_z l=Fl\sin\varphi$$

微课
斜弯曲构件强度计算 1

在 $M_{z\max}$ 作用下，最大拉应力发生在固定端截面上边缘处，最大压应力发生在下边缘处；在 $M_{y\max}$ 作用下，最大拉应力发生在固定端截面后边缘处，最大压应力发生在前边缘处。所以在 $M_{z\max}$ 和 $M_{y\max}$ 共同作用下梁的最大拉应力发生在 D_1 点，最大压应力发生在 D_2 点。D_1、D_2 两点就是该截面的危险点。所以对整个梁来说，横截面上的最大正应力在危险截面的角点处，其值为

$$\sigma_{\max}=\frac{M_{y\max}}{W_y}+\frac{M_{z\max}}{W_z} \tag{6.2}$$

因为危险点处于单向应力状态，所以限制危险点处的正应力不超过材料的许用应力，即

$$\sigma_{\max}=\frac{M_{y\max}}{W_y}+\frac{M_{z\max}}{W_z}\leqslant[\sigma] \tag{6.3}$$

这就是斜弯曲梁的强度条件。

根据强度条件，可进行强度校核、确定许用荷载和设计截面。

对抗拉与抗压能力不同的梁，则应分别计算出最大拉应力和最大压应力，再进行强度计算。

例 6.1　某屋面构造如图 6.5 所示，木檩条简支在屋架上，其跨距为 3.6 m。承受由屋面传来的竖向荷载 $q=1$ kN/m。屋面的倾角 $\varphi=26°34'$，檩条为矩形截面，$b=90$ mm，$h=140$ mm，材料的许用应力 $[\sigma]=10$ MPa。试校核檩条强度。

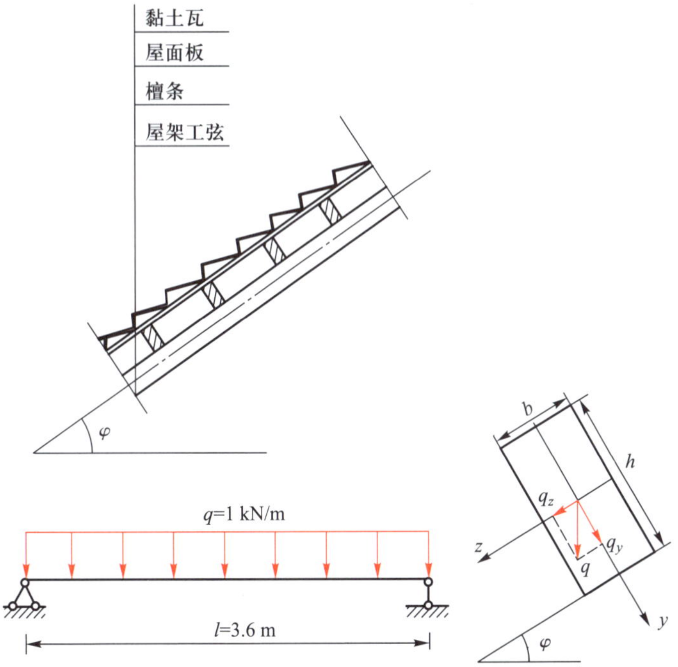

图 6.5

解 ① 荷载分解。荷载 q 与 y 轴间的夹角 $\varphi=26°34'$，将均布荷载 q 沿 y、z 轴分解，得

$$q_y=q\cos\varphi=1\ \text{kN/m}\times\cos 26°34'=0.894\ \text{kN/m}$$

$$q_z=q\sin\varphi=1\ \text{kN/m}\times\sin 26°34'=0.447\ \text{kN/m}$$

② 内力计算。檩条在荷载 q_y 和 q_z 作用下，最大弯矩发生在跨中截面，其值分别为

$$M_{z\max}=\frac{q_y l^2}{8}=\frac{0.894\ \text{kN/m}\times(3.6\ \text{m})^2}{8}=1.448\ \text{kN}\cdot\text{m}$$

$$M_{y\max}=\frac{q_z l^2}{8}=\frac{0.447\ \text{kN/m}\times(3.6\ \text{m})^2}{8}=0.724\ \text{kN}\cdot\text{m}$$

③ 强度校核。截面对 z 和 y 轴的抗弯截面系数分别为

$$W_z=\frac{bh^2}{6}=\frac{90\ \text{mm}\times(140\ \text{mm})^2}{6}=2.94\times10^5\ \text{mm}^3$$

$$W_y=\frac{hb^2}{6}=\frac{140\ \text{mm}\times(90\ \text{mm})^2}{6}=1.89\times10^5\ \text{mm}^3$$

根据强度条件式(6.3)校核，得

微课
斜弯曲构件强度计算 2

$$\sigma_{\max}=\frac{M_{z\max}}{W_z}+\frac{M_{y\max}}{W_y}$$

$$=\frac{1.448\times10^6\ \text{N}\cdot\text{mm}}{2.94\times10^5\ \text{mm}^3}+\frac{0.724\times10^6\ \text{N}\cdot\text{mm}}{1.89\times10^5\ \text{mm}^3}=8.76\ \text{MPa}<[\sigma]$$

所以檩条强度足够。

例 6.2 图 6.6 所示吊车梁由工字钢制成，材料的许用应力 $[\sigma]=160$ MPa，$l=4$ m，$F=30$ kN，现因某种原因使 F 偏离纵向对称面，与 y 轴的夹角 $\varphi=5°$。试选择工字钢的型号。

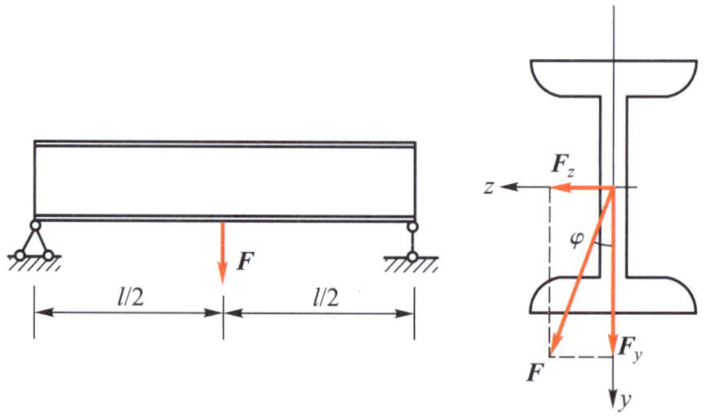

图 6.6

解 ① 荷载分解与内力计算。吊车荷载 $\boldsymbol{F}$ 位于梁的跨中时，吊车梁处于最不利的受力状态，梁的跨中截面弯矩最大，是危险截面。

先将荷载 $\boldsymbol{F}$ 沿 y、z 轴分解，得

$$F_y=F\cos\varphi=30\ \text{kN}\times\cos 5°=29.9\ \text{kN}$$

$$F_z=F\sin\varphi=30\ \text{kN}\times\sin 5°=2.62\ \text{kN}$$

由 $\boldsymbol{F}_y$ 引起在 xOy 平面内的平面弯矩，中性轴为 z 轴。跨中的最大弯矩为

$$M_{z\max}=\frac{F_y l}{4}=\frac{29.9\ \text{kN}\times 4\ \text{m}}{4}=29.9\ \text{kN}\cdot\text{m}$$

由 $\boldsymbol{F}_z$ 引起在 xOz 平面内的平面弯矩，中性轴为 y 轴。跨中的最大弯矩为

$$M_{y\max}=\frac{F_z l}{4}=\frac{2.62\ \text{kN}\times 4\ \text{m}}{4}=2.62\ \text{kN}\cdot\text{m}$$

② 选择截面。先设 $\frac{W_z}{W_y}=8$，将强度条件式(6.3)变换为

$$\frac{1}{W_z}\left(M_{z\max}+M_{y\max}\frac{W_z}{W_y}\right)\leqslant[\sigma]$$

所以

$$W_z\geqslant\frac{M_{z\max}+M_{y\max}\cdot\frac{W_z}{W_y}}{[\sigma]}$$

$$=\frac{29.9\times10^6\ \text{N}\cdot\text{mm}+2.62\times10^6\ \text{N}\cdot\text{mm}\times 8}{160\ \text{MPa}}=318\times10^3\ \text{mm}^3$$

查型钢表，选用 22b 号工字钢，$W_z=325\ \text{cm}^3=325\times10^3\ \text{mm}^3$，$W_y=42.7\ \text{cm}^3=42.7\times10^3\ \text{mm}^3$

③ 强度校核。按选用的型号，根据强度条件式(6.3)进行校核。

$$\sigma_{\max}=\frac{M_{z\max}}{W_z}+\frac{M_{y\max}}{W_y}=\frac{29.9\times10^6\ \text{N}\cdot\text{mm}}{325\times10^3\ \text{mm}^3}+\frac{2.62\times10^6\ \text{N}\cdot\text{mm}}{42.7\times10^3\ \text{mm}^3}$$

$$=92\ \text{MPa}+61.4\ \text{MPa}=153.4\ \text{MPa}<[\sigma]$$

因此选用 22b 号工字钢是合适的。

案例解析

某吊车梁计算简图如图 6.7 所示，材料为 32a 工字钢，许用应力 $[\sigma]=160$ MPa，$F=30$ kN，$l=4$ m。现因某种原因使 F 偏离纵向对称面，与 y 轴的夹角 $\varphi=15°$。

微课
斜弯曲构件强度计算 3

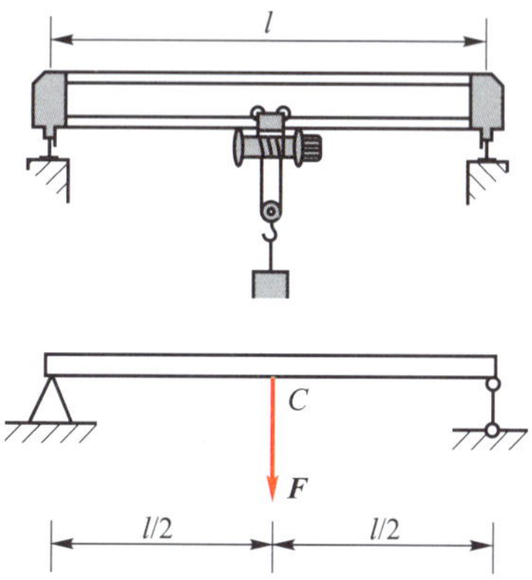

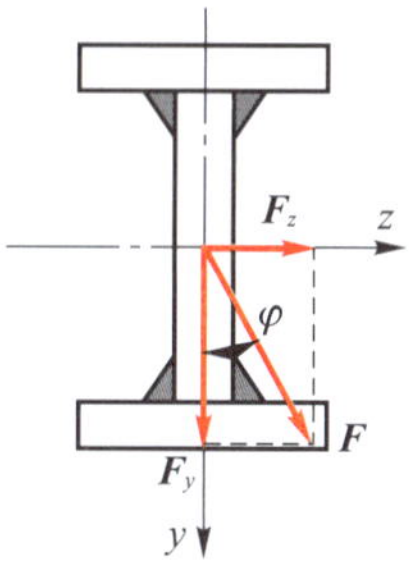

图 6.7

① 计算出该梁的最大正应力。

② 利用有限元分析软件 MIDAS 建立该梁模型，并查看内力图与正应力图，对比其理论值和软件计算结果，并进行分析。

任务 6.2 轴向与弯曲组合变形的强度计算

任务导入

当杆件上同时受到轴向荷载与横向荷载作用时，杆件将产生拉伸（压缩）与弯曲的组合变形。这种情况在实际工程中经常遇到，例如图 6.8 所示的桥墩，在桥面荷载、自重以及风荷载、制动力作用下，发生压缩与弯曲的组合变形。对于抗弯刚度较大的杆件，忽略轴向力因弯曲变形引起的弯矩，认为轴向外力仅仅产生拉伸或压缩变形，而横向荷载仅仅产生弯曲变形，两者各自独立，仍可用叠加原理进行强度验算。

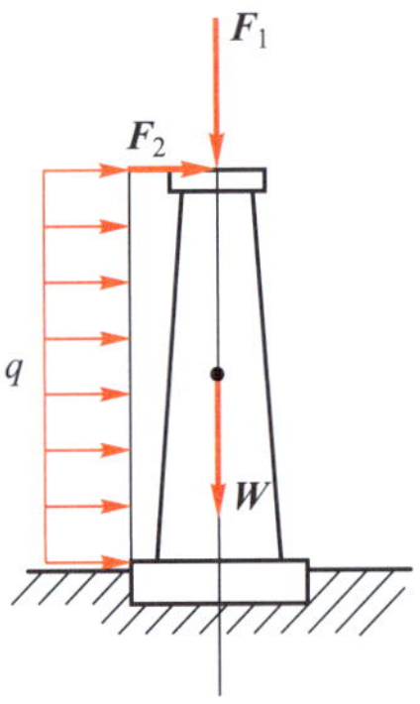

图 6.8

动画 拉弯构件

图 6.9a 所示为矩形截面悬臂梁，荷载 F 作用在梁的纵向对称面内并通过截面形心，与 x 轴的夹角为 θ。下面以此例来讨论杆件拉伸（压缩）与弯曲组合变形的应力计算和强度验算。

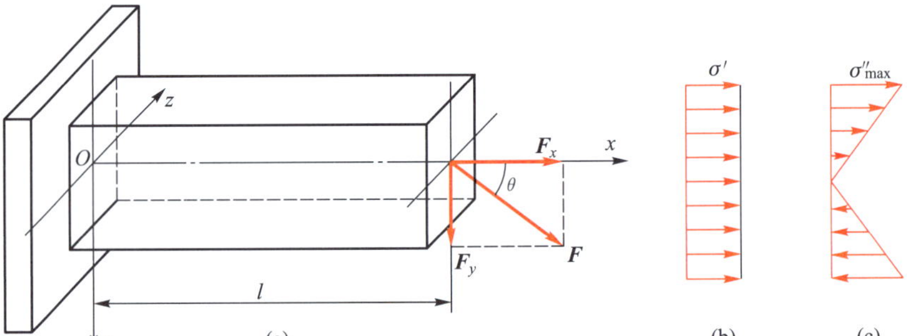

(a) (b) (c)

图 6.9

知识点 1 内力分析

1. 荷载分解

微课 弯曲与轴向拉压组合变形构件内力计算

将荷载 $\boldsymbol{F}$ 沿 x 轴和 y 轴分解为 $\boldsymbol{F}_x$、$\boldsymbol{F}_y$，则有

$$F_x = F\cos\theta, \quad F_y = F\sin\theta$$

F_x 沿轴线方向，使杆件发生轴向拉伸变形；F_y 作用在 Oxy 平面内，与轴线 x 垂直，产生平面弯曲。所以该梁的变形为轴向拉伸与平面弯曲的组合变形。

2. 内力分析

分力 F_x 在任一横截面上产生的轴力是常量，即

$$F_N = F_x = F\cos\theta$$

横向分力 F_y 使固定端截面产生的弯矩为最大，即

$$M_{\max}=F_y l=Fl\sin\theta$$

由于各截面的轴力 $\boldsymbol{F}_{\mathrm{N}}$ 是常量，且固定端截面的弯矩最大，因此，该梁固定端截面是危险截面。

知识点 2　强度计算

1. 正应力计算

在固定端截面上，轴力 $\boldsymbol{F}_{\mathrm{N}}$ 产生的拉伸正应力 σ' 与最大弯矩 $M_{\max}$ 产生的弯曲正应力 σ'' 分别为

$$\sigma'=\frac{F_{\mathrm{N}}}{A},\quad \sigma''=\pm\frac{M_{\max}y}{I_z}$$

根据叠加原理可求得危险截面上任一点的正应力为

$$\sigma=\sigma'+\sigma''=\frac{F_{\mathrm{N}}}{A}\pm\frac{M_{\max}y}{I_z}$$

2. 强度计算

危险截面上 $\boldsymbol{F}_{\mathrm{N}}$ 产生的正应力是均匀分布的，如图 6.9b 所示。$M_{\max}$ 产生的正应力沿截面高度呈线性分布，最大拉应力发生在截面的上边缘处，最大压应力发生在截面的下边缘处，应力分布规律如图 6.9c 所示。

对于许用拉应力和许用压应力相等的材料，强度条件为

$$\sigma_{\max}=\frac{F_{\mathrm{N}}}{A}+\frac{M_{\max}}{W_z}\leqslant[\sigma]$$

若材料的 $[\sigma^+]\neq[\sigma^-]$，则强度条件为

$$\sigma_{\max}^{+}=\frac{F_{\mathrm{N}}}{A}+\frac{M_{\max}}{W_z}\leqslant[\sigma^+]$$

$$\sigma_{\max}^{-}=\left|\frac{F_{\mathrm{N}}}{A}-\frac{M_{\max}}{W_z}\right|\leqslant[\sigma^-]$$

微课

弯曲与轴向拉压组合变形构件强度计算

特别注意

杆件在拉伸（压缩）与横力弯曲组合时，横截面上还有剪力作用。但一般只进行危险点的强度验算，其应力是单向应力状态，与剪力无关；对于一些诸如工字形、T 形等型钢截面，当确要考虑剪力影响时，则应根据翼缘的实际应力状态按强度理论进行验算。

任务实施

例 6.3　一桥墩受力如图 6.10a 所示，已知 $F_1=1\,900\ \mathrm{kN}$，$F_2=300\ \mathrm{kN}$，$W=1\,800\ \mathrm{kN}$。若基础底面为矩形，求 AC 边及 BD 边处的正应力，并绘出该基础底面的正应力分布规律图。

解　① 分析内力。桥墩基础底面的轴力、弯矩分别为

$$F_{\mathrm{N}}=-(F_1+W)=-(1\,900+1\,800)\ \mathrm{kN}=-3\,700\ \mathrm{kN}$$

$$M_y=F_2\cdot H=300\ \mathrm{kN}\times6\ \mathrm{m}=1\,800\ \mathrm{kN\cdot m}$$

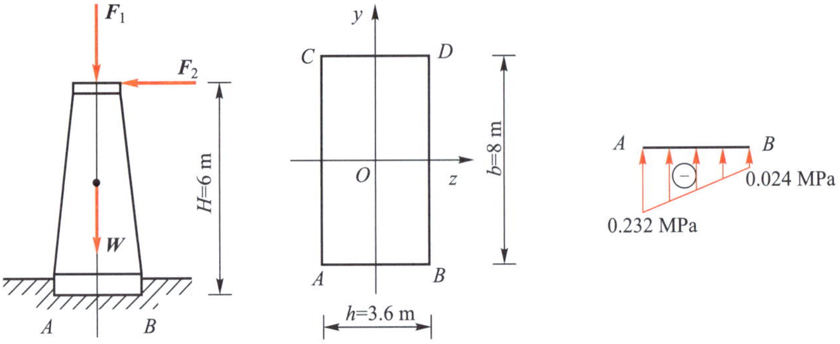

图 6.10

② 应力计算。基础底面的面积为

$$A=8\ \text{m}\times 3.6\ \text{m}=28.8\ \text{m}^2$$

基础底面的抗弯截面系数为

$$W_y=\frac{8\ \text{m}\times(3.6\ \text{m})^2}{6}=17.3\ \text{m}^3$$

$\boldsymbol{F}_{\text{N}}$、$M_y$产生的应力分别为

$$\sigma'=\frac{F_{\text{N}}}{A}=\frac{-3\ 700\times 10^3\ \text{N}}{28.8\times 10^6\ \text{mm}^2}=-0.128\ \text{MPa}$$

$$\sigma''=\pm\frac{M_y}{W_y}=\pm\frac{1\ 800\times 10^6\ \text{N}\cdot\text{mm}}{17.3\times 10^9\ \text{mm}^3}=\pm 0.104\ \text{MPa}$$

③ 基础底面上 AC 边及 BD 边处的正应力为

$$\sigma_{AC}=\frac{F_{\text{N}}}{A}-\frac{M_y}{W_y}=-0.128\ \text{MPa}-0.104\ \text{MPa}=-0.232\ \text{MPa}$$

$$\sigma_{BD}=\frac{F_{\text{N}}}{A}+\frac{M_y}{W_y}=-0.128\ \text{MPa}+0.104\ \text{MPa}=-0.024\ \text{MPa}$$

绘制基础底面的正应力分布规律图如图 6.10c 所示。

自己动手做

一悬臂式起重架由 18 号工字钢 AB 及拉杆 BC 组成，其尺寸如图 6.11 所示。在横梁 AB 的中点 D 作用集中荷载 $\boldsymbol{F}$，已知 $F=30$ kN，材料的许用应力 $[\sigma]=160$ MPa，试校核横梁 AB 的强度。

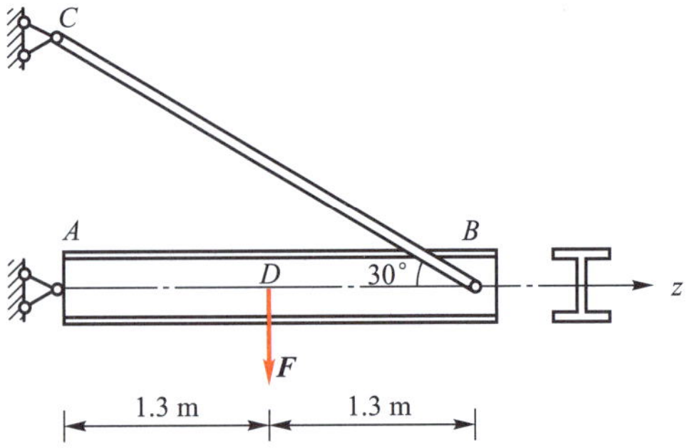

图 6.11

知识点 3　偏心压缩（拉伸）

当杆件受到与杆的轴线平行但不通过截面形心的拉力或压力作用时，即为偏心拉伸或偏心压缩。由于其强度计算的分析方法和步骤（即荷载简化、内力分析、应力计算、强度条件）与前面相同，故不再分步分析，而直接进行综合分析。

1. 单向偏心压缩（拉伸）的强度计算

如图 6.12 所示的柱子，偏心力通过一根形心主轴 y 时，称为单向偏心压缩。

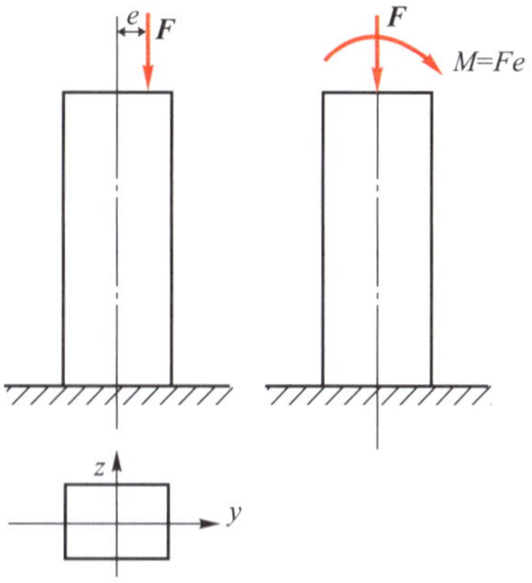

图 6.12

微课
偏心压缩构件内力计算

（1）首先将偏心力 $\boldsymbol{F}$ 向截面形心平移，得到一个通过形心的轴向压力 $\boldsymbol{F}$ 和一个力偶矩 $M=Fe$。可见偏心压缩实际是轴向压缩和平面弯曲的组合变形。由截面法得各个横截面上的内力是相同的，即轴力为

$$F_N=F$$

弯矩为

$$M_z=F\cdot e$$

（2）应力计算和强度条件。因为任一横截面的内力相同，所以横截面边缘上任一点 K 处的应力为

$$\begin{aligned}\sigma^+&=-\frac{F}{A}+\frac{M_z}{W_z}\\ \sigma^-&=\left|-\frac{F}{A}-\frac{M_z}{W_z}\right|\end{aligned}\tag{6.4}$$

式（6.4）中，当 K 点处于弯曲变形的受压区时取负号；处于受拉区时取正号。截面上各点都处于单向应力状态，所以强度条件为

$$\begin{aligned}\sigma^+_{max}&=-\frac{F}{A}+\frac{M_z}{W_z}\leqslant[\sigma^+]\\ \sigma^-_{max}&=\left|-\frac{F}{A}-\frac{M_z}{W_z}\right|\leqslant[\sigma^-]\end{aligned}\tag{6.5}$$

*2. 双向偏心拉伸（压缩）的强度计算

下面以图 6.13 所示的矩形截面杆为例来说明双向偏心杆件的强度计算问题。

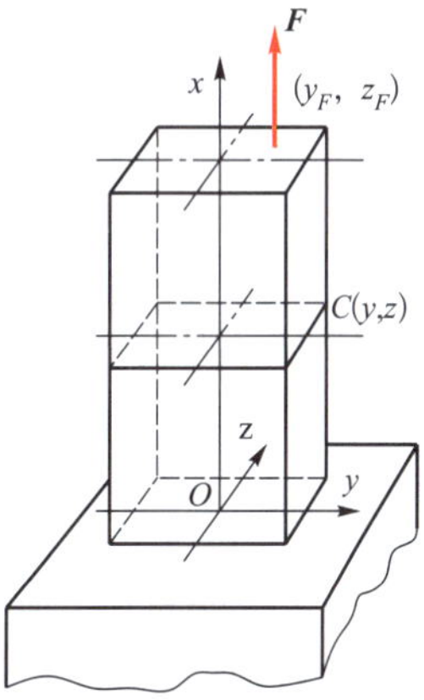

图 6.13

设力 $\boldsymbol{F}$ 作用点的坐标为 y_F、z_F。将力 $\boldsymbol{F}$ 向杆端截面的形心简化，用静力相当力系来代替它，得到轴向拉力 $\boldsymbol{F}$ 和两个形心主惯性平面内的外力偶矩为

$$M_{ey}=F\cdot z_F,\quad M_{ez}=F\cdot y_F$$

可见，杆件发生的是轴向拉伸和两个平面弯曲的组合变形，称为双向偏心拉伸。当材料在线弹性工作范围内时，将三个内力所对应的正应力叠加起来，即得任一横截面上任一点 $C(y,z)$ 的应力表达式为

$$\sigma=\frac{F_{\mathrm{N}}}{A}+\frac{M_y\cdot z}{I_y}+\frac{M_z\cdot y}{I_z} \tag{6.6}$$

任意横截面上的正应力变化规律如图 6.14 所示。

由此可见,最大拉应力 $\sigma_{\max}^{+}$ 和最大压应力 $\sigma_{\max}^{-}$ 分别在角点 B 和 D 处,其值分别为

$$\sigma_{\max}^{+}=\frac{F_{\mathrm{N}}}{A}+\frac{M_{ey}}{W_y}+\frac{M_{ez}}{W_z}=\frac{F}{A}+\frac{F\cdot z_F}{W_y}+\frac{F\cdot y_F}{W_z}$$

$$\sigma_{\max}^{-}=\left|\frac{F}{A}-\frac{F\cdot z_F}{W_y}-\frac{F\cdot y_F}{W_z}\right|$$

动画
小偏压

动画
大偏压

微课
偏心压缩构件内力计算举例 1

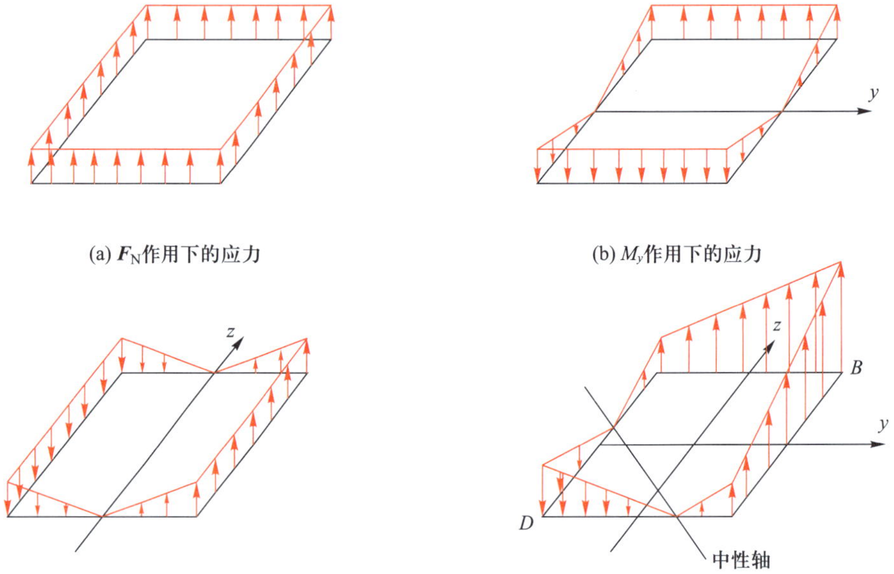

(a) F_{N}作用下的应力　(b) M_y作用下的应力

(c) M_z作用下的应力　(d) F_{N}, M_y, M_z共同作用下的应力

图 6.14

危险点处为单向应力状态,如果材料的抗拉和抗压强度不等,则偏心拉伸(压缩)时的强度条件为

$$\sigma_{\max}^{+}=\frac{F_{\mathrm{N}}}{A}+\frac{M_{ey}}{W_y}+\frac{M_{ez}}{W_z}=\frac{F}{A}+\frac{F\cdot z_F}{W_y}+\frac{F\cdot y_F}{W_z}\leqslant[\sigma^{+}]$$

$$\sigma_{\max}^{-}=\left|\frac{F}{A}-\frac{F\cdot z_F}{W_y}-\frac{F\cdot y_F}{W_z}\right|\leqslant[\sigma^{-}] \tag{6.7}$$

式(6.7)即为双向偏心拉伸(压缩)的强度条件。

例 6.4　图 6.15 所示为图 6.1 中牛腿柱的计算简图。已知屋面传下来的荷载 $F_1=120$ kN,吊车梁荷载 $F_2=30$ kN,F_2与柱子的轴线有一偏距 $e=0.2$ m。如果该柱子横截面宽度 $b=200$ mm,求当横截面高度 h 为多少时,截面不会出现拉应力,并求出此时的最大压应力。

解　① 荷载简化。将荷载 F_2向横截面形心简化,得到轴向压力和附加的力偶矩分别为

$$F=F_1+F_2=120\text{ kN}+30\text{ kN}=150\text{ kN}$$

$$M = F_2 e = 30\ \text{kN} \times 0.2\ \text{m} = 6\ \text{kN} \cdot \text{m}$$

② 计算内力。分析可得柱子危险截面在下部，选 1-1 截面，求得内力为

$$F_N = -F = -150\ \text{kN}$$

$$M_z = M = 6\ \text{kN} \cdot \text{m}$$

③ 计算截面尺寸。由题可知要使截面不出现拉应力，则有

$$\sigma^{+}_{max} = 0$$

$$\sigma^{+}_{max} = \sigma_{F_N} + \sigma^{+}_{M max} = \frac{F_N}{A} + \frac{M_z}{W_z}$$

$$= -\frac{150 \times 10^3\ \text{N}}{200h} + \frac{6 \times 10^6\ \text{N} \cdot \text{mm}^2}{200\ \text{mm} \times h^2/6} = 0$$

解得　　$h = 240\ \text{mm}$

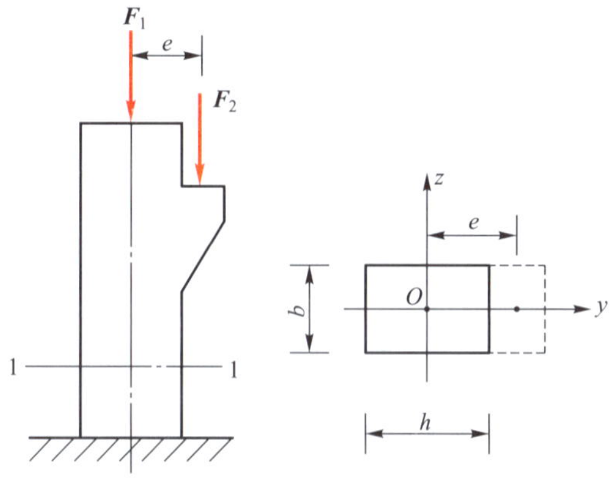

图 6.15

微课
偏心压缩构件内力计算举例 2

④ 计算柱子最大压应力。该牛腿柱的最大压应力发生在截面的右边缘各点处，其值为

$$\sigma^{-}_{max} = \left| \sigma_{F_N} + \sigma_{M min} \right| = \left| -\frac{F_N}{A} - \frac{M_z}{W_z} \right|$$

$$= \left| -\frac{150 \times 10^3\ \text{N}}{200\ \text{mm} \times 240\ \text{mm}} - \frac{6 \times 10^6\ \text{N} \cdot \text{mm}}{200\ \text{mm} \times (240\ \text{mm})^2/6} \right| = 6.25\ \text{MPa}$$

例 6.5　图 6.16a 所示为图 6.2 中挡土墙的计算简图。C 点为其形心。土壤对墙的侧压力为每米长度 $F = 30\ \text{kN}$，作用在离底面 $\frac{h}{3}$ 处，方向水平向左。挡土墙材料的密度 $\rho = 2.3 \times 10^3\ \text{kg/m}^3$。计算基础面 $m-n$ 上的应力并画出应力分布图。

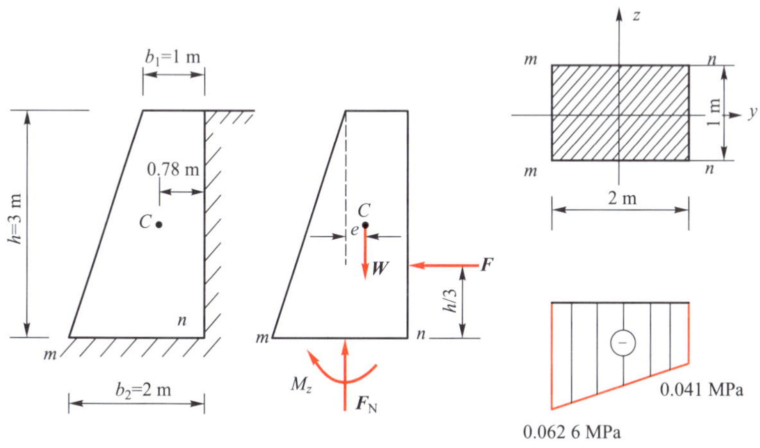

(a)　(b)　(c)

图 6.16

解 ① 内力计算。挡土墙一般很长，且是等截面的，通常取 1 m 长度来计算内力。每 1 m 长度墙的自重为

$$W=\frac{1}{2}(b_1+b_2)h\cdot\rho g=\frac{1}{2}(1\ \text{m}+2\ \text{m})\times3\ \text{m}\times2.3\times10^3\ \text{kg/m}^3\times9.8\ \text{N/kg}\times1\ \text{m}=103.5\ \text{kN}$$

土的侧压力为 $F=30$ kN，用截面法求得基础面的内力（图 6.16b 所示）为

$$F_N=W=103.5\ \text{kN}$$

弯矩为

$$M_z=F\times\frac{h}{3}-We$$

$$=30\ \text{kN}\times\frac{3\ \text{m}}{3}-103.5\ \text{kN}\times(1\ \text{m}-0.78\ \text{m})=7.23\ \text{kN}\cdot\text{m}$$

② 应力计算及画应力分布图。每 1 m 长度基础面的面积为

$$A=b_2\times10^3\ \text{mm}=2\times10^6\ \text{mm}^2$$

抗弯模量为

$$W_z=\frac{1}{6}\times10^3\ \text{mm}\times b_2^2=\frac{1}{6}\times10^3\ \text{mm}\times(2\times10^3\ \text{mm})^2=667\times10^6\ \text{mm}^3$$

基础面 $m-m$ 边上的应力为

$$\sigma_m=-\frac{F_N}{A}-\frac{M_z}{W_z}=-\frac{103.5\times10^3\ \text{N}}{2\times10^6\ \text{mm}^2}-\frac{7.23\times10^6\ \text{N}\cdot\text{mm}}{667\times10^6\ \text{mm}^3}$$

$$=-0.051\ 8-0.010\ 8=-0.062\ 6\ \text{MPa}$$

$n-n$ 边上的应力为

$$\sigma_n=-\frac{F_N}{A}+\frac{M_z}{W_z}=-\frac{103.5\times10^3\ \text{N}}{2\times10^6\ \text{mm}^2}+\frac{7.23\times10^6\ \text{N}\cdot\text{mm}}{667\times10^6\ \text{mm}^3}$$

$$=-0.051\ 8+0.010\ 8=-0.041\ \text{MPa}$$

画出基础面的正应力分布图如图 6.16c 所示。

微课
偏心压缩构件强度计算

自己动手做

图 6.17 所示两根木柱，荷载及尺寸均已知。若木材的许用应力为 $[\sigma]=10$ MPa，试校核两根木柱的强度，并比较之。

微课
偏心压缩构件强度计算举例

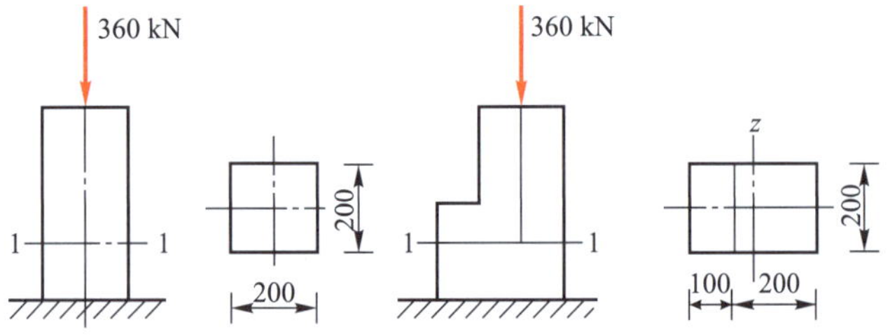

(a) (b)

图 6.17

知识链接

截面核心

1. 截面核心的概念

前面讨论杆件发生偏心压缩时，中性轴通常穿过截面，把截面分成两部分，即受拉区域和受压区域。在实际工程中，部分偏心压杆是由脆性材料制造的，其拉伸强度远低于压缩强度。如砖柱、石柱、混凝土基础等。对这部分杆件，就要求横截面上只产生压应力，而不出现拉应力。因此要求偏心力的作用点到截面形心的距离不能太大。当荷载作用在截面形心周围的某一个小区域时，可以保证中性轴不穿过截面，使截面上只产生压应力而不出现拉应力，这个小的区域我们称为**截面核心**。

从截面核心的定义不难看出，当荷载作用在截面核心的边界线上时，中性轴就正好与截面边缘相切。

2. 几种常见图形的截面核心

几种常见图形的截面核心如图 6.18 所示。

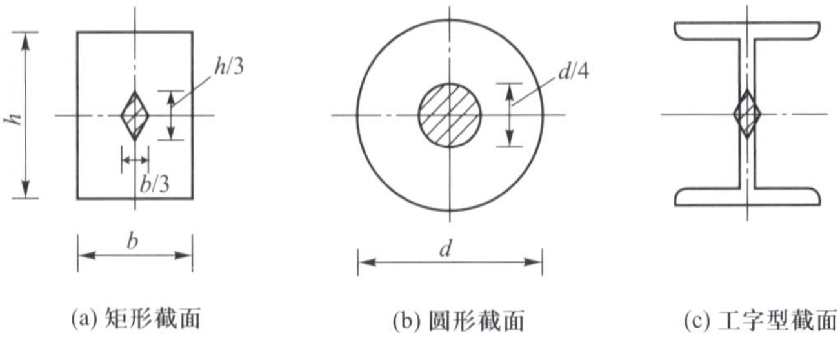

图 6.18

案例解析

试计算图 6.19 所示偏心压缩柱中的最大拉应力和最大压应力。

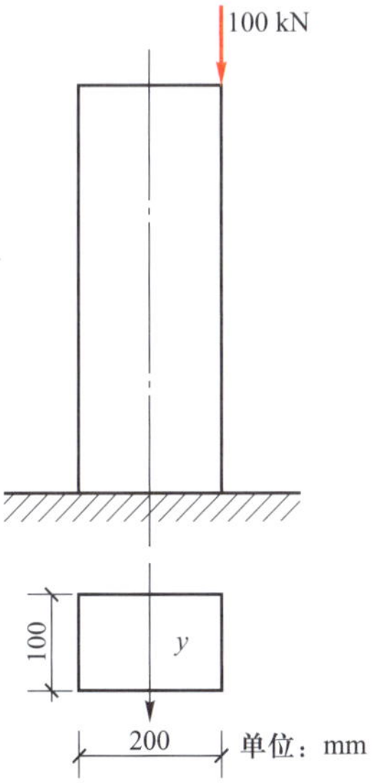

图 6.19

任务 6.3 综合案例 盘扣式支架计算

任务导入

一、任务概况

某工程为道桥现浇箱梁，长 80 m，宽 10 m，高 1.6 m。该梁现浇段须满堂支架浇筑施工，经综合考虑，选择盘扣式脚手架用作现浇箱梁的模板支撑体系，盘扣式支架架体的布置方案如下：

（1）盘扣式支架架体顺桥向立杆布置间距为梁端位置 0.9 m，其余位置 1.2 m。

（2）盘扣式支架架体横桥向立杆布置间距为底板下空心部分 1.2 m、腹板下 0.9 m，翼缘板下 1.2 m+1.5 m，翼缘板两侧做 0.9 m 宽护栏。

（3）盘扣式支架架体最大步距为 1.5 m，架体搭设高度为 17 m。

（4）模板采用 15 mm 厚竹胶板，主龙骨采用 I14 工字钢横桥向放置，次龙骨采用 100 mm×100 mm 方木顺桥向放置，间距为 20 cm。盘扣式支架标准横断面图如图 6.20 所示。

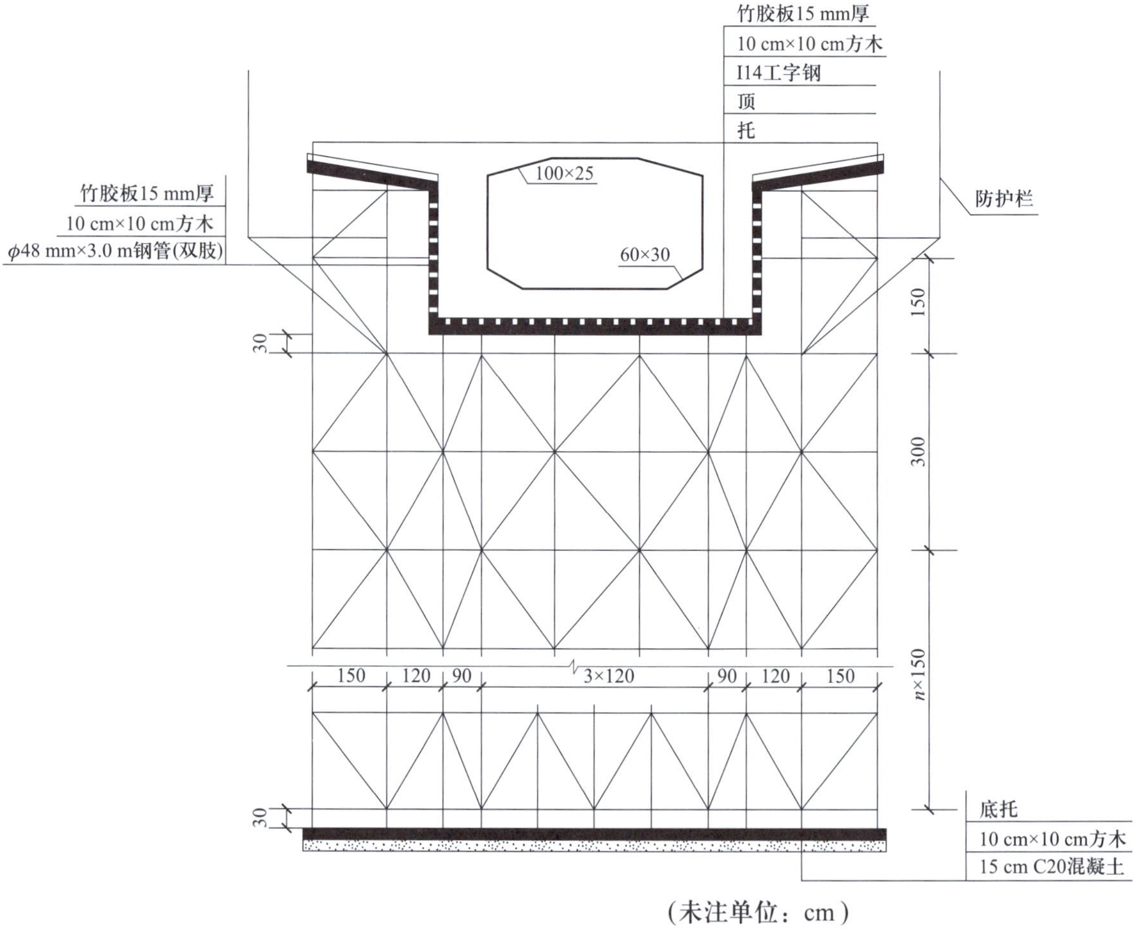

图 6.20

二、工艺原理及特点

盘扣式支架(图 6.21)立杆采用 ϕ60 mm,壁厚 3.5 mm,Q345B 钢管做主构件,圆盘为直径 135 mm、厚 10 mm 的冲压件,圆盘上开设 8 个孔,设有水平杆、斜杆连接孔。立杆是在一定长度的钢管上每隔 0.5 m 焊接上一个圆盘,用这种新颖、美观的圆盘连接水平杆,底部带连接套,水平杆是在钢管两端焊接上带插销的插头制成。盘扣式支架技术是通过突破传统脚手架的扣件螺栓紧固连接方式,利用预先焊接在横杆两头的接头装置和斜杆上的接头装置、立杆上焊接的 8 孔圆盘,利用重力楔形自锁销的原理,完全取代钢管和扣件,将横杆和立杆及斜杆连接起来,形成平面三角稳定结构,再将平面结构进行立体组合,最终形成稳定的空间结构的技术。

盘扣式支架是新型脚手架升级换代产品,具有以下特点:

(1) 产品采用热镀锌浸锌工艺,架体外观呈银灰金属色,色泽美观统一;而且有效地防止了构件在使用期内因材料腐蚀而造成的承载力下降,确保产品性能一致。

(2) 施工便捷、高效,不需或仅需少量的手动工具即可完成架体搭设,接头构造合理,作业容易,轻巧简便,提高了施工效率。

(3) 高承载力的产品和独特的结构设计,比传统脚手架少用 1/3~1/2 的材料,大幅减少工作量,从而显著缩短了施工周期;立杆轴向传力,使脚手架整体结构强度高、整体稳定性好、圆盘具有可靠的轴向抗剪力,且各种杆件轴线交于一点,整体稳定强度比普通脚手架高 200%。

(4) 构件少,功能多。根据具体施工要求,能组成模数为 0.5 m 的多种组架尺寸和荷载的单排、双排脚手架、支撑架、支撑柱等多种功能的施工装备,并能做曲线布置。

(5) 安全可靠。立杆均使用 Q345B 低碳合金结构钢,承载力得到大幅度提升;采用独立楔子穿插自锁机构,由于互锁和重力作用,即使插销未被敲紧,水平杆插头亦无法脱出,插件有自锁功能,可以按下插销进行锁定或拔下插销进行拆卸,加上扣件和支柱的接触面大,从而提高了钢管的抗弯强度,可确保两者相结合时,支柱不会歪斜。

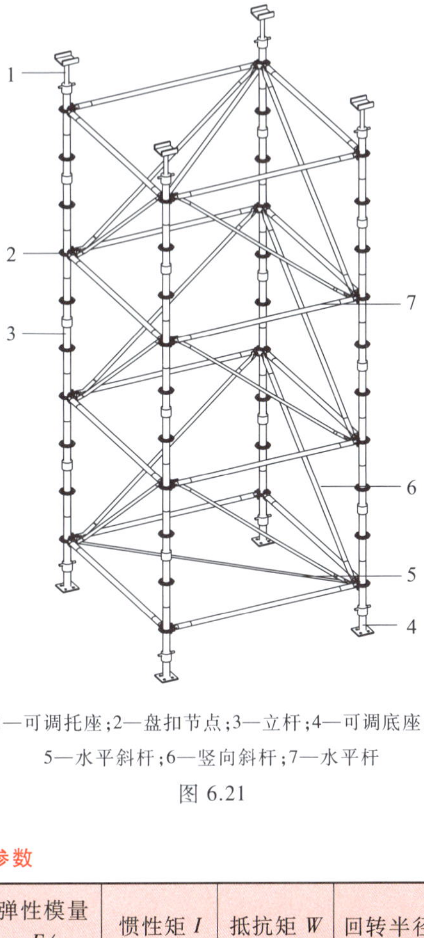

1—可调托座;2—盘扣节点;3—立杆;4—可调底座;5—水平斜杆;6—竖向斜杆;7—水平杆

图 6.21

三、计算参数

盘扣式支架计算参数见表 6.1。

表 6.1　盘扣式支架计算参数

材料名称	材质	截面尺寸 /mm	壁厚 /mm	抗弯强度 f_m/ (N/mm^2)	抗剪强度 f_v/ (N/mm^2)	弹性模量 E/ (N/mm^2)	惯性矩 I /mm^4	抵抗矩 W /mm^3	回转半径 i/mm
立杆	Q345B	60.2	3.5	300	170	2.06×10^5	2.31×10^5	7.7×10^3	20.1
水平杆	Q235	48.2	2.75	215	125	2.06×10^5	9.39×10^4	3.86×10^3	15.9

续表

材料名称	材质	截面尺寸/mm	壁厚/mm	抗弯强度 f_m/(N/mm²)	抗剪强度 f_v/(N/mm²)	弹性模量 E/(N/mm²)	惯性矩 I/mm⁴	抵抗矩 W/mm³	回转半径 i/mm
工字钢	—	140×80×5.5×9.1		215		2.06×10^5	7 120 000	102 000	—
方木	—	100×100		13	1.5	9 000	8 333 333	166 667	—
面板	—	—	15	13	1.5	6 000	281 250	37 500	—

四、检算内容

1. 面板检算

取最不利位置，即腹板处面板计算。腹板为 15 mm 竹胶板，取 1 m 板宽检算。按三跨连续梁计算，跨径取 $l=0.2$ m。

作用于面板的荷载有：

a 为钢筋及混凝土自重取 (26×1.6) kN/m² = 41.6 kN/m²；

b 为内、外模板荷载取 5 kN/m²；

c 为施工人员及设备荷载取 2.5 kN/m²；

d 为振捣混凝土产生的荷载取 2 kN/m²；

e 为泵送混凝土冲击荷载取 3.5 kN/m²。

$$p_1=a+b+c+d+e=41.6\ \text{kN/m}^2+5\ \text{kN/m}^2+2.5\ \text{kN/m}^2+2\ \text{kN/m}^2+3.5\ \text{kN/m}^2=54.6\ \text{kN/m}^2$$

$$p_2=1.3\times(a+b)+1.5\times(c+d+e)=1.3\times(41.6+5)\ \text{kN/m}^2+1.5\times(2.5+2+3.5)\ \text{kN/m}^2=72.58\ \text{kN/m}^2$$

荷载组合：

$$q_1=p_1\times1=54.6\times1\ \text{kN/m}^2=54.6\ \text{kN/m}$$

$$q_2=p_2\times1=72.58\times1\ \text{kN/m}^2=72.58\ \text{kN/m}$$

最大弯矩 $M_{\max}=\dfrac{q_2l^2}{10}=\dfrac{72.58\times0.2^2}{10}\ \text{kN}\cdot\text{m}=0.29\ \text{kN}\cdot\text{m}$（图 6.22）

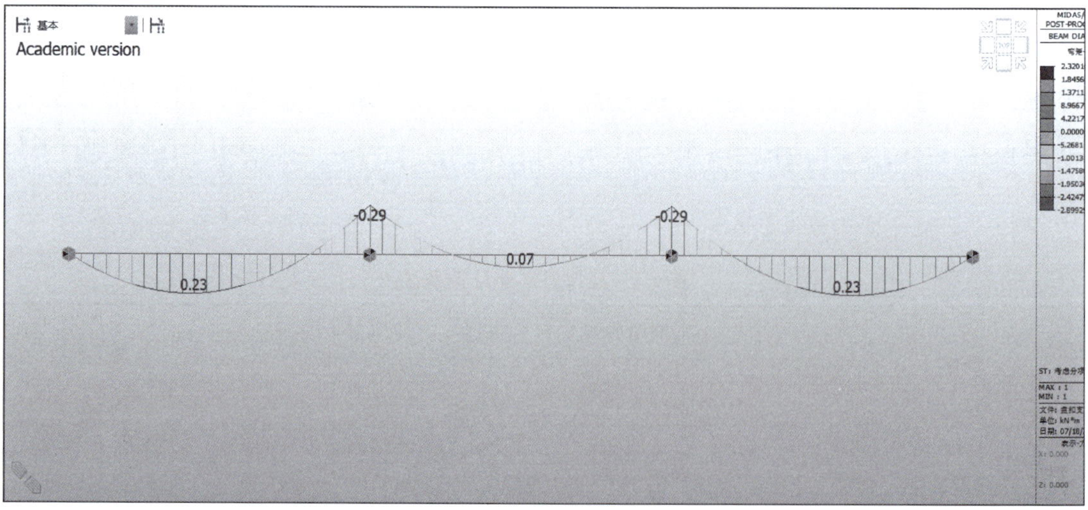

图 6.22

最大剪力 $F_S = 0.6q_2 l = 0.6 \times 72.58 \times 0.2\ \text{kN} = 8.71\ \text{kN}$(图 6.23)

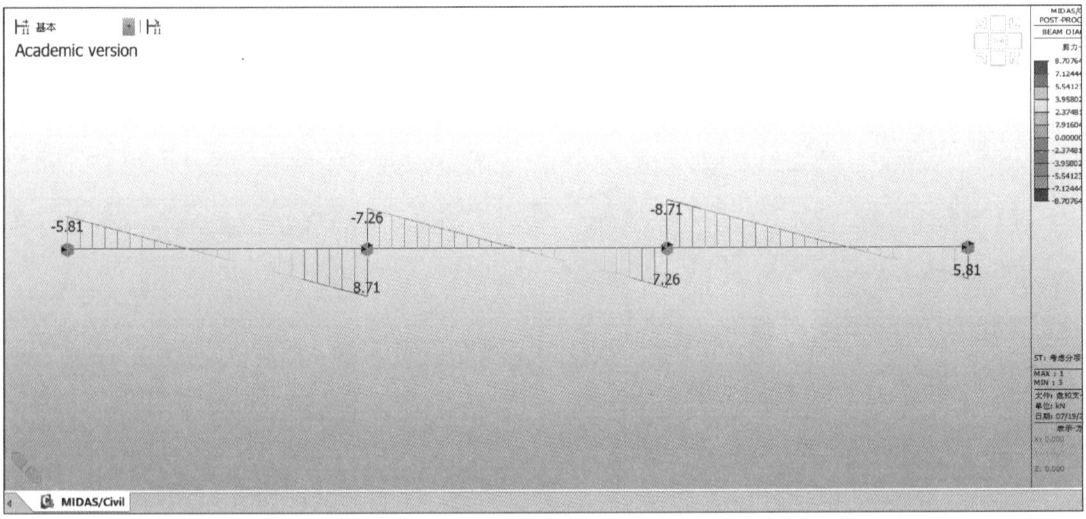

图 6.23

(1) 强度检算

$\sigma_{\max} = \dfrac{M_{\max}}{W} = \dfrac{0.29 \times 10^6}{37\ 500}\ \text{MPa} = 7.73\ \text{MPa} < 13\ \text{MPa}$,强度满足要求(图 6.24)。

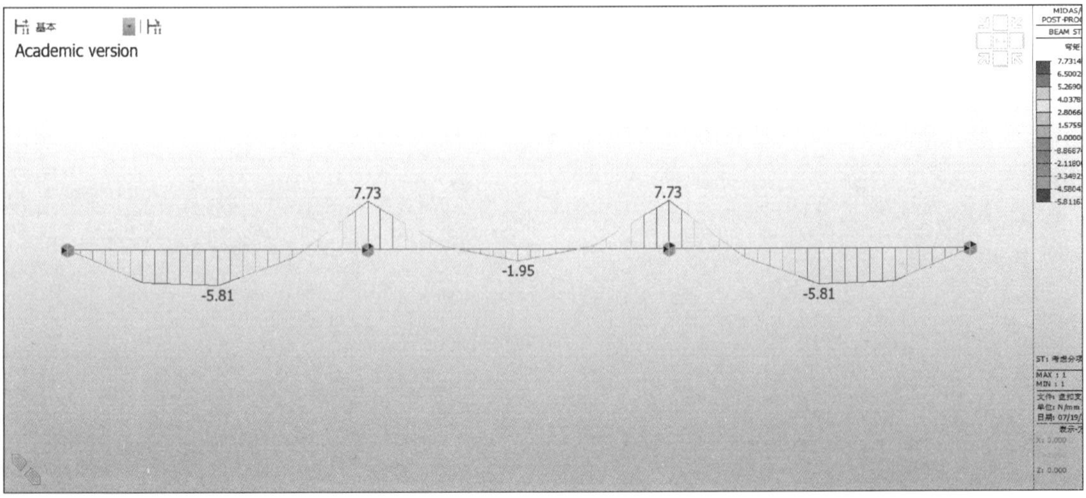

图 6.24

$\tau_{\max} = \dfrac{3}{2} \cdot \dfrac{F_{S\max}}{A} = \dfrac{3}{2} \times \dfrac{8\ 710}{1\ 000 \times 15}\ \text{MPa} = 0.87\ \text{MPa}$(图 6.25)

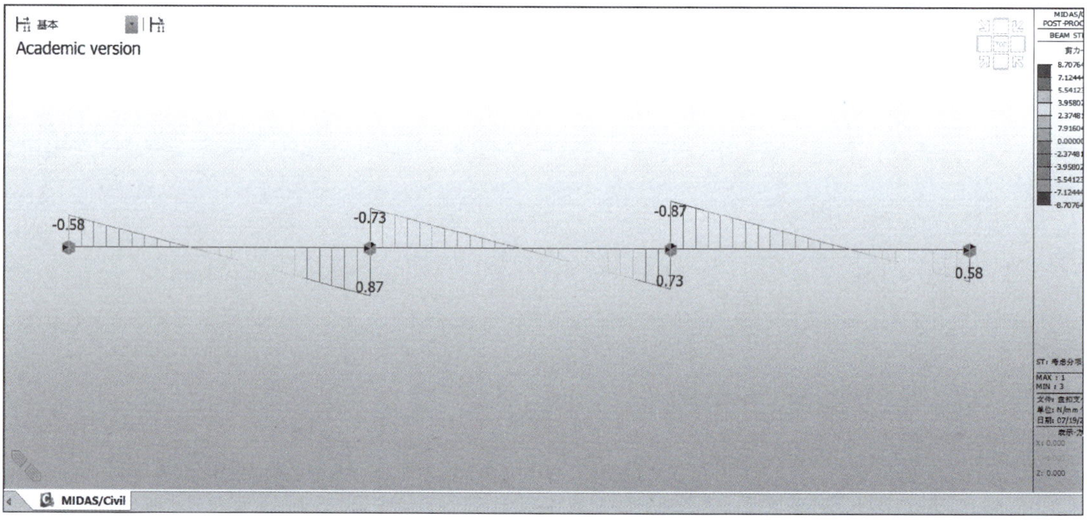

图 6.25

（2）刚度检算

$\omega_{\max}=\dfrac{0.677q_1l^4}{100EI}=\dfrac{0.677\times54.6\times0.2^4\times10^{12}}{100\times6\ 000\times281\ 250}\ \text{mm}=0.35\ \text{mm}<\dfrac{200}{400}\ \text{mm}=0.5\ \text{mm}$，刚度满足要求（图 6.26）。

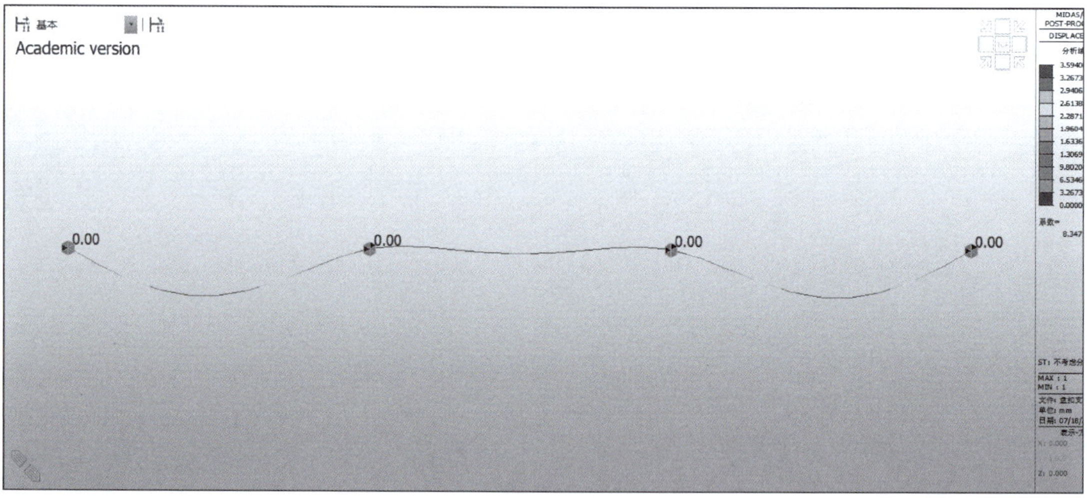

图 6.26

故面板检算满足要求。

2. 次龙骨（100 mm×100 mm 方木）检算

取最不利位置，即跨中腹板处次龙骨计算。腹板处次龙骨间距为 0.2 m。按三跨连续梁计算，跨径取 $l=1.2$ m。

荷载组合：

$$q_1 = p_1 \times 0.2 = 54.6 \times 0.2\ \text{kN/m} = 10.92\ \text{kN/m}$$

$$q_2 = p_2 \times 0.2 = 72.58 \times 0.2\ \text{kN/m} = 14.52\ \text{kN/m}$$

最大弯矩 $M_{\max} = \dfrac{q_2 l^2}{10} = \dfrac{14.52 \times 1.2^2}{10}\ \text{kN} \cdot \text{m} = 2.09\ \text{kN} \cdot \text{m}$(图 6.27)

图 6.27

最大剪力 $F_S = 0.6 q_2 l = 0.6 \times 14.52 \times 1.2\ \text{kN} = 10.45\ \text{kN}$(图 6.28)

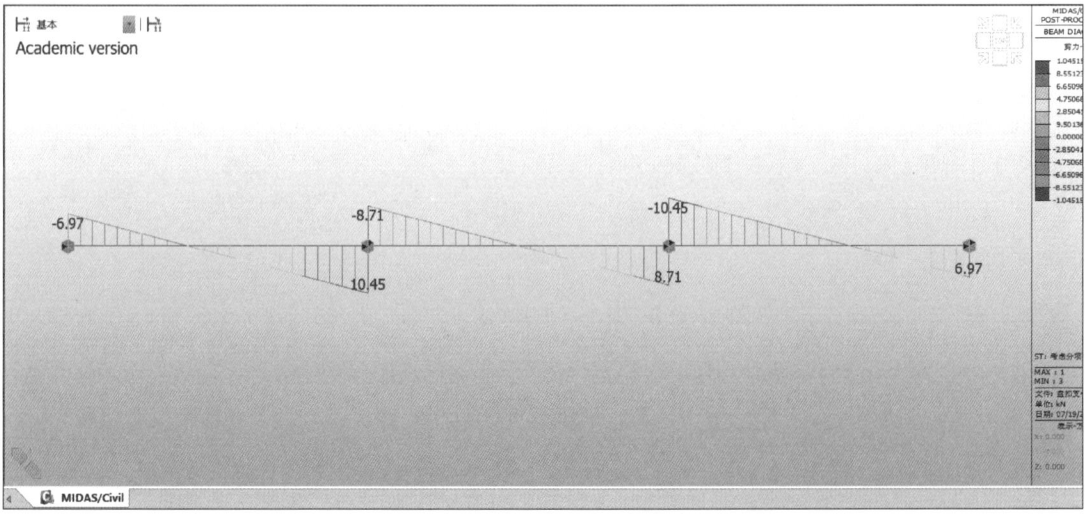

图 6.28

(1) 强度检算

$\sigma_{\max} = \dfrac{M_{\max}}{W} = \dfrac{2.09 \times 10^6}{166\ 667}\ \text{MPa} = 12.55\ \text{MPa} < 13\ \text{MPa}$,强度满足要求(图 6.29)。

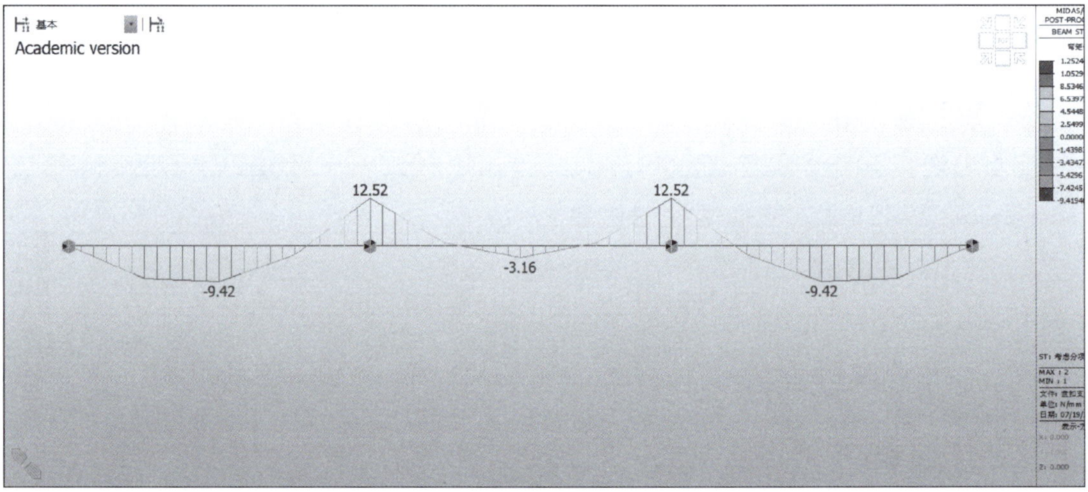

图 6.29

$$\tau_{\max}=\frac{3}{2}\cdot\frac{F_{S\max}}{A}=\frac{3}{2}\times\frac{10\ 450}{100\times100}\ \mathrm{MPa}=1.56\ \mathrm{MPa}\text{(图 6.30)}$$

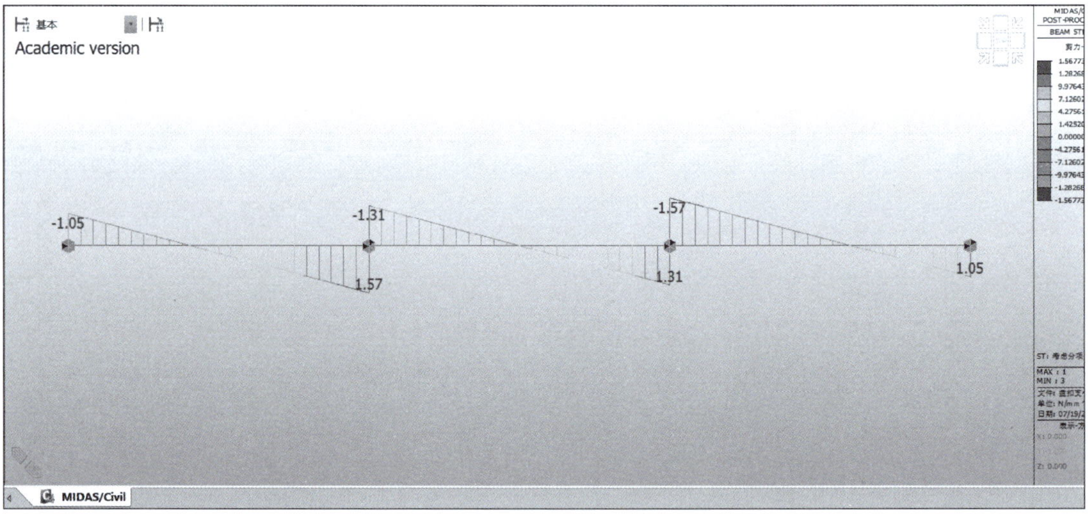

图 6.30

（2）刚度检算

$$\omega_{\max}=\frac{0.677q_1l^4}{100EI}=\frac{0.677\times10.92\times1.2^4\times10^{12}}{100\times9\ 000\times8\ 333\ 333}\ \mathrm{mm}=2.04\ \mathrm{mm}<\frac{1\ 200}{400}\ \mathrm{mm}=3\ \mathrm{mm}$$，刚度满足要求（图 6.31）。

故次龙骨即纵桥向 100 mm×100 mm 方木检算满足要求。

3. 主龙骨（14 号工字钢）检算

取最不利位置，即腹板处主龙骨计算。

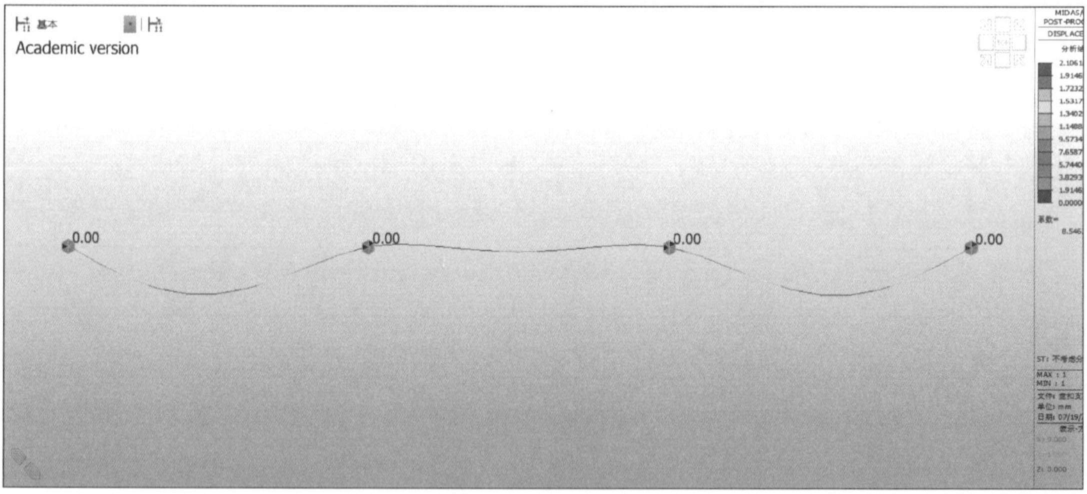

图 6.31

按三跨连续梁计算，跨径取 $l=0.9$ m，承受次龙骨方木传来的集中荷载，为简化计算转换为均布荷载。

(1) 纵向间距按 0.9 m 布置的区间内主龙骨

荷载组合：

$$q_1=p_1\times0.9=54.6\times0.9\ \text{kN/m}=49.14\ \text{kN/m}$$

$$q_2=p_2\times0.9=72.58\times0.9\ \text{kN/m}=65.34\ \text{kN/m}$$

最大弯矩 $M_{\max}=\dfrac{q_2l^2}{10}=\dfrac{65.34\times0.9^2}{10}\ \text{kN}\cdot\text{m}=5.29\ \text{kN}\cdot\text{m}$(图 6.32)

图 6.32

最大剪力 $F_S=0.6q_2l=0.6\times65.34\times0.9\ \text{kN}=35.28\ \text{kN}$(图 6.33)

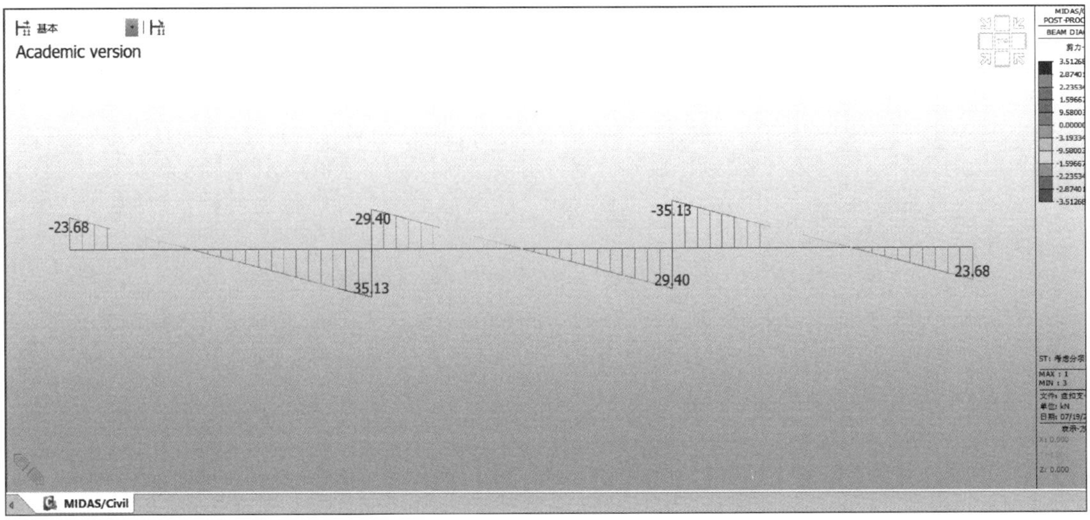

图 6.33

① 强度检算

$\sigma_{\max}=\dfrac{M_{\max}}{W}=\dfrac{5.29\times10^{6}}{102\ 000}$ MPa = 51.89 MPa<215 MPa，强度满足要求（图 6.34）。

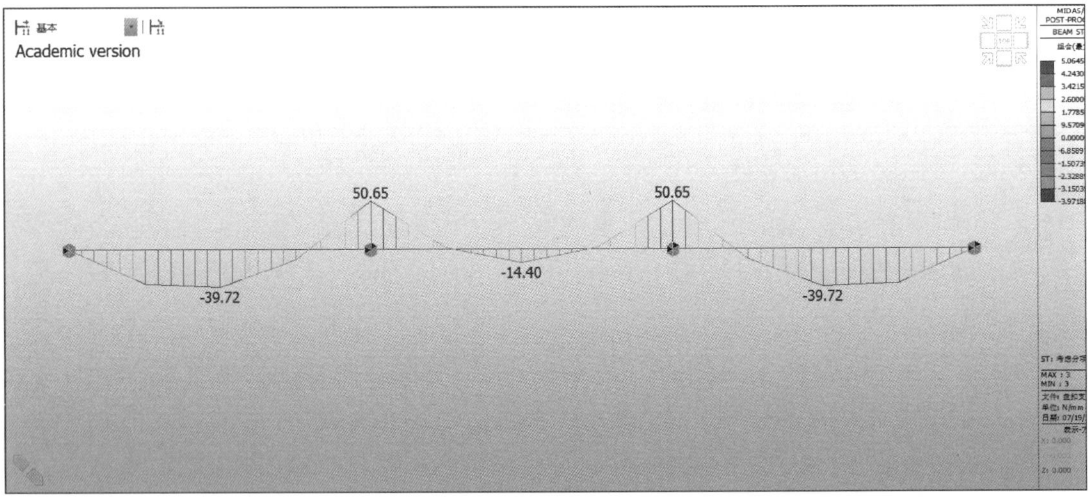

图 6.34

$\tau_{\max}=\dfrac{F_{S\max}}{A}=\dfrac{35\ 280}{140\times5.5}$ MPa = 45.82 MPa（图 6.35）

② 刚度检算

$\omega_{\max}=\dfrac{0.677q_1l^4}{100EI}=\dfrac{0.677\times49.14\times900^4}{100\times206\ 000\times7\ 120\ 000}$ mm = 0.15 mm<$\dfrac{900}{400}$ mm = 2.25 mm，刚度满足要求（图 6.36）。

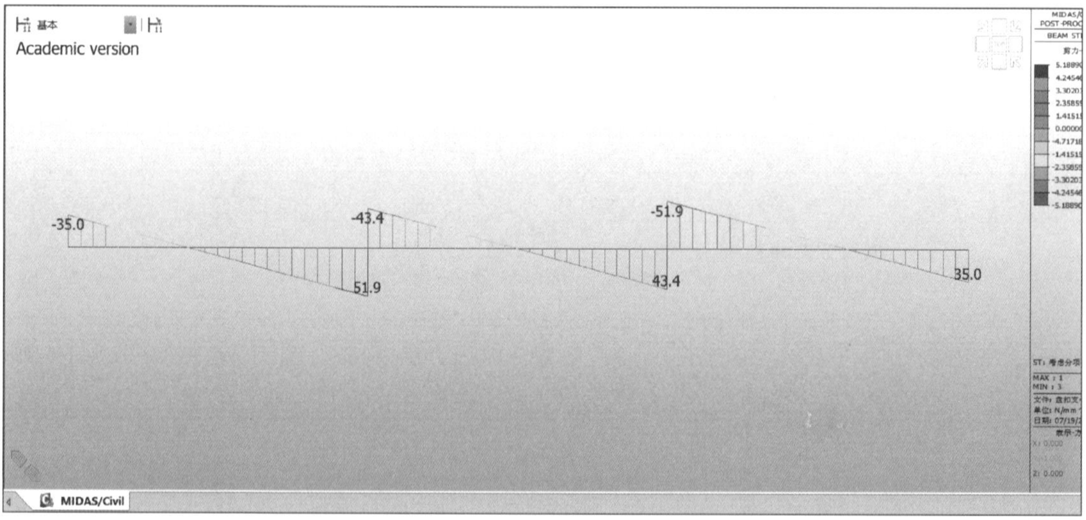

图 6.35

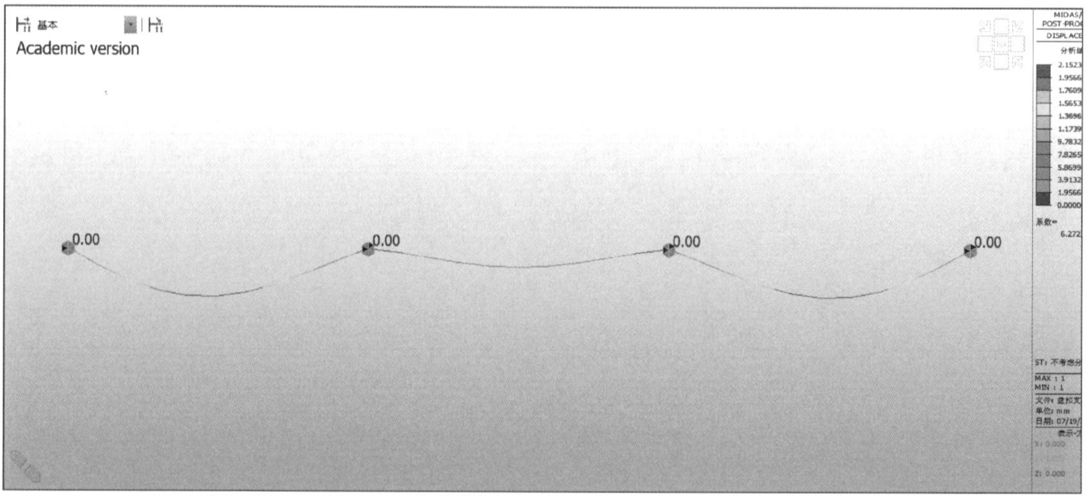

图 6.36

故主龙骨即横桥向单根 I14 工字钢检算满足要求。

（2）纵向间距按 1.2 m 布置的区间内主龙骨

荷载组合：

$$q_1 = p_1 \times 1.2 = 54.6 \times 1.2\ \text{kN/m} = 65.52\ \text{kN/m}$$

$$q_2 = p_2 \times 1.2 = 72.58 \times 1.2\ \text{kN/m} = 87.12\ \text{kN/m}$$

最大弯矩 $M_{\max} = \dfrac{q_2 l^2}{10} = \dfrac{87.12 \times 0.9^2}{10}\ \text{kN} \cdot \text{m} = 7.06\ \text{kN} \cdot \text{m}$（图 6.37）

最大剪力 $F_S = 0.6 q_2 l = 0.6 \times 87.12 \times 0.9\ \text{kN} = 47.04\ \text{kN}$（图 6.38）

图 6.37

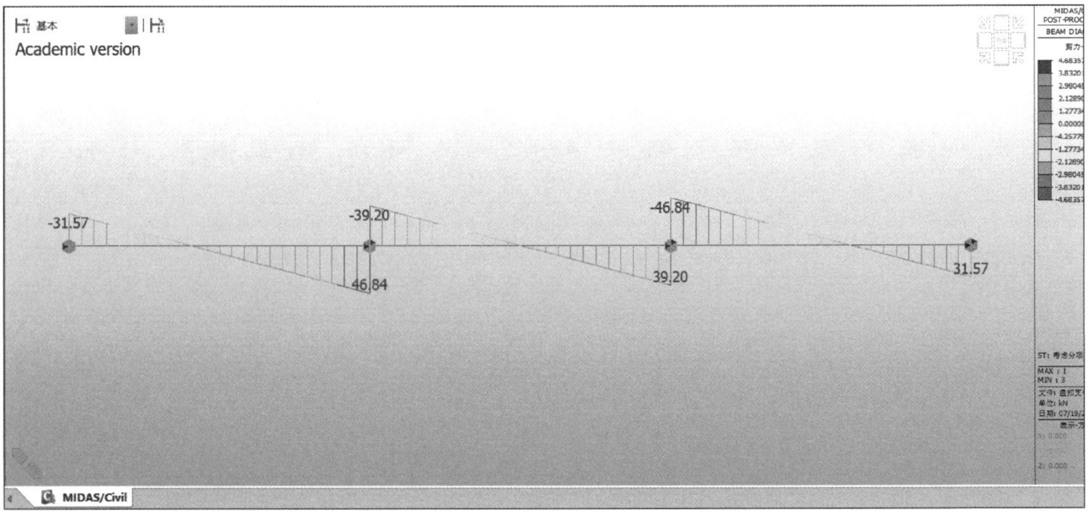

图 6.38

① 强度检算

$$\sigma_{\max}=\frac{M_{\max}}{W}=\frac{7.06\times10^{6}}{102\ 000}\ \text{MPa}=69.18\ \text{MPa}<215\ \text{MPa}$$,强度满足要求(图 6.39)。

$$\tau_{\max}=\frac{F_{\text{Smax}}}{A}=\frac{47\ 040}{140\times5.5}\ \text{MPa}=61.09\ \text{MPa}$$(图 6.40)

② 刚度检算

$$\omega_{\max}=\frac{0.677q_1l^4}{100EI}=\frac{0.677\times65.52\times900^4}{100\times206\ 000\times7\ 120\ 000}\ \text{mm}=0.20\ \text{mm}<\frac{900}{400}\ \text{mm}=2.25\ \text{mm}$$,刚度满足要求(图 6.41)。

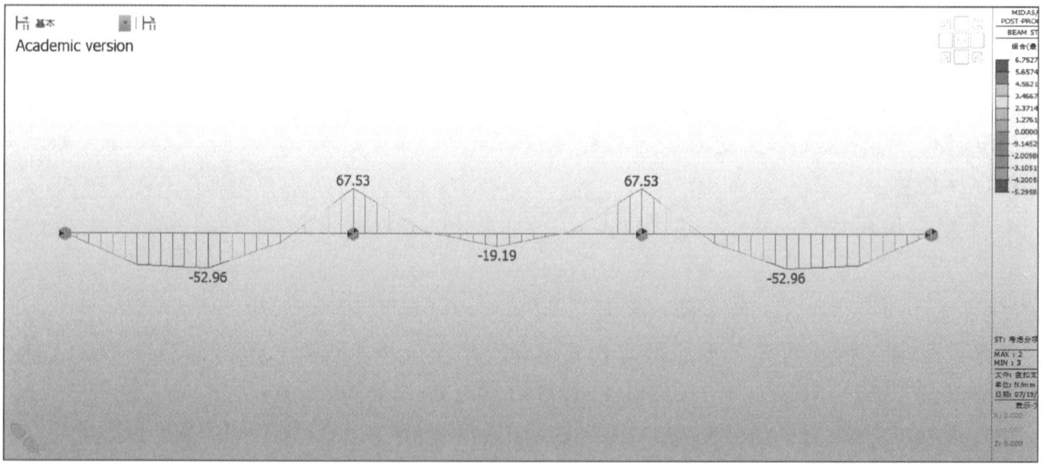

图 6.39

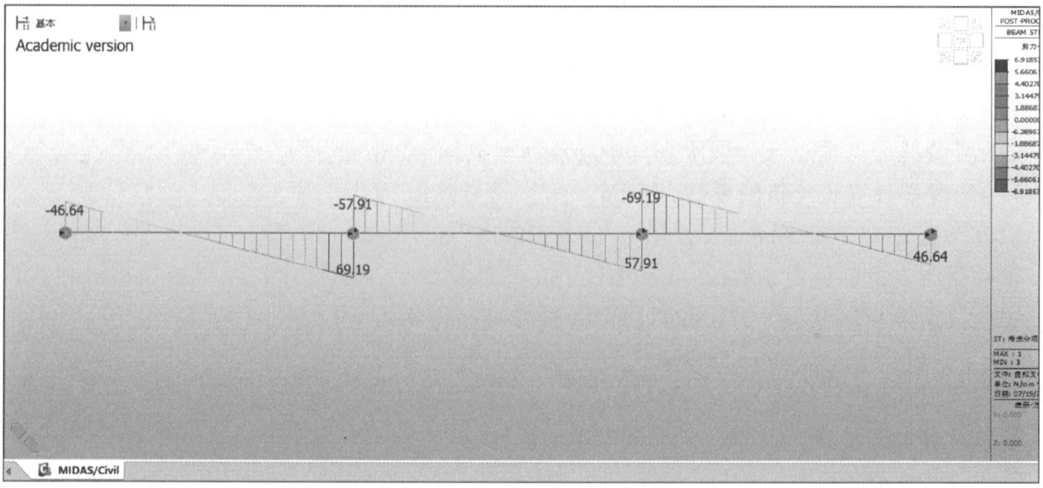

图 6.40

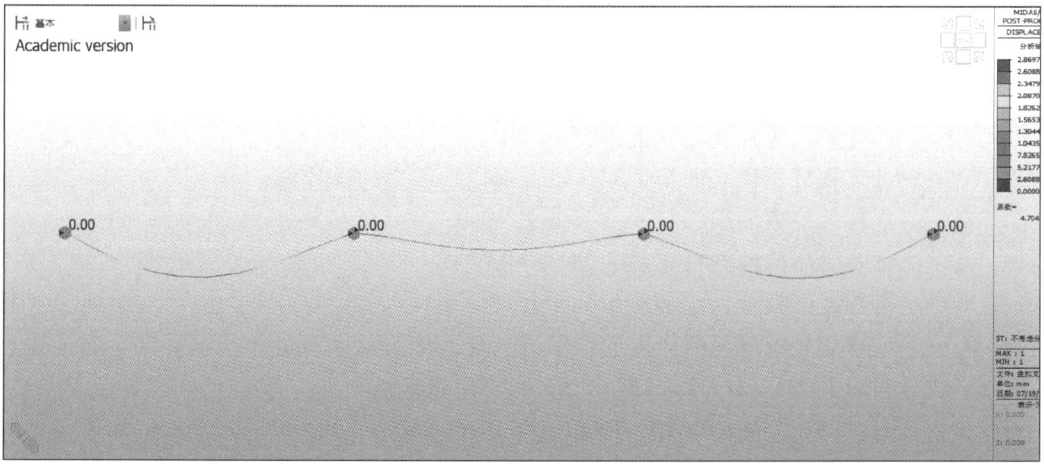

图 6.41

故主龙骨即横桥向单根 I14 工字钢检算满足要求。

4. 立杆承载力检算

(1) 纵向间距按 0.9 m 布置的区间内立杆

当立杆位于腹板正中时,受力最为不利。

稳定性检算:

① 不组合风荷载时

荷载组合:

$$N=[1.3\times(a+b)+1.5\times(c+d+e)]\times0.9\times0.9\ \text{kN}=58.79\ \text{kN}$$

计算长度,根据《建筑施工承插型盘扣式钢管支架安全技术规程》(JGJ/T 231—2021)中:

由公式(5.3.2-1)计算:$l_o=\beta_H\eta h=1.1\times1.05\times1\ 500\ \text{mm}=1\ 732.5\ \text{mm}$

由公式(5.3.2-2)计算:$l_o=\beta_H\gamma h'+2ka=1.1\times0.9\times1\ 000+2\times0.6\times360\ \text{mm}=1\ 422\ \text{mm}$

式中:β_H 为支架搭设高度调节系数,取 1.1;

η 为支架立杆计算长度修正系数,水平杆步距为 1.5 m 时,取 1.05;

h 为支架立杆中间层最大竖向步距,$h=1\ 500$ mm;

h'为支架立杆顶层水平杆步距,宜比最大步距减少一个盘扣,$h'=1\ 000$ mm;

γ 为支架顶层步距修正系数,$h'=1\ 000$ mm 时,取 0.9;

a 为可调托座支撑点至顶层水平杆中心线的距离,$a=360$ mm;

k 为悬臂端计算长度折减系数,取 0.6。

取较大值 $l_o=1\ 732.5$ mm,长细比 $l_o/i=1\ 732.5/20.1=86.2<150$;

轴心受压立杆的稳定系数 φ,由长细比 l_o/i 的计算结果,根据《建筑施工承插型盘扣式钢管支架安全技术规程》(JGJ/T 231—2021)中附录 C 查表得到:$\varphi=0.67$;

$$\sigma=\frac{N}{\varphi A}=\frac{58\ 790}{0.67\times571}\ \text{N/mm}^2=153.67\ \text{N/mm}^2\leqslant300\ \text{N/mm}^2$$

故稳定性满足要求。

② 组合风荷载时

荷载组合:

$$N=[1.3\times(a+b)+0.9\times1.5\times(c+d+e)]\times0.9\times0.9=57.82\ \text{kN}$$

$$\frac{N}{\varphi A_0}+\frac{M_W}{W}\leqslant[f_c]$$

式中 $[f_c]$——立杆的抗压强度设计值,取 300 MPa;

N——计算立杆所代表的脚手架柱段范围内轴心力的设计值;

A_0——立杆的毛截面积;

φ——轴心受压构件的稳定系数,取 $\varphi=0.67$;

W——钢管截面模量,为 $7.7\times10^3\ \text{mm}^2$;

M_w——计算立柱段风荷载产生的弯矩,按《建筑施工承插型盘扣式钢管支架安全技术规程》(JGJ/T 231—2021)公式(5.4.2-2)确定:

$$M_w=0.9\times1.5\omega_k l_a h^2/10=0.9\times1.5\times0.03\times1.2\times1.52/10=0.011\ \text{kN}\cdot\text{m}$$

式中 ω_k——风荷载标准值 $0.03\ \text{kN/m}^2$(10 年一遇风压 ω_0 取值为 0.3,体型系数 $\mu_s=0.132$,风压

高度变化系数 μ_z 查表 C 类场地,高度 20 m 处取值 0.74;$\omega_k=\mu_s\mu_z\omega_0$);

L_a——立杆纵距 1.5 m;

h——脚手架水平杆竖向最大步距(m);

$$\sigma=\frac{N}{\varphi A_0}+\frac{M_w}{W}=\frac{57\ 820}{0.67\times571}\ \text{N/mm}^2+\frac{11\ 000}{7\ 700}\ \text{N/mm}^2=152.57\ \text{N/mm}^2\leqslant300\ \text{N/mm}^2$$

故稳定性满足要求。

(2) 纵向间距按 1.2 m 布置的区间内立杆

① 不组合风荷载时

荷载组合:

$$F=[1.3\times(a+b)+1.5\times(c+d+e)]\times0.9\times1.2\ \text{kN}=78.39\ \text{kN}$$

$$\sigma=\frac{N}{\varphi A}=\frac{78\ 390}{0.67\times571}\ \text{N/mm}^2=204.90\ \text{N/mm}^2\leqslant300\ \text{N/mm}^2$$

故稳定性满足要求。

② 组合风荷载时

荷载组合:

$$F=[1.3\times(a+b)+0.9\times1.5\times(c+d+e)]\times0.9\times1.2\ \text{kN}=77.23\ \text{kN}$$

$$\sigma=\frac{N}{\varphi A_0}+\frac{M_w}{W}=\frac{77\ 230}{0.67\times571}\ \text{N/mm}^2+\frac{11\ 000}{7\ 700}\ \text{N/mm}^2=203.30\ \text{N/mm}^2\leqslant300\ \text{N/mm}^2$$

故稳定性满足要求。

5. 地基承载力检算(图 6.42)

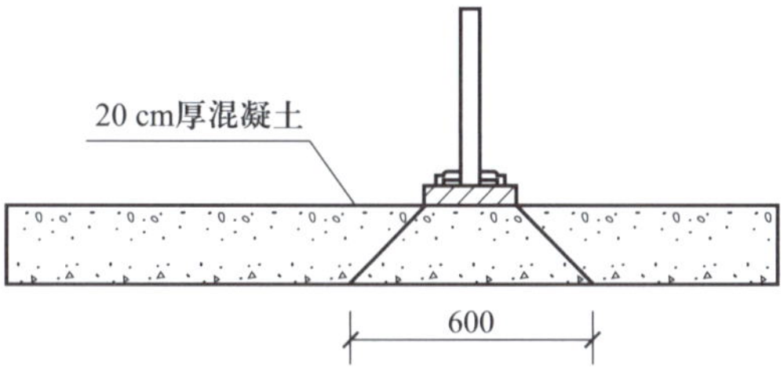

图 6.42

地基承载力检算:

$$p=N/A$$

式中　p——立杆基础底面处的平均压力设计值;

A——基础底面计算面积;

N——立杆传至基础顶面的轴心力设计值;

$N_{max}=78.39$ kN;

基础处理采用 20 cm 厚混凝土:

$A=600\ \text{mm}\times600\ \text{mm}=360\ 000\ \text{mm}^2$;

$p=N_{max}/A=78\ 390\ \text{N}/360\ 000\ \text{mm}^2=0.22$ MPa;

经计算地基处理后的承载力应大于 0.22 MPa,方可满足要求。

工学项目小结

一、本工学项目的任务 6.1 讨论了斜弯曲变形构件的强度问题

组合变形是由两种或两种以上的基本变形组合而成的。解决组合变形强度问题的基本原理是叠加原理。即在材料服从胡克定律和小变形假设的前提下,将组合变形化为几个基本变形的组合。

组合变形的计算步骤:

① 简化或分解外力　目的是使每一个外力分量只产生一种基本变形。通常是将横向力沿截面形心主轴分解;纵向力向截面形心平移。

② 分析内力　按分解后的基本变形计算内力,明确危险截面位置及危险面上的内力方向。

③ 分析应力　按各基本变形计算内力,明确危险点位置,用叠加法求出危险点应力的大小,从而建立强度条件。

斜弯曲是两个互相垂直平面内的平面弯曲组合。强度条件为

$$\sigma_{\max}=\frac{M_{y\max}}{W_y}+\frac{M_{z\max}}{W_z}\leqslant[\sigma]$$

二、本工学项目的任务 6.2 讨论了轴向与弯曲组合变形的强度问题

偏心压缩(拉伸)是轴向压缩(拉伸)和平面弯曲的组合。单向偏心压缩(拉伸)的强度条件为

$$\sigma_{\max}^{+}=-\frac{F}{A}+\frac{M_z}{W_z}\leqslant[\sigma^{+}]$$

$$\sigma_{\max}^{-}=\left|-\frac{F}{A}-\frac{M_z}{W_z}\right|\leqslant[\sigma^{-}]$$

双向偏心压缩(拉伸)的强度条件为

$$\sigma_{\max}^{+}=\frac{F_{\mathrm{N}}}{A}+\frac{M_{ey}}{W_y}+\frac{M_{ez}}{W_z}=\frac{F}{A}+\frac{F\cdot z_F}{W_y}+\frac{F\cdot y_F}{W_z}\leqslant[\sigma^{+}]$$

$$\sigma_{\max}^{-}=\left|\frac{F}{A}-\frac{F\cdot z_F}{W_y}-\frac{F\cdot y_F}{W_z}\right|\leqslant[\sigma^{-}]$$

在应力计算中,各基本变形的应力正负号最好根据变形情况直接确定,然后再叠加,比较简便而不易发生错误。要避免硬套公式。

当偏心压力作用点位于截面形心周围的一个区域内时,截面上只有压应力而没有拉应力,这个区域就是截面核心。“截面核心”在土建工程中是较为有用的概念。

思考题

6.1　试举工程中组合变形的特例,并说明由哪些基本变形组成。

6.2　构件发生组合变形时依据什么原理计算强度?

6.3　斜弯曲与平面弯曲有何区别?

6.4　简述偏心压缩和轴向压缩的外荷载、内力、变形有何不同?

6.5　何谓截面核心?矩形截面和圆形截面杆受偏心压力作用时,不产生拉应力的极限偏心距各是多少?它们的截面核心各为什么形状?

习题

6.1　简支梁受力如图所示。已知梁的跨度 $l=6$ m,材料的许用应力 $[\sigma]=160$ MPa,试校核梁的强度。

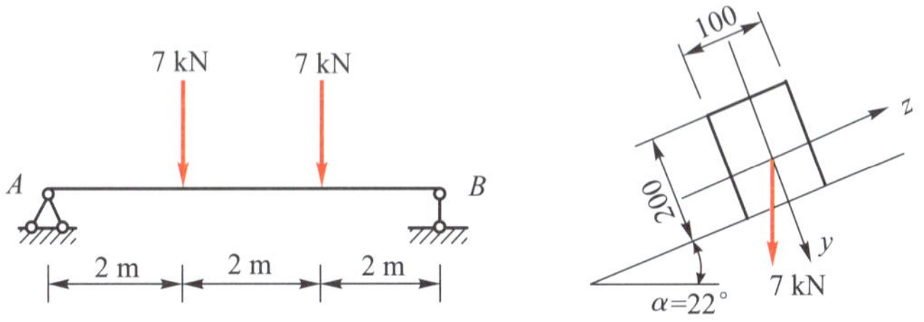

习题 6.1 图

6.2　檩条长 $l=4$ m,所受荷载及截面尺寸如图所示。试计算檩条内的最大弯曲正应力。

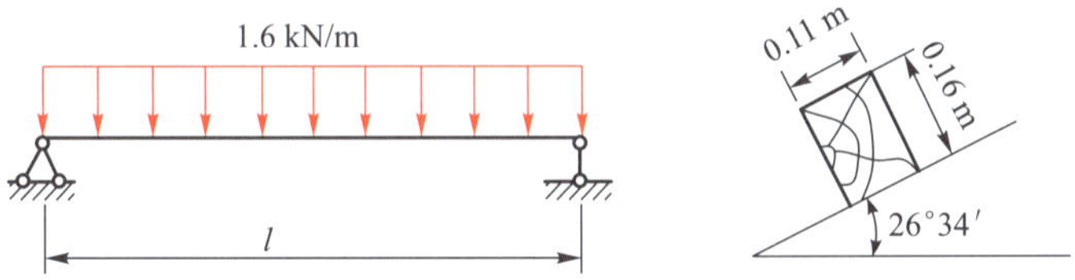

习题 6.2 图

6.3　由木材制成的矩形截面悬臂梁,在梁的水平对称面内受到 $F_1=1.6$ kN 的作用,在竖直对称面内受到 $F_2=0.8$ kN 的作用,如图所示。已知 $b=90$ mm,$h=180$ mm,$E=10$ GPa。试求梁的横截面上的最大正应力。

6.4　木质拉杆的截面原为边长 a 的正方形,拉力 $\boldsymbol{F}$ 与杆轴重合。后因使用上的需要,在杆件上的某一段范围内开一个 $a/2$ 宽的切口,如图所示。试求 $m-m$ 截面上的最大拉应力和最大压应力。最大拉应力为截面削弱前的拉应力值的几倍?

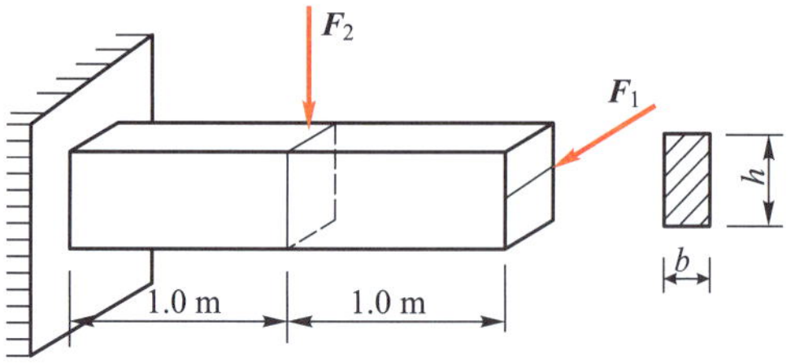

习题 6.3 图

6.5 试校核图示矩形截面短柱的强度。已知 $F_1=50$ kN, $F_2=5$ kN, $[\sigma^-]=120$ MPa, $[\sigma^+]=10$ MPa, $h=1.2$ m。

6.6 图示水塔盛满水时连同基础总重 $W=2\ 000$ kN,水平风荷载 $F=60$ kN,作用在离地面 $H=15$ m 处,圆形基础的直径 $d=6$ m,埋深 $h=3$ m,地基的许用应力 $[\sigma]=0.2$ MPa。试校核该地基的强度。

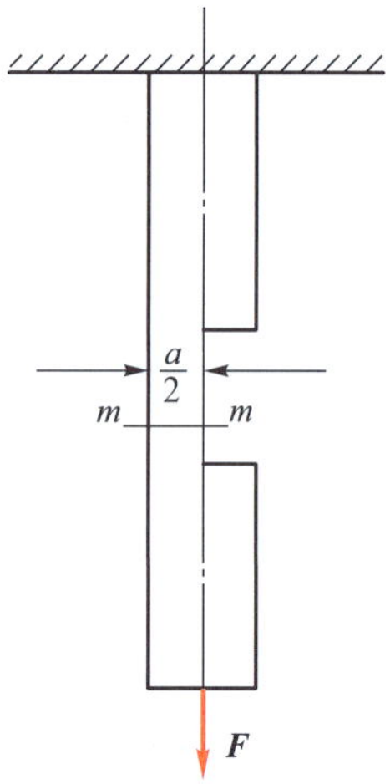

习题 6.4 图

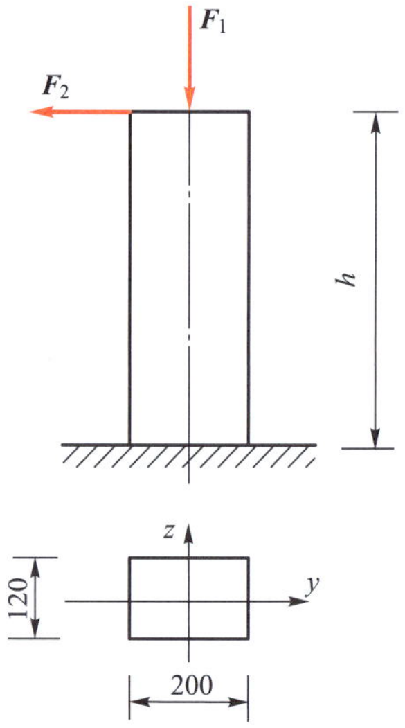

习题 6.5 图

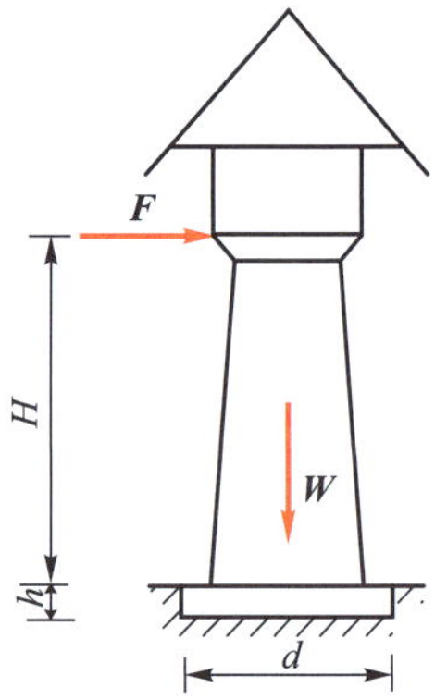

习题 6.6 图

工学项目 7

7

*超静定结构力学分析

知识目标

通过本工学项目的学习，能理解超静定结构的概念；理解结构位移的概念，会用图乘法计算结构的位移；理解力法、位移法原理，会计算简单超静定结构的内力并能绘制其内力图。

能力目标

通过本工学项目的学习，能绘制出简单超静定结构的内力图。

素质目标

通过本工学项目的学习，培养良好的身心素质、文化品位、人文素质和科学素养。

项目导学

实际工程中的大多数结构都属于超静定结构，对其作内力计算是对结构进行力学分析的前提。本工学项目主要研究超静定结构的内力计算问题。

任务 7.1　结构位移计算

任务导入

工程结构中大多数属于超静定结构，解超静定结构需要用位移条件建立补充方程，所以在解超静定结构前，需要先计算结构的位移。本任务主要介绍位移的计算方法。

知识点 1　超静定次数确定

一、超静定结构的概念

平面杆系结构可分为静定结构和超静定结构两类。静定结构的主要标志是结构是几何不变体系且无多余联系，其反力和内力用静力平衡条件便可全部确定。超静定结构也是几何不变体系，但有多余联系，单靠静力平衡条件不能确定全部反力和内力。如图 7.1 所示的连续梁具有一个多余联系，仅凭静力

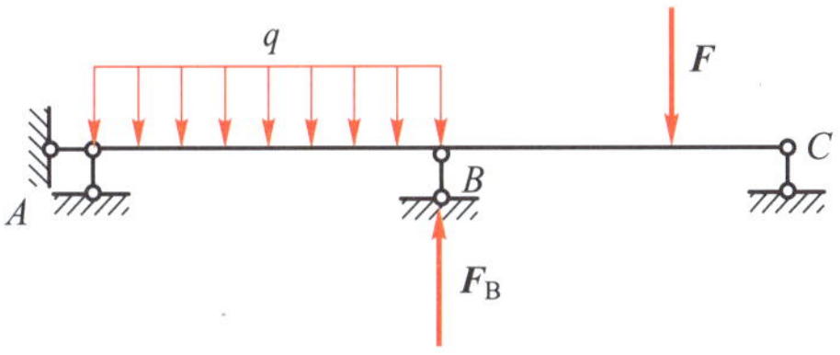

图 7.1

平衡方程无法确定其竖向支座反力，因此也就不能进一步求出其内力。就此梁的几何不变性而言，可以将支座 B 看作多余联系，因为没有它体系仍然能保持几何不变性，承受荷载作用。

超静定结构中多余联系的选取不是唯一的。某个联系能否被看作多余联系，要看它是否为维持结构的几何不变性所必需。图 7.1 所示结构中，也可将支座 C 或支座 A 处的竖向链杆分别看作多余联系。

多余联系处产生的反力称为多余未知力，常用 X 表示。如图 7.1 所示，连续梁中将链杆 B 认为是多余联系时，则反力 $\boldsymbol{F}_B$ 即是多余未知力，可用 X_1 表示。超静定结构在去掉多余联系后，就变成静定结构。超静定结构中的多余未知力是不能用静力平衡条件确定的，要用本工学项目介绍的力法或位移法解决。实际上，只要确定了多余未知力，其余的计算就转化为静定结构的计算问题。

二、超静定次数的确定

对于超静定结构，由于单靠静力平衡条件无法确定其全部反力和内力，还必须考虑用位移条件建立补充方程。一个超静定结构有多少个多余联系，相应地就有多少个多余未知力，也就需要建立同样数目的补充方程，才能求解。通常将超静定结构中多余联系的数目称为超静定次数。

由于超静定结构可以看作在静定结构的基础上增加若干多余联系而构成的。因此，判断超静定次数最直接的方法就是去掉原结构的多余联系，使之变成一个静定结构。需要去掉多余联系的数目，即为超静定结构的超静定次数。

去掉超静定结构多余联系的方式通常有如下几种：

① 去掉一根支座链杆或切断一根链杆相当于去掉一个联系，如图 7.2 所示。

② 去掉一个铰支座或拆去连接两刚片的单铰，或将固定端支座改为活动铰支座，相当于去掉两个联系，如图 7.3 所示。

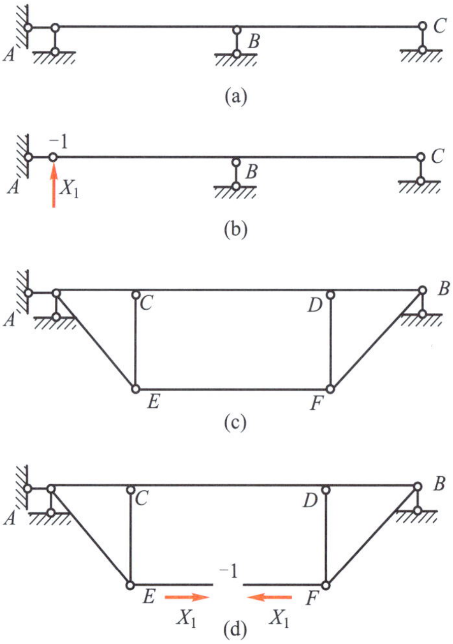

图 7.2

微课
超静定次数确定

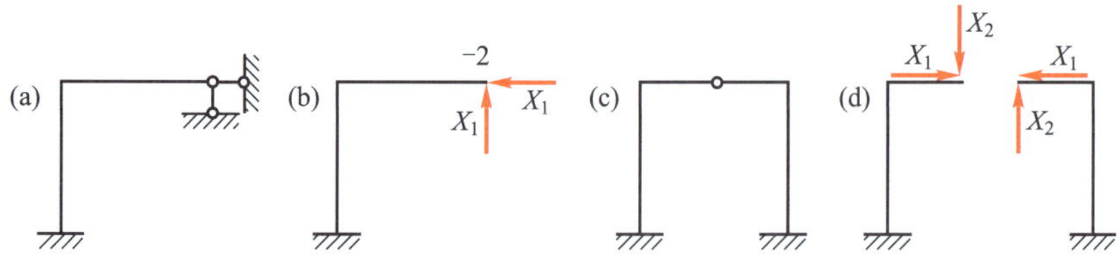

图 7.3

③ 将固定端支座改成铰支座，或将刚性连接改成单铰连接，相当于去掉一个联系，如图 7.4 所示。

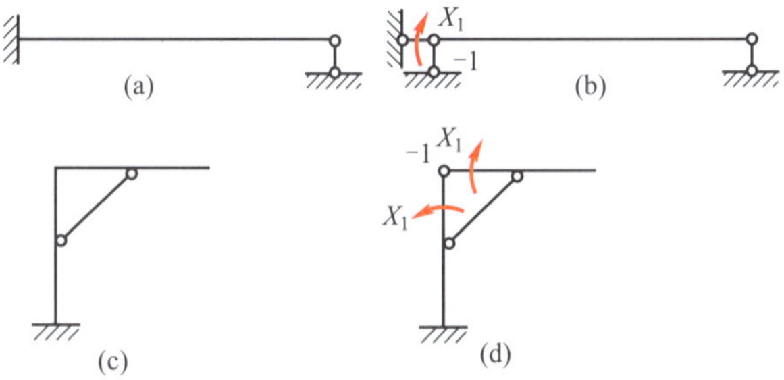

图 7.4

④ 去掉一个固定端支座或切开刚性连接相当于去掉三个联系，如图 7.5 所示。

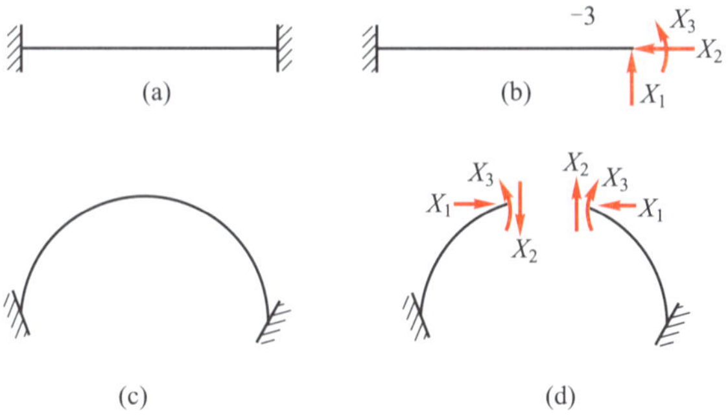

图 7.5

如从原超静定结构中去掉 n 个多余联系后结构就成为静定结构，则原结构称为 n 次超静定结构。

由于超静定结构去掉多余联系的方案可能有多种，故可得到不同的静定结构，但所去掉的多余联系数目是一样的。为了保证静定结构的几何不变性，应特别注意原结构的有些联系不能随意去掉。如图 7.2a 所示的连续梁，其支座 A 处的水平链杆就不能去掉，否则基本结构就成为可变体系。此外，所取的静定结构的形式，以计算简便为好。

知识点 2 单位荷载法

由于解超静定结构需要用位移条件建立补充方程，所以在解超静定结构前，需要先计算结构位移。

一、结构位移及位移计算的目的

荷载作用、温度变化、支座位移或制造误差等因素，都会使结构产生变形。变形除了指结构中各杆件的变形外，还包括结构几何形状的改变。变形时，结构中各杆横截面的位置也随之改变，这种位置的改变称为**位移**。结构位移有两种：截面移动和截面转动。截面移动称为**线位移**，用截面形心处的移动表示；截面的转动称为**角位移**，用杆轴线上截面处一点切线方向的变化表示。图 7.6 所示悬臂梁在荷载作

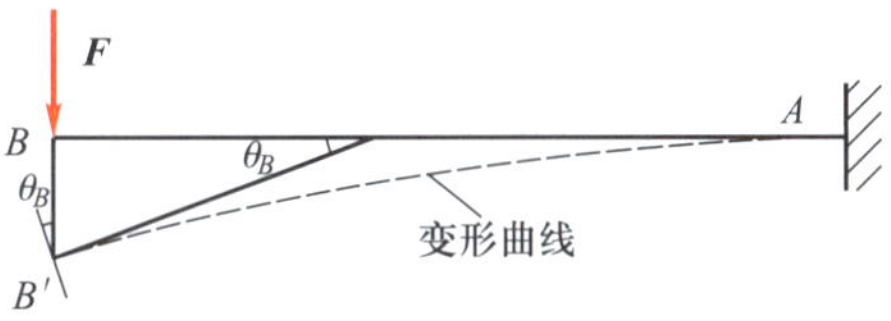

图 7.6

用下，产生的变形如图中虚线所示。截面 B 的形心由 B 移至 B'，BB' 即为 B 点的线位移。同时 AB 杆轴线上 B 点切线产生的转角 θ_B 即为 B 截面的角位移。

计算结构位移的一个目的是为了校核结构的刚度。如果结构强度能满足要求，但没有足够的刚度，在荷载作用下变形过大，也是不能正常工作的。例如行车在安置于吊车梁上的轨道上运行时，如果吊车梁的变形过大，行车轨道不平顺，就会引起较大的冲击和振动，影响正常运行。在工程上，结构的刚度条件通常是用位移来衡量。校核结构的刚度，一般就是检验结构中某一位移是否超过规定的允许值，以防止结构因产生过大的变形而影响其正常的使用。例如，有关规范规定，上述吊车梁跨中的最大竖向位移不得超过梁跨度的 1/600~1/500。

位移计算的另外一个目的是为了分析超静定结构。在计算超静定结构的内力时，除了平衡条件外还必须考虑结构的变形和位移条件。因此，超静定结构的受力分析，必定要涉及结构的位移计算，位移计算可以说是分析超静定结构的基础。

二、虚功和虚功原理

一个不变的力所做的功等于该力的大小与其作用点沿力方向相应位移的乘积。如图 7.7 所示，大小和方向都不变的力 $\boldsymbol{F}$ 所做的功为

$$W=F\Delta$$

又如图 7.8 所示，一对大小相等、方向相反的力 $\boldsymbol{F}$ 作用在圆盘的 A、B 两点上，设圆盘转动时，力 $\boldsymbol{F}$ 大小不变，方向始终垂直于直径 AB。当圆盘转动一个角度 φ 时，两力所做的功为

$$W=2F(r\varphi)$$

因为 $F\times2r$ 为一对大小相等、方向相反且不位于同一作用线上的力所形成的力偶矩 M，故上式可写成

$$W=M\varphi$$

即力偶所做的功等于力偶矩与转角(角位移)的乘积。

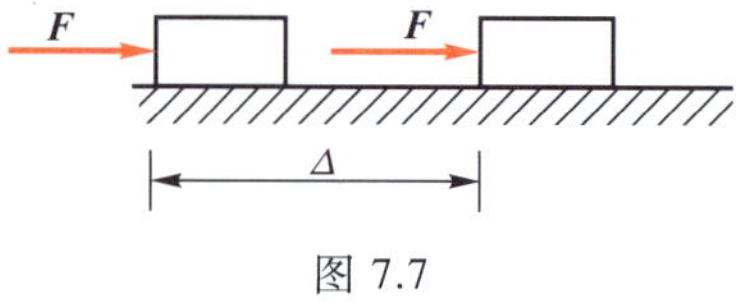

图 7.7

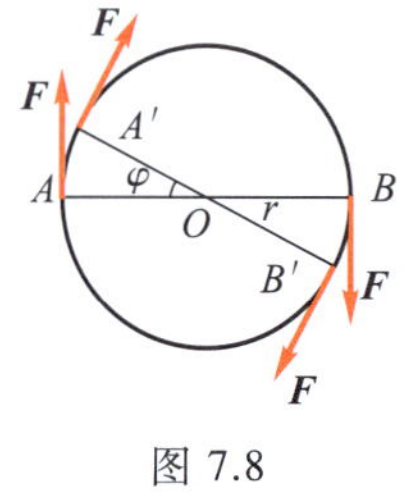

图 7.8

由上述可知，功包含了力和位移两个要素。当做功的力与相应位移彼此相关时，即当位移是由做功的力本身引起时，此功称为实功。上述集中力 $\boldsymbol{F}$ 与力偶矩 M 所做的功均为实功。当做功的力与相应的位移彼此独立无关时，即位移并不是由做功的力引起的，把这种功称为虚功。如图 7.9a 所示简支梁受力 $\boldsymbol{F}_1$ 作用，待其达到实曲线所示的弹性平衡位置后，如果由于某种外因(如其他荷载或温度变化等)使梁继续发生微小变形而达到虚曲线所示的位置，力 $\boldsymbol{F}_1$ 对相应位移 Δ_2 所作功就是虚功。在虚功中，力与位移是彼此独立无关的两个因素。因此，可将两者看成是分别属于同一体系的两种彼此无关的状态，其中力系所属状态称为力状态或第一状态，如图 7.9b 所示。位移所属状态称为位移状态或第二状态，如图 7.9c 所示，如用 W_{12} 表示第一状态的力在第二状态的位移上所作的虚功，则有

$$W_{12}=F_1\Delta_2$$

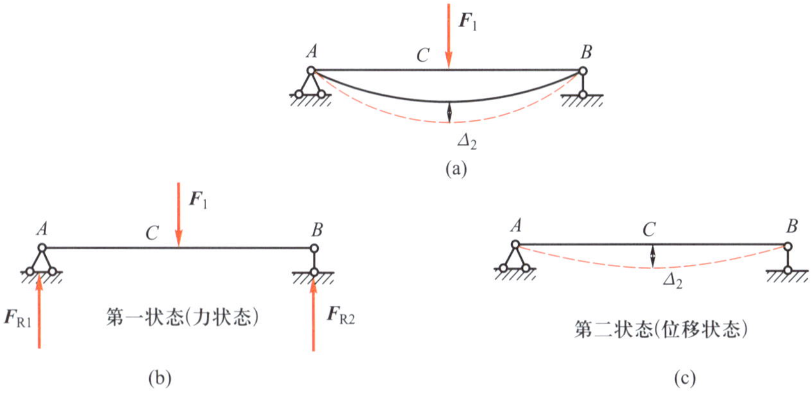

图 7.9

需要指出,在虚功中,力状态和位移状态是彼此独立无关的。因此,不仅可以把位移状态看作虚设的,也可以把力状态看作虚设的,它们各有不同的应用。

在上述做功中,W_{12}为外力在对应的位移上所做的功,称为**外力虚功**。同时,第一状态的杆件的内力在第二状态的变形上也相应地做功,称为**内力虚功**,用 W'_{12}表示。

变形体虚功原理表明,第一状态的外力在第二状态的位移上所作的外力虚功,等于第一状态的内力在第二状态的变形上所作的内力虚功,即

$$\text{外力虚功 } W_{12}=\text{内力虚功 } W'_{12}$$

三、单位荷载法

利用虚功原理建立结构在荷载作用下的位移计算公式时,首先要确定力状态和位移状态。由于实际荷载作用下结构产生位移和变形,可以是位移状态,也可以称为实际状态。为了利用虚功原理,还必须建立力状态。由于力状态和位移状态除了结构形式和支座情况相同外,其他方面两者完全无关。因而,力状态完全可以根据计算的需要而假定。为了使力状态能够在实际状态的所求位移上作虚功,同时又使计算过程尽量简单,常用的方法是在所求位移点,沿位移方向虚设单位力 $F=1$,由此而得的力状态又称为虚设状态。而该方法称为**单位荷载法**。

应特别强调,单位荷载是广义力,必须根据所求位移而假定。图 7.10 所示悬臂刚架,横梁上作用有竖向垂直荷载,当求此荷载作用下的不同位移时,虚设单位力有以下几种不同情况:

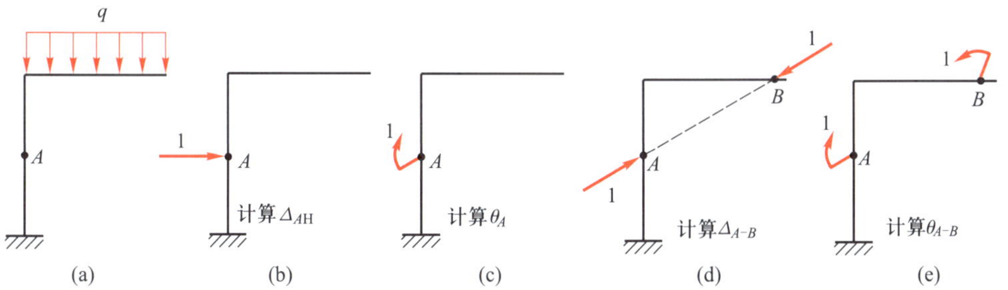

图 7.10

微课

单位荷载法计算静定结构位移的公式

① 欲求 A 点沿水平方向的线位移，应在 A 点沿水平方向加一单位集中力，如图 7.10b 所示。

② 欲求 A 点的角位移，应在 A 点加一个单位力偶，如图 7.10c 所示。

③ 欲求 A、B 两点的线位移，应在 A、B 两点沿 AB 连线方向加一对反向的单位集中力，如图 7.10d 所示。

④ 欲求 A、B 两截面的相对角位移，应在 A、B 两截面处加一对反向的单位力偶，如图 7.10e 所示。

四、静定结构位移计算公式

在虚设单位荷载的情况下，外力虚功为

$$W_{12}=F\cdot\Delta=\Delta$$

式中 Δ——任意点的所求广义位移。

内力虚功为

$$W'_{12}=\int\frac{M\overline{M}}{EI}\mathrm{d}x+\int\frac{kF_{S}\overline{F}_{S}}{GA}\mathrm{d}x+\int\frac{F_{N}\overline{F}_{N}}{EA}\mathrm{d}x$$

由虚功原理 $W_{12}=W'_{12}$，考虑到结构有多根杆件组成，最后得出结构位移计算的一般公式为

$$\Delta=\sum\int\frac{M\overline{M}}{EI}\mathrm{d}x+\sum\int\frac{kF_{S}\overline{F}_{S}}{GA}\mathrm{d}x+\sum\int\frac{F_{N}\overline{F}_{N}}{EA}\mathrm{d}x \tag{7.1}$$

微课
单位荷载法计算静定结构位移

式中 M、F_S、F_N——实际荷载下杆件的内力；

$\overline{M}$、$\overline{F}_S$、$\overline{F}_N$——虚设单位力作用下杆件的内力；

EI、GA、EA——杆件的抗弯刚度、抗剪刚度和抗拉刚度；

k——剪力不均匀分布系数。

式(7.1)是静定结构在荷载作用下位移计算的一般公式。公式右边有三项：第一项表示弯曲变形的影响，第二项表示剪切变形的影响，第三项则表示轴向变形的影响。各种不同的结构形式、受力特点不同，在位移中这三种影响的大小不同。根据不同结构的受力特点，保留主要影响，忽略次要影响，可得到不同结构的简化计算公式。

(1) 梁和刚架

在梁和刚架中，位移主要是由弯矩引起的，轴力和剪力影响很小。因此，式(7.1)可简化为

$$\Delta=\sum\int\frac{M\overline{M}}{EI}\mathrm{d}x \tag{7.2}$$

(2) 桁架

在桁架中，各杆只受轴力，而且一般情况下，每根杆件的截面 A 和轴力 F_N，$\overline{F}_N$，以及弹性模量 E 沿杆长方向都是常数。所以，式(7.1)可简化为

$$\Delta=\sum\int\frac{F_{N}\overline{F}_{N}}{EA}\mathrm{d}x=\sum\frac{F_{N}\overline{F}_{N}}{EA}l \tag{7.3}$$

(3) 组合结构

在组合结构中，梁式杆主要受弯曲，链杆只受轴力。因此，式(7.1)可简化为

$$\Delta=\sum\int\frac{M\overline{M}}{EI}\mathrm{d}x+\sum\frac{F_{N}\overline{F}_{N}}{EA}l \tag{7.4}$$

(4) 拱

一般的实体拱,计算位移时可忽略曲率对位移的影响,只考虑弯矩的影响,即采用式(7.2),但在扁平拱中需考虑弯矩和轴力的影响,即

$$\Delta = \sum \int \frac{M\overline{M}}{EI}\mathrm{d}x + \sum \int \frac{F_{\mathrm{N}}\overline{F}_{\mathrm{N}}}{EA}\mathrm{d}x \tag{7.5}$$

知识点 3 图乘法

利用式(7.2)计算梁和刚架在荷载作用下的位移时,先要分段列出 $\overline{M}$ 和 M 的方程式,然后代入式(7.2),分段积分再求和。当荷载比较复杂或者杆件数目较多时,以上计算过程是很麻烦且易出错的。但是,当组成结构的各杆段符合下述条件时,则可用图乘法简化计算。

① 杆轴为直线;

② 各杆段的 EI 分别等于常数;

③ $\overline{M}$ 和 M 两图中,至少有一个是直线图形。

微课

图乘法计算静定结构位移

图乘法计算静定结构的位移,由积分法推导出的公式为

$$\Delta = \sum \int \frac{M\overline{M}}{EI}\mathrm{d}x = \sum \frac{A \cdot y_C}{EI} \tag{7.6}$$

式中 A——M 或 $\overline{M}$ 图的面积;

y_C——计算面积 A 的弯矩图的形心对应的另一个直线弯矩图的纵坐标。

式(7.6)表明,截面的位移等于其中一个弯矩图的面积乘以它的形心所对应的另一个直线弯矩图的纵坐标,再除以 EI。这种用来计算位移的方法称为图乘法。上述的三个条件称为图乘法的前提条件。

应用图乘法求结构的位移时,应注意以下各点:

① 必须符合前面的三个条件。

② 纵坐标 y_C 只能在直线弯矩图中取值。如果 $\overline{M}$ 和 M 图形都是直线,则 y_C 可取自任何一个图形。

③ 若面积 A 与纵坐标 y_C 在杆件的同一侧时,则乘积取正值;不在同一侧时,则乘积取负值。

为便于图乘计算及记忆,将常用图形的面积和形心位置制成表 7.1 所示的形式。

表 7.1 常用图形的面积及形心位置

图形	面积 A	形心 x_C
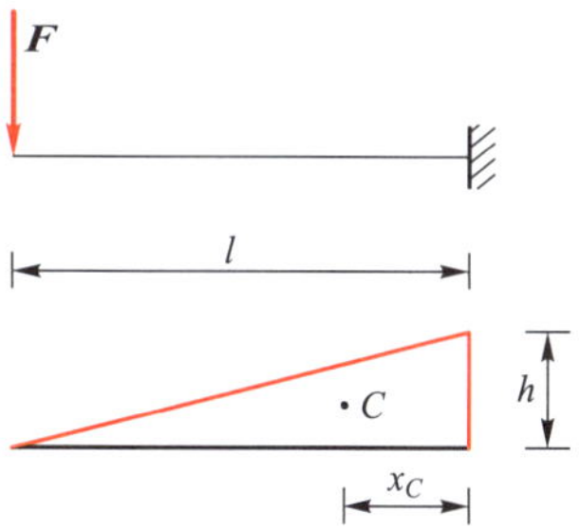	$A=\frac{1}{2}lh$	$x_C=\frac{1}{3}l$

续表

图形	面积 A	形心 x_C
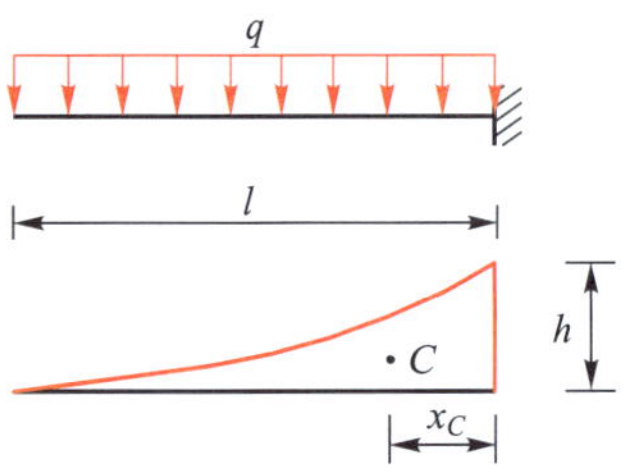	$A=\frac{1}{3}lh$	$x_C=\frac{1}{4}l$
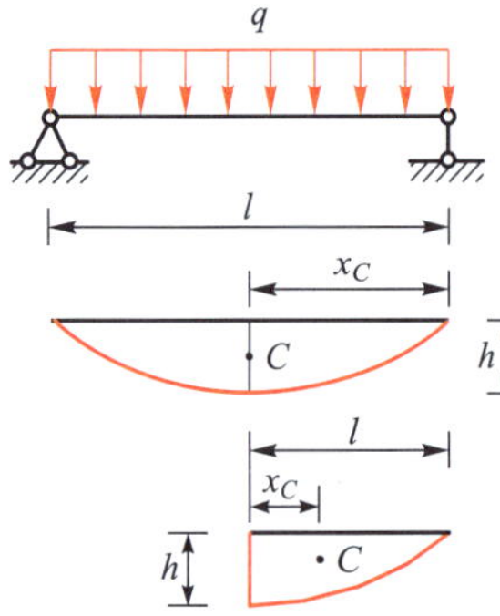	$A=\frac{2}{3}lh$ $A=\frac{2}{3}lh$	$x_C=\frac{1}{2}l$ $x_C=\frac{3}{8}l$
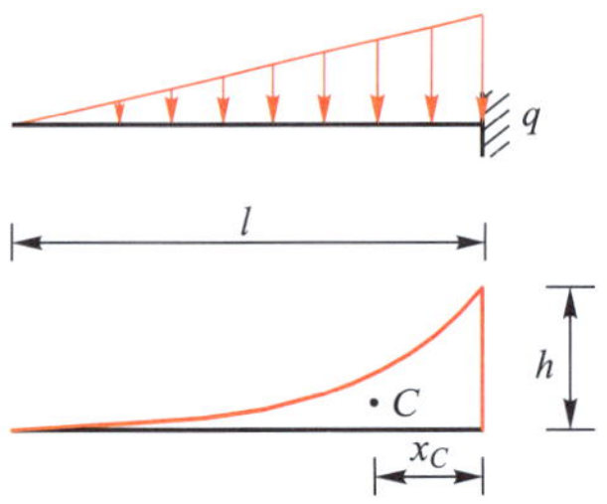	$A=\frac{1}{4}lh$	$x_C=\frac{1}{5}l$

在用图乘法求位移时，碰到复杂的弯矩图形，一般要分解成表中所列的各种简单弯矩图后，才能分别进行图乘。

图乘法的解题步骤如下：

① 画出结构在实际荷载作用下的弯矩图 M；

② 在欲求位移处沿所求位移的方向虚设广义单位力，画出单位弯矩图 $\overline{M}$；

③ 分段计算图形的面积 A 及其形心所对应的另一直线图形的纵坐标值 y_C；

④ 将 A、y_C 代入图乘公式计算所求位移。

下面举例说明图乘法的应用。

例 7.1 图 7.11a 所示的简支梁作用有均布荷载，梁的 EI 为常数。计算 A 端角位移 φ_A 及跨中 C 点的挠度 Δ_{Cy}。

解 (1) 求 φ_A

① 画实际荷载作用下的弯矩 M 图，如图 7.11b 所示。这是个标准抛物线，顶点在跨中。得

$$M_{\max}=\frac{1}{8}ql^2$$

② 在 A 端加虚设单位力偶 $M=1$，其弯矩 $\overline{M}_1$ 图如图 7.11c 所示。

③ M 图面积及其形心对应 $\overline{M}_1$ 图纵坐标分别为

$$A_1=\frac{2}{3}\times\frac{1}{8}ql^2\times l=\frac{ql^3}{12},\quad y_{C1}=\frac{1}{2}$$

④ 计算 φ_A，得

$$\varphi_A=\frac{A_1\cdot y_{C1}}{EI}=\frac{1}{EI}\times\frac{ql^3}{12}\times\frac{1}{2}=\frac{ql^3}{24EI}（顺时针）$$

计算结果为正，表示其转动方向和虚设单位力偶方向相同。

（2）求 Δ_{Cy}

① M 图仍如图 7.11b 所示。

② 在 C 点加竖向单位力 $F=1$，其弯矩 $\overline{M}_2$ 图如图 7.11d所示。

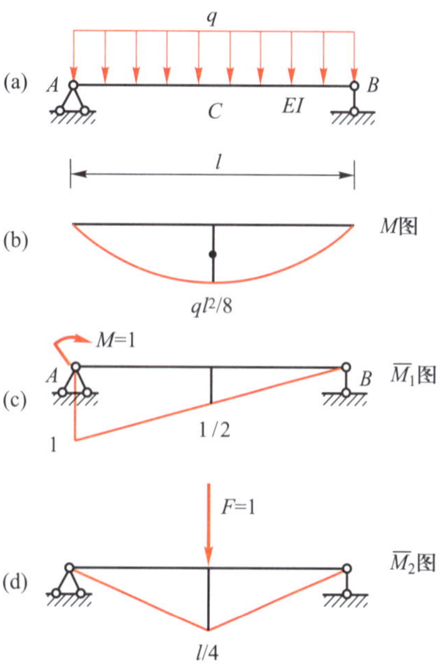

图 7.11

③ 在计算 A、y_C时，由于弯矩图 $\overline{M}_2$ 为折线图，故应分段计算再叠加，但由于对称性，故只需计算半个结构，取两倍即可。

$$A_2=\frac{2}{3}\times\frac{1}{8}ql^2\times\frac{l}{2}=\frac{ql^3}{24},\quad y_{C2}=\frac{5}{8}\times\frac{l}{4}=\frac{5l}{32}$$

④ 计算 Δ_{Cy}，得

$$\Delta_{Cy}=2\left[\frac{A_2\cdot y_{C2}}{EI}\right]=2\times\frac{1}{EI}\times\frac{ql^3}{24}\times\frac{5l}{32}=\frac{5ql^4}{384EI}(\downarrow)$$

计算结果为正，表示其位移方向和虚设单位力方向相同。

微课
图乘法计算静定结构位移举例

案例解析

微课
图乘法计算位移

一简支梁如图 7.12 所示。已知该梁由 18 号工字钢制成，跨径为 5 m，$E=210$ GPa，$q=8$ kN/m。

① 计算 A 端角位移 ψ_A 及跨中 C 点的挠度 Δ_{Cy}；

② 利用有限元分析软件 MIDAS 建立该梁模型，并查看其位移图；

③ 查看位移图，分别对比其 A 端角位移和跨中 C 点挠度的理论值和软件计算结果，并进行分析。

微课
软件操作－图乘法计算位移

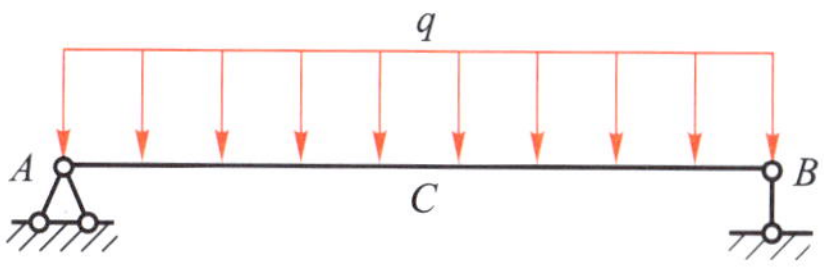

图 7.12

任务 7.2　力法解超静定结构

任务导入

在任务 7.1 中介绍了位移的计算方法，在此基础上建立起来的分析超静定结构的方法有力法和位移法两种。本任务介绍力法。

知识点 1　力法原理

前面已阐述了静定结构的内力和位移计算，在此基础上先通过一个简单的实例来说明力法的基本概念，从而寻求分析超静定结构的计算方法。图 7.13a 所示结构，是具有一个多余联系的超静定结构。将此超静定结构包括荷载在内称为**原系统**。若把支座 B 作为多余联系去掉，并用多余未知力 X_1 来代替它的作用，就可得到图 7.13b 所示的静定结构，它同时承受荷载和多余未知力 X_1 的作用。将该静定结构包括荷载和多余未知力在内称为原系统的**相当系统**。将相当系统中的静定结构称为**基本结构**。相当系统的受力变形等同于原系统的受力变形，作用在基本结构上的荷载是已知的，多余未知力 X_1 是所要求的基本未知量。如果设法将多余未知力 X_1 计算出来，那么原系统的计算问题就可转化为静定结构的计算。

微课

力法原理

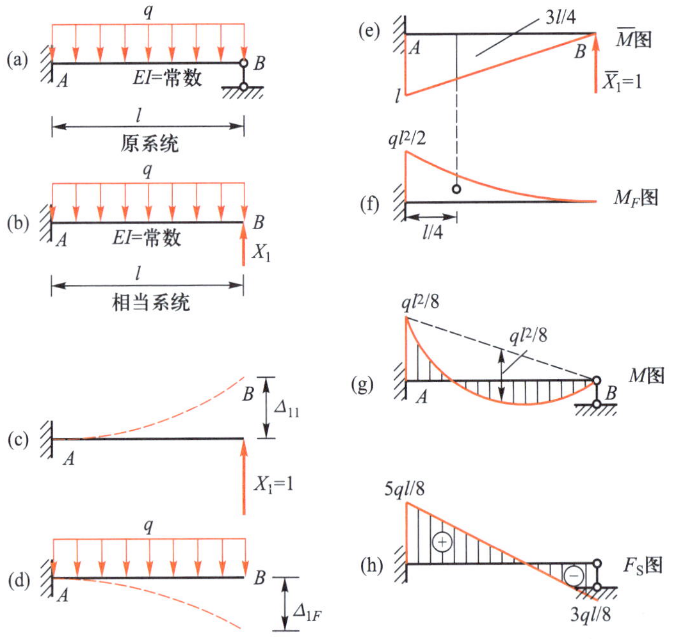

图 7.13

为了确定多余力 X_1，必须考虑变形条件以建立补充方程。原结构在支座 B 处由于多余联系的约束是没有竖向位移的，而基本结构上虽然该多余联系已被去掉，但其受力和变形情况与原结构的受力和变形应该完全一致，故在外荷载 q 和多余力 X_1 的共同作用下，在支座 B 处沿 X_1 方向上的竖向位移 Δ_1 必须等于零，即

$$\Delta_1 = 0 \tag{a}$$

式(a)就是确定多余力 X_1 的变形条件或位移条件。

如图 7.13c、d 所示,以 Δ_{11} 和 Δ_{1F} 分别表示多余力 X_1 和荷载 q 单独作用在基本结构上时,在 B 点处沿 X_1 方向产生的位移。假设其符号都以沿 X_1 方向为正。根据叠加原理有

$$\Delta_1=\Delta_{11}+\Delta_{1F}=0 \tag{b}$$

若以 δ_{11} 表示 X_1 为单位力,即 $X_1=1$ 时,单独作用在 B 点处沿 X_1 方向所产生的位移,则 $\Delta_{11}=\delta_{11}X_1$,于是可将式(b)写成

$$\delta_{11}X_1+\Delta_{1F}=0 \tag{7.7}$$

这就是根据实际位移条件得到的求解多余力的补充方程,称为**力法方程**。式中 δ_{11} 称为系数,而 Δ_{1F} 称为自由项。由于 δ_{11} 和 Δ_{1F} 都是静定结构在已知力作用下的位移,均可用按图乘法计算结构位移的方法求得,所以多余未知力 X_1 的大小和方向即可确定。如果求得的多余力 X_1 为正值,说明多余力的实际方向与原来假设的方向相同;如果是负值,则其实际方向与假设的方向相反。

用图乘法计算 δ_{11} 和 Δ_{1F} 时,分别作基本结构在荷载 q 作用下的弯矩 M_F 图和在单位力 $X_1=1$ 作用下的弯矩 $\overline{M}_1$ 图,如图 7.13e、f 所示。然后求得

$$\delta_{11}=\frac{1}{EI}\times\frac{l^2}{2}\times\frac{2}{3}l=\frac{l^3}{3EI}$$

$$\Delta_{1F}=-\frac{1}{EI}\left(\frac{1}{3}\times l\times\frac{ql^2}{2}\right)\times\frac{3l}{4}=-\frac{ql^4}{8EI}$$

将以上所得数值代入力法方程(7.7)得

$$X_1=-\frac{\Delta_{1F}}{\delta_{11}}=\frac{ql^4}{8EI}\times\frac{3EI}{l^3}=\frac{3}{8}ql(\uparrow)$$

X_1 的值为正,表明支座 B 的反力与图 7.13c 中所设的方向相同。

多余力 X_1 求得之后,其余所有反力、内力的计算都是静定问题,绘出内力图如图 7.13g、h 所示。绘制原系统的弯矩图,还可利用已有的 $\overline{M}_1$、M_F 图,将图形相叠加而得,即

$$M=\overline{M}_1X_1+M_F \tag{7.8}$$

也就是将 $\overline{M}_1$ 图的纵坐标乘以 X_1 倍,再与 M_F 图的对应纵坐标相加。例如截面 A 的弯矩为

$$M_A=l\times\frac{3ql}{8}+\left(-\frac{ql^2}{2}\right)=-\frac{ql^2}{8}\text{(上侧受拉)}$$

用式(7.8)求出各控制截面的弯矩后,绘出的弯矩图如图 7.13g 所示。

上述计算超静定结构的方法称为力法。它是以多余未知力作为基本未知量,并根据相应的位移条件建立力法方程,从而求得多余力的方法。力法是分析超静定结构最基本的方法。

知识点2　力法典型方程

前面通过只有一个未知力的超静定结构的计算,初步讲解了力法的基本原理和计算过程。现在进一步讨论如何建立多次超静定结构的力法方程。用力法计算超静定结构的关键是如何根据位移条件来建立力法方程,以求解多余未知力。

微课 力法典型方程

现以一个三次超静定结构为例进行说明。

图 7.14a 所示为一个三次超静定刚架,现去掉原系统中的固定端支座 B,并以相

应的多余力 X_1、X_2和 X_3来代替去掉联系的作用，得到如图 7.14b 所示的相当系统。因原系统 B 处为固定端支座，故支座 B 处无任何方向的位移，设水平线位移 Δ_1、竖向线位移 Δ_2 和角位移 Δ_3，则有

$$\left.\begin{aligned}\Delta_1=0\\ \Delta_2=0\\ \Delta_3=0\end{aligned}\right\} \tag{a}$$

上式为原系统 B 固定端的位移条件。由于相当系统的受力和变形与原系统是完全一致的，故在相当系统内的基本结构上作用的荷载和多余力，使杆端 B 点处沿 X_1、X_2 和 X_3 方向的位移也应等于零。

为了利用叠加原理进行计算，将图 7.14b 分解为图 7.14c、d、e、f 4 种情况，分别表示 X_1、X_2、X_3 和外荷载 F 单独作用下的受力和变形，现分析如下：

① 如图 7.14c 所示，当 $X_1=1$ 单独作用于基本结构上时，在 B 点处沿 X_1、X_2 和 X_3 方向上的位移分别以 δ_{11}、δ_{21}和 δ_{31}表示，则多余力 X_1 单独作用时，B 点沿各个多余力方向的位移分别为 $\delta_{11}X_1$、$\delta_{21}X_1$ 和 $\delta_{31}X_1$。

② 如图 7.14d 所示，当 $X_2=1$ 单独作用在基本结构上时，在 B 点处沿 X_1、X_2 和 X_3 方向的位移分别以 δ_{12}、δ_{22}和 δ_{32}表示，则多余力 X_2 单独作用时，B 点沿各个多余力方向的位移分别为 $\delta_{12}X_2$、$\delta_{22}X_2$ 和 $\delta_{32}X_2$。

③ 如图 7.14e 所示，当 $X_3=1$ 单独作用在基本结构上时，在 B 点处沿 X_1、X_2 和 X_3 方向的位移分别以 δ_{13}、δ_{23} 和 δ_{33}表示，则多余力 X_3单独作用时，B 点沿各个多余力方向位移分别为 $\delta_{13}X_3$、$\delta_{23}X_3$和 $\delta_{33}X_3$。

④ 如图 7.14f 所示，当荷载 F 单独作用时，B 点处沿 X_1、X_2和 X_3 方向的位移分别为 Δ_{1F}、Δ_{2F} 和 Δ_{3F}。

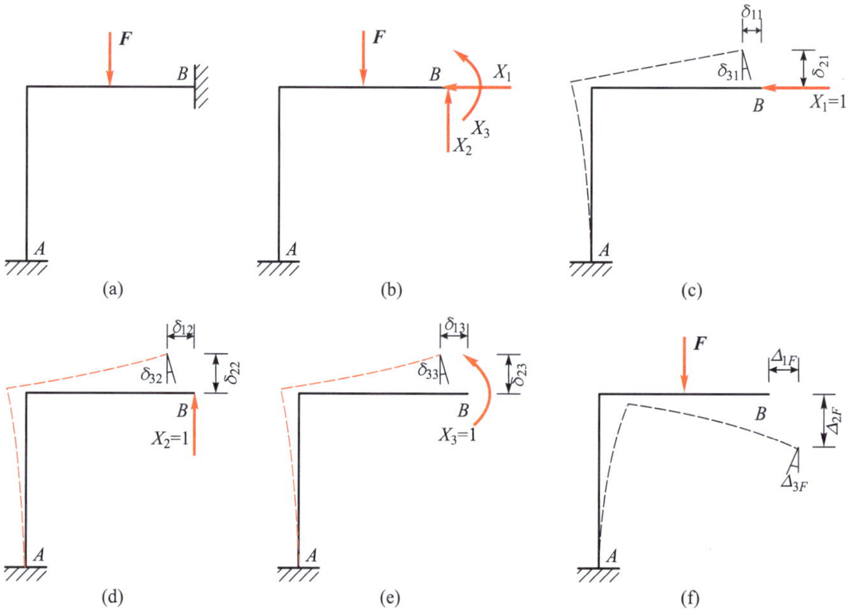

图 7.14

根据叠加原理,可将上述的位移条件式(a)写为

$$\left.\begin{aligned}\Delta_1=\delta_{11}X_1+\delta_{12}X_2+\delta_{13}X_3+\Delta_{1F}\\ \Delta_2=\delta_{21}X_1+\delta_{22}X_2+\delta_{23}X_3+\Delta_{2F}\\ \Delta_3=\delta_{31}X_1+\delta_{32}X_2+\delta_{33}X_3+\Delta_{3F}\end{aligned}\right\} \tag{b}$$

将式(b)代入式(a),则有

$$\left.\begin{aligned}\delta_{11}X_1+\delta_{12}X_2+\delta_{13}X_3+\Delta_{1F}=0\\ \delta_{21}X_1+\delta_{22}X_2+\delta_{23}X_3+\Delta_{2F}=0\\ \delta_{31}X_1+\delta_{32}X_2+\delta_{33}X_3+\Delta_{3F}=0\end{aligned}\right\} \tag{7.9}$$

式(7.9)就是为求解多余未知力 X_1、X_2和 X_3所需建立的力法方程。其物理意义是:在相当系统中,由于全部多余未知力和已知荷载的共同作用,在多余未知力处(B 点),沿多余未知力 X_1、X_2和 X_3方向上的位移与原系统中相应的位移相等。

对于 n 次超静定的结构,它具有 n 个多余未知力,相应地也就有 n 个已知的位移条件。用同样的分析方法,根据这 n 个已知位移条件,可以建立 n 个力法方程,即

$$\begin{aligned}\delta_{11}X_1+\delta_{12}X_2+\cdots+\delta_{1i}X_i+\cdots+\delta_{1n}X_n+\Delta_{1F}=0\\ \delta_{i1}X_1+\delta_{i2}X_2+\cdots+\delta_{ii}X_i+\cdots+\delta_{in}X_n+\Delta_{iF}=0\\ \delta_{n1}X_1+\delta_{n2}X_2+\cdots+\delta_{ni}X_i+\cdots+\delta_{nn}X_n+\Delta_{nF}=0\end{aligned}$$

以上方程组中,由左上角到右下角(不包括最后一项)的对角线称为主斜线。在主斜线上的系数 δ_{11},δ_{22},$\cdots$,δ_{ii},$\cdots$,δ_{nn}称为**主系数**,主系数均为正值,而且永不为零。在主斜线两侧的系数 $\delta_{ik}(i\neq k)$称为**副系数**。各式中最后一项 Δ_{iF}称为**自由项**。副系数和自由项的值可正、可负,也可为零。根据位移互等定理,在主斜线两侧处于对称位置的副系数是相等的,即

$$\delta_{ik}=\delta_{ki}$$

上述方程组具有一定的规律,因此,通常称为力法典型方程。

力法典型方程中的各系数和自由项,都是基本结构在一个单位多余力或荷载作用下的位移,可用图乘法求得。

知识点3 力法解超静定结构举例

综前所述,用力法计算超静定结构的步骤可归纳如下:

① 选取基本结构,建立相当系统。确定原系统的超静定次数,去掉所有的多余联系代之以相应的多余未知力,从而得到相当系统。

② 建立力法典型方程。根据相当系统沿多余力方向的位移应与原系统中相应的位移相同的条件,建立力法典型方程。

③ 计算系数和自由项。首先作基本结构在荷载和各单位多余力分别单独作用时的弯矩图,然后利用图乘法计算系数和自由项。

④ 求多余未知力。将计算的系数和自由项代入力法典型方程,求解各多余未知力。

⑤ 绘制内力图。求出多余未知力后,按分析静定结构的方法,绘制原系统最后内力图。最后弯矩图也可利用已作出的基本结构的单位弯矩图和荷载弯矩图叠加求得。

例 7.2 利用力法计算图 7.15a 所示的刚架,并绘制其内力图。

解 ① 建立相当系统。此刚架为二次超静定,去掉铰支座 B,并以相应的多余力 X_1、X_2 代替

其作用，则得图 7.15b 所示的相当系统。

② 建立力法典型方程。根据原系统支座 B 处的水平位移和竖向位移均等于零的位移条件，可建立力法典型方程为

$$\left.\begin{aligned}\delta_{11}X_1+\delta_{12}X_2+\Delta_{1F}=0\\ \delta_{21}X_1+\delta_{22}X_2+\Delta_{2F}=0\end{aligned}\right\}$$

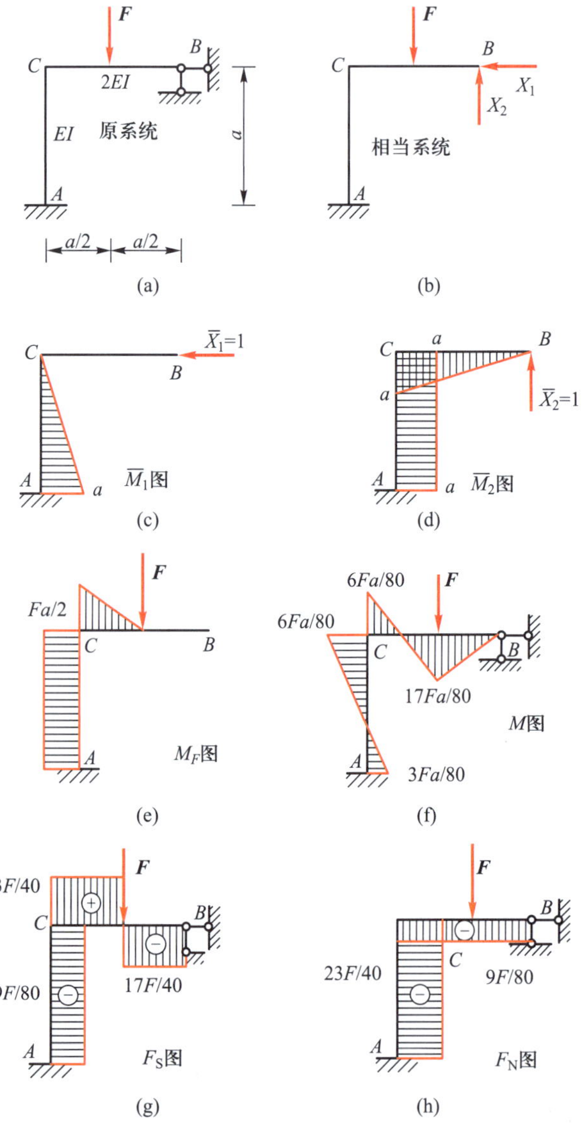

图 7.15

微课
力法解超静定结构举例

③ 计算系数和自由项。分别绘出基本结构在单位多余力 $X_1=1$、$X_2=1$ 和荷载单独作用下的弯矩 $\overline{M}_1$、$\overline{M}_2$ 和 M_F 图，如图 7.15c、d、e 所示。利用图乘法计算各系数和自由项，得

$$\delta_{11}=\frac{1}{EI}\left(\frac{a^2}{2}\times\frac{2}{3}a\right)=\frac{a^3}{3EI}$$

$$\delta_{22}=\frac{1}{2EI}\left(\frac{a^2}{2}\times\frac{2}{3}a\right)+\frac{1}{EI}(a^2\times a)=\frac{7a^3}{6EI}$$

$$\delta_{12}=\delta_{21}=\frac{1}{EI}\left(\frac{a^2}{2}\times a\right)=\frac{a^3}{2EI}$$

$$\Delta_{1F}=\frac{1}{EI}\left(-\frac{a^2}{2}\times\frac{Fa}{2}\right)=-\frac{Fa^3}{4EI}$$

$$\Delta_{2F}=\frac{1}{2EI}\left(-\frac{1}{2}\times\frac{Fa}{2}\times\frac{a}{2}\times\frac{5a}{6}\right)+\frac{1}{EI}\left(-\frac{Fa^2}{2}\times a\right)$$
$$=-\frac{53Fa^3}{96EI}$$

④ 解力法典型方程，求出 X_1 和 X_2。将求得的系数和自由项代入典型方程，得

$$X_1=\frac{9}{80}F(\leftarrow),\quad X_2=\frac{17}{40}F(\uparrow)$$

⑤ 作内力图。

a. 作弯矩图。根据叠加原理得

$$M=\overline{M}_1X_1+\overline{M}_2X_2+M_F$$

例如 AC 杆 A 端的弯矩为

$$M_A=\left(\frac{9}{80}F\right)\times a+\left(\frac{17}{40}F\right)\times a-\frac{Fa}{2}=\frac{3}{80}Fa\text{（内侧受拉）}$$

分别计算出各控制截面的弯矩值后，即可作出最后弯矩图如图 7.15f 所示。

b. 剪力图和轴力图。在求得多余力后，用静力平衡条件，不难在相当系统的静定结构上作出 F_S、F_N 图，分别如图 7.15g、h 所示。

自己动手做

利用力法计算图 7.16 所示的连续梁，并绘制其内力图。全梁 EI 为常数。

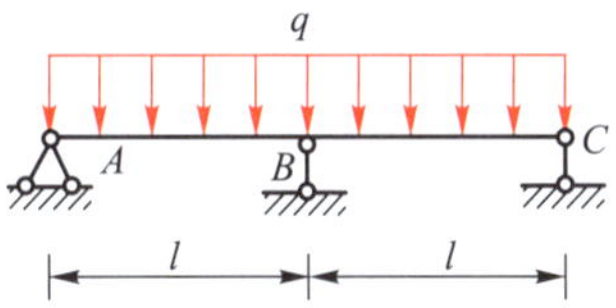

图 7.16

知识点 4 结构对称性的应用

用力法计算超静定结构时，结构的超静定次数越高，方程中的系数和自由项的计算量就会越大。因此要简化计算，就要尽可能地使方程中的副系数和自由项等于零。实际工程中有很多结构都具有对称性，正确的利用结构对称性，可以使计算得以简化，从而提高计算速度和工作效率。

结构的对称性应包括以下内容：

① 结构的形状和几何尺寸关于该轴对称。

② 杆件的材料和截面的几何性质（A，I）关于该轴对称。

③ 支承情况和杆件间的连接情况关于该轴对称。

图 7.17 所示为两个对称结构。

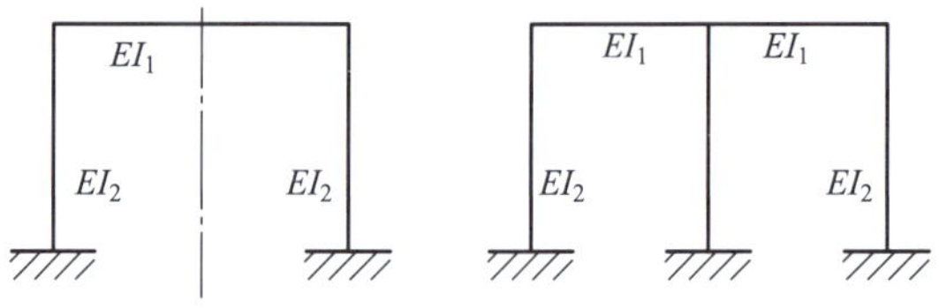

图 7.17

若对称结构绕对称轴对折后，对称轴两侧的荷载两两重合，具有相同的大小和方向，如图 7.18a 所示，则将这种荷载称为**正对称荷载**；若对折后对称轴两边的荷载两两重合，大小相等，但方向恰好相反，如图 7.18b 所示，则将这种荷载称为**反对称荷载**。

利用结构及荷载的对称性可以简化力法计算。对称结构具有以下性质：对称结构在对称荷载作用下，其内力与变形是对称的；在反对称荷载作用下，其内力与变形是反对称的。因此，可以只取结构的一半，即半边结构进行计算。

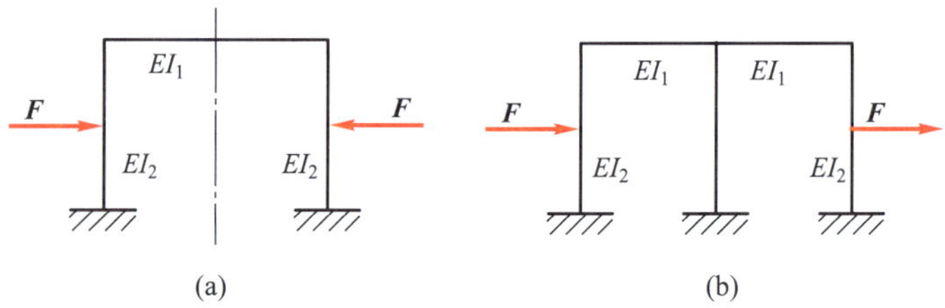

图 7.18

(1) 奇数跨对称刚架

图 7.19a 所示的对称刚架，在正对称的荷载作用下，对称截面 C 上只产生正对称的内力（即轴力和弯矩），而没有剪力。因此取刚架的一半时，在 C 处应该用一滑动支座来代替原来的连接，得到图 7.19b 所示的计算简图。

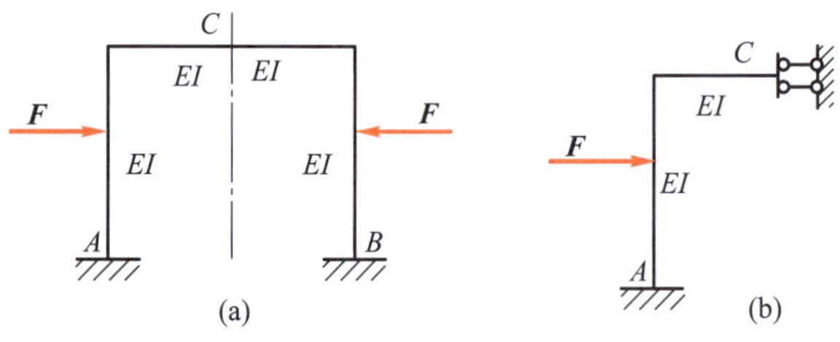

图 7.19

在反对称荷载作用下，如图 7.20a 所示，对称截面 C 上只有反对称的内力（即剪力），而无轴力和弯矩。因此截取刚架的一半时，在 C 处应该用一活动铰支座来代替原来的连接，得到图 7.20b所示的计算简图。

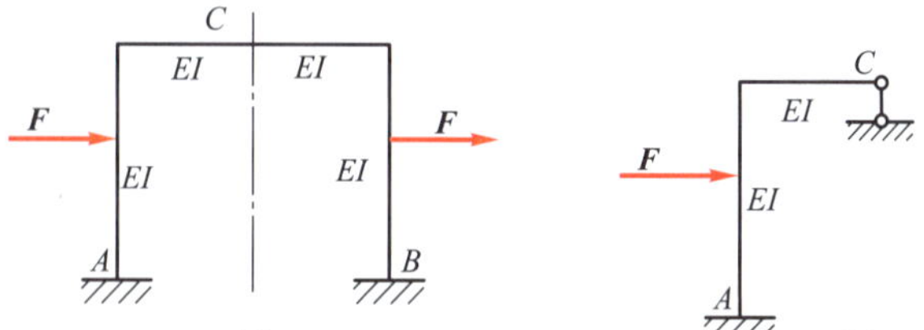

(a) (b)

图 7.20

微课

力法解超静定结构

举例：对称性的利用

（2）偶数跨对称刚架

图 7.21a 所示的对称刚架，当其上作用有正对称的荷载时，若忽略杆件的轴向变形，则在对称截面 C 处将不可能产生任何方向的位移。同时在横杆的 C 截面上存在着轴力、剪力和弯矩。因此在取一半进行计算时，C 处应该用一固定端支座来代替，得到图 7.21b 所示的计算简图。

在反对称荷载作用下，如图 7.22a 所示。可以设想对称轴上的杆件是由刚度各为 $I/2$ 的两根竖柱组成，它们在顶部分别与横梁刚接，很显然这与原结构等效。如果从两柱中间将横梁切开，如图 7.22b 所示，由于荷载是反对称的，因此切口处只有剪力，它们分别是两柱的轴力，而且不使其他杆件产生内力，也就是说对原结构的内力和变形均无影响，因此可将其略去，得到图 7.22c 所示的简图。

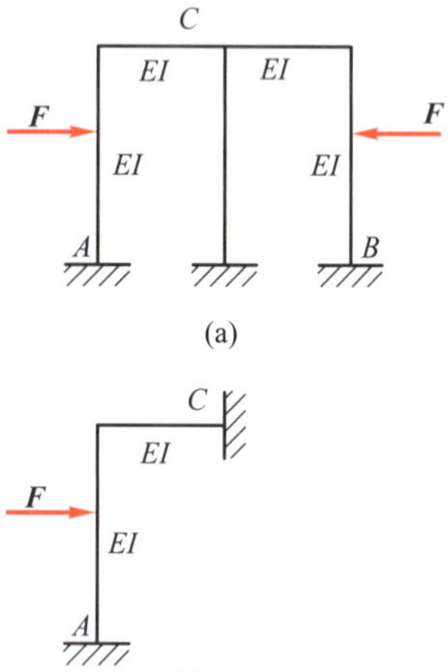

(a) (b)

图 7.21

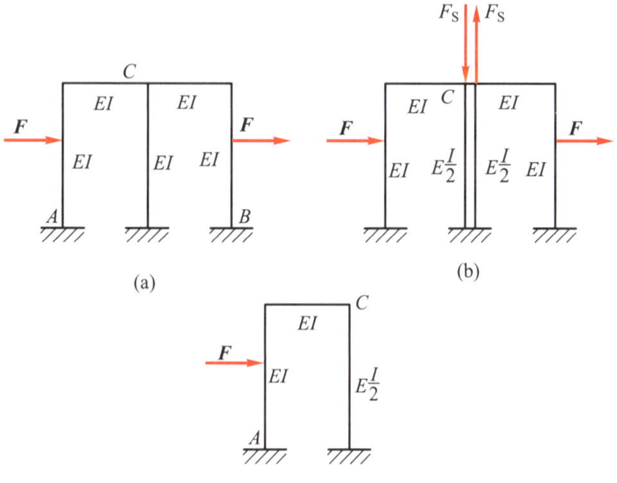

(a) (b) (c)

图 7.22

综合上述分析可知，对称结构取一半计算，不仅图形比较简单，而且超静定次数减少了，从而使计算得到简化。在计算出半个结构的内力后，不难利用对称性确定另一半刚架的内力。

例 7.3 图 7.23a 所示对称结构上作用有正对称荷载。利用结构的对称性分析该结构。

解 该结构为二次超静定对称结构。沿对称轴将原结构从铰 C 处拆开。根据对称结构的特性，在切口处只存在着水平方向上的内力（正对称的内力），而其竖向的内力（反对称的内力）不存在，据此画出其半个结构的计算简图，如图 7.23b 所示，原结构简化成一次超静定结构。

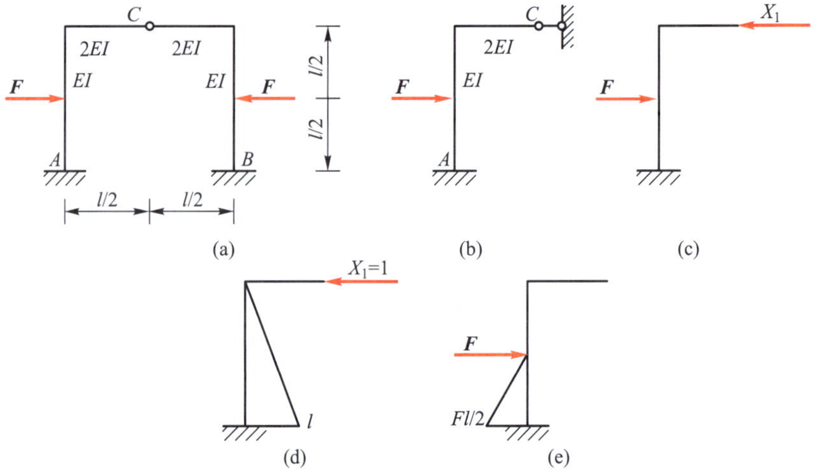

图 7.23

① 去掉图 7.23b 所示结构中的多余联系，并用多余未知力 X_1代替，得到图 7.23c 所示的相当系统。

② 根据简化图形中截面 C 的水平位移等于零的条件，建立力法方程，即

$$\delta_{11}X_1+\Delta_{1F}=0$$

用图乘法可以计算出方程中的系数和自由项，代入到力法典型方程中，可以计算出多余未知力 X_1，并能画出最终弯矩图，在此不再赘述。

有些情况下，对称结构上作用的荷载既不正对称，也不反对称，如图 7.24a 所示，此时可根据叠加原理，将结构上的荷载分解成正对称荷载（图 7.24b）和反对称荷载（图 7.24c）来对原结构进行简化计算，而得到图 7.24d、e 所示的计算简图，从而大大地减少了计算量。

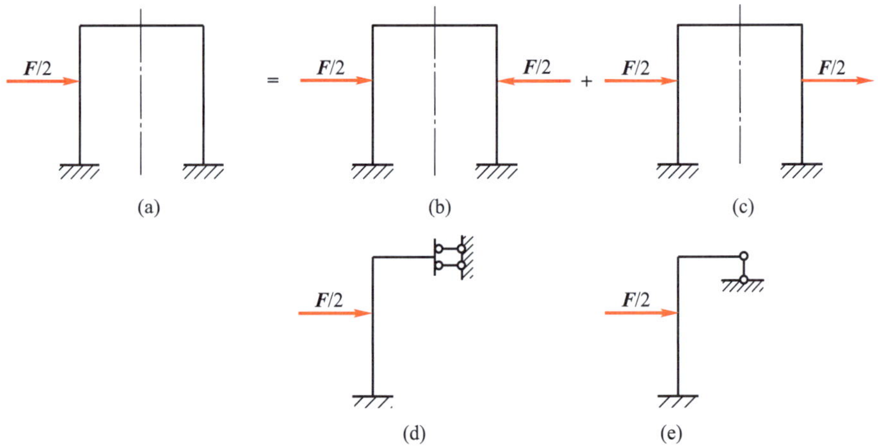

图 7.24

案例解析

微课 力法解超静定结构

微课 软件操作－力法解超静定结构

图 7.15a 所示刚架，$F = 80$ kN，$a = 8$ m。

① 画出该刚架的内力图；

② 利用有限元分析软件 MIDAS 建立该刚架模型，并查看其内力图；

③ 查看内力图，对比其理论值和软件计算结果，并进行分析。

任务 7.3 位移法解超静定结构

任务导入

任务 7.2 中介绍了力法分析超静定结构。本任务介绍位移法。

知识点 1 位移法概念

一、单跨超静定梁的杆端内力

在实际工程中有不少单跨超静定梁，大多数超静定分析方法是将较复杂的整体超静定结构分拆成多个单跨超静定梁逐个考虑。

单跨超静定梁可归纳为如下三种基本形式：图 7.25a 所示为两端固定；图 7.25b 所示为一端固定一端铰支；图 7.25c 所示为一端固定一端定向。

(a) (b) (c)

图 7.25

各种单跨超静定梁在各种外因影响下的杆端弯矩和剪力均可由力法求得，为了方便使用，特列表给出，见表 7.2，表中 $i = EI/l$ 称为杆件的线刚度。

表 7.2 单跨超静定梁杆端弯矩和杆端剪力

编号	梁的简图	弯矩图	杆端弯矩		杆端剪力	
			M_{AB}	M_{BA}	F_{SAB}	F_{SBA}
1	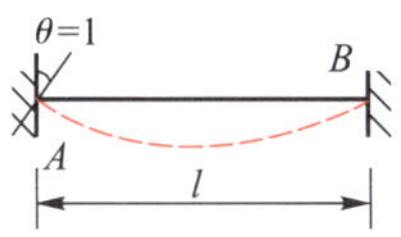	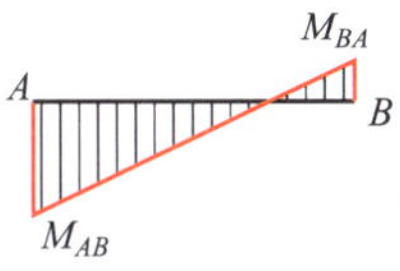	$\frac{4EI}{l} = 4i$	$2i$ $\left(i = \frac{EI}{l}\text{以下同}\right)$	$\frac{-6i}{l}$	$\frac{-6i}{l}$
2	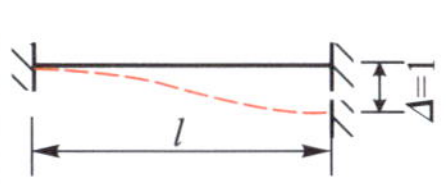	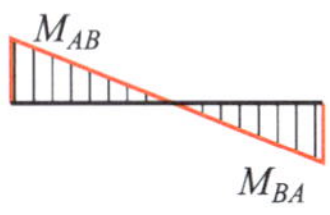	$\frac{-6i}{l}$	$\frac{-6i}{l}$	$\frac{12i}{l^2}$	$\frac{12i}{l^2}$

续表

编号	梁的简图	弯矩图	杆端弯矩		杆端剪力	
			M_{AB}	M_{BA}	F_{SAB}	F_{SBA}
3	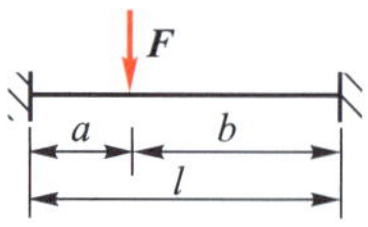		$\frac{-Fab^2}{l^2}$ 当 $a=b=\frac{l}{2}$ 时，$\frac{-Fl}{8}$	$\frac{Fa^2b}{l^2}$ $\frac{Fl}{8}$	$\frac{Fb^2}{l^2}\left(1+\frac{2a}{l}\right)$ $\frac{F}{2}$	$\frac{-Fa^2}{l^2}\left(1+\frac{2b}{l}\right)$ $\frac{-F}{2}$
4	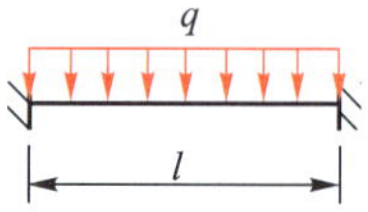	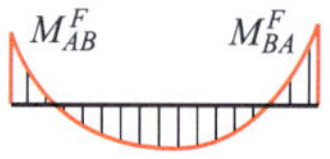	$\frac{-ql^2}{12}$	$\frac{ql^2}{12}$	$\frac{ql}{2}$	$\frac{-ql}{2}$
5	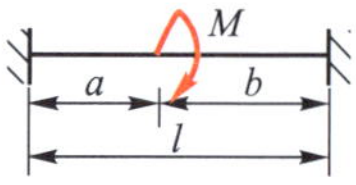	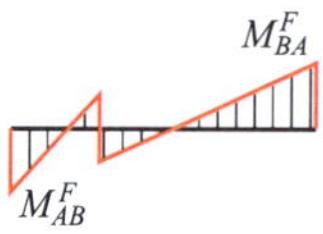	$\frac{Mb(3a-l)}{l^2}$	$\frac{Ma(3b-l)}{l^2}$	$\frac{-6ab}{l^2}M$	$\frac{-6ab}{l^2}M$
6	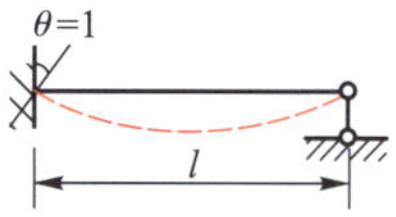	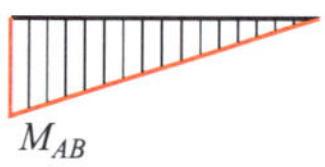	$3i$	0	$\frac{-3i}{l}$	$\frac{-3i}{l}$
7	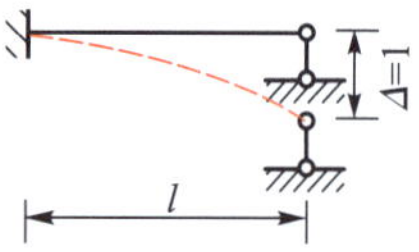	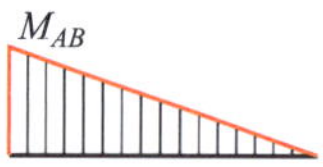	$\frac{-3i}{l}$	0	$\frac{3i}{l^2}$	$\frac{3i}{l^2}$
8	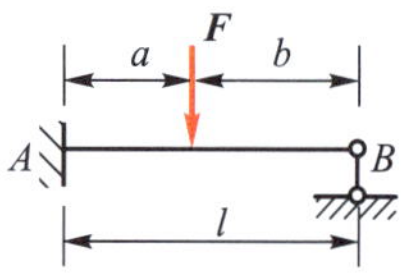	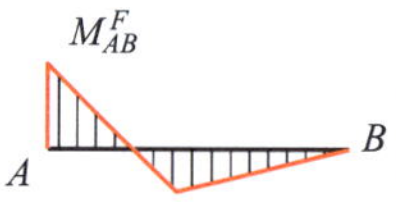	$\frac{-Fab(l+b)}{2l^2}$ 当 $a=b=\frac{l}{2}$ 时，$-3Fl/16$	0	$\frac{-Fb(3l^2-b^2)}{2l^3}$ $\frac{11}{16}F$	$\frac{-Fa^2(2l+b)}{2l^3}$ $\frac{-5}{16}F$
9	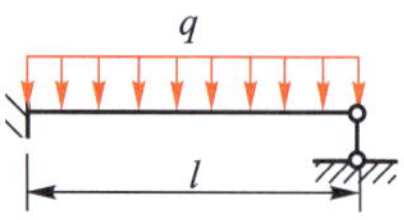	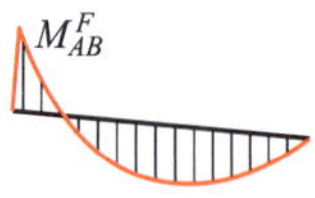	$\frac{-ql^2}{8}$	0	$\frac{5}{8}ql$	$\frac{-3}{8}ql$
10	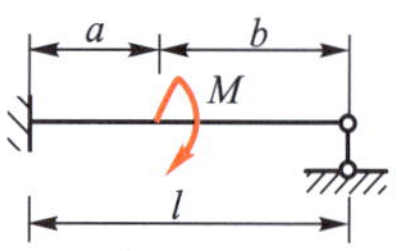	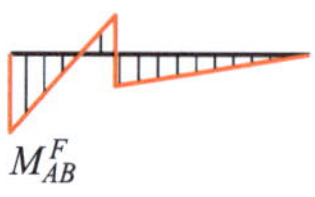	$\frac{M(l^2-3b^2)}{2l^2}$	0	$\frac{-3M(l^2-b^2)}{2l^3}$	$\frac{-3M(l^2-b^2)}{2l^3}$
11	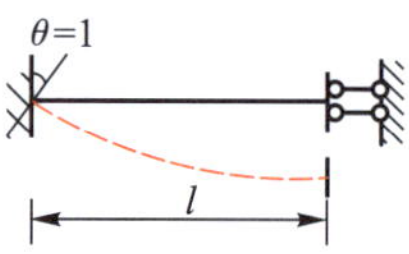	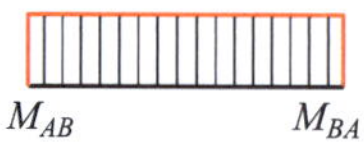	i	$-i$	0	0

续表

编号	梁的简图	弯矩图	杆端弯矩		杆端剪力	
			M_{AB}	M_{BA}	F_{SAB}	F_{SBA}
12	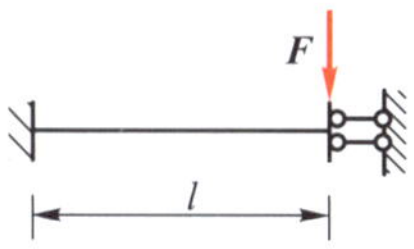	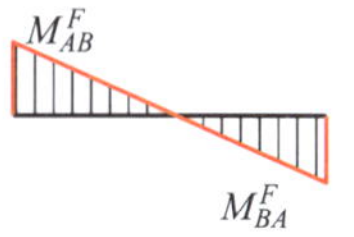	$\frac{-Fl}{2}$	$\frac{-Fl}{2}$	F	F
13	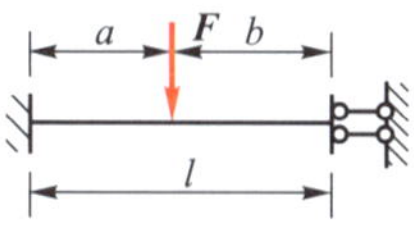	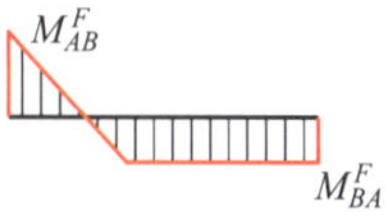	$\frac{-Fa(l+b)}{2l}$ 当 $a=b=\frac{l}{2}$ 时为 $\frac{-3Fl}{8}$	$\frac{-F}{2l}a^2$ $\frac{-Fl}{8}$	F	0
14	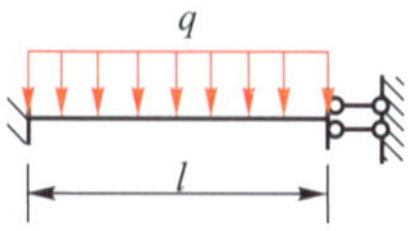	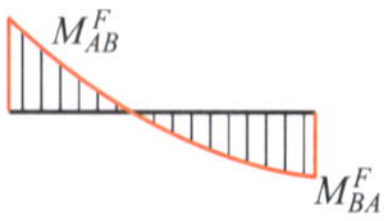	$\frac{-ql^2}{3}$	$\frac{-ql^2}{6}$	ql	0

注:1. 杆端弯矩和杆端剪力使用双下标,其中第一个下标表示该杆端弯矩(或杆端剪力)所在杆端的位置;第二个下标表示该杆端弯矩(或杆端剪力)所属杆件的另一端。

2. 表中杆端弯矩以对杆端顺时针转向为正,反之为负;杆端剪力以使杆件产生顺时针转动效果为正,反之为负。

3. 表中杆端弯矩和杆端剪力是按表中图示荷载方向或支座移动情况求得的,当荷载或支座移动方向相反时,其相应的杆端弯矩和杆端剪力亦应相应的改变正、负号。

4. 由于一端固定另一端铰支的梁,和一端固定另一端为链杆支座的梁,在垂直于梁轴的荷载作用下,两者的内力数值相等。因此,表中所示的一端固定另一端为链杆支座的梁,在垂直于梁轴的荷载作用下的杆端弯矩和杆端剪力值,也适用于一端固定另一端铰支的梁。

二、位移法的概念

为了说明位移法的基本概念,我们来分析图 7.26a 所示刚架。它在荷载 **F** 作用下,将发生虚线所示变形。其中固定端 A 处无任何位移,铰支座 C 处无线位移。结点 B 是一个刚结点,根据变形连续条件可知,汇交于该结点处的两杆杆端应有相同的角位移 θ_B(假设是顺时针方向的)。此外,若略去轴向变形,则可认为两杆长度不变,因而结点 B 没有线位移。

现在来讨论如何确定每根杆的内力。对于杆 AB,如果把它看作一根两端固定的梁,则除了它随荷载 **F** 作用外,固定支座 B 还产生了转角 θ_B,如图 7.26b 所示。其内力可由图 7.26c、d 所示两种情况叠加求得,而这两种情况的内力则均可用力法算出,其弯矩图分别如图 7.26c、d 所示。其中杆端弯矩 M_{BA}(以下边受拉为正)为

$$M_{BA}=-\frac{Fl}{8}+\frac{4EI}{l}\theta_B \tag{a}$$

式(a)也称为**转角位移方程**。

同理,BC 杆的情况则可看作一端固定另一端铰支的梁,而在固定端 B 处发生的转角 θ_B(图 7.26e),其内力同样可用力法算出,弯矩图如图 7.26e 所示,杆端弯矩 M_{BC}(设左侧受拉为正)为

$$M_{BC}=\frac{3EI}{l}\theta_B \tag{b}$$

微课
位移法概念

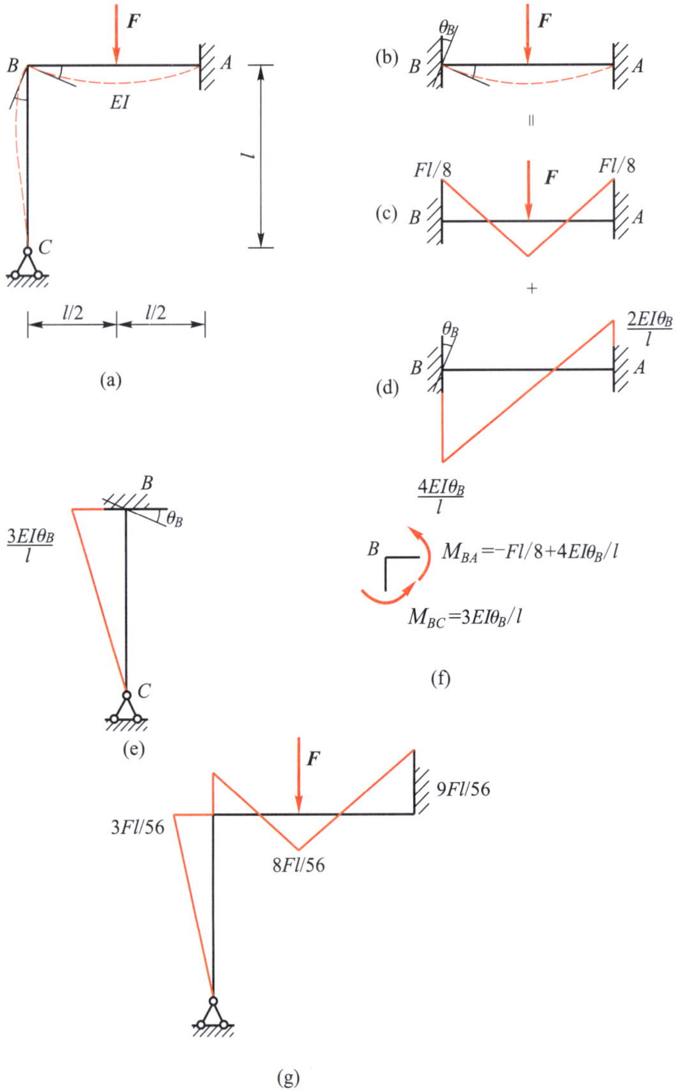

图 7.26

由式(a)、(b)可见，若 θ_B 已知，则 M_{BA}、M_{BC} 即可求出。因此，在计算这个刚架时，若以结点转角 θ_B 为基本未知量并设法首先求出 θ_B，则各杆内力均可随之确定。

为了求出 θ_B，应考虑平衡条件。杆端弯矩 M_{BA}、M_{BC} 的大小与 θ_B 有关，同时它们还必须满足刚结点 B 处的平衡条件。利用结点 B 的力矩平衡条件列出的平衡方程式，称为位移法的**基本方程**。为此，取结点 B 为隔离体(图 7.26f)，由 $\sum M_B=0$ 得

$$M_{BA}+M_{BC}=-\frac{Fl}{8}+\frac{4EI}{l}\theta_B+\frac{3EI}{l}\theta_B=0 \tag{c}$$

由此解得

$$\theta_B=\frac{Fl^2}{56EI}(\text{顺时针})$$

代入式(a)、(b)便得

$$M_{BA}=-\frac{3}{56}Fl(\text{上边受拉})$$

$$M_{BC}=\frac{3}{56}Fl(\text{左侧受拉})$$

又由图 7.26c、d 叠加得

$$M_{AB}=\frac{Fl}{8}+\frac{2EI}{l}\cdot\frac{Fl^2}{56EI}=\frac{9}{56}Fl(\text{上边受拉})$$

于是可绘出刚架的弯矩图,如图 7.26g 所示。

知识点 2　位移法原理

以上简例已包含了位移法的基本思路,即:根据结构的几何条件(包括支承条件和变形连续条件)确定以某些结点位移为基本未知量;把每根杆件都看作单跨超静定梁并建立其内力与所求结点位移之间的关系;然后根据平衡条件求解结点位移;最后求出结构的内力。由此可见,在位移法中需要解决以下问题:

① 用力法算出单跨超静定梁在杆端发生各种位移以及荷载等因素作用下的内力。

② 确定以结构上的哪些结点位移作为基本未知量。

③ 如何建立求解这些基本未知量的方程。

微课

位移法原理

下面依次讨论这些问题。

如果结构上每根杆件两端的角位移和线位移都已求得,则全部杆件的内力均可确定。因此,在位移法中,基本未知量应该是各结点的角位移和线位移。在计算时,应首先确定独立的结点角位移和线位移的数目。

确定独立的结点角位移数目比较容易。由于在同一刚结点处,各杆端的转角都是相等的,因此每一个刚结点只有一个独立的角位移未知量。因此,确定结构独立的结点角位移数目时,只要计算刚结点的数目即可。图 7.27a 所示刚架,其独立的结点角位移数目为 2。

独立的结点线位移数目可以用下述方法来确定:假设把原结构的所有刚结点和固定支座均改为铰接,从而得到一个相应的铰接体系。若此铰接体系几何不变,则原结构无线位移。若相应的铰接体系是几何可变或瞬变的,那么,视最少需要添加几根链杆才能保证其几何不变,则所需添加的最少链杆数目就是原结构独立的结点线位移数目。例如图 7.27a 所示刚架,其相应铰接图形如图 7.27b 所示,它是几何可变的,必须在某结点处增添一根非竖向的链杆(如虚线所示)才能成为几何不变的,故知原结构独立的结点线位移数目为 1。

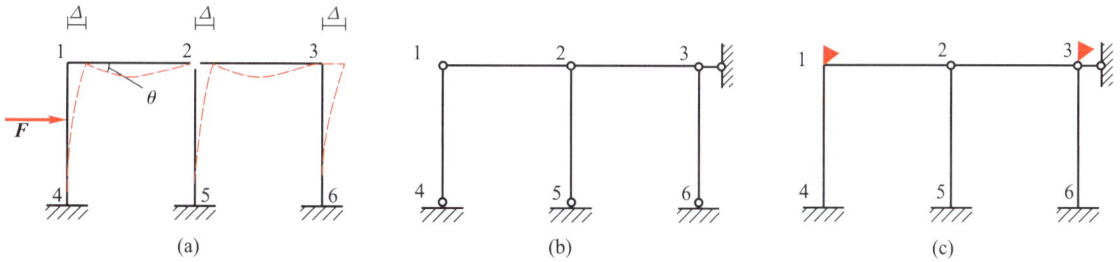

图 7.27

显然,在上述确定位移法的基本未知量即独立的结点角位移和线位移时,由于考虑了支座和结点及杆件的连接情况,因而就满足了结构的几何条件即支承约束条件和变形连续条件。

用位移法计算超静定结构时,每一根杆件都可以看作一根单跨超静定梁,因此位移法的基本结构就是把每一根杆件都暂时变为两端固定或一端固定一端铰支的单跨超静定梁。为此,可以在每个刚结点上假想地加上一个附加刚臂,以阻止刚结点的转动(但不能阻止结点的移动),同时加上附加链杆以阻止结点的线位移。例如图 7.27a 所示刚架,在两刚结点 1、3 处分别加上刚臂,并在结点 3 处加上一根水平支承链杆,则原结构的每根杆件就都成为两端固定或一端固定一端铰支的梁。其基本结构如图 7.27c 所示,它是单跨超静定梁的组合体。

需要注意,上述确定独立的结点线位移数目的方法,是以受弯直杆变形后两端距离不变的假设为依据的。对于需要考虑轴向变形的链杆或受弯曲杆,则其两端距离不能看作不变。因此,图 7.28a、b 所示结构,其独立的结点线位移数目应为 2 而不是 1。

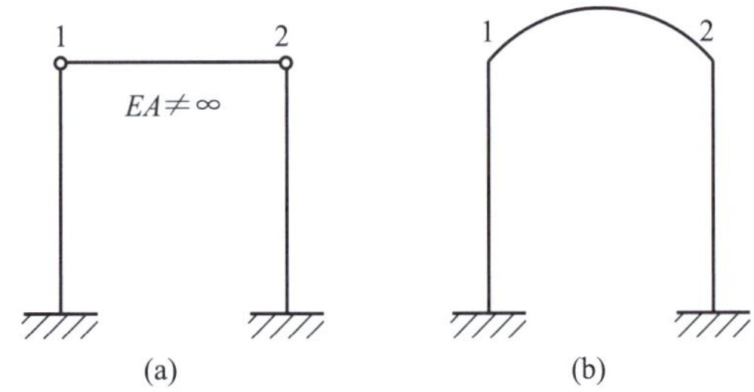

图 7.28

知识点 3　位移法解超静定结构举例

综上所述,位移法的计算步骤可以归纳如下:

① 确定位移法基本未知量。

② 建立各单元杆的转角位移方程。

③ 建立位移法基本方程,求解基本未知量。

④ 计算各杆的杆端弯矩,画 M 图。

例 7.4　绘制图 7.29a 所示连续梁的弯矩图。各杆 EI 为常量。

解　① 确定基本未知量。只有结点 B 是刚性结点,故取 θ_B 为基本未知量。

② 建立转角位移方程。将杆 AB 和杆 BC 从原结构中分离出来,得到图 7.29b、c 所示的单跨超静定梁。为了简便起见,可由表 7.11 查出由杆端位移产生的杆端弯矩和由荷载产生的杆端弯矩相叠加,直接得转角位移方程为

$$M_{AB}=2i\theta_B-\frac{1}{8}Fl=\frac{1}{3}EI\theta_B-\frac{1}{8}\times 20\ \text{kN}\times 6\ \text{m}=\frac{1}{3}EI\theta_B-15\ \text{kN}\cdot\text{m}$$

$$M_{BA}=4i\theta_B+\frac{1}{8}Fl=\frac{2}{3}EI\theta_B+\frac{1}{8}\times 20\ \text{kN}\times 6\ \text{m}=\frac{2}{3}EI\theta_B+15\ \text{kN}\cdot\text{m}$$

$$M_{BC}=3i\theta_B-\frac{1}{8}ql^2=\frac{1}{2}EI\theta_B-\frac{1}{8}\times 6\ \text{kN/m}\times 6\ \text{m}\times 6\ \text{m}=\frac{1}{2}EI\theta_B-27\ \text{kN}\cdot\text{m} \tag{a}$$

$$M_{CB}=0$$

③ 建立位移法基本方程求结点位移。取结点 B 为脱离体,如图 7.29d 所示。由 $\sum M_B=0$ 得 $M_{BA}+M_{BC}=0$,将式(a)相应的值代入得

$$\frac{2}{3}EI\theta_B+15\ \text{kN}\cdot\text{m}+\frac{1}{2}EI\theta_B-27\ \text{kN}\cdot\text{m}=0$$

$$EI\theta_B=\frac{72}{7}\ \mathrm{kN\cdot m}$$

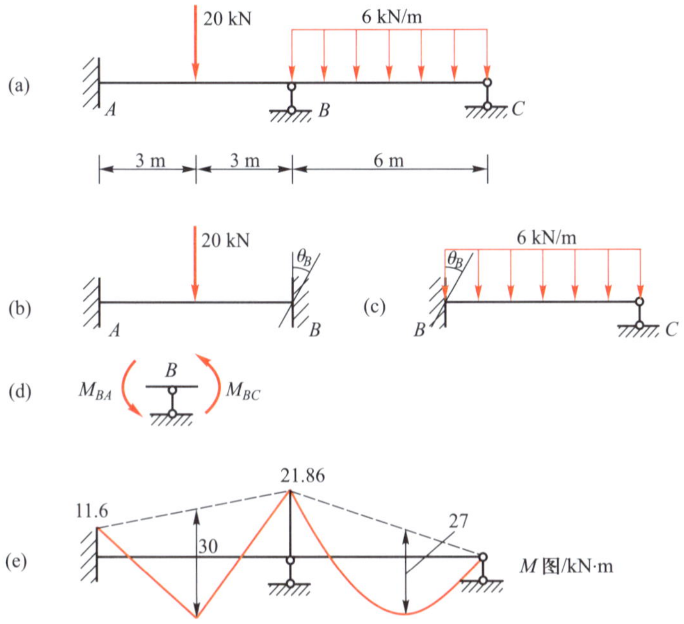

图 7.29

微课
位移法解超静定结构举例:连续梁

④ 计算各杆的杆端弯矩。将 $EI\theta_B$ 的数值代入转角位移方程得各杆端弯矩为

$$M_{AB}=\frac{1}{3}\times\frac{72}{7}\ \mathrm{kN\cdot m}-15\ \mathrm{kN\cdot m}=-11.6\ \mathrm{kN\cdot m}$$

$$M_{BA}=\frac{2}{3}\times\frac{72}{7}\ \mathrm{kN\cdot m}+15\ \mathrm{kN\cdot m}=21.86\ \mathrm{kN\cdot m}$$

$$M_{BC}=\frac{1}{2}\times\frac{72}{7}\ \mathrm{kN\cdot m}-27\ \mathrm{kN\cdot m}=-21.86\ \mathrm{kN\cdot m}$$

⑤ 画弯矩图。根据求得的杆端弯矩及各杆所承受的荷载,画出弯矩图,如图 7.29e 所示。

自己动手做

试绘制图 7.30 所示排架的弯矩图。

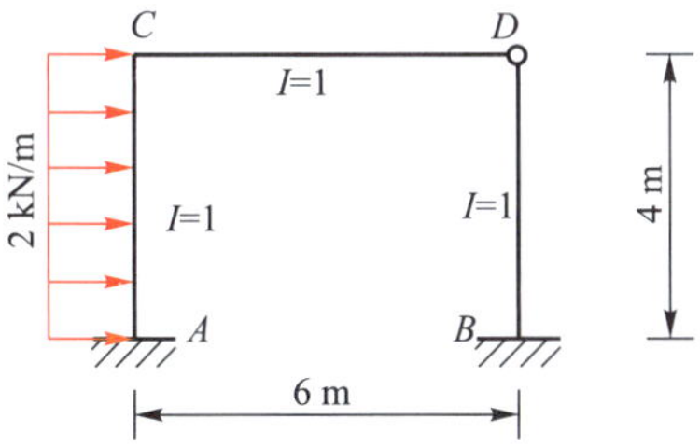

图 7.30

微课
位移法解超静定结构举例:刚架

案例解析

连续梁如图 7.31 所示。

① 画出该连续梁的弯矩图；

② 利用有限元分析软件 MIDAS 建立该梁模型，并查看其弯矩图；

③ 查看弯矩图，对比其理论值和软件计算结果，并进行分析。

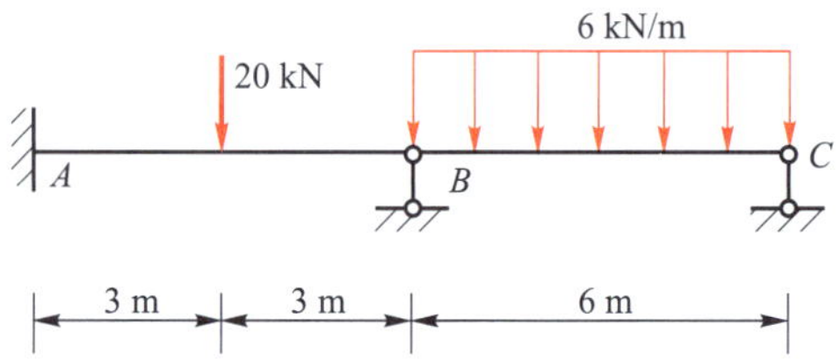

图 7.31

工学项目小结

本工学项目主要讨论了超静定结构的内力计算问题。

超静定结构是工程中常用的结构形式，本项目对超静定结构的两种主要分析方法分别做了介绍。在每一种计算方法中，平衡条件和变形条件都必须得到满足，但是在满足的方式上有所不同，这点在学习时要特别注意。在力法中，首先建立力法基本方程以满足变形连续条件，然后利用平衡条件计算基本体系的内力；在位移法中，在选取未知量时首先保证变形连续条件得到满足，然后建立位移法方程以满足平衡条件。

基本未知量的多少是影响力法和位移法计算工作量的主要因素。凡是多余约束多而结点位移少的结构，位移法优于力法；反之，则力法优于位移法。此外，在列基本方程时，位移法比力法的计算要简单些。

思考题

7.1 计算位移时为什么要虚设单位力？应根据什么原则虚设单位力？

7.2 应用单位荷载法求位移时，如何确定所求位移方向？

7.3 图乘法的应用条件是什么？应用图乘法计算位移时，正负号如何确定？

7.4 位移法和力法有何异同？

习题

7.1　利用力法计算图示刚架，并绘制弯矩图。

7.2　分析图示对称刚架，并绘制弯矩图。EI 为常量。

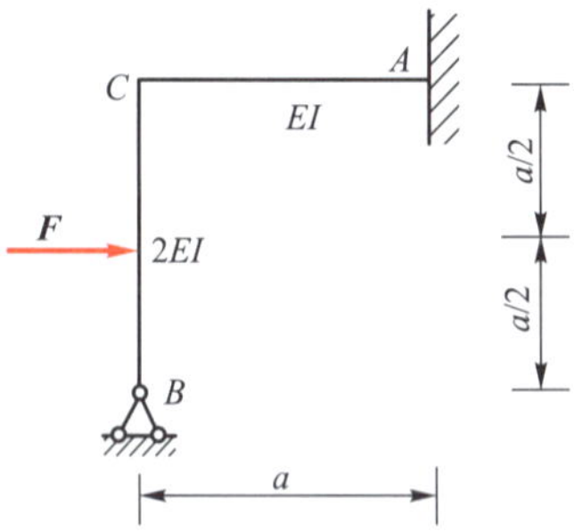

习题 7.1 图

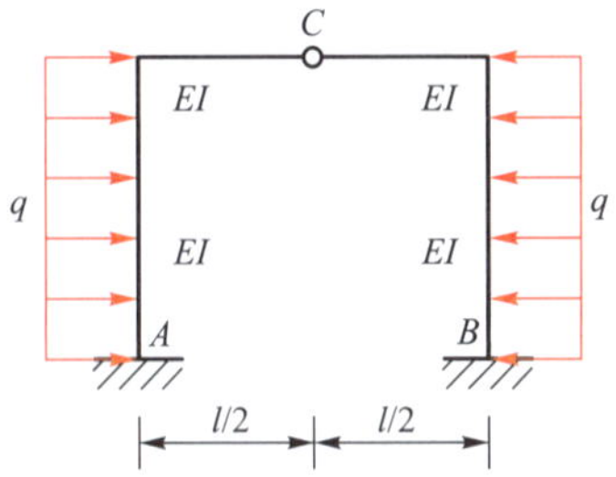

习题 7.2 图

7.3　利用位移法计算图示刚架，并绘制弯矩图。EI 为常量。

7.4　利用位移法绘制图示连续梁的内力图。EI 为常量。

习题参考答案

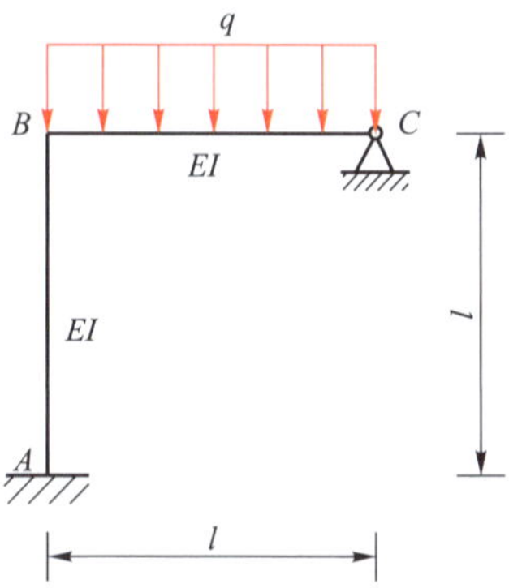

习题 7.3 图

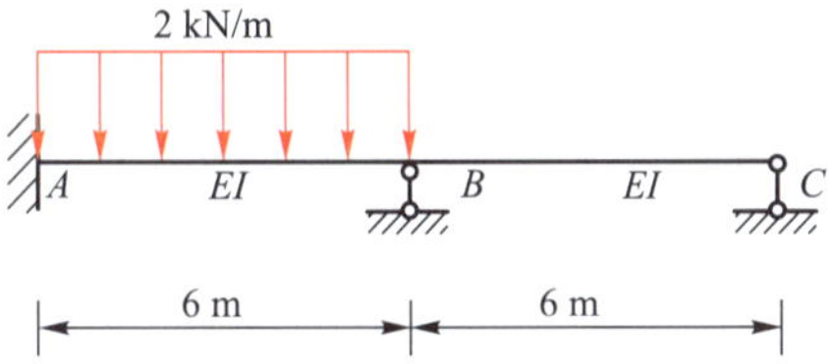

习题 7.4 图

附录 1

截面的几何性质

知识点 1　截面的形心位置和静矩

截面的形心是指截面的几何中心，对于矩形、圆形、工字形等具有两个对称轴的截面，其形心必在两对称轴的交点上，对于 T 形、槽形等有一个对称轴的截面，其形心必然在对称轴上。T 形、槽形等截面（附图 1）可以认为是由几个矩形组成的组合截面，其形心坐标（z_C，y_C）的计算式为

$$\left.\begin{aligned} z_C &= \frac{\sum A_i z_{C_i}}{\sum A_i} \\ y_C &= \frac{\sum A_i y_{C_i}}{\sum A_i} \end{aligned}\right\} \tag{附.1}$$

式中　y_C、z_C——组合截面的形心坐标；

y_{C_i}、z_{C_i}——各简单图形的形心坐标；

A_i——各简单图形的面积。

微课　组合图形形心计算

附图 2 中，在截面中坐标为（y，z）处取面积元素 dA，ydA 和 zdA 分别称为面积元素 dA 对 z 轴和 y 轴的**静面矩**，简称**静矩**。则整个平面图形对 z 轴和 y 轴的静面矩为

$$\left.\begin{aligned} S_z &= \int_A y\mathrm{d}A \\ S_y &= \int_A z\mathrm{d}A \end{aligned}\right\} \tag{附.2}$$

微课　静面矩

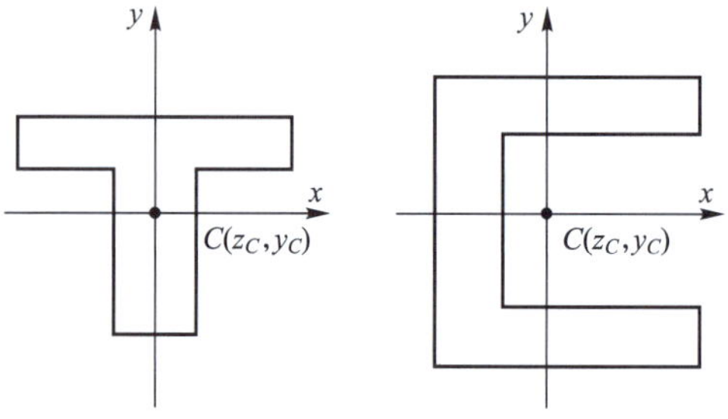

(a)　　(b)

附图 1

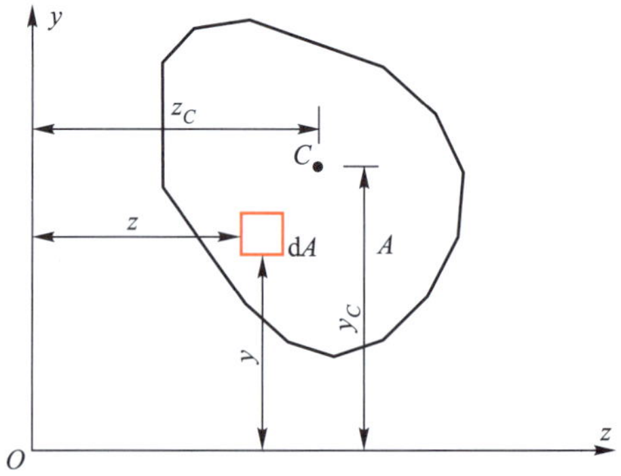

附图 2

静面矩是截面对一定坐标轴而言的，所以静面矩 S_z（或 S_y）值与截面的面积及坐标轴的位置有关，不同截面对同一坐标轴的静面矩不相同；同一截面对不同坐标轴的静面矩也不同。其值可正、可负、也可为零。常用单位为 m^3 或 mm^3。

一般简化求法为

$$\left.\begin{aligned} S_z &= \sum A_i y_{C_i} = A y_C \\ S_y &= \sum A_i z_{C_i} = A z_C \end{aligned}\right\} \qquad (\text{附}.3)$$

由式（附.3）可知，平面图形对通过其形心轴的静矩为零；反之，若截面对于某一轴的静矩为零，则该轴线通过截面的形心。

附例 1　求附图 3 所示 T 形截面的形心位置。

解　由于 T 形截面关于 y 轴对称，形心必在 y 轴上，因此 $z_C=0$，只需计算 y_C。T 形截面可看作由矩形 Ⅰ 和矩形 Ⅱ 组成，C_1、C_2 分别为两矩形的形心。两矩形的截面面积和形心纵坐标分别为

$$A_1 = A_2 = 20\ \mathrm{mm}\times 60\ \mathrm{mm} = 1\ 200\ \mathrm{mm}^2,$$

$$y_{C_1} = 10\ \mathrm{mm},\quad y_{C_2} = 50\ \mathrm{mm}$$

由公式得

$$y_C = \frac{\sum A_i y_{C_i}}{\sum A_i} = \frac{A_{\mathrm{I}} y_{C_1} + A_{\mathrm{II}} y_{C_2}}{A_{\mathrm{I}} + A_{\mathrm{II}}} = \frac{1\ 200\ \mathrm{mm}^2\times 10\ \mathrm{mm} + 1\ 200\ \mathrm{mm}^2\times 50\ \mathrm{mm}}{1\ 200\ \mathrm{mm}^2 + 1\ 200\ \mathrm{mm}^2} = 30\ \mathrm{mm}$$

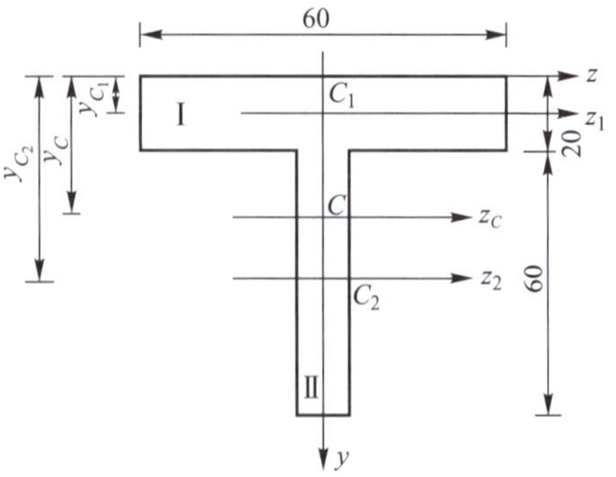

附图 3

知识点 2　截面惯性矩

任意形状的截面图形如附图 2 所示，设其面积为 A，在坐标为 (y,z) 处取一微面积 $\mathrm{d}A$，定义截面对 z 和 y 轴的惯性矩 I_x、I_y 分别为

$$\left.\begin{aligned} I_z &= \int_A y^2 \mathrm{d}A \\ I_y &= \int_A z^2 \mathrm{d}A \end{aligned}\right\} \qquad (\text{附}.4)$$

微课
惯性矩

惯性矩恒为正值，且不会为零，其常用单位为 m^4 或 mm^4。

1. 简单截面的惯性矩

（1）矩形截面

矩形截面（附图 4a）对其形心轴 z 轴和 y 轴的惯性矩 I_x、I_y 分别为

$$\left.\begin{aligned} I_z &= \frac{bh^3}{12} \\ I_y &= \frac{hb^3}{12} \end{aligned}\right\} \qquad (\text{附}.5)$$

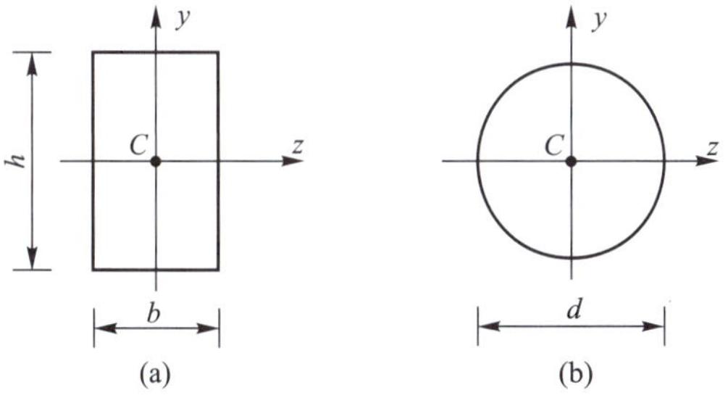

附图 4

(2) 圆形截面

圆形截面(附图 4b)对圆心是中心对称的,故其对 z 轴和 y 轴的惯性矩相等,即

$$I_z = I_y = \frac{\pi d^4}{64} \tag{附.6}$$

2. 组合截面的惯性矩

(1) 平行移轴公式

同一截面对不同坐标轴的惯性矩是不同的,平行移轴公式反映了两相互平行的坐标轴间惯性矩的关系,如附图 5 所示,平行移轴公式为

$$\left.\begin{aligned} I_z &= I_{zC} + a^2 A \\ I_y &= I_{yC} + b^2 A \end{aligned}\right\} \tag{附.7}$$

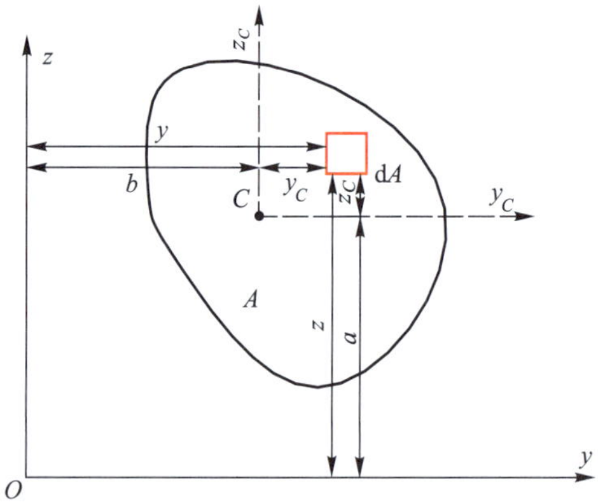

附图 5

微课

平行移轴公式应用

式中:I_z、I_y 分别为平面图形对 z 轴、y 轴的惯性矩;a、b 分别为平面图形的形心到 z 轴、y 轴的距离;A 为平面图形的面积。

(2) 组合截面的惯性矩

对于由几个简单图形组合而成的,其对某轴的惯性矩等于各简单图形对该轴惯性矩之和。即

$$\left.\begin{aligned} I_z &= \sum_{i=1}^{n} I_{zi} \\ I_y &= \sum_{i=1}^{n} I_{yi} \end{aligned}\right\} \tag{附.8}$$

式中:I_{yi} 和 I_{zi} 分别为第 i 个简单图形对 y 轴和 z 轴的惯性矩,计算它们时常需用到平行移轴公式。

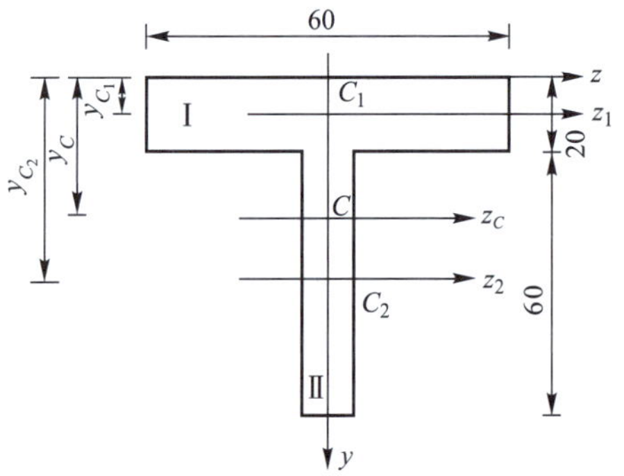

附图 6

附例 2 求附图 6 中的 T 形截面对其形心轴 z_C 的惯性矩。

解 由于 T 形截面的形心坐标为:$y_C = 30$ mm,因此可得出

$$a_1 = y_C - y_{C_1} = 30\ \text{mm} - 10\ \text{mm} = 20\ \text{mm}$$

$$a_2 = y_{C_2} - y_C = 50\ \text{mm} - 30\ \text{mm} = 20\ \text{mm}$$

矩形截面Ⅰ和Ⅱ对 z_C 坐标轴的惯性矩由平行移轴公式得

$$I_{z_C\text{I}} = I_{z_1\text{I}} + a_1^2 A_1 = \frac{60\ \text{mm}\times(20\ \text{mm})^3}{12} + (20\ \text{mm})^2 \times 20\ \text{mm}\times 60\ \text{mm}$$

$$= 52\times 10^4\ \text{mm}^4$$

微课
惯性积

$$I_{z_C\text{II}} = I_{z_2\text{II}} + a_2^2 A_2 = \frac{20\ \text{mm}\times(60\ \text{mm})^3}{12} + (20\ \text{mm})^2 \times 20\ \text{mm}\times 60\ \text{mm}$$

$$= 84\times 10^4\ \text{mm}^4$$

T 形截面对形心轴 z_C 的惯性矩由公式得

$$I_{z_C} = I_{z_C\text{I}} + I_{z_C\text{II}} = 52\times 10^4\ \text{mm}^4 + 84\times 10^4\ \text{mm}^4 = 136\ \text{cm}^4$$

知识点 3　截面极惯性矩

截面图形对某点的极惯性矩 I_p 的定义是：微面积 dA 与它到圆心距离 ρ 平方的乘积在整个截面 A 上的总和，即

$$I_p = \int_A \rho^2 dA \tag{附.9}$$

极惯性矩的值恒为正，其单位为 m^4。

微课
极惯性矩

求直径为 D 的圆截面对圆心 O 点的极惯性矩 I_p，如附图 7a 所示。取厚度为 $d\rho$ 的环形面积为微面积 dA，$dA = 2\pi\rho d\rho$，由式（附.9）可得

$$I_p = \int_0^{D/2} \rho^2 2\pi\rho d\rho = \frac{\pi D^4}{32}$$

对于外径为 D、内径为 d 的空心圆截面（附图 7b），按同样计算可得到它的惯性矩为

$$I_p = \int_{d/2}^{D/2} \rho^2 2\pi\rho d\rho = \frac{\pi}{32}(D^4 - d^4) = \frac{\pi D^4}{32}(1 - \alpha^4)$$

式中：$\alpha = d/D$ 为空心圆截面内、外径的比值。

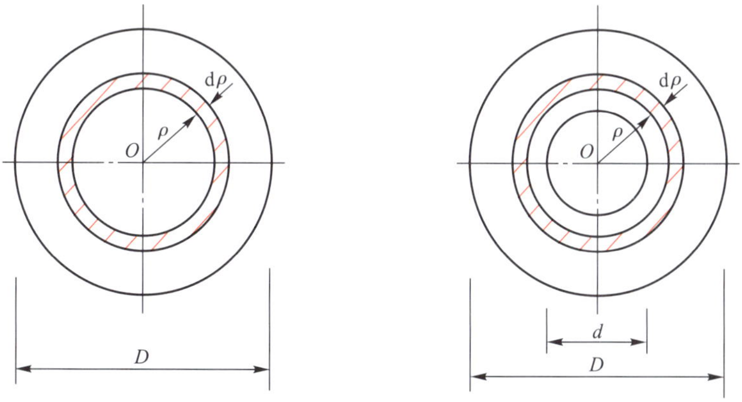

(a)　(b)

附图 7

知识点 4　惯性半径

在实际应用中，常会出现 $\frac{I_y}{A}$、$\frac{I_z}{A}$，其分子、分母都是关于截面的几何量，可以用一个几何量来代替。

微课
惯性半径

令
$$i_y^2=\frac{I_y}{A},\quad i_z^2=\frac{I_z}{A}$$

则
$$i_y=\sqrt{\frac{I_y}{A}},\quad i_z=\sqrt{\frac{I_z}{A}}$$

式中：i_y、i_z 分别截面对 y 轴、z 轴的惯性半径，其单位为 m 或 mm。

附录 2

型钢规格表

(摘自 GB/T 706—2016《热轧型钢》)

附表 1　等边角钢截面尺寸、截面面积、理论质量及截面特性

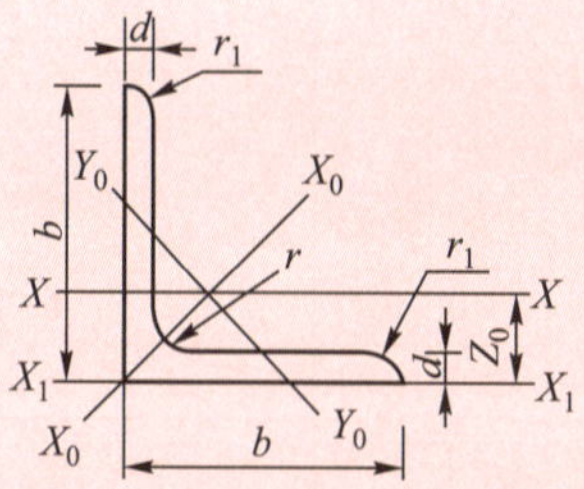

b——边宽度;
d——边厚度;
r——内圆弧半径;
r_1——边端圆弧半径;
Z_0——重心距离。

型号	截面尺寸/mm			截面面积/cm^2	理论质量/(kg/m)	外表面积/(m^2/m)	惯性矩/cm^4				惯性半径/cm			截面模数/cm^3			重心距离/cm
	b	d	r				I_x	I_{x1}	I_{x0}	I_{y0}	i_x	i_{x0}	i_{y0}	W_x	W_{x0}	W_{y0}	Z_0
2	20	3	3.5	1.132	0.89	0.078	0.40	0.81	0.63	0.17	0.59	0.75	0.39	0.29	0.45	0.20	0.60
		4		1.459	1.15	0.077	0.50	1.09	0.78	0.22	0.58	0.73	0.38	0.36	0.55	0.24	0.64
2.5	25	3		1.432	1.12	0.098	0.82	1.57	1.29	0.34	0.76	0.95	0.49	0.46	0.73	0.33	0.73
		4		1.859	1.46	0.097	1.03	2.11	1.62	0.43	0.74	0.93	0.48	0.59	0.92	0.40	0.76
3.0	30	3	4.5	1.749	1.37	0.117	1.46	2.71	2.31	0.61	0.91	1.15	0.59	0.68	1.09	0.51	0.85
		4		2.276	1.79	0.117	1.84	3.63	2.92	0.77	0.90	1.13	0.58	0.87	1.37	0.62	0.89
3.6	36	3		2.109	1.66	0.141	2.58	4.68	4.09	1.07	1.11	1.39	0.71	0.99	1.61	0.76	1.00
		4		2.756	2.16	0.141	3.29	6.25	5.22	1.37	1.09	1.38	0.70	1.28	2.05	0.93	1.04
		5		3.382	2.65	0.141	3.95	7.84	6.24	1.65	1.08	1.36	0.7	1.56	2.45	1.00	1.07
4	40	3	5	2.359	1.85	0.157	3.59	6.41	5.69	1.49	1.23	1.55	0.79	1.23	2.01	0.96	1.09
		4		3.086	2.42	0.157	4.60	8.56	7.29	1.91	1.22	1.54	0.79	1.60	2.58	1.19	1.13
		5		3.792	2.98	0.156	5.53	10.7	8.76	2.30	1.21	1.52	0.78	1.96	3.10	1.39	1.17
4.5	45	3		2.659	2.09	0.177	5.17	9.12	8.20	2.14	1.40	1.76	0.89	1.58	2.58	1.24	1.22
		4		3.486	2.74	0.177	6.65	12.2	10.6	2.75	1.38	1.74	0.89	2.05	3.32	1.54	1.26
		5		4.292	3.37	0.176	8.04	15.2	12.7	3.33	1.37	1.72	0.88	2.51	4.00	1.81	1.30
		6		5.077	3.99	0.176	9.33	18.4	14.8	3.89	1.36	1.70	0.80	2.95	4.64	2.06	1.33

续表

型号	截面尺寸/mm			截面面积/cm^2	理论质量/(kg/m)	外表面积/(m^2/m)	惯性矩/cm^4				惯性半径/cm			截面模数/cm^3			重心距离/cm
	b	d	r				I_x	I_{x1}	I_{x0}	I_{y0}	i_x	i_{x0}	i_{y0}	W_x	W_{x0}	W_{y0}	Z_0
5	50	3	5.5	2.971	2.33	0.197	7.18	12.5	11.4	2.98	1.55	1.96	1.00	1.96	3.22	1.57	1.34
		4		3.897	3.06	0.197	9.26	16.7	14.7	3.82	1.54	1.94	0.99	2.56	4.16	1.96	1.38
		5		4.803	3.77	0.196	11.2	20.9	17.8	4.64	1.53	1.92	0.98	3.13	5.03	2.31	1.42
		6		5.688	4.46	0.196	13.1	25.1	20.7	5.42	1.52	1.91	0.98	3.68	5.85	2.63	1.46
5.6	56	3	6	3.343	2.62	0.221	10.2	17.6	16.1	4.24	1.75	2.20	1.13	2.48	4.08	2.02	1.48
		4		4.39	3.45	0.220	13.2	23.4	20.9	5.46	1.73	2.18	1.11	3.24	5.28	2.52	1.53
		5		5.415	4.25	0.220	16.0	29.3	25.4	6.61	1.72	2.17	1.10	3.97	6.42	2.98	1.57
		6		6.42	5.04	0.220	18.7	35.3	29.7	7.73	1.71	2.15	1.10	4.68	7.49	3.40	1.61
		7		7.404	5.81	0.219	21.2	41.2	33.6	8.82	1.69	2.13	1.09	5.36	8.49	3.80	1.64
		8		8.367	6.57	0.219	23.6	47.2	37.4	9.89	1.68	2.11	1.09	6.03	9.44	4.16	1.68
6	60	5	6.5	5.829	4.58	0.236	19.9	36.1	31.6	8.21	1.85	2.33	1.19	4.59	7.44	3.48	1.67
		6		6.914	5.43	0.235	23.4	43.3	36.9	9.60	1.83	2.31	1.18	5.41	8.70	3.98	1.70
		7		7.977	6.26	0.235	26.4	50.7	41.9	11.0	1.82	2.29	1.17	6.21	9.88	4.45	1.74
		8		9.02	7.08	0.235	29.5	58.0	46.7	12.3	1.81	2.27	1.17	6.98	11.0	4.88	1.78
6.3	63	4	7	4.978	3.91	0.248	19.0	33.4	30.2	7.89	1.96	2.46	1.26	4.13	6.78	3.29	1.70
		5		6.143	4.82	0.248	23.2	41.7	36.8	9.57	1.94	2.45	1.25	5.08	8.25	3.90	1.74
		6		7.288	5.72	0.247	27.1	50.1	43.0	11.2	1.93	2.43	1.24	6.00	9.66	4.46	1.78
		7		8.412	6.60	0.247	30.9	58.6	49.0	12.8	1.92	2.41	1.23	6.88	11.0	4.98	1.82
		8		9.515	7.47	0.247	34.5	67.1	54.6	14.3	1.90	2.40	1.23	7.75	12.3	5.47	1.85
		10		11.66	9.15	0.246	41.1	84.3	64.9	17.3	1.88	2.36	1.22	9.39	14.6	6.36	1.93
7	70	4	8	5.570	4.37	0.275	26.4	45.7	41.8	11.0	2.18	2.74	1.40	5.14	8.44	4.17	1.86
		5		6.876	5.40	0.275	32.2	57.2	51.1	13.3	2.16	2.73	1.39	6.32	10.3	4.95	1.91
		6		8.160	6.41	0.275	37.8	68.7	59.9	15.6	2.15	2.71	1.38	7.48	12.1	5.67	1.95
		7		9.424	7.40	0.275	43.1	80.3	68.4	17.8	2.14	2.69	1.38	8.59	13.8	6.34	1.99
		8		10.67	8.37	0.274	48.2	91.9	76.4	20.0	2.12	2.68	1.37	9.68	15.4	6.98	2.03
7.5	75	5	9	7.412	5.82	0.295	40.0	70.6	63.3	16.6	2.33	2.92	1.50	7.32	11.9	5.77	2.04
		6		8.797	6.91	0.294	47.0	84.6	74.4	19.5	2.31	2.90	1.49	8.64	14.0	6.67	2.07
		7		10.16	7.98	0.294	53.6	98.7	85.0	22.2	2.30	2.89	1.48	9.93	16.0	7.44	2.11
		8		11.50	9.03	0.294	60.0	113	95.1	24.9	2.28	2.88	1.47	11.2	17.9	8.19	2.15
		9		12.83	10.1	0.294	66.1	127	105	27.5	2.27	2.86	1.46	12.4	19.8	8.89	2.18
		10		14.13	11.1	0.293	72.0	142	114	30.1	2.26	2.84	1.46	13.6	21.5	9.56	2.22
8	80	5		7.912	6.21	0.315	48.8	85.4	77.3	20.3	2.48	3.13	1.60	8.34	13.7	6.66	2.15
		6		9.397	7.38	0.314	57.4	103	91.0	23.7	2.47	3.11	1.59	9.87	16.1	7.65	2.19
		7		10.86	8.53	0.314	65.6	120	104	27.1	2.46	3.10	1.58	11.4	18.4	8.58	2.23
		8		12.30	9.66	0.314	73.5	137	117	30.4	2.44	3.08	1.57	12.8	20.6	9.46	2.27
		9		13.73	10.8	0.314	81.1	154	129	33.6	2.43	3.06	1.56	14.3	22.7	10.3	2.31
		10		15.13	11.9	0.313	88.4	172	140	36.8	2.42	3.04	1.56	15.6	24.8	11.1	2.35

续表

型号	截面尺寸/mm			截面面积/cm^2	理论质量/(kg/m)	外表面积/(m^2/m)	惯性矩/cm^4				惯性半径/cm			截面模数/cm^3			重心距离/cm
	b	d	r				I_x	I_{x1}	I_{x0}	I_{y0}	i_x	i_{x0}	i_{y0}	W_x	W_{x0}	W_{y0}	Z_0
9	90	6	10	10.64	8.35	0.354	82.8	146	131	34.3	2.79	3.51	1.80	12.6	20.6	9.95	2.44
		7		12.30	9.66	0.354	94.8	170	150	39.2	2.78	3.50	1.78	14.5	23.6	11.2	2.48
		8		13.94	10.9	0.353	106	195	169	44.0	2.76	3.48	1.78	16.4	26.6	12.4	2.52
		9		15.57	12.2	0.353	118	219	187	48.7	2.75	3.46	1.77	18.3	29.4	13.5	2.56
		10		17.17	13.5	0.353	129	244	204	53.3	2.74	3.45	1.76	20.1	32.0	14.5	2.59
		12		20.31	15.9	0.352	149	294	236	62.2	2.71	3.41	1.75	23.6	37.1	16.5	2.67
10	100	6	12	11.93	9.37	0.393	115	200	182	47.9	3.10	3.90	2.00	15.7	25.7	12.7	2.67
		7		13.80	10.8	0.393	132	234	209	54.7	3.09	3.89	1.99	18.1	29.6	14.3	2.71
		8		15.64	12.3	0.393	148	267	235	61.4	3.08	3.88	1.98	20.5	33.2	15.8	2.76
		9		17.46	13.7	0.392	164	300	260	68.0	3.07	3.86	1.97	22.8	36.8	17.2	2.80
		10		19.26	15.1	0.392	180	334	285	74.4	3.05	3.84	1.96	25.1	40.3	18.5	2.84
		12		22.80	17.9	0.391	209	402	331	86.8	3.03	3.81	1.95	29.5	46.8	21.1	2.91
		14		26.26	20.6	0.391	237	471	374	99.0	3.00	3.77	1.94	33.7	52.9	23.4	2.99
		16		29.63	23.3	0.390	263	540	414	111	2.98	3.74	1.94	37.8	58.6	25.6	3.06
11	110	7	12	15.20	11.9	0.433	177	311	281	73.4	3.41	4.30	2.20	22.1	36.1	17.5	2.96
		8		17.24	13.5	0.433	199	355	316	82.4	3.40	4.28	2.19	25.0	40.7	19.4	3.01
		10		21.26	16.7	0.432	242	445	384	100	3.38	4.25	2.17	30.6	49.4	22.9	3.09
		12		25.20	19.8	0.431	283	535	448	117	3.35	4.22	2.15	36.1	57.6	26.2	3.16
		14		29.06	22.8	0.431	321	625	508	133	3.32	4.18	2.14	41.3	65.3	29.1	3.24
12.5	125	8	14	19.75	15.5	0.492	297	521	471	123	3.88	4.88	2.50	32.5	53.3	25.9	3.37
		10		24.37	19.1	0.491	362	652	574	149	3.85	4.85	2.48	40.0	64.9	30.6	3.45
		12		28.91	22.7	0.491	423	783	671	175	3.83	4.82	2.46	41.2	76.0	35.0	3.53
		14		33.37	26.2	0.490	482	916	764	200	3.80	4.78	2.45	54.2	86.4	39.1	3.61
		16		37.74	29.6	0.489	537	1 050	851	224	3.77	4.75	2.43	60.9	96.3	43.0	3.68
14	140	10		27.37	21.5	0.551	515	915	817	212	4.34	5.46	2.78	50.6	82.6	39.2	3.82
		12		32.51	25.5	0.551	604	1 100	959	249	4.31	5.43	2.76	59.8	96.9	45.0	3.90
		14		37.57	29.5	0.550	689	1 280	1 090	284	4.28	5.40	2.75	68.8	110	50.5	3.98
		16		42.54	33.4	0.549	770	1 470	1 220	319	4.26	5.36	2.74	77.5	123	55.6	4.06
15	150	8		23.75	18.6	0.592	521	900	827	215	4.69	5.90	3.01	47.4	78.0	38.1	3.99
		10		29.37	23.1	0.591	638	1 130	1 010	262	4.66	5.87	2.99	58.4	95.5	45.5	4.08
		12		34.91	27.4	0.591	749	1 350	1 190	308	4.63	5.84	2.97	69.0	112	52.4	4.15
		14		40.37	31.7	0.590	856	1 580	1 360	352	4.60	5.80	2.95	79.5	128	58.8	4.23
		15		43.06	33.8	0.590	907	1 690	1 440	374	4.59	5.78	2.95	84.6	136	61.9	4.27
		16		45.74	35.9	0.589	958	1 810	1 520	395	4.58	5.77	2.94	89.6	143	64.9	4.31

续表

型号	截面尺寸/mm			截面面积/cm^2	理论质量/(kg/m)	外表面积/(m^2/m)	惯性矩/cm^4				惯性半径/cm			截面模数/cm^3			重心距离/cm
	b	d	r				I_x	I_{x1}	I_{x0}	I_{y0}	i_x	i_{x0}	i_{y0}	W_x	W_{x0}	W_{y0}	Z_0
16	160	10	16	31.50	24.7	0.630	780	1 370	1 240	322	4.98	6.27	3.20	66.7	109	52.8	4.31
		12		37.44	29.4	0.630	917	1 640	1 460	377	4.95	6.24	3.18	79.0	129	60.7	4.39
		14		43.30	34.0	0.629	1 050	1 910	1 670	432	4.92	6.20	3.16	91.0	147	68.2	4.47
		16		49.07	38.5	0.629	1 180	2 190	1 870	485	4.89	6.17	3.14	103	165	75.3	4.55
18	180	12		42.24	33.2	0.710	1 320	2 330	2 100	543	5.59	7.05	3.58	101	165	78.4	4.89
		14		48.90	38.4	0.709	1 510	2 720	2 410	622	5.56	7.02	3.56	116	189	88.4	4.97
		16		55.47	43.5	0.709	1 700	3 120	2 700	699	5.54	6.98	3.55	131	212	97.8	5.05
		18		61.96	48.6	0.708	1 880	3 500	2 990	762	5.50	6.94	3.51	146	235	105	5.13
20	200	14	18	54.64	42.9	0.788	2 100	3 730	3 340	864	6.20	7.82	3.98	145	236	112	5.46
		16		62.01	48.7	0.788	2 370	4 270	3 760	971	6.18	7.79	3.96	164	266	124	5.54
		18		69.30	54.4	0.787	2 620	4 810	4 160	1 080	6.15	7.75	3.94	182	294	136	5.62
		20		76.51	60.1	0.787	2 870	5 350	4 550	1 180	6.12	7.72	3.93	200	322	147	5.69
		24		90.66	71.2	0.785	3 340	6 460	5 290	1 380	6.07	7.64	3.90	236	374	167	5.87
22	220	16	21	68.67	53.9	0.866	3 190	5 680	5 060	1 310	6.81	8.59	4.37	200	326	154	6.03
		18		76.75	60.3	0.866	3 540	6 400	5 620	1 450	6.79	8.55	4.35	223	361	168	6.11
		20		84.76	66.5	0.865	3 870	7 110	6 150	1 590	6.76	8.52	4.34	245	395	182	6.18
		22		92.68	72.8	0.865	4 200	7 830	6 670	1 730	6.73	8.48	4.32	267	429	195	6.26
		24		100.5	78.9	0.864	4 520	8 550	7 170	1 870	6.71	8.45	4.31	289	461	208	6.33
		26		108.3	85.0	0.864	4 830	9 280	7 690	2 000	6.68	8.41	4.30	310	492	221	6.41
25	250	18	24	87.84	69.0	0.985	5 270	9 380	8 370	2 170	7.75	9.76	4.97	290	473	224	6.84
		20		97.05	76.2	0.984	5 780	10 400	9 180	2 380	7.72	9.73	4.95	320	519	243	6.92
		22		106.2	83.3	0.983	6 280	11 500	9 970	2 580	7.69	9.69	4.93	349	564	261	7.00
		24		115.2	90.4	0.983	6 770	12 500	10 700	2 790	7.67	9.66	4.92	378	608	278	7.07
		26		124.2	97.5	0.982	7 240	13 600	11 500	2 980	7.64	9.62	4.90	406	650	295	7.15
		28		133.0	104	0.982	7 700	14 600	12 200	3 180	7.61	9.58	4.89	433	691	311	7.22
		30		141.8	111	0.981	8 160	15 700	12 900	3 380	7.58	9.55	4.88	461	731	327	7.30
		32		150.5	118	0.981	8 600	16 800	13 600	3 570	7.56	9.51	4.87	488	770	342	7.37
		35		163.4	128	0.980	9 240	18 400	14 600	3 850	7.52	9.46	4.86	527	827	364	7.48

注：截面图中的 $r_1=1/3d$ 及表中 r 的数据用于孔型设计，不做交货条件。

附表 2　不等边角钢截面尺寸、截面面积、理论质量及截面特性

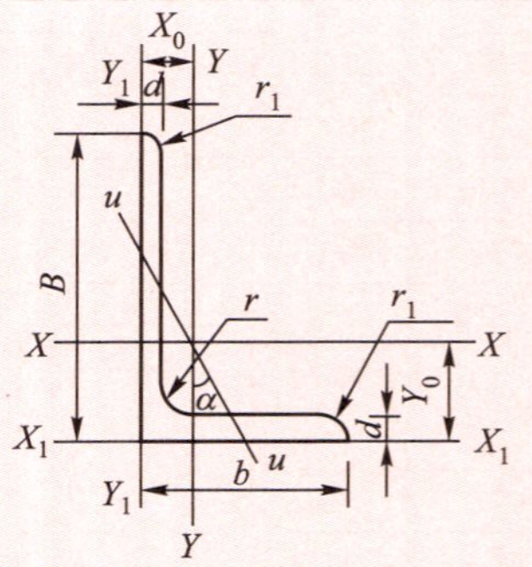

B——长边宽度；
b——短边宽度；
d——边厚度；
r——内圆弧半径；
r_1——边端圆弧半径；
X_0——重心距离；
Y_0——重心距离。

型号	截面尺寸/mm				截面面积/cm^2	理论质量/(kg/m)	外表面积/(m^2/m)	惯性矩/cm^4					惯性半径/cm			截面模数/cm^3			tan α	重心距离/cm	
	B	b	d	r				I_x	I_{x1}	I_y	I_{y1}	I_u	i_x	i_y	i_u	W_x	W_y	W_u		X_0	Y_0
2.5/1.6	25	16	3	3.5	1.162	0.91	0.080	0.70	1.56	0.22	0.43	0.14	0.78	0.44	0.34	0.43	0.19	0.16	0.392	0.42	0.86
			4		1.499	1.18	0.079	0.88	2.09	0.27	0.59	0.17	0.77	0.43	0.34	0.55	0.24	0.20	0.381	0.46	0.90
3.2/2	32	20	3		1.492	1.17	0.102	1.53	3.27	0.46	0.82	0.28	1.01	0.55	0.43	0.72	0.30	0.25	0.382	0.49	1.08
			4		1.939	1.52	0.101	1.93	4.37	0.57	1.12	0.35	1.00	0.54	0.42	0.93	0.39	0.32	0.374	0.53	1.12
4/2.5	40	25	3	4	1.890	1.48	0.127	3.08	5.39	0.93	1.59	0.56	1.28	0.70	0.54	1.15	0.49	0.40	0.385	0.59	1.32
			4		2.467	1.94	0.127	3.93	8.53	1.18	2.14	0.71	1.36	0.69	0.54	1.49	0.63	0.52	0.381	0.63	1.37
4.5/2.8	45	28	3	5	2.149	1.69	0.143	4.45	9.10	1.34	2.23	0.80	1.44	0.79	0.61	1.47	0.62	0.51	0.383	0.64	1.47
			4		2.806	2.20	0.143	5.69	12.1	1.70	3.00	1.02	1.42	0.78	0.60	1.91	0.80	0.66	0.380	0.68	1.51
5/3.2	50	32	3	5.5	2.431	1.91	0.161	6.24	12.5	2.02	3.31	1.20	1.60	0.91	0.70	1.84	0.82	0.68	0.404	0.73	1.60
			4		3.177	2.49	0.160	8.02	16.7	2.58	4.45	1.53	1.59	0.90	0.69	2.39	1.06	0.87	0.402	0.77	1.65
5.6/3.6	56	36	3	6	2.743	2.15	0.181	8.88	17.5	2.92	4.7	1.73	1.80	1.03	0.79	2.32	1.05	0.87	0.408	0.80	1.78
			4		3.590	2.82	0.180	11.5	23.4	3.76	6.33	2.23	1.79	1.02	0.79	3.03	1.37	1.13	0.408	0.85	1.82
			5		4.415	3.47	0.180	13.9	29.3	4.49	7.94	2.67	1.77	1.01	0.78	3.71	1.65	1.36	0.404	0.88	1.87
6.3/4	63	40	4	7	4.058	3.19	0.202	16.5	33.3	5.23	8.63	3.12	2.02	1.14	0.88	3.87	1.70	1.40	0.398	0.92	2.04
			5		4.993	3.92	0.202	20.0	41.6	6.31	10.9	3.76	2.00	1.12	0.87	4.74	2.07	1.71	0.396	0.95	2.08
			6		5.908	4.64	0.201	23.4	50.0	7.29	13.1	4.34	1.96	1.11	0.86	5.59	2.43	1.99	0.393	0.99	2.12
			7		6.802	5.34	0.201	26.5	58.1	8.24	15.5	4.97	1.98	1.10	0.86	6.40	2.78	2.29	0.389	1.03	2.15

续表

型号	截面尺寸/mm				截面面积/cm^2	理论质量/(kg/m)	外表面积/(m^2/m)	惯性矩/cm^4					惯性半径/cm			截面模数/cm^3			tan α	重心距离/cm	
	B	b	d	r				I_x	I_{x1}	I_y	I_{y1}	I_u	i_x	i_y	i_u	W_x	W_y	W_u		X_0	Y_0
7/4.5	70	45	4	7.5	4.553	3.57	0.226	23.2	45.9	7.55	12.3	4.40	2.26	1.29	0.98	4.86	2.17	1.77	0.410	1.02	2.24
			5		5.609	4.40	0.225	28.0	57.1	9.13	15.4	5.40	2.23	1.28	0.98	5.92	2.65	2.19	0.407	1.06	2.28
			6		6.644	5.22	0.225	32.5	68.4	10.6	18.6	6.35	2.21	1.26	0.98	6.95	3.12	2.59	0.404	1.09	2.32
			7		7.658	6.01	0.225	37.2	80.0	12.0	21.8	7.16	2.20	1.25	0.97	8.03	3.57	2.94	0.402	1.13	2.36
7.5/5	75	50	5	8	6.126	4.81	0.245	34.9	70.0	12.6	21.0	7.41	2.39	1.44	1.10	6.83	3.3	2.74	0.435	1.17	2.40
			6		7.260	5.70	0.245	41.1	84.3	14.7	25.4	8.54	2.38	1.42	1.08	8.12	3.88	3.19	0.435	1.21	2.44
			8		9.467	7.43	0.244	52.4	113	18.5	34.2	10.9	2.35	1.40	1.07	10.5	4.99	4.10	0.429	1.29	2.52
			10		11.59	9.10	0.244	62.7	141	22.0	43.4	13.1	2.33	1.38	1.06	12.8	6.04	4.99	0.423	1.36	2.60
8/5	80	50	5		6.376	5.00	0.255	42.0	85.2	12.8	21.1	7.66	2.56	1.42	1.10	7.78	3.32	2.74	0.388	1.14	2.60
			6		7.560	5.93	0.255	49.5	103	15.0	25.4	8.85	2.56	1.41	1.08	9.25	3.91	3.20	0.387	1.18	2.65
			7		8.724	6.85	0.255	56.2	119	17.0	29.8	10.2	2.54	1.39	1.08	10.6	4.48	3.70	0.384	1.21	2.69
			8		9.867	7.75	0.254	62.8	136	18.9	34.3	11.4	2.52	1.38	1.07	11.9	5.03	4.16	0.381	1.25	2.73
9/5.6	90	56	5	9	7.212	5.66	0.287	60.5	121	18.3	29.5	11.0	2.90	1.59	1.23	9.92	4.21	3.49	0.385	1.25	2.91
			6		8.557	6.72	0.286	71.0	146	21.4	35.6	12.9	2.88	1.58	1.23	11.7	4.96	4.13	0.384	1.29	2.95
			7		9.881	7.76	0.286	81.0	170	24.4	41.7	14.7	2.86	1.57	1.22	13.5	5.70	4.72	0.382	1.33	3.00
			8		11.18	8.78	0.286	91.0	194	27.2	47.9	16.3	2.85	1.56	1.21	15.3	6.41	5.29	0.380	1.36	3.04
10/6.3	100	63	6	10	9.618	7.55	0.320	99.1	200	30.9	50.5	18.4	3.21	1.79	1.38	14.6	6.35	5.25	0.394	1.43	3.24
			7		11.11	8.72	0.320	113	233	35.3	59.1	21.0	3.20	1.78	1.38	16.9	7.29	6.02	0.394	1.47	3.28
			8		12.58	9.88	0.319	127	266	39.4	67.9	23.5	3.18	1.77	1.37	19.1	8.21	6.78	0.391	1.50	3.32
			10		15.47	12.1	0.319	154	333	47.1	85.7	28.3	3.15	1.74	1.35	23.3	9.98	8.24	0.387	1.58	3.40
10/8	100	80	6	10	10.64	8.35	0.354	107	200	61.2	103	31.7	3.17	2.40	1.72	15.2	10.2	8.37	0.627	1.97	2.95
			7		12.30	9.66	0.354	123	233	70.1	120	36.2	3.16	2.39	1.72	17.5	11.7	9.60	0.626	2.01	3.00
			8		13.94	10.9	0.353	138	267	78.6	137	40.6	3.14	2.37	1.71	19.8	13.2	10.8	0.625	2.05	3.04
			10		17.17	13.5	0.353	167	334	94.7	172	49.1	3.12	2.35	1.69	24.2	16.1	13.1	0.622	2.13	3.12

续表

型号	截面尺寸/mm				截面面积/cm^2	理论质量/(kg/m)	外表面积/(m^2/m)	惯性矩/cm^4					惯性半径/cm			截面模数/cm^3			tan α	重心距离/cm	
	B	b	d	r				I_x	I_{x1}	I_y	I_{y1}	I_u	i_x	i_y	i_u	W_x	W_y	W_u		X_0	Y_0
11/7	110	70	6	10	10.64	8.35	0.354	133	266	42.9	69.1	25.4	3.54	2.01	1.54	17.9	7.90	6.53	0.403	1.57	3.53
			7		12.30	9.66	0.354	153	310	49.0	80.8	29.0	3.53	2.00	1.53	20.6	9.09	7.50	0.402	1.61	3.57
			8		13.94	10.9	0.353	172	354	54.9	92.7	32.5	3.51	1.98	1.53	23.3	10.3	8.45	0.401	1.65	3.62
			10		17.17	13.5	0.353	208	443	65.9	117	39.2	3.48	1.96	1.51	28.5	12.5	10.3	0.397	1.72	3.70
12.5/8	125	80	7	11	14.10	11.1	0.403	228	455	74.4	120	43.8	4.02	2.30	1.76	26.9	12.0	9.92	0.408	1.80	4.01
			8		15.99	12.6	0.403	257	520	83.5	138	49.2	4.01	2.28	1.75	30.4	13.6	11.2	0.407	1.84	4.06
			10		19.71	15.5	0.402	312	650	101	173	59.5	3.98	2.26	1.74	37.3	16.6	13.6	0.404	1.92	4.14
			12		23.35	18.3	0.402	364	780	117	210	69.4	3.95	2.24	1.72	44.0	19.4	16.0	0.400	2.00	4.22
14/9	140	90	8	12	18.04	14.2	0.453	366	731	121	196	70.8	4.50	2.59	1.98	38.5	17.3	14.3	0.411	2.04	4.50
			10		22.26	17.5	0.452	446	913	140	246	85.8	4.47	2.56	1.96	47.3	21.2	17.5	0.409	2.12	4.58
			12		26.40	20.7	0.451	522	1 100	170	297	100	4.44	2.54	1.95	55.9	25.0	20.5	0.406	2.19	4.66
			14		30.46	23.9	0.451	594	1 280	192	349	114	4.42	2.51	1.94	64.2	28.5	23.5	0.403	2.27	4.74
15/9	150	90	8		18.84	14.8	0.473	442	898	123	196	74.1	4.84	2.55	1.98	43.9	17.5	14.5	0.364	1.97	4.92
			10		23.26	18.3	0.472	539	1 120	149	246	89.9	4.81	2.53	1.97	54.0	21.4	17.7	0.362	2.05	5.01
			12		27.60	21.7	0.471	632	1 350	173	297	105	4.79	2.50	1.95	63.8	25.1	20.8	0.359	2.12	5.09
			14		31.86	25.0	0.471	721	1 570	196	350	120	4.76	2.48	1.94	73.3	28.8	23.8	0.356	2.20	5.17
			15		33.95	26.7	0.471	764	1 680	207	376	127	4.74	2.47	1.93	78.0	30.5	25.3	0.354	2.24	5.21
			16		36.03	28.3	0.470	806	1 800	217	403	134	4.73	2.45	1.93	82.6	32.3	26.8	0.352	2.27	5.25
16/10	160	100	10	13	25.32	19.9	0.512	669	1 360	205	337	122	5.14	2.85	2.19	62.1	26.6	21.9	0.390	2.28	5.24
			12		30.05	23.6	0.511	785	1 640	239	406	142	5.11	2.82	2.17	73.5	31.3	25.8	0.388	2.36	5.32
			14		34.71	27.2	0.510	896	1 910	271	476	162	5.08	2.80	2.16	84.6	35.8	29.6	0.385	2.43	5.40
			16		39.28	30.8	0.510	1 000	2 180	302	548	183	5.05	2.77	2.16	95.3	40.2	33.4	0.382	2.51	5.48

续表

型号	截面尺寸/mm				截面面积/cm^2	理论质量/(kg/m)	外表面积/(m^2/m)	惯性矩/cm^4					惯性半径/cm			截面模数/cm^3			tan α	重心距离/cm	
	B	b	d	r				I_x	I_{x1}	I_y	I_{y1}	I_u	i_x	i_y	i_u	W_x	W_y	W_u		X_0	Y_0
18/11	180	110	10	14	28.37	22.3	0.571	956	1 940	278	447	167	5.80	3.13	2.42	79.0	32.5	26.9	0.376	2.44	5.89
			12		33.71	26.5	0.571	1 120	2 330	325	539	195	5.78	3.10	2.40	93.5	38.3	31.7	0.374	2.52	5.98
			14		38.97	30.6	0.570	1 290	2 720	370	632	222	5.75	3.08	2.39	108	44.0	36.3	0.372	2.59	6.06
			16		44.14	34.6	0.569	1 440	3 110	412	726	249	5.72	3.06	2.38	122	49.4	40.9	0.369	2.67	6.14
20/12.5	200	125	12		37.91	29.8	0.641	1 570	3 190	483	788	286	6.44	3.57	2.74	117	50.0	41.2	0.392	2.83	6.54
			14		43.87	34.4	0.640	1 800	3 730	551	922	327	6.41	3.54	2.73	135	57.4	47.3	0.390	2.91	6.62
			16		49.74	39.0	0.639	2 020	4 260	615	1 060	366	6.38	3.52	2.71	152	64.9	53.3	0.388	2.99	6.70
			18		55.53	43.6	0.639	2 240	4 790	677	1 200	405	6.35	3.49	2.70	169	71.7	59.2	0.385	3.06	6.78

注：截面图中的 $r_1=1/3d$ 及表中 r 的数据用于孔型设计，不做交货条件。

附表3　槽钢截面尺寸、截面面积、理论质量及截面特性

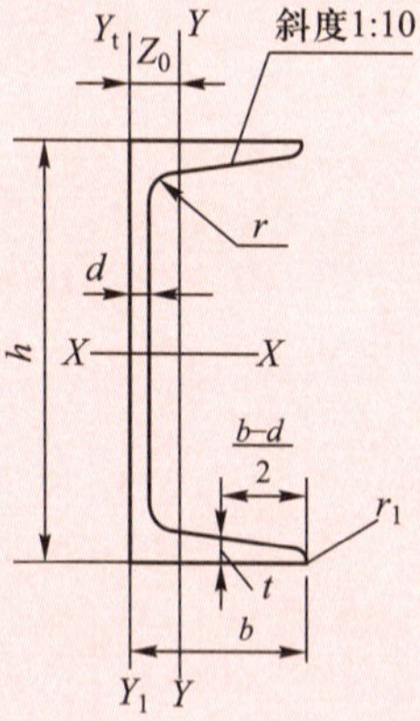

h——高度；
b——腿宽度；
d——腰厚度；
t——腿中间厚度；
r——内圆弧半径；
r_1——腿端圆弧半径；
Z_0——重心距离。

型号	截面尺寸/mm						截面面积/cm^2	理论质量/(kg/m)	外表面积/(m^2/m)	惯性矩/cm^4			惯性半径/cm		截面模数/cm^3		重心距离/cm
	h	b	d	t	r	r_1				I_x	I_y	I_{y1}	i_x	i_y	W_x	W_y	Z_0
5	50	37	4.5	7.0	7.0	3.5	6.925	5.44	0.226	26.0	8.30	20.9	1.94	1.10	10.4	3.55	1.35
6.3	63	40	4.8	7.5	7.5	3.8	8.446	6.63	0.262	50.8	11.9	28.4	2.45	1.19	16.1	4.50	1.36
6.5	65	40	4.3	7.5	7.5	3.8	8.292	6.51	0.267	55.2	12.0	28.3	2.54	1.19	17.0	4.59	1.38
8	80	43	5.0	8.0	8.0	4.0	10.24	8.04	0.307	101	16.6	37.4	3.15	1.27	25.3	5.79	1.43
10	100	48	5.3	8.5	8.5	4.2	12.74	10.0	0.365	198	25.6	54.9	3.95	1.41	39.7	7.80	1.52
12	120	53	5.5	9.0	9.0	4.5	15.36	12.1	0.423	346	37.4	77.7	4.75	1.56	57.7	10.2	1.62
12.6	126	53	5.5	9.0	9.0	4.5	15.69	12.3	0.435	391	38.0	77.1	4.95	1.57	62.1	10.2	1.59
14a	140	58	6.0	9.5	9.5	4.8	18.51	14.5	0.480	564	53.2	107	5.52	1.70	80.5	13.0	1.71
14b		60	8.0				21.31	16.7	0.484	609	61.1	121	5.35	1.69	87.1	14.1	1.67
16a	160	63	6.5	10.0	10.0	5.0	21.95	17.2	0.538	866	73.3	144	6.28	1.83	108	16.3	1.80
16b		65	8.5				25.15	19.8	0.542	935	83.4	161	6.10	1.82	117	17.6	1.75
18a	180	68	7.0	10.5	10.5	5.2	25.69	20.2	0.596	1 270	98.6	190	7.04	1.96	141	20.0	1.88
18b		70	9.0				29.29	23.0	0.600	1 370	111	210	6.84	1.95	152	21.5	1.84
20a	200	73	7.0	11.0	11.0	5.5	28.83	22.6	0.654	1 780	128	244	7.86	2.11	178	24.2	2.01
20b		75	9.0				32.83	25.8	0.658	1 910	144	268	7.64	2.09	191	25.9	1.95
22a	220	77	7.0	11.5	11.5	5.8	31.83	25.0	0.709	2 390	158	298	8.67	2.23	218	28.2	2.10
22b		79	9.0				36.23	28.5	0.713	2 570	176	326	8.42	2.21	234	30.1	2.03
24a	240	78	7.0	12.0	12.0	6.0	34.21	26.9	0.752	3 050	174	325	9.45	2.25	254	30.5	2.10
24b		80	9.0				39.01	30.6	0.756	3 280	194	355	9.17	2.23	274	32.5	2.03
24c		82	11.0				43.81	34.4	0.760	3 510	213	388	8.96	2.21	293	34.4	2.00
25a	250	78	7.0				34.91	27.4	0.722	3 370	176	322	9.82	2.24	270	30.6	2.07
25b		80	9.0				39.91	31.3	0.776	3 530	196	353	9.41	2.22	282	32.7	1.98
25c		82	11.0				44.91	35.3	0.780	3 690	218	384	9.07	2.21	295	35.9	1.92

续表

型号	截面尺寸/mm						截面面积/cm^2	理论质量/(kg/m)	外表面积/(m^2/m)	惯性矩/cm^4			惯性半径/cm		截面模数/cm^3		重心距离/cm
	h	b	d	t	r	r_1				I_x	I_y	I_{y1}	i_x	i_y	W_x	W_y	Z_0
27a	270	82	7.5	12.5	12.5	6.2	39.27	30.8	0.826	4 360	216	393	10.5	2.34	323	35.5	2.13
27b		84	9.5				44.67	35.1	0.830	4 690	239	428	10.3	2.31	347	37.7	2.06
27c		86	11.5				50.07	39.3	0.834	5 020	261	467	10.1	2.28	372	39.8	2.03
28a	280	82	7.5				40.02	31.4	0.846	4 760	218	388	10.9	2.33	340	35.7	2.10
28b		84	9.5				45.62	35.8	0.850	5 130	242	428	10.6	2.30	366	37.9	2.02
28c		86	11.5				51.22	40.2	0.854	5 500	268	463	10.4	2.29	393	40.3	1.95
30a	300	85	7.5	13.5	13.5	6.8	43.89	34.5	0.897	6 050	260	467	11.7	2.43	403	41.1	2.17
30b		87	9.5				49.89	39.2	0.901	6 500	289	515	11.4	2.41	433	44.0	2.13
30c		89	11.5				55.89	43.9	0.905	6 950	316	560	11.2	2.38	463	46.4	2.09
32a	320	88	8.0	14.0	14.0	7.0	48.50	38.1	0.947	7 600	305	552	12.5	2.50	475	46.5	2.24
32b		90	10.0				54.90	43.1	0.951	8 140	336	593	12.2	2.47	509	49.2	2.16
32c		92	12.0				61.30	48.1	0.955	8 690	374	643	11.9	2.47	543	52.6	2.09
36a	360	96	9.0	16.0	16.0	8.0	60.89	47.8	1.053	11 900	455	818	14.0	2.73	660	63.5	2.44
36b		98	11.0				68.09	53.5	1.057	12 700	497	880	13.6	2.70	703	66.9	2.37
36c		100	13.0				75.29	59.1	1.061	13 400	536	948	13.4	2.67	746	70.0	2.34
40a	400	100	10.5	18.0	18.0	9.0	75.04	58.9	1.144	17 600	592	1 070	15.3	2.81	879	78.8	2.49
40b		102	12.5				83.04	65.2	1.148	18 600	640	1 140	15.0	2.78	932	82.5	2.44
40c		104	14.5				91.04	71.5	1.152	19 700	688	1 220	14.7	2.75	986	86.2	2.42

注：表中 r、r_1 的数据用于孔型设计，不做交货条件。

附表 4　工字钢截面尺寸、截面面积、理论质量及截面特性

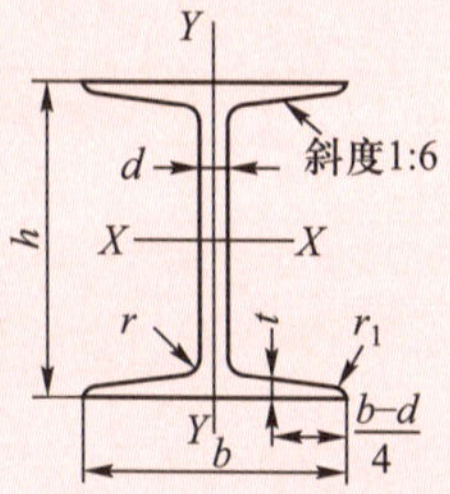

h——高度；
b——腿宽度；
d——腰厚度；
t——腿中间厚度；
r——内圆弧半径；
r_1——腿端圆弧半径。

型号	截面尺寸/mm						截面面积/cm^2	理论质量/(kg/m)	外表面积/(m^2/m)	惯性矩/cm^4		惯性半径/cm		截面模数/cm^3	
	h	b	d	t	r	r_1				I_x	I_y	i_x	i_y	W_x	W_y
10	100	68	4.5	7.6	6.5	3.3	14.33	11.3	0.432	245	33.0	4.14	1.52	49.0	9.72
12	120	74	5.0	8.4	7.0	3.5	17.80	14.0	0.493	436	46.9	4.95	1.62	72.7	12.7
12.6	126	74	5.0	8.4	7.0	3.5	18.10	14.2	0.505	488	46.9	5.20	1.61	77.5	12.7
14	140	80	5.5	9.1	7.5	3.8	21.50	16.9	0.553	712	64.4	5.76	1.73	102	16.1
16	160	88	6.0	9.9	8.0	4.0	26.11	20.5	0.621	1 130	93.1	6.58	1.89	141	21.2
18	180	94	6.5	10.7	8.5	4.3	30.74	24.1	0.681	1 660	122	7.36	2.00	185	26.0
20a	200	100	7.0	11.4	9.0	4.5	35.55	27.9	0.742	2 370	158	8.15	2.12	237	31.5
20b		102	9.0				39.55	31.1	0.746	2 500	169	7.96	2.06	250	33.1
22a	220	110	7.5	12.3	9.5	4.8	42.10	33.1	0.817	3 400	225	8.99	2.31	309	40.9
22b		112	9.5				46.50	36.5	0.821	3 570	239	8.78	2.27	325	42.7
24a	240	116	8.0	13.0	10.0	5.0	47.71	37.5	0.878	4 570	280	9.77	2.42	381	48.4
24b		118	10.0				52.51	41.2	0.882	4 800	297	9.57	2.38	400	50.4
25a	250	116	8.0				48.51	38.1	0.898	5 020	280	10.2	2.40	402	48.3
25b		118	10.0				53.51	42.0	0.902	5 280	309	9.94	2.40	423	52.4
27a	270	122	8.5	13.7	10.5	5.3	54.52	42.8	0.958	6 550	345	10.9	2.51	485	56.6
27b		124	10.5				59.92	47.0	0.962	6 870	366	10.7	2.47	509	58.9
28a	280	122	8.5				55.37	43.5	0.978	7 110	345	11.3	2.50	508	56.6
28b		124	10.5				60.97	47.9	0.982	7 480	379	11.1	2.49	534	61.2
30a	300	126	9.0	14.4	11.0	5.5	61.22	48.1	1.031	8 950	400	12.1	2.55	597	63.5
30b		128	11.0				67.22	52.8	1.035	9 400	422	11.8	2.50	627	65.9
30c		130	13.0				73.22	57.5	1.039	9 850	445	11.6	2.46	657	68.5
32a	320	130	9.5	15.0	11.5	5.8	67.12	52.7	1.084	11 100	460	12.8	2.62	692	70.8
32b		132	11.5				73.52	57.7	1.088	11 600	502	12.6	2.61	726	76.0
32c		134	13.5				79.92	62.7	1.092	12 200	544	12.3	2.61	760	81.2
36a	360	136	10.0	15.8	12.0	6.0	76.44	60.0	1.185	15 800	552	14.4	2.69	875	81.2
36b		138	12.0				83.64	65.7	1.189	16 500	582	14.1	2.64	919	84.3
36c		140	14.0				90.84	71.3	1.193	17 300	612	13.8	2.60	962	87.4

续表

型号	截面尺寸/mm						截面面积/cm^2	理论质量/(kg/m)	外表面积/(m^2/m)	惯性矩/cm^4		惯性半径/cm		截面模数/cm^3	
	h	b	d	t	r	r_1				I_x	I_y	i_x	i_y	W_x	W_y
40a		142	10.5				86.07	67.6	1.285	21 700	660	15.9	2.77	1 090	93.2
40b	400	144	12.5	16.5	12.5	6.3	94.07	73.8	1.289	22 800	692	15.6	2.71	1 140	96.2
40c		146	14.5				102.1	80.1	1.293	23 900	727	15.2	2.65	1 190	99.6
45a		150	11.5				102.4	80.4	1.411	32 200	855	17.7	2.89	1 430	114
45b	450	152	13.5	18.0	13.5	6.8	111.4	87.4	1.415	33 800	894	17.4	2.84	1 500	118
45c		154	15.5				120.4	94.5	1.419	35 300	938	17.1	2.79	1 570	122
50a		158	12.0				119.2	93.6	1.539	46 500	1 120	19.7	3.07	1 860	142
50b	500	160	14.0	20.0	14.0	7.0	129.2	101	1.543	48 600	1 170	19.4	3.01	1 940	146
50c		162	16.0				139.2	109	1.547	50 600	1 220	19.0	2.96	2 080	151
55a		166	12.5				134.1	105	1.667	62 900	1 370	21.6	3.19	2 290	164
55b	550	168	14.5				145.1	114	1.671	65 600	1 420	21.2	3.14	2 390	170
55c		170	16.5	21.0	14.5	7.3	156.1	123	1.675	68 400	1 480	20.9	3.08	2 490	175
56a		166	12.5				135.4	106	1.687	65 600	1 370	22.0	3.18	2 340	165
56b	560	168	14.5				146.6	115	1.691	68 500	1 490	21.6	3.16	2 450	174
56c		170	16.5				157.8	124	1.695	71 400	1 560	21.3	3.16	2 550	183
63a		176	13.0				154.6	121	1.862	93 900	1 700	24.5	3.31	2 980	193
63b	630	178	15.0	22.0	15.0	7.5	167.2	131	1.866	98 100	1 810	24.2	3.29	3 160	204
63c		180	17.0				179.8	141	1.870	102 000	1 920	23.8	3.27	3 300	214

注：表中 r、r_1 的数据用于孔型设计，不做交货条件。

参考文献

[1] 孔七一.应用力学.3 版.北京:人民交通出版社,2020.
[2] 胡拔香.建筑力学.成都:西南交通大学出版社,2008.
[3] 周一峰.理论力学.长沙:湖南科学技术出版社,2006.
[4] 李前程,安学敏.建筑力学.3 版.北京:高等教育出版社,2020.
[5] 郭英斗.建筑力学.成都:西南交通大学出版社,2003.
[6] 雷桂珍.建筑力学练习题册.成都:西南交通大学出版社,2003.
[7] 孔七一.工程力学.5 版.北京:人民交通出版社,2020.
[8] 范钦珊.工程力学.2 版.北京:高等教育出版社,2011.
[9] 和兴锁.理论力学.西安:西北工业大学出版社,2001.
[10] 黄平明,毛瑞祥.结构设计原理.2 版.北京:人民交通出版社,2004.
[11] 张友全.建筑力学与结构.3 版.北京:中国电力出版社,2012.
[12] 孙训方,方孝淑.材料力学.6 版.北京:高等教育出版社,2019.
[13] 李廉锟.结构力学.7 版.北京:高等教育出版社,2022.
[14] 陈大堃,沈伦序.建筑力学.北京:高等教育出版社,1990.